あたりまえながら
なぜ英単語は
すぐ忘れてしまうのか？

山口 俊治 監修

GOGAKU SHUNJUSHA

はじめにお読みください

音声CD-ROMの使い方

● 付属のCD-ROM内の解説音声はMP3形式で保存されていますので，ご利用にはMP3データが再生できるパソコン環境が必要です。

● このCD-ROMはCD-ROMドライブにセットしただけでは自動的に起動しません。下記の手順を踏んでください。

操作はカンタンです。

Windowsでご利用の場合

① CD-ROMをパソコンのCD-ROMドライブにセットします。
② コンピュータ（もしくはマイコンピュータ）を表示し，[WORDMASTER]という表示のCD-ROMのアイコンを右クリックして[開く]を選択します。

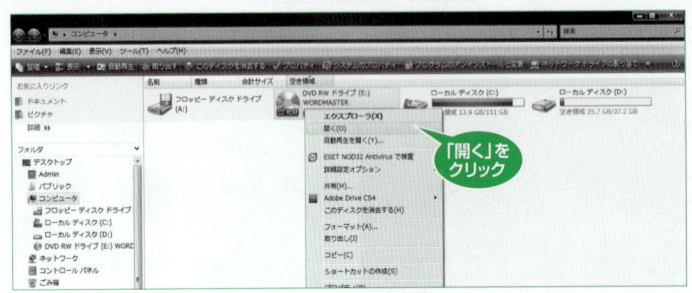

③ 「英単語速習バージョン」と「リーディングバージョン」の各フォルダが表示されますので，その中からお聞きになりたいバージョンのフォルダを開いてください。

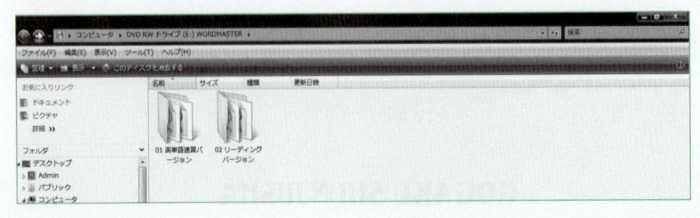

④ ③で選択されたバージョンの **Time to Read ごとの音声ファイル**が表示されます。その中からお聞きになりたいファイルを開いてご利用ください。

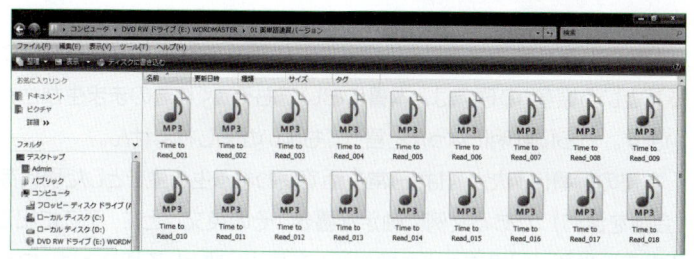

※ これらのサンプル画像は一例です。お使いのパソコン環境に応じて，表示画像が多少異なることがございます。あらかじめご了承ください。

Mac でご利用の場合

① CD-ROM をパソコンの CD-ROM ドライブにセットします。
② [WORDMASTER] という CD-ROM のアイコンが表示されたら，そのアイコンをダブルクリックして内容を表示します。
③ 「英単語速習バージョン」と「リーディングバージョン」の各フォルダが表示されますので，その中からお聞きになりたいバージョンのフォルダを開いてください。
④ ③で選択されたバージョンの **Time to Read ごとの音声ファイル**が表示されます。その中からお聞きになりたいファイルを開いてご利用ください。

本書添付のCD-ROMはWindows仕様のため，Macでご使用の場合，お使いのパソコン環境によって，フォルダ名・ファイル名が文字化けして表示されてしまう場合があります。ただし，"iTunes"等で再生いただく際には，正しく表示されますのでご安心ください。

⚠ 注意事項

1. この CD-ROM はパソコン専用です。オーディオ用プレーヤーでは絶対に再生しないでください。大音量によって耳に傷害を負ったり，スピーカーを破損するおそれがあります。
2. この CD-ROM の一部または全部を，バックアップ以外の目的でいかなる方法においても無断で複製することは法律で禁じられています。
3. この CD-ROM を使用し，どのようなトラブルが発生しても，当社は一切責任を負いません。ご利用は個人の責任において行ってください。
4. 携帯音楽プレーヤーに音声データを転送される場合は，必ずプレーヤーの取扱説明書をお読みになった上でご使用ください。また，その際の転送ソフトの動作環境は，ソフトウェアによって異なりますので，ご不明の点については，各ソフトウェアの商品サポートにお問い合わせください。

はしがき

　「単語力を充実させることによって現代英語に対する感覚を身につける」という原著*の理念は，本書においてもそっくりそのまま生かされています。さらに鮮明になったと言ってもよいかもしれません。

　本書の編纂にあたっては，日常生活で使われる生き生きとした現代英文（会話を含む）である文例に軸足を置き，その英文ごとに，そこに出てくる赤字の単語（記憶すべき主要単語）を見出し語として取り上げ，**つねに英文と語彙の知識をリンクさせることができる**ようにしました。

　詳しい単語解説（派生語・関連語，発音・アクセントの注意点，語法の要点，用例・関連表現など）と**実用的な英文866**を収めた本書は，英単語集としては群を抜く情報量が，大きな特長の一つとなっています。

　特長の二つ目は，「英文（通し読み＆スラッシュ区切り読みの2種類を収録）」と「見出し語とその意味」を，**音声レッスンを通して，自然に身につけられる**ようにしたことです。特に，スラッシュ・リーディングでは，読み上げられる英文を**「瞬間理解」する練習**で，返り読みしないでどんどんアタマから意味をとる速読習慣が身についてきます。

　誰もが経験することながら，単語は一度覚えても，忘れてしまいがちです。大切なことは，少しでも忘れにくくする工夫です。本書では，第一に，単語にまつわる意味を多面的につかむようにする，第二に，生き生きとした音声レッスンで，文中での単語の働きを確かめられるようにする，といった斬新なアプローチで，記憶の鍵を複数にしてその定着を図りました。

　みなさんの負担が少しでも軽くなることを祈ります。

監　修　山口　俊治

*原著：『英単語Make it!（ベイシック・コース／アドバンスト・コース）』（全2巻）
　　　山口俊治，T. ミントン著

あたりまえながらなぜ**英単語**はすぐ**忘れ**てしまうのか？

CONTENTS

はじめにお読みください（CD-ROM の使い方） ・・・・・・・・・・・・・・・・・・・・・ ii
はしがき ・・・ iv
本書の見方・使い方 ・・ viii

PART I

Time to Read 1 ・・・・・・・・2	Time to Read 21 ・・・・・・・111
Time to Read 2 ・・・・・・・・7	Time to Read 22 ・・・・・・・117
Time to Read 3 ・・・・・・・14	Time to Read 23 ・・・・・・・123
Time to Read 4 ・・・・・・・21	Time to Read 24 ・・・・・・・128
Time to Read 5 ・・・・・・・28	Time to Read 25 ・・・・・・・133
Time to Read 6 ・・・・・・・34	Time to Read 26 ・・・・・・・138
Time to Read 7 ・・・・・・・40	Time to Read 27 ・・・・・・・142
Time to Read 8 ・・・・・・・45	Time to Read 28 ・・・・・・・147
Time to Read 9 ・・・・・・・50	Time to Read 29 ・・・・・・・151
Time to Read 10 ・・・・・・56	Time to Read 30 ・・・・・・・155
Time to Read 11 ・・・・・・62	Time to Read 31 ・・・・・・・159
Time to Read 12 ・・・・・・69	Time to Read 32 ・・・・・・・164
Time to Read 13 ・・・・・・75	Time to Read 33 ・・・・・・・167
Time to Read 14 ・・・・・・80	Time to Read 34 ・・・・・・・171
Time to Read 15 ・・・・・・84	Time to Read 35 ・・・・・・・176
Time to Read 16 ・・・・・・89	Time to Read 36 ・・・・・・・181
Time to Read 17 ・・・・・・94	Time to Read 37 ・・・・・・・187
Time to Read 18 ・・・・・・99	Time to Read 38 ・・・・・・・192
Time to Read 19 ・・・・・103	Time to Read 39 ・・・・・・・196
Time to Read 20 ・・・・・108	Time to Read 40 ・・・・・・・200

word master

Time to Read 41	203	Time to Read 54	255
Time to Read 42	207	Time to Read 55	257
Time to Read 43	211	Time to Read 56	261
Time to Read 44	216	Time to Read 57	266
Time to Read 45	220	Time to Read 58	271
Time to Read 46	224	Time to Read 59	275
Time to Read 47	227	Time to Read 60	279
Time to Read 48	232	Time to Read 61	284
Time to Read 49	237	Time to Read 62	288
Time to Read 50	239	Time to Read 63	291
Time to Read 51	243	Time to Read 64	295
Time to Read 52	247	Time to Read 65	299
Time to Read 53	251		

PART II

Time to Read 66	304	Time to Read 76	366
Time to Read 67	310	Time to Read 77	372
Time to Read 68	316	Time to Read 78	378
Time to Read 69	323	Time to Read 79	383
Time to Read 70	329	Time to Read 80	389
Time to Read 71	335	Time to Read 81	393
Time to Read 72	342	Time to Read 82	398
Time to Read 73	348	Time to Read 83	403
Time to Read 74	354	Time to Read 84	408
Time to Read 75	360	Time to Read 85	414

CONTENTS

Time to Read 86 419
Time to Read 87 424
Time to Read 88 429
Time to Read 89 434
Time to Read 90 438
Time to Read 91 442
Time to Read 92 448
Time to Read 93 452
Time to Read 94 458
Time to Read 95 462
Time to Read 96 467
Time to Read 97 472
Time to Read 98 476
Time to Read 99 482
Time to Read 100 487
Time to Read 101 492
Time to Read 102 498
Time to Read 103 503
Time to Read 104 508
Time to Read 105 511
Time to Read 106 516
Time to Read 107 521
Time to Read 108 526
Time to Read 109 530
Time to Read 110 535
Time to Read 111 539
Time to Read 112 544
Time to Read 113 549
Time to Read 114 553
Time to Read 115 558
Time to Read 116 562
Time to Read 117 567
Time to Read 118 571
Time to Read 119 576
Time to Read 120 581
Time to Read 121 586
Time to Read 122 589
Time to Read 123 594
Time to Read 124 598
Time to Read 125 602
Time to Read 126 605
Time to Read 127 609
Time to Read 128 613
Time to Read 129 617
Time to Read 130 621

索引 625

本書の見方・使い方

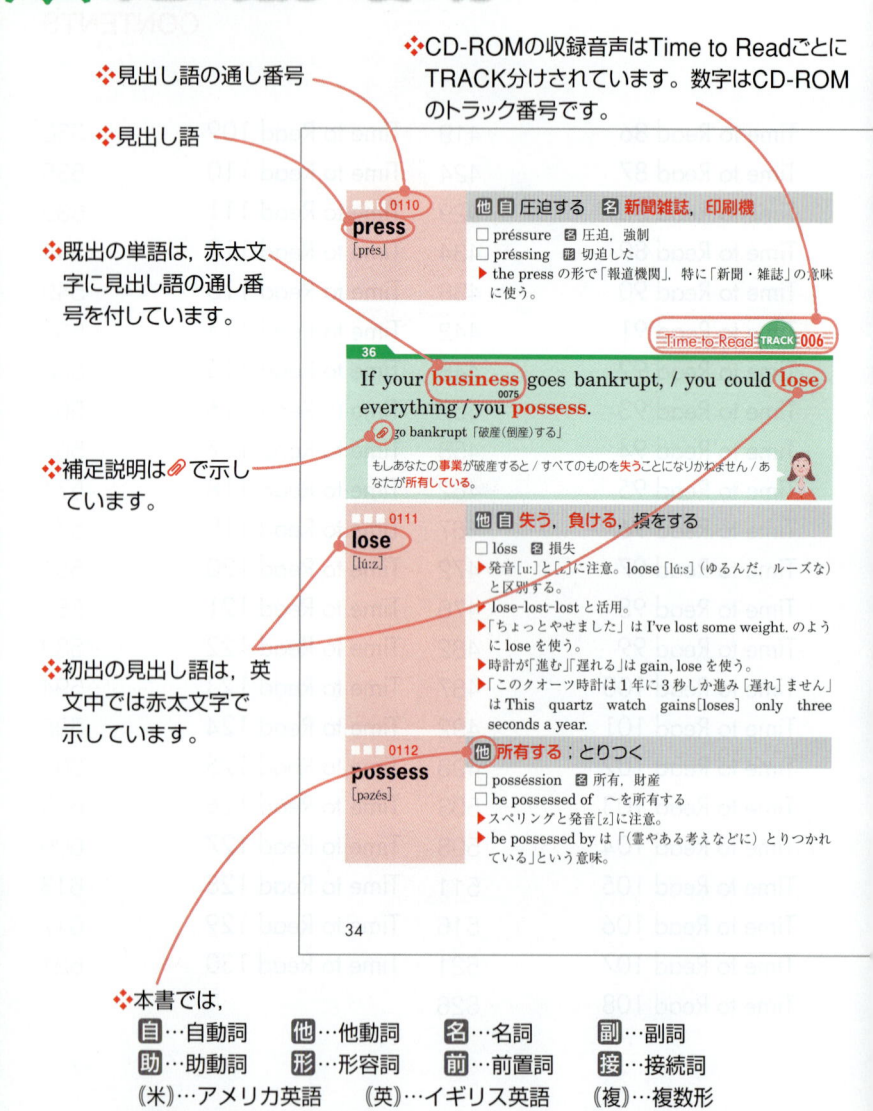

❖見出し語の通し番号

❖見出し語

❖CD-ROMの収録音声はTime to ReadごとにTRACK分けされています。数字はCD-ROMのトラック番号です。

❖既出の単語は，赤太文字に見出し語の通し番号を付しています。

0110
press
[prés]

他 自 圧迫する　名 新聞雑誌，印刷機

☐ préssure　名 圧迫，強制
☐ préssing　形 切迫した
▶ the press の形で「報道機関」，特に「新聞・雑誌」の意味に使う。

Time to Read　TRACK 006

36

If your **business** goes bankrupt, / you could **lose** everything / you **possess**.
　　　　0075

🖉 go bankrupt「破産(倒産)する」

もしあなたの**事業**が破産すると / すべてのものを**失う**ことになりかねません / あなたが**所有している**。

0111
lose
[lúːz]

他 自 失う，負ける，損をする

☐ lóss　名 損失
▶ 発音[uː]と[z]に注意。loose [lúːs] (ゆるんだ，ルーズな)と区別する。
▶ lose-lost-lost と活用。
▶「ちょっとやせました」は I've lost some weight. のように lose を使う。
▶ 時計が「進む」「遅れる」は gain, lose を使う。
▶「このクオーツ時計は1年に3秒しか進み[遅れ]ません」は This quartz watch gains[loses] only three seconds a year.

0112
possess
[pəzés]

他 所有する；とりつく

☐ posséssion　名 所有，財産
☐ be possessed of　～を所有する
▶ スペリングと発音[z]に注意。
▶ be possessed by は「(霊やある考えなどに)とりつかれている」という意味。

❖補足説明は🖉で示しています。

❖初出の見出し語は，英文中では赤太文字で示しています。

34

❖本書では，

自…自動詞	他…他動詞	名…名詞	副…副詞
助…助動詞	形…形容詞	前…前置詞	接…接続詞
(米)…アメリカ英語	(英)…イギリス英語	(複)…複数形	

を表します。

viii

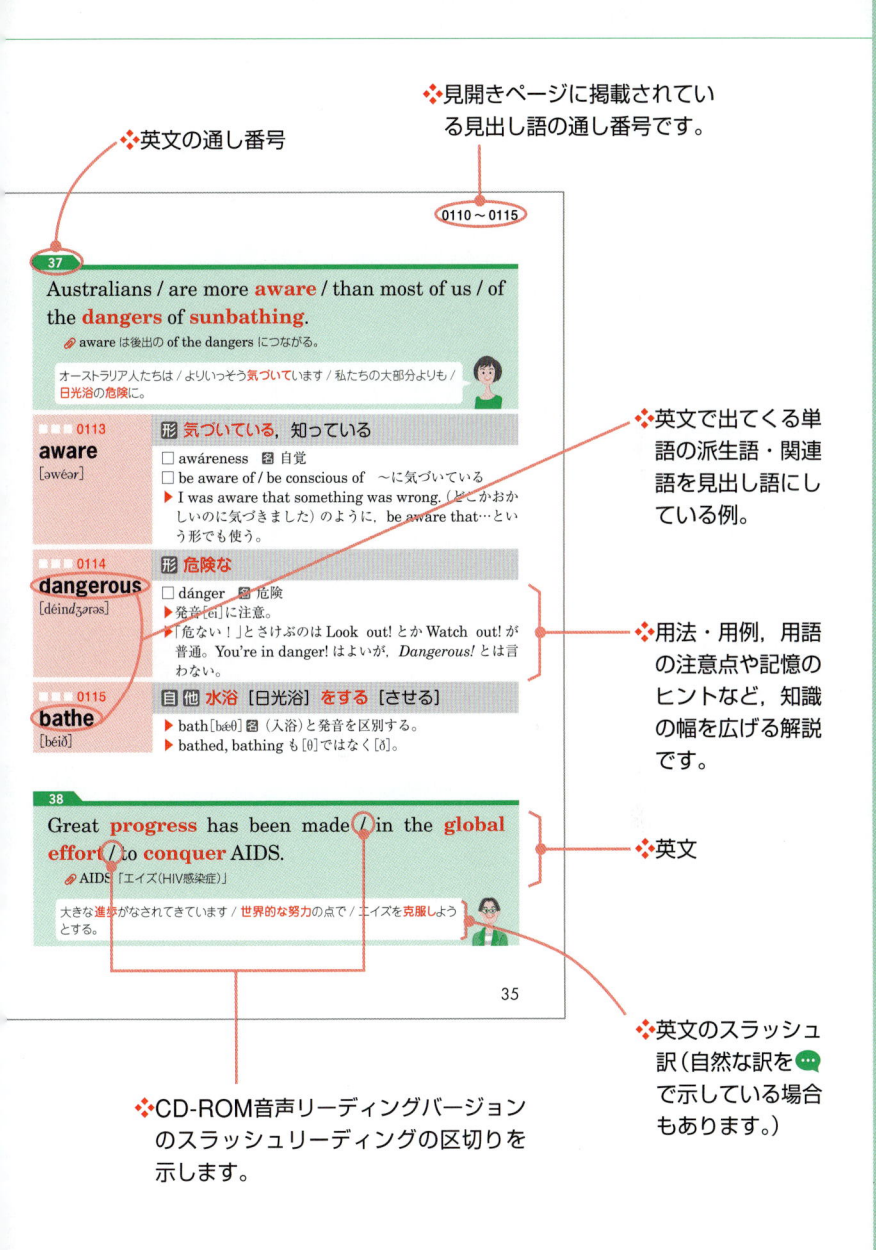

❖見開きページに掲載されている見出し語の通し番号です。

❖英文の通し番号

0110～0115

37

Australians / are more **aware** / than most of us / of the **dangers** of **sunbathing**.

🔗 aware は後出の of the dangers につながる。

オーストラリア人たちは / よりいっそう**気づいて**います / 私たちの大部分よりも / **日光浴の危険**に。

| 0113 **aware** [əwéər] | 形 **気づいている，知っている**
 □ awáreness 名 自覚
 □ be aware of / be conscious of ～に気づいている
 ▶ I was aware that something was wrong.（どこかおかしいのに気づきました）のように，be aware that… という形でも使う。 |

❖英文で出てくる単語の派生語・関連語を見出し語にしている例。

| 0114 **dangerous** [déindʒərəs] | 形 **危険な**
 □ dánger 名 危険
 ▶ 発音[ei]に注意。
 ▶「危ない！」とさけぶのは Look out! とか Watch out! が普通。You're in danger! はよいが，*Dangerous!* とは言わない。 |

❖用法・用例，用語の注意点や記憶のヒントなど，知識の幅を広げる解説です。

| 0115 **bathe** [béið] | 自 他 **水浴 [日光浴] をする [させる]**
 ▶ bath[bæθ]（入浴）と発音を区別する。
 ▶ bathed, bathing も[θ]ではなく[ð]。 |

38

Great **progress** has been made / in the **global effort** / to **conquer** AIDS.

🔗 AIDS「エイズ(HIV感染症)」

大きな**進歩**がなされてきています / **世界的な努力**の点で / **エイズを克服**しようとする。

❖英文

35

❖英文のスラッシュ訳（自然な訳を💬で示している場合もあります。）

❖CD-ROM音声リーディングバージョンのスラッシュリーディングの区切りを示します。

ix

PART I
Time to Read 1〜65

日常会話,生活一般の時事ニュース,エッセイを題材とした英文430文を収録しています。

1

A: Does it **hurt** anywhere?
B: Oh, yes. My neck, my shoulder, / and around here.

🔗 around here「(手でさしながら)このあたり」

> どこか**痛む**の？
>
> うん。首と肩, / それに……このあたり。

0001
hurt
[hə́ːrt]

他 傷つける　自 痛む

▶ [əːr]に注意する。とくに, heart[háːrt](心臓)と区別する。
▶ Does it hurt? のように「(からだが)痛む」ばかりでなく, I didn't mean to hurt your feelings.(あなたの気を悪くさせるつもりはありませんでした)のように「(心を)傷つける」にも使われる。

2

Jacky loves / to **stir** up **trouble** / if she can.

🔗 if she canは, if she can *stir up trouble* を短縮したもの。

> ジャッキーは大好きだ / **厄介ごとを起こす**ことが, / そうできれば。
>
> 💬 ジャッキーは, ことあるごとに好んでごたごたを起こします。

0002
stir
[stə́ːr]

他自名 動かす, 動く；騒ぎ[を起こす]

▶ スペリング ir を[əːr]と発音する。star[stáːr](星)や steer[stíər](操縦する)と区別。
▶「コーヒーにクリームを入れてスプーンでかきまわしました」は I put some cream in my coffee and stirred it with a spoon.

0003
trouble
[trʌ́bl]

名他 苦労, 面倒[をかける]

▶ 何かを頼むとき, I'm sorry to trouble you, but …と前置きするのもよい。
▶「わざわざ〜する」は trouble to〜または take the trouble to〜と言える。

3

A: Why did you **leave** / during the performance?
B: I couldn't **stop coughing**.

🔗 perfórmance「上演, 演奏」

> どうして出ていっちゃったの / 上演中に。

> せきが止まらなかったんだ。

0004
leave
[líːv]

他自 **去る；～させておく；残す**
名 **許可；別れ**

□ leave off　やめる
□ leave out　省く
□ take one's leave　いとまごいをする

▶ leave *from*（～から去る）とは言わない。I'm leaving for Singapore tomorrow.（明日シンガポールへ向かいます）のように，leave for（～へ向かって出発する）はよく使う。

0005
stop
[stáp]

他自 **停止する，やめる**
名 **中止，停留所**

▶ 次の2つを区別する。
　stop ～ing（～するのをやめる）
　stop to～（ちょっと[中断して]～する）
▶ 電車・バスで「次に降ります」は I'll get off at the next stop. 「3つ目（の駅）で」なら at the third stop。

0006
cough
[kɔ́(ː)f]

自名 **咳[をする]**

▶ 発音に注意。rough[rʌ́f]（ざらざらした）や tough[tʌ́f]（じょうぶな）も gh を[f]と発音する。
▶「風邪をひいて，ちょっと咳が出ます」と言うのは I've got a cold and have a slight cough.

4

David always **greets** everyone / with a frown. // Doesn't he know / how to **smile**?

- with a frown[fráun]「しかめつらで,渋い顔をして」
  how to ～「～のしかた,～する方法」

> デイビッドはいつもみんなに**あいさつする** / しかめつらで。// 彼は知らないのか / **ほほえみ**かたを。

0007
greet
[gríːt]

他 挨拶する，迎える

□ gréeting 名 挨拶
▶ Hi. / Hello.(やあ，こんにちは)とか "Good morning, Tom. How are you today?" "Just fine, thanks, and you?" …といった「挨拶」が greetings である。

0008
smile
[smáil]

自 他 ほほえむ 名 微笑

□ smile at ～を見てほほえむ
▶ laugh と異なり，「(声をたてないで)笑う」ということ。

5

Jack **seized** the cat / by the scruff of her neck / and tried to kiss her.

- the scruff of the neck「首のうしろ,首筋」
  seize … by ～「…の～のところをつかむ」

> ジャックは猫を**ぐいっとつかんだ** / 首筋(くびすじ)のところを,/ そしてキスしようとしました。

0009
seize
[síːz]

他 自 つかむ，(病気などが)急に襲う

□ séizure 名 捕獲
▶ ei は [iː] と発音する。
▶ grab(ひっつかむ)や grasp(しっかりつかむ)もほぼ同じ意味。一般に「つかむ」のは，catch, hold, take など。

6

Paul said / that he doesn't **earn** much / in his **present job**, / but that he **enjoys** it / much more than his **last** one.

Paul said that…, but that~ 「ポールは…だけど~だと言った。」(=Paul said, "I don't earn much in my present job, but I enjoy it much more than my last one.") his last one は his last *job* のこと。

ポールは言った / あまり**かせげ**ない / **現在の仕事**ではと, / でも, その仕事を**楽しんでいる** / **この前**の仕事よりずっとと(言った)。

今の仕事ではあまりかせぎにはならないけど, 前の仕事よりずっと楽しいとポールは言ってましたよ。

0010
earn
[ə́ːrn]

他 かせぐ，得る

□ earn[make] one's living　生計を立てる
▶「(正当な報酬としてお金などを)得る」という意味。
▶反対に「消費する」のは spend。

0011
present
形名 [préznt]
他 [prizént]

形 出席[存在]している；現在の
名 贈り物；現在　他 贈る，提示する

□ présence　名 存在, 出席
　　↔ ábsence(不在, 欠席)
□ presentátion　名 贈呈, 紹介
□ présently　副 まもなく；《米》現在
□ at present　現在では
▶品詞によるアクセントの相違に特に注意しておく。
▶「さしあたり, 当分の間」は for now とか for the present と言う。
▶日常会話で「プレゼントする」は presént より give を使うほうがよい。

0012
job
[dʒáb]

名 仕事，職

□ find[lose] a job　職を見つける[失う]
□ job interview　就職の面接
▶ work は「(一般的な)仕事」, job は「(収入のある)仕事, 職, 勤め口」に使う。
▶ Bob is out of a job. は「ボブは失業しています」ということ。

0013
enjoy
[endʒɔ́i]

他 楽しむ，享受する

- enjóyment **名** 楽しみ
▶ 目的語は不定詞でなく動名詞をとる。
▶ また**他**なので，「（自分が）楽しむ，楽しく過ごす」は enjoy oneself という形になる。「楽しかったですか」ときくのは Did you enjoy yourself?

0014
last
[lǽst]

形 副 最後の[に]　名 最後　自 続く

- at last / fínally　ついに
- be the last to～　最も～しそうにない人[物]
▶ 「（物・人が）持ちこたえる」という**自**の用法が重要。「（食物などが）あとどれくらいもちますか」は How long will it last?
▶ late は次の2通りの活用がある。
late-láter-látest〈時間〉
late-látter-last〈順序，時間〉

7

The airline has **warned** / that the pilot union's actions / are **likely** to **lead** to **delays** and cancellations.

📎 the pilot union「パイロット(操縦士)労働組合」
be likely to～「～しそうだ」
A lead to B「AはB(という結果)に至る，AがBを引き起こす」
cancellátion「（飛行の）取り止め，欠航」

> 航空会社は**警告した**，/ パイロット労働組合の行為は /**遅れ**と欠航という結果に**至りそうだ**と。

💬 航空会社側は，操縦士組合の行為によって運航の遅れと欠航が生じるだろうと警告しました。

0015
warn
[wɔ́ːrn]

他 警告する

- wárning **名** 警告
- warn … against　（人）に～を用心させる
▶ wear(身につけている)の過去分詞の worn と同じに発音する。

0016 likely
[láikli]

形 **ありそうな** 副 **たぶん**

- □ líkelihood 名 見込み
- ▶ be likely to〜（〜しそうである）は it is likely that … という形でも使える。
- ▶ 反意語は unlíkely（しそうもない）。

0017 lead
[líːd] [léd]

[líːd] 他 自 **導く** 名 **指導**
[léd] 名 **鉛**

- □ léading 形 おもな
- □ léader 名 指導者
- □ lead to 〜に至る
- ▶「鉛」の意味では発音 [e] に注意。

0018 delay
[diléi]

他 自 **遅らせる[れる]** 名 **延期，遅れ**

- ▶ This can't be delayed any more.（もうこれ以上遅らせられないよ）のようにしばしば受身の形で使う。

---

8 Time to Read TRACK 002

We all **sighed** / with **relief** / when the chairman **declared** / the meeting **closed**.

私たちはみんな**ため息をついた** / **ほっとして** / 議長が**宣言したとき** / 会議が**終わると**。

0019 sigh
[sái]

自 他 名 **ため息[をつく]**

- ▶ gh は黙字（発音されない字）。ほかに high（高い），bought（buy の過去・過去分詞），dáughter（娘），fight（戦う），ought（[to]〜すべきだ），weight（重さ），though（〜だけれども），through（〜を通り抜けて）など多数。

0020
relieve
[rilíːv]

他 **軽減する；救援する**

□ relíef 名 救済, 安心感
▶「(心配や苦痛を取り除いて)ほっとさせる」という感じ。
▶ relieve A of B(AからBを除いてやる)は cure A of B(AのBを治す)などと同じパターン。

0021
declare
[dikléər]

他自 **宣言する，断言する**

□ declarátion 名 宣言, 申告
▶「税関への申告(書)」は customs declaration。「申告する物はありません」は I have nothing to declare.

0022
close
形副 [klóus]
他自名 [klóuz]

形 **近い；親密な**　副 **接近して**
他自 **閉じる**　名 **終結**

□ close to[by]　〜の近くに
▶ [-s][-z]の区別を正確に。

9

A: Why did you **choose** the **plastic** one?
B: Because I couldn't **afford** the wooden version.

🔗 the wooden version「(プラスチック製でなく)木製版」

どうして**プラスチック製のを選ん**だの？

木製を買う**余裕がなかった**からさ。

0023
choose
[tʃúːz]

他 **選ぶ**

▶ choose-chose[tʃóuz]-chosen と活用する。
▶「選択」という名詞形は choice[tʃɔ́is]。
▶ seléct(選び出す), eléct([選挙で]選ぶ)という語もある。

0024
plastic
[plǽstik]

名形 **合成樹脂[の]**

▶ 日本語の「プラスチック」だけでなく「ビニール」も含むので，「ビニール袋」は a plastic bag と言う。

0025
afford [əfɔ́ːrd]

他 **余裕がある**，与える

▶通例，can afford to〜（〜する余裕がある）という形で使うが，I can't afford (to buy) that new car.（あの新車はとても買えません）のように to〜は省略可能。

10

Once my little sister **starts crying**, / there's nothing you can do / to **cheer** her up.

🔗 once… 「いったん…すると」

いったん私の妹が**泣き始めたら** / あなたにできることは何もない / 彼女を**元気づける**ために。

💬 私の妹ときたら，いったん泣き出すとどうやっても慰めようがありません。

0026
start [stáːrt]

自 他 名 **出発[する]**，**開始[する，させる]**；
びくっとする

▶「(人や動物が)急に(ぴくっと)動く」という感じにもなる。

0027
cry [krái]

自 他 **泣く**，大声をあげる
名 **泣き声**，叫び声

▶ It is no use crying over spilt milk.
（こぼれたミルクをなげいても無駄だ / 覆水盆に返らず）

0028
cheer [tʃíər]

名 他 **元気[づける]**；かっさい[する]

□ chéerful 形 快活な，元気のよい
▶失望している人に「さあ，元気を出して」と声をかけてあげるのは Cheer up!
▶日本語の「チアガール」にあたる英語は chéerleader である。cheergirl とは言わない。

11

I don't **want** to **alarm** you, / but the captain has just **announced** / that one of the port engines / is on **fire**!

🔗 the port engine「(飛行機の)左翼エンジン」　　on fire「燃えて(いる)」

きみを**びっくりさせたい**わけじゃない / けど，機長がたった今**アナウンス**してたよ / 左翼エンジンの1つが /**燃えて**いると。

■■■ 0029 **want** [wánt, wɔ́(ː)nt]	他 **欲する，〜したい；〜が欠けている**，要する 名 **欠乏**，必要 □ for want of 〜がないために □ be wanting in / be lacking in 〜が欠けている ▶ won't [wóunt] と発音を区別する。 ▶「何の用ですか」は What do you want? より What can I do for you? のほうが丁寧な言い方。 ▶ I want to go to Hawaii.（ハワイに行きたい）より I'd like to go to Hawaii.（ハワイに行きたいのですが）のほうが丁寧な言い方になる。
■■■ 0030 **alarm** [əláːrm]	他 名 **はっとさせる**[こと]，**警報**[を発する] ▶「目覚し時計」は an alarm（clock），「火災報知機」は a fire alarm。
■■■ 0031 **announce** [ənáuns]	他 **公表する**，アナウンサーを務める □ annóuncement 名 発表，公表 □ annóuncer 名 アナウンサー，発表者 ▶ 日本語の「アナウンス」より [náu] を強く発音するようにする。 ▶「私がファンだった歌手がきのう婚約を発表したんだ」は，My favorite singer announced her engagement yesterday.

0032
fire
[fáiər]

名 火, 火事
他 発射する, 点火する; 解雇する

- □ catch fire　火がつく
- □ build[make, start] a fire　火を起こす
- ▶口語で「(人を)くびにする」という意味で使う。She got fired very soon. は「すぐくびにされた」ということ。

12

The **truth** of the **matter** / has been **buried** for so long / that no one is **interested** / in knowing it / any more.

📎 so ~ that…「とても~なので…」　　no …any more「もはや…でない」

事の真相は / あまりに長い間埋もれているので, / だれひとり興味をもっていません / それを知ることに / もはや。

0033
true
[trúː]

形 真実の, 本物の

- □ trúly　**副** 本当に(スペリング注意)
- □ trúth　**名** 真理, 真実
- □ trúthful　**形** 正直な
- ▶反意語は untrúe, false など。
- ▶「夢がかないました」は My dream has come true.
- ▶「それは私にも確かに当てはまります」は That's certainly true of me.
- ▶「あの人は約束をきちんと守る人です」は He's true to his word. それぞれの前置詞 of, to に注意。

0034
matter
[mǽtər]

名 物質; 事柄, 問題　**自** 重大である

- □ as a matter of fact　実は
- □ no matter how …　どんなに…でも
- ▶ It doesn't matter (to me). (そんなことはかまわないよ[大したことじゃありませんよ])という**自**の用法に注意。
- ▶顔色がすぐれない人に「どうしたんですか」と声をかけるのは, What's the matter (with you)?

0035
bury
[béri]

他 **埋める**, 埋葬する

□ burial[bériəl] 名 埋葬
▶ u を [e] と発音する。
▶ berry[béri]（いちご）と同じ発音。

0036
interest
[íntərest]

名 **興味；利益, 利害関係；利子**
他 **興味を起こさせる**

□ be interested in ; take an interest in
　〜に興味を持つ
▶「興味, 関心」以外の意味に注意しておこう。
▶ ínteresting（おもしろい）と ínterested（[人が] 興味を持った）の区別も重要。

13

My parents said / they could never take us to restaurants / when we were young, / because we wouldn't **behave** ourselves.

🖉 wouldn't「どうしても〜しようとしない」

両親は言ってました / 私たちを決してレストランには連れていけなかった / 私たちが幼かったころ, / なぜなら私たちがどうしても**行儀よくし**ようとしなかったのでと。

0037
behave
[bihéiv]

自 他 **振舞う；行儀よくする**

□ behávio(u)r 名 振舞, 行儀
▶ 上の名詞形も a を [ei] と発音する。
▶ Behave yourself!（お行儀よくしなさい）のように, 他動詞としては behave oneself の形をとる。

14

It's **customary** in Japan / to **bow** when you're **introduced** to someone, / whereas / in Western **countries** / the **custom** is to **shake** hands.

✎ …whereas[hweərǽz]〜 「…だが,一方では〜だ」

日本では**慣習**である / だれかに**紹介**されたら**おじぎをする**のが, / それに対して, / 西洋の**国々**では / **習慣**は握手をすることです。

0038
custom
[kʌ́stəm]

名 習慣, 慣習 ; ((複))関税

- □ cústomary 形 慣例の
- □ cústomer 名 (店の)得意客
- ▶ 主に「(社会的な)習慣, 慣習」に用いる。「風俗習慣」は customs and manners / manners and customs と言う。
- ▶ cústoms は「税関」「関税(customs duty)」で, 単数に扱うことが多い。

0039
bow
[bóu/báu]

名 自 他 弓 ; お辞儀[する]

- ▶「弓」は[bóu],「お辞儀する」は[báu]と発音する。
- ▶ bough[báu](大枝)という語もある。

0040
introduce
[ìntrədjúːs]

他 紹介する ; 案内する

- □ introdúction 名 紹介, 入門, 序文
- ▶ introduce A to B (AをBに紹介する)の to を脱落させることはできない。
- ▶「友人のアンを紹介しましょう」は Let me introduce you to my friend Ann. だが, もっと簡単に I want you to meet my friend Ann. と言ってもよい。

0041
country
[kʌ́ntri]

名 田舎(いなか) ; 国

- □ cóuntryside 名 田園, 地方
- ▶ the town(都会)に対して, the country の形で「田舎」を言う。

0042
shake [ʃéik]

名 他 自 震動[する][させる]

□ shake hands with 〜と握手する
□ shake one's head 首を横に振る
 ↔ nod one's head （首を縦に振る）
▶ カクテル（cócktail）の「シェーカー（sháker）」のように，「（上下左右に）揺り動かす」こと。

Time to Read TRACK 003

15

These days, / soccer matches / don't attract the **crowds** they **used** to.

📎 attráct「引きつける」 used to「（以前は）よく〜したものだった」
the crowds以下はthe crowds *that* they used to *attract*と読む。

> このごろ / サッカーの試合は / 以前は引きつけていた観衆を引きつけません。

0043
crowd [kráud]

自 他 群がる 名 群集

□ crówded 形 混雑した
▶ ow は[ou]ではなく[au]と発音する。crow[króu]（カラス）や cloud[kláud]（雲）などと区別する。

0044
used [júːst]

形 慣れている

▶ use（使う）の過去・過去分詞の used[júːzd]と発音を区別する。
▶ be used to （〜に慣れている），get[become] used to（〜になれる）は You'll soon get used to living here.（ここの生活にはすぐ慣れますよ）のようによく使う。ただし，to *live* は不可。
▶ used to〜（よく〜したものだ，以前は〜だった）は，過去の意味を強めるときに使う。「何かスポーツをやってますか」ときかれて No, not now, but I used to.（今はやってませんが，以前はやっていました）の要領。

16

I really **hate** / having my **blood** taken / during **physical check**-ups.

🔗 physical check-up「健康診断」

> 私はほんとに**嫌いだ**/**血**を採取されることが/**健康診断**のとき。

0045
hate
[héit]

| 他 **憎む**, いやがる　名 嫌悪 |

☐ háteful 形 憎らしい
☐ hatred [héitrid] 名 憎しみ
▶ love（大好きだ）の反意語にあたる。I hate it. は I don't like it. や I dislike it. よりもっと嫌う気持ちが強い。

0046
blood
[blʌ́d]

| 名 **血液**, 血統 |

☐ blóody 形 血の, 残虐な
☐ bleed [blíːd] 自他 出血する
▶ 母音発音 [ʌ] に注意。brood [brúːd]（卵を抱く）と区別する。
▶ 血液型をたずねるのは What's your blood type?

0047
physical
[fízikəl]

| 形 **物質の**；**肉体の**；物理学の |

☐ phýsics 名 物理学
☐ phýsicist 名 物理学者
☐ physícian 名 内科医
▶「精神の，精神的な」は spíritual, móral, méntal など。
▶ spíritually（精神的に）と phýsically（物理的に）や matérially（物質的に）を対照させたり，méntally（知的に）と phýsically（肉体的に）を対照させて使うことも多い。

0048
check
[tʃék]

| 名 他 自 **阻止**[する]，**点検**[する] |

☐ check on　～を調べる
▶ メモ帳などを開きながら，Let me check.（ちょっと調べてみます）のように使える。また，「チェック・マーク（✓）をつける」という意味にもなる。
▶「小切手」を《米》では check，《英》では cheque と言う。

17

The tree was said / to be more than 300 years old, / and had **reached** a **height** / of nearly 25 meters.

📎 metersは[míːtərz]と発音する。

その木は言われていました / 樹齢300年以上と，／そして高さに達していた /
ほとんど25メートルの。

■■■ 0049 **reach** [ríːtʃ]	他 **(たどり)着く** 自 名 **手を伸ばす[こと]** □ reach out　(手を)差し出す ▶「(努力して)たどり着く」という感じを含む点が arríve と異なる。会話では，How can I get to Asakusa?(浅草にはどう行ったらいいですか)のように get to を使うほうが普通。 ▶ How can I reach her? (どうしたら彼女と連絡がとれますか)という使い方もできる。
■■■ 0050 **height** [háit]	名 **高さ，背丈** □ héighten 他自 高め[ま]る □ héights 名 高地 ▶ スペリング ei と発音[ai]は特に誤りやすい。 ▶ high[hái] 形 (高い)の名詞形。 ▶ 身長をたずねるときには How tall are you? または What is your height? と言えばよい。

18

My grandfather always **believed** / that if you **ignored** medical **problems** / they would go away. // In the end / he was **proved** wrong, / of course.

🖉 médical「医学の」

祖父はいつも**信じていました** / 病気は**ほうっておけ**ば / 治るものだと。//（でも）結局は，/ 彼の考えは間違いだと**わかりました** / 当然ながら。

0051
believe
[bilíːv]

他 自 信じる，信用する

□ belíef 图 信念，信仰
▶ I think …と言うより，I believe …のほうが確信の程度が高い。
▶ I can't believe it. は「まさか(信じられませんね)」。
▶ believe（信じる）と believe in（信用する，〜の存在を信じる）とを区別。会話で I believe you. と言えば「(あなたの言うことを)信じますよ」「そうですとも」という相づちになるし，I believe in you. と言えば「あなた(の人格)を信頼しますよ」ということになる。

0052
ignóre
[ignɔ́ːr]

他 無視する

□ ígnorance 图 無知，知らない(こと)
□ be ignorant of[about] 〜を知らない
▶「(故意に) 知らん顔をする，見て見ぬふりをする」というときに使う。

0053
problem
[prábləm]

名 問題

▶「解決すべき困難な問題」という感じ。「やっかいなこと[人]」の意味でも使う。
▶ question（質問，[試験の]問題）と区別。

0054
prove
[prú:v]

他 証明する　自 ～であるとわかる

- □ próof 名 証明　形 ～に耐える
- □ wáterproof 形 防水性の
- ▶ 発音[u:]に注意。
- ▶ prove (to be) ～ / turn out to be～ (～であるとわかる) は重要な語句の1つ。
- ▶「彼の言ったことはうそではないことがわかりました」は What he said proved[turned out to be] true.

19

When **asked** / what the largest **island** in the world is, / a **lot** of people will **mistakenly reply** / that it is Australia.

when asked は when *they are* asked

たずねられたとき / 世界でいちばん大きな島はどこかと, / 多くの人はよく間違って答えるでしょう / それはオーストラリアだと。

0055
ask
[ǽsk/ɑ́:sk]

他 自 たずねる，頼む

- □ ask…to～　…に～してくれと頼む
- □ ask (A) for B　(Aに)Bを求める
- □ ask B of A　AにBをたずねる《文語》
- ▶ 前置詞との結合をよく確認して使いこなそう。ただし，日常会話で「お願いがあるのですが」と言うとき，Can I ask a favor of you? は正しいがきわめて不自然。Can I ask you a favor? のほうがずっと自然である。

0056
island
[áilənd]

名 島

- ▶ s は発音しない。同じ意味で詩などに使われる isle も発音は[áil]である。

0057
lot [lát]

名 たくさん；くじ（引き），運命；地所

☐ a lot of / lots of　多量の，多数の
▶「駐車場」は a parking lot，または a parking area。
▶ I have a lot to do today.（今日はやることが多くてね）とか I've changed a lot.（私もずいぶん変わりましたよ）のように，日常の会話で多用する。

0058
mistake [mistéik]

名 他 間違い[をする]

▶ They took her for a shoplifter.（彼女は万引きと間違えられた）のように，mistake A for B / take A for B（A を B と間違える）という形でよく使われる。

0059
replý [riplái]

名 他 自 返答[する]

☐ in reply (to)　（～に）答えて
▶ ánswer や replý と対立する語は，ask, inquíre（たずねる）。
▶ ánswer より改まった語。「彼の e メールに返信する」は answer his email（前置詞不要）または reply to his email（前置詞 to が必要）。

20

The guard **stopped** the old man / as he **entered** the building / and **asked** him what his **purpose** was / in going in there.

🔗 guard「守衛, ガードマン」

守衛は老人を呼び**止めました** / 彼が建物に**入ってくる**と，/ そして**目的**は何なのかと**たずねました** / そこに入っていく。

0060
enter
[éntər]

他 自 入る；始める

- éntrance 名 入口, 入学
- éntry 名 入場, 入会
- enter into[on] ～を始める
- ▶「(ある場所)に入る(go into)」ときには énter でよい。前置詞は不要。
- ▶ ただし、「(交渉・議論などを) 始める」ときには前置詞 into が必要。

0061
purpose
[pə́ːrpəs]

名 目的, 意図；効果

- for the purpose of ～の目的で
- on purpose 故意に
- to no purpose むなしく, 効果なく
- ▶ 入国の際に What's the purpose of your visit?（旅行の目的は）ときかれたら, Pleasure.（遊びです）とか I'm here on business.（仕事で来ました）と答える。
- ▶ aim（[はっきりした]目的）, end（[最終的な結果としての]目的）, objéctive（[短期に達成する]目的）などの語と使い分けるとよい。

21

How can a Catholic priest speak / with **confidence** / about the **perils** of **romance** / when he has no **knowledge** of the subject?

a Catholic priest「カトリックの牧師, 神父」
the subject「主題」(ここではthe perils of romanceのこと)

どうしてカトリックの神父が語ることができるだろうか / 自信をもって / 恋愛の危険について / その問題についての知識なんて何にもないのに。

0062
cónfidence
[kánfidəns]

名 信頼, 自信

- cónfident / self-cónfident 形 自信のある
- confidéntial 形 秘密の
- ▶ confide[-fáid]（信頼する,［秘密を］打ち明ける）の名詞形。

0063
peril
[pérəl]

名 **危険**(物)　他 危うくする

□ périlous　形 危険な
□ be in peril of　〜の危険にさらされる
▶「(重大な)危険(serious danger)」の意。

0064
romance
[roumǽns]

名 **恋愛**[小説・映画]，**情事**

□ romántic　形 空想的な
□ románticism　名 ロマン主義；空想的なこと
▶日本語の「ロマンチスト」は英語にはない。He's a romantic (person). のように言う。

0065
knowledge
[nάlidʒ]

名 **知識**，学識

▶ know[nóu](知る)の名詞形。母音の発音を区別する。

Time to Read　TRACK 004

22

The sweater was knitted / with **threads** of many colors.

> セーターは編まれていた / たくさんの色の糸で。

0066
thread
[θréd]

名 **糸**

▶ ea を [e] と発音する。bread(パン)，bréakfast(朝食)，threat(おどし)，tread(踏む)なども同じ。

23

According to **initial** reports, / more than 400 people are **feared** / to have **perished** / in the **disaster**.

📎 according to「〜によれば」

> 第一報によると / 400人以上の人が心配されています / 死亡したのではないかと / その災害で。

0067
initial
[iníʃəl]

形 初めの　名 頭文字

- inítially 副 まず第一に，最初のうちは
- inítiate 他 始める，入会させる
- inítiative 名 率先
- ▶ first（最初の）より改まった語。
- ▶ T.K. などの「（姓名の）イニシャル」は initial ではなく，inítials と複数形にする。
- ▶「率先してやる」は take the initiative。

0068
fear
[fíər]

名 恐怖，心配　他自 恐れる

- féarful 形 恐ろしい，心配な
- for fear of ～を恐れて
- for fear… …を恐れて，…するといけないから
- ▶ I fear…（…ではないかと心配だ）は，会話では I'm afraid …のほうが普通。

0069
perish
[périʃ]

自他 滅びる，だめにする，死ぬ

- impérishable 形 不滅の
- ▶ die（死ぬ）や be killed（殺される）の代わりに新聞などで使われる。

0070
disaster
[dizǽstər]

名 災害，大参事

- ▶ s の発音は[z]。deséase（病気）も[dis-]ではなく[diz-]。
- ▶ disástrous 形（悲惨な）はスペリングを間違えないように。

24

Japan has a unique **system** / of naming 'living **national treasures**' / from **among** its artists and writers.

🔗 uníque「独特の，ユニークな」　name「指名する，任命する」

日本はユニークな**制度**をもっています /「生きている**国宝**（人間国宝）」を指名するという / 芸術家や作家**の中**から。

0071
system
[sístəm]

名 **組織，体系**，制度

- □ systemátic 形 組織的な，体系的な
- ▶ computer system（コンピューター・システム），stereo system（ステレオ装置），heating systems（暖房装置）のように使える。

0072
national
[nǽʃənl]

形 **国家の，国民の**

- □ nationálity 名 国民性，国籍
- □ nátionalism 名 国家主義，民族主義
- □ nátionalist 名形 国家主義者［の］
- ▶ nátion（国家，国民）の形容詞。

0073
treasure
[tréʒər]

名 **宝物** 他 秘蔵する

- □ tréasury 名 宝庫
- ▶ 発音［e］に注意。pleasure［pléʒər］（喜び），measure［méʒər］（測る）も同じ。

0074
among
[əmʌ́ŋ]

前 **（3つ以上の）中に，中で**

- ▶ John is among the smartest boys. は John is one of the smartest boys.（ジョンはいちばん頭のいい男の子たちの1人です）と同じ意味。

25

Richard said / that **business** was bad, / by which he **meant** / that he wasn't making much money.

🖉 by *which* の whichは前の文の内容をさす。

リチャードが言った / **商売**が思わしくないと，/ その言葉によって彼は**意味していた** / あまりお金をかせいでいないということを。

💬 リチャードは景気が悪いと言っていましたが，言いたかったのはあまりもうかっていないということでした。

0075
business
[bíznəs]

名 仕事；商売；事柄

- □ búsinessman / búsinesswoman　名 実業家
- □ on business　用事で
- ▶ u を [i] と発音する例で，búsy(忙しい)，búilding(建物)なども同じ。
- ▶ Mind your own business. / (It's) None of your business. は「余計なお世話だ（ほっといてくれ）」という言い方。

0076
mean
[míːn]

形 名 卑しい，欲深い；平均[の]；《複》手段；資力　他 意味する；意図する

- □ méaning　名 意味
- □ mean to~　~するつもりである
- □ by means of　~（という手段）によって
- □ by no means　決して~でない
- □ beyond one's means　資力を超えている，とても買えない
- ▶ 多義語の典型である。特に名の means（[目的のための]手段；資力，財産）も重要。
- ▶ By no means. は「とんでもない」という返事に使う。Oh, no! / Never. / Certainly not. / Of course not. などと同じ強い否定。

26

I'm not **particularly** in **favor** / of Sato's plan, / but if everyone else **supports** it / I'll go **along** with it.

📎 go along with「~に賛成する，協力する」

ぼくは**特に賛成**しているわけではない / 佐藤君の計画に，/ でも，ほかのみんながそれを**支持する**のなら，/ ぼくもそれに**合わせる**よ。

0077
particular
[pərtíkjulər]

形 特定の；好みのやかましい

- □ partícularly / in particular　特に
- □ be particular about　~についてうるさい
- ▶ スペリング(par-)とアクセント(tí)に注意する。
- ▶「特にこの」という感じ。spécial（[普通ではなく]特別な）と区別して使い分ける。

0078
favor
[féivər]

名 他 好意[を持つ]，賛成[する]

- □ fávorable 形 好意的な，有利な
- □ favorite [féivərit] 名 形 お気に入り[の]
- □ in favor of ～に賛成して，～の有利に
- ▶ ((英))では favour。
- ▶ Would you do me a favor? / Can I ask you a favor? / I have a favor to ask you.（お願いがあるのですが）はきわめて基本的な表現。

0079
support
[səpɔ́ːrt]

他 支える，支持する；養う 名 支持

- □ suppórter 名 支持者，(サッカー)ファン
- ▶ He has a wife and two children to support. は「妻と2人の子供を扶養している」ということ。

0080
along
[əlɔ́ŋ]

前 副 [～に]沿って

- □ come along やって来る
- □ along with ～と一緒に
- ▶「(長いものに)沿って(ずっと)」という感じ。
- ▶「彼女とはうまくやってますか」は How are you getting along with her?

27

One of the **main problems** / teachers encounter / when trying to **explain**(0053) English grammar / is that there always **seem** to be so many **exceptions.**

🖉 encóunter「～に会う，直面する」　grámmar「文法」

💬 **主要な問題**の1つは／教師が出会う／英語の文法を**説明し**ようとするときに，／いつも非常に多くの**例外**がある**ように思われる**ことだ。

💬 英文法を説明しようとして教師がぶつかる大問題の1つは，つねに例外がかなりあると思われる点です。

0081
main [méin]

形 主要な

- máinly / chíefly / móstly 副 主に，大部分は
- in the main 概して，大部分は
- ▶ main events（主要な催しごと），a main street（本通り）など。

0082
explain [ikspléin]

他 説明する

- explanation[eksplənéiʃən] 名 説明，解説
- explain A to B A を B に説明する
- ▶「私が（それについて）説明しましょう」は I'll explain it. で，I'll explain *about* it. の about は不要。
- ▶ 名 のスペリングに注意。

0083
seem [síːm]

自 〜のように思える

- it seems as if … まるで…のようだ
- it seems like … …のように思える
- ▶ It seems impossible to me.（私にはそれは不可能に思えますが）の seem は，look, appear（〜のように見える）に近い。
- ▶ seem to〜（〜するようだ）は it seems that …で言い換えられることも多い。

0084
exception [iksépʃən]

名 例外

- excéptional 形 例外的な
- ▶ excépt（〜を除いて，除外する）の名詞形。
- ▶ There is no rule but has some exceptions.（例外のない規則はない）
- ▶ 今では，同じ意味で Every rule has some exception(s). と言うほうが自然である。

28

A: How was your **trip** to Thailand?
B: It was great, / except for the **return journey** / — our flight back was **delayed** eight hours, / and we had a **miserable** time / trying to **amuse** the kids at Bangkok Airport.

- except for「〜は別として，〜のほかは」
- amuse the kids「子供たちを楽しませる」

> タイ**旅行**はどうでした？

> よかったですよ。/ **帰りの旅**は別としてね /―帰りの飛行機が8時間も**遅れちゃって** / 私たちは**ひどい目にあいました**，/ バンコク空港で子供たちを**楽しませ**ようとして。

0085
trip
[tríp]

名 (短い)旅行
自 他 軽快に歩く；つまずく

- □ make[take] a trip / go on a trip　旅行に行く
- ▶ 見送りのときに Have a nice trip!（行ってらっしゃい）と声をかける。

0086
return
[ritə́ːrn]

自 他 名 戻る[こと]，返す[こと]

- □ by return (mail)　（郵便で）折り返し
- □ in return (for)　（〜の）お返しに
- ▶ 会話では I'll be back soon.（すぐ帰ってきます）のように，be back, come back, go back（帰って行く），give 〜 back（〜を返す）などを使うほうが普通。

0087
journey
[dʒə́ːrni]

名 旅行

- ▶ 母音の発音は[əːr]。
- ▶ vóyage（船旅）に対して，「（陸の比較的長い）旅行」に使う。
- ▶ trip（[ちょっとした]旅行），tour [túər]（[各地を回る]旅行）と使い分ける。

0088
miserable
[mízərəbl]

形 悲惨な, あわれな

- □ mísery 名 みじめさ, 不幸
- □ míserably 副 / in misery みじめに
- ▶ Don't look so miserable! は「そんなみじめたらしい顔をしないでよ」。

0089
amuse
[əmjúːz]

他 おもしろがらせる

- □ amúsing 形 おもしろい, 楽しくさせる
- □ amúsement 名 娯楽, 楽しみ
- □ be amused at[by, with] ～でおもしろがる
- ▶「おもしろい」は, ínteresting が「興味・関心を起こさせる」のに対して, amúsing, fúnny, húmorous は「こっけいな, 愉快にさせてくれる」という感じ。

Time to Read TRACK 005

29

You have to watch TV / if you want to know the most **recent** news.

テレビを見なくてはなりません / 最近のニュースを知りたいと思うなら。

0090
recent
[ríːsnt]

形 最近の

- □ récently / látely 副 最近
- ▶ [íː] をはっきり発音する。
- ▶「近年(では)」は in recent years。

30

I didn't have time / to **absorb enough information** / **before** the test.

時間がありませんでした / 十分な情報を吸収する / テストの前に。

0091
absorb
[əbzɔ́:rb/-sɔ́:rb]

他 吸収する；(心を)奪う

- □ absórption 名 吸収；熱中
- □ be absorbed in[by] ～に夢中になる
- ▶「～に夢中だ」は He's crazy about soccer.（サッカーに夢中だ）のように, be crazy about が口語的。

0092
enough
[ináf]

形 副 名 十分[な]，必要なだけ[の]

- ▶ ou を[ʌ]と発音する。rough（ざらざらした），tough（じょうぶな）なども同じ。
- ▶ I don't have enough time.（時間が十分ありません）などのほかに, I've had enough of this.（もうこんなことは十分ですよ）という言い方もする。

0093
inform
[infɔ́:rm]

自 他 知らせる

- □ informátion 名 情報，知識
- □ inform A of B　AにBを知らせる
- ▶軽く「知らせてください」は Tell me about…とか Let me now…でよい。inform は文書などで「通知する」という感じ。
- ▶ IT は information technology（情報工学）の略。

0094
before
[bifɔ́:r]

副 前 接 […より]前に，以前に

- □ before everything　何よりも，とりわけ
- □ before long　間もなく
- □ it is not long before…　間もなく…
- ▶ばくぜんと「以前に」は ago ではなく before を使う。
- ▶ two years before は「(ある出来事から)2 年前に」というときに使う。ago「(今から) 前に」と before「(一定の時から)前に」を区別して使い分けないといけない。

31

The boys were so **weary** / when they got back / that they all fell **asleep** / before supper.

🖉 so～ that…「とても～なので…」

男の子たちはとても**疲れて**いた / 帰ってきたとき，/ そのため全員**眠り**込んでしまいました / 夕食前に。

0095
weary
[wíəri]

形 **疲れた**，あきた

□ be weary of / be tired of / be bored with ～にあき[てい]る
▶ ea を[iə]と発音する。wear[wéər]（着ている）と発音が異なる。
▶ 会話では tired のほうが普通。

0096
asleep
[əslíːp]

形 **眠って(いる)**

▶ My baby is asleep. はよいが,「眠っている赤ちゃん」は a *sleeping* baby.
▶ 足がしびれているときは，My legs are asleep. と言う。

32

In the general **election**, / there didn't seem to be much **difference** / **between** the **policies** put forward by any of the parties.

géneral「全体の,一般の」
put forward「(意見・政策などを)出す,提案する」
párties「政党」(political parties)

> その総**選挙**では / あまり**違い**がないようでした / どの政党によって出された**政策**の間にも。

0097
elect
[ilékt]

他 **選ぶ** 形 **選ばれた**

□ eléction 名 選挙
▶「(選挙で)選ぶ」「選出する」の意。
▶ eréct（直立させる）と区別。

0098 differ
[dífər]

自 異なる

- differ from / be different from ～と異なる
- differ in ～の点で異なる
▶ A is different from B. (A は B と異なる) が普通の言い方だが, ((米))では from の代わりに than を使うこともある。
▶「A と B との相違」は difference of A from B, または difference between A and B。

0099 between
[bitwí:n]

前 (2つのものの)間に

- between A and B　A と B の間に
▶ between ourselves / between you and me は「ここだけの(ないしょの)話だが」という決まり文句。

0100 policy
[pálisi]

名 政策, 方針

▶ políce(警察), pólitics(政治)などと混同しないように。
▶ Honesty is the best policy.(正直は最良の策[である])

33

A: What's your hometown like?
B: Well, / I **doubt** you'd like it very much / — it's not very **lively**. // In **fact**, / you'd **probably find** it **dull**!

あなたの生まれ故郷はどんなところ?

そう, / あまり好まれそうなところ**じゃないと思います**よ / —そんなに**活気がない**しね。 // **実際,** / **おそらく**みんな**退屈な**ところ**だと思う**でしょうね。

0101 doubt
[dáut]

他 自 疑う, …でないと思う　**名** 疑い

- dóubtful **形** 疑わしい
▶ b は発音しない。debt[dét](借金)の b も同じ。
▶「疑いなく, 確かに」は dóubtless, undóubtedly, no doubt などで表せる。

0102
lively
[láivli]

形 生き生きした

▶ [lívli]ではなく[láivli]。
▶ live [láiv]([動植物が]生きている)という形容詞もある。live[lív](生きる，住む)と発音を区別する。

0103
fact
[fǽkt]

名 事実

□ fáctual 形 事実の
▶「実は…」「実際は…」にあたるのは，in fact / (As a) matter of fact / The fact is,…など。
▶「本当かい？」は Really? / Is that right? / Is that a fact?

0104
probable
[prάbəbl]

形 ありそうな

□ próbably 副 たぶん
□ probabílity 名 見込み，ありそうなこと
▶ 反意語は impróbable(ありそうもない)。
▶ póssibly, perháps, máybe, próbably, cértainly [surely]の順に可能性の度合いが高くなる。

0105
find
[fáind]

他 見つける，…だとわかる

□ find out (苦労して)見つけ出す，わかる
▶ find-found-found と活用。

0106
dull
[dʌ́l]

形 愚鈍な，退屈な，はっきりしない
他 鈍くする

▶ 関連語は stúpid(ばかな)，bóring(退屈な)，vágue(はっきりしない)など。
▶ 反意語は，cléver (りこうな)，sharp (鋭い)，lively [láivli](活気のある)，vívid(鮮やかな)，clear(はっきりした)，bright(明るい)など。

34

On the surface / it's just a children's story, / but in **essence** / it's a book / about the author's religious **beliefs**.

- on the surface「表面は,見かけは」　áuthor「著者」
- relígious「宗教の」

表面上は / それは単に子供向けのお話です / が, **本質**的には / それは本です / 著者の宗教的**信念**についての。

□□□ 0107 **essence** [ésns]	名 **本質**, 真髄
	□ esséntial 形 名 本質(的な),必須(の)
	□ esséntially 副 本質上,実質的に
	▶日本語の「エッセンス」と発音を区別する。

35

What the **foreign** minister said / in his **interview** with Newsweek / **differed** substantially / on a couple of points / from what he had said to the Japanese **press**.

- mínister「大臣」　differed は後出の from〜につながる。
- substántially「実質的に」　a couple of「二,三の,いくつかの」

外務大臣が語ったことは / ニューズウィークとの**インタビュー**で / 実質的に**異なっていました** / 二,三の点で / 彼がすでに日本の**報道陣**に述べていたこととは。

□□□ 0108 **foreign** [fɔ́rən, fɑ́rən]	形 **外国の**；異なった
	□ fóreigner 名 外国人
	□ foreign language 外国語
	▶スペリング・発音に注意。

□□□ 0109 **ínterview** [íntərvjuː]	名 他 **会見[する]**, 面接[する]
	▶ínterval(間隔)とともに,日本語の発音と区別しよう。
	▶「面接をする人」は an ínterviewer,「面接を受ける人」は an interviewée。

0110
press [prés]

他 自 圧迫する　名 新聞雑誌，印刷機

- □ préssure 名 圧迫，強制
- □ préssing 形 切迫した
- ▶ the press の形で「報道機関」，特に「新聞・雑誌」の意味に使う。

Time-to-Read TRACK 006

36

If your **business** goes bankrupt, / you could **lose** everything / you **possess**.
（0075）

🔗 go bankrupt「破産(倒産)する」

もしあなたの**事業**が破産すると / すべてのものを**失う**ことになりかねません / あなたが**所有している**。

0111
lose [lúːz]

他 自 失う，負ける，損をする

- □ lóss 名 損失
- ▶ 発音 [uː] と [z] に注意。loose [lúːs]（ゆるんだ，ルーズな）と区別する。
- ▶ lose-lost-lost と活用。
- ▶「ちょっとやせました」は I've lost some weight. のように lose を使う。
- ▶ 時計が「進む」「遅れる」は gain, lose を使う。
- ▶「このクオーツ時計は1年に3秒しか進み[遅れ]ません」は This quartz watch gains[loses] only three seconds a year.

0112
possess [pəzés]

他 所有する；とりつく

- □ posséssion 名 所有，財産
- □ be possessed of ～を所有する
- ▶ スペリングと発音 [z] に注意。
- ▶ be possessed by は「(霊やある考えなどに) とりつかれている」という意味。

37

Australians / are more **aware** / than most of us / of the **dangers** of **sunbathing**.

📎 aware は後出の of the dangers につながる。

オーストラリア人たちは / よりいっそう**気づいて**います / 私たちの大部分よりも / **日光浴**の**危険**に。

0113 **aware** [əwéər]	形 **気づいている**，知っている
	□ awáreness 名 自覚 □ be aware of / be conscious of 〜に気づいている ▶ I was aware that something was wrong.（どこかおかしいのに気づきました）のように，be aware that…という形でも使う。

0114 **dangerous** [déindʒərəs]	形 **危険な**
	□ dánger 名 危険 ▶ 発音[ei]に注意。 ▶「危ない！」とさけぶのは Look out! とか Watch out! が普通。You're in danger! はよいが，*Dangerous!* とは言わない。

0115 **bathe** [béið]	自 他 **水浴[日光浴]をする[させる]**
	▶ bath[bæθ] 名 (入浴)と発音を区別する。 ▶ bathed, bathing も [θ] ではなく [ð]。

38

Great **progress** has been made / in the **global effort** / to **conquer** AIDS.

📎 AIDS「エイズ(HIV感染症)」

大きな**進歩**がなされてきています / **世界的な努力**の点で / エイズを**克服**しようとする。

0116
progress
名 [prágres]
自 [prəgrés]

名 自 進歩[する]，前進[する]

- progréssive 形 進歩的な
  ↔ consérvative（保守的な）
- make progress 進歩する
▶ アクセントは「名前動後」。
▶ "pro-（前方へ）+ gress（歩く）" からできた語。

0117
globe
[glóub]

名 球；地球

- glóbal 形 球の；全世界の
▶ glove[glʌ́v]（手袋），grove[gróuv]（木立ち）と発音・スペリングを混同しないように。
▶ globalizátion（国際化，世界化）は現在よく使われることば。

0118
effort
[éfərt]

名 努力

▶ e- は ex- と同じように「外へ」という意味で，「外へ力を出す」という感じ。

0119
conquer
[kɑ́ŋkər]

他 自 征服する

- conquest[kɑ́ŋkwest] 名 征服
▶ [ŋk] という発音を含む。

39

Doctors should always **explain** / to their **patients** / what they are doing / when they are **examining** them.
₀₀₈₂

医師はつねに説明するべきです / 患者に / どんなことをしているのかを，/ 診察しているときに。

0120
patient
[péiʃənt]

形 忍耐づよい 名 患者

- pátience 名 忍耐，根気
▶「忍耐強く」は pátiently または with patience。

0121
examine
[igzǽmin]

他 試験する，調べる

□ examinátion 名 試験，検査
▶ 発音に注意。
▶ x の直後にアクセントがあると x の発音は[gz]となる：exíst(存在する)，exáct(正確な)，exámple(例)など。

40

I'm **afraid** / Mike will never do very well / in **interviews** / until he learns / to **exhibit** a **bit** more enthusiasm.

🔗 enthúsiasm「強い興味, 熱意」

私は**心配している** / マイクは決してうまくやれないのではないかと / **面接**で，/ 身につけるまで / もう**少し**たくさんの熱意を**表に出す**ことを。

💬 もう少し熱意を前面に出せるようにならないと，マイクは面接でなかなかうまくいかないんじゃないかな。

0122
afraid
[əfréid]

形 恐れている，(…ではないかと)心配する

□ be afraid of ～を恐れる
▶ I'm afraid…(…じゃないかと思う)は I hope…(…だろうと思う)と対比して，会話でよく使う。「今夜は大雨になると思いますよ」は I'm afraid it's going to rain heavily this evening.

0123
exhibit
[igzíbit]

他 自 展示する

□ exhibítion [iksi-] 名 展示(会)
▶ [gz]という発音。exhibítion の[ks]と区別する。
▶ ex- は「外へ」という意味。show(示す)や displáy(表す，展示する)に近い。

0124
bit
[bít]

名 少し，ちょっと

□ a bit of 少しの，1口の
▶ This seems a bit harder. (これはちょっと難しそうだな)とか I'm not a bit tired. (ちっとも疲れてません) のように，副詞的に使える。

41

Many of the things / we **enjoy** eating or drinking most / many actually be slow **poisons** / that will **eventually** harm us, / like too much salt or sugar.

harm「〜を害する, 〜の害になる」

物の多くは / 私たちが最も**好んで**食べたり飲んだりする, / 事実, ゆっくりした**毒物**になるかもしれない / **結果的に**われわれの害になる / 多すぎる塩や砂糖のように。

過剰な塩や砂糖のように, 私たちが最も好んで飲食する物の多くは, 実のところ, 結果的に体に害を及ぼす, じわじわと効く毒物なのかもしれません。

0125
poison
[pɔ́izən]

名 他 毒[を入れる]

□ póisonous 形 有毒の
▶ 反意語は médicine（薬）。
▶ One man's meat is another man's poison.（ある人が食べる肉も別人には毒となる / 人の好みはさまざま / 甲の薬は乙の毒）

0126
eventually
[ivéntʃuəli]

副 結局は, ついに(は)

▶ アクセントに注意。
▶ evént（出来事）, evéntual（結果として起こる）の副詞。「(いろいろな出来事はあったが)結局は」という感じ。
▶ at last（ついに, ようやく）や finally（最終的に）などにも注目しておくとよい。

42

A: There's no point / being **jealous** of him / just because he was made captain and you weren't.

B: I know there's no point, / but I just can't **help** it / — I'm a much better player than he is!

there's no point (in) ~ing「〜してもむだだ,〜しても何にもならない」

何にもならないよ / あいつに**やきもち焼いて**も,/ 彼がキャプテンに選ばれ,きみが選ばれなかったからといって。

(何にもならないのは) わかっちゃいるんだけど,/ どうにも**抑えら**れないんだ。/ ぼくのほうがよっぽど腕が上なんだから。

0127
jealous
[dʒéləs]

形 **しっと深い**, ねたんでいる

□ jéalousy 名 しっと,ねたみ
▶ ea の発音[e]に注意。
▶「あの人はあなたの成功をうらやんでいるようですよ」は He seems to be jealous of your success.

0128
help
[hélp]

他 自 助ける ; **こらえる**, (料理などを)**取ってやる** 名 助力

□ hélpful 形 役に立つ
□ hélpless 形 たよりない
□ help … with …の〜を手伝う
▶ I can't help it.(しかたがない), I can't help laughing.(笑わないわけにはいきません)などの用法も重要。
▶「どうぞご自由に召しあがってください」と食べ物や飲み物をすすめるのは, Please help yourself. また「(ごはんなどを)もう1杯お代わりはいかがですか」は Would you like another helping?

43

Don't come too **close** to me / ― I've got a **terrible** cold!
0022

あまりあたしに**近寄**っちゃだめ。/ **ひどい**風邪をひいているの。

0129 **terrible** [téribl]	形 **ひどい**，ひどく下手な，恐ろしい

- □ térribly 副 とても，ひどく
- □ térrify 他 恐れさす
- □ terrífic 形 ものすごい，すごくいい
- □ térrorism 名 テロ（リズム）
- □ be terrible at ～がひどく下手だ
- ▶ térror（恐怖）の形容詞だが，普通は térrible も térribly も意味を強めるための語として使われる。

44

A: I thought / there was **supposed** to be a **path** here!
B: There is / ― it's just so overgrown / that you can't see it!

📎 overgrówn「（草木が）生い茂った」

思ったんだけどなあ / ここに確か**道**が あった**はずだ**と。

あるよ。/ 草がすごく生い茂っているから / 見えないだけだ。

0130 **suppose** [səpóuz]	他 **想像する**，**思う**，仮定する

- □ supposítion 名 想像，仮定
- □ suppose[suppósing] … もし…だとしたならば
- ▶ I think …より I suppose …のほうがやわらかい感じを与える。
- ▶ I suppose it to be true.（それは本当だと思う）も可能だが，I suppose (that) it's true. と言うほうが普通。

0131
path
[pǽθ]

名 小道, 散歩道

▶ 単数は[θ], paths(複数形)は[-ðz]となる。mouth(口)も単数は[θ], mouths(複数形)は[ðz]。

45

The most **important thing** / students should learn to do / is to ask questions.

🔖 learn to～「～できるようになる」

最も**重要なこと**は / 学生たちができるようになるべき, / 質問をすることだ。

💬 学生が身につけるとよい最も大切なことは, 質問をすることです。

0132
important
[impɔ́ːrtənt]

形 重要な

□ impórtance 名 重要性
□ of great importance　非常に重要な
▶ 反意語は unimpórtant(重要でない), trivial(ささいな)など。

0133
thing
[θíŋ]

名 物, 事

□ as things are[stand]　現状では
▶ 「かわいそうに(What a pity!)」は Ah, poor thing! / You poor thing! と言う。このように thing は「人(子供・女)」にも使う。
▶ sómething, ánything, nóthing などには十分慣れておくこと。

46

There are not many **occasions** / on which the **whole** school comes together.

それほど多くの**機会**はありません / **全**校生徒が集まる。

0134
occasion
[əkéiʒən]

名 場合，機会

- occásional 形 ときおりの
- occásionally / on occasion ときおり
- ▶ [dʒ]ではなく[ʒ]：úsual（いつもの），divísion（分割すること）も s を[ʒ]と発音する。
- ▶「この場合（に）」と言うとき，on this occasion, in this case のように前置詞が異なる。

0135
whole
[hóul]

名 形 全部[の]，全体[の]

- whólesome 形 健全な
- as a whole 全体として
- on the whole 概して
- ▶ hole（穴）と同音，hall[hɔ́ːl]と区別。
- ▶ the whole class（クラス全体）と all the classes（すべてのクラス）を比較してみること。

47

Beethoven **discovered** / revolutionary ways / to **express passions** and emotions / in music.

📎 revolútionary「革新的な」
emótion「（喜怒哀楽などの）感情」

ベートーベンは発見した / 革命的な方法を / 情熱や感情を表現する / 音楽で。

0136
discover
[diskʌ́vər]

他 発見する

- discóvery 名 発見
- ▶「cóver を取り除く（dis-）」ということ。

0137
express
[iksprés]

他 表現する 名 急行，速達 形 至急の

- expréssion 名 表現，表情
- expréssive 形 表現に富む
- ▶ "ex-(外へ) + press(押し出す)" という感じをつかむ。
- ▶「急行列車」は an express (train)，「速達便で」は by express。

0138
passion
[pǽʃən]

名 情熱, 激怒

- □ pássionate 形 情熱的な, 短気な
- □ have a passion for 〜が大好きである
- ▶「(熱中・怒り・愛情などの)激しい感情」を表す語。
- ▶ -sion, -ssion, -tion はいくつかの例外(quéstion など)を除いて, [ʃən]と発音することが多い。

48

Regular aerobic exercise, / for **example** jogging, / is very **important** / if you **want** to keep **fit**.

🔗 aerobic exercise「エアロビクス(体操)」 0132 0029

規則的なエアロビクス, / 例えばジョギングが / とても大切だ, / あなたが健康を維持したいと思うなら。

💬 健康を維持したければ, 規則的に体を動かすこと, 例えばジョギングなんかをすることが非常に大切です。

0139
regular
[régjulər]

形 規則的な, 正規の

- □ régularly 副 規則的に, 定期的に
- □ regulárity 名 規則正しさ
- □ régulate 他 規制する, 調整する
- ▶会話では名として「レギュラー選手, レギュラーガソリン」などの意味で使われる。

0140
example
[igzǽmpl]

名 例, 模範

- □ for example / for instance たとえば
- ▶ x を[gz]と発音する。
- ▶「一例をあげましょう」は Let me give an example. とか I'll give an example.

0141
fit
[fít]

自 他 適合する, 似合う 名 発作
形 適した, 体調が良い

- □ fítness 名 適合, 健康
- □ be fit for 〜に適した
- □ keep fit 健康を維持する
- ▶ suit と比べて「(大きさや型が)ぴったり合う」という感じが強い。

49

A: You said you were going to look for your old house / when you went back to your hometown / — did you **find** it?

B: Well, I found the **site**, / but the house itself has **disappeared**. // In **fact**, / the **whole neighborhood** had **disappeared**! // There's an enormous **office** complex / there / now.

site「場所, 敷地」　enórmous「ばかでかい, 巨大な」
cómplex「総合ビル, 合同庁舎」

昔住んでた家を探すつもりだって言ってたけど / 故郷に帰ったら。/ 見つかった？

うん, 場所は見つけたけど, / 家自体は**なくなってた**。// **実は**, / **近所全体**が**消えていた**。// 巨大な**オフィス**総合ビルが建ってるよ, / そこには / 今。

0142
disappear
[dìsəpíər]

自 姿を消す, 見えなくなる

▶ dis- は「反対の動作」を表す接頭辞。agrée（[意見が]合う）の反対は disagrée（合わない）。

0143
néighborhood
[néibərhud]

名 近所[の人々]

□ néighboring 形 隣接した
▶ neighbor（隣人；隣りあう）に -hood（名詞をつくる語尾）がついた語。
▶ in the neighborhood of（～の近所に）という形で使うことが多い。

0144
office
[ɔ́fəs/ɑ́f-]

名 事務所, 役所；職務

□ ófficer 名 役人, 将校
□ official 形 公式の ↔ prívate（私的な）
□ officially 副 公式に, 正式には
▶ official 形 や officially 副 のアクセントは誤りやすい。

50

The wind **swept** everything / off my desk / as soon as I **opened** the window.

🔗 as soon as… 「…するとすぐに」

風がすべてのものを**吹き飛ばしてしまいました** / 私の机から / 窓を**開けた**とたんに。

0145
sweep
[swíːp]

自 他 名 **掃除[する]；一掃[する]**

□ sweep away　さっと払いのける，一掃する
▶ sweep-swept-swept と活用。
▶「(部屋などを)掃除する，片づける」はdo や clean でよい。sweep は「掃き掃除する」という意味。

0146
open
[óupn]

他 自 **開く，始める[まる]**
形 **開いた，公開の，率直な**

▶ 日本語の「オープン」にならないように，発音[ou]に注意。
▶ 反意語は closed (閉じた)。
▶ Access to most websites is open to anyone. ([インターネットの]たいていのウェブサイトはだれでもアクセスできます)のように，「自由に利用できる」という感じをつかんでおく。
▶ Tim is always open with Jane. は「ティムはいつもジェーンにはうちとけて何でも話せる」ということ。

51

I could tell / that he was furious, / even though his voice was **completely calm**.

🔗 fúrious「ひどく腹を立てた」
even though… 「たとえ…であるにしても」

私にはわかりました / 彼がひどく腹を立てていることが，/ たとえ声は**まったく穏やかで**あったとしても。

0147
complete
[kəmplíːt]

形 **完全な**, まったくの　他 **完成する**

□ complétion 名 完成
▶「全部そろった」という感じ。反対に「不完全な」は imcompléte。

0148
calm
[káːm]

形 名 **穏やか[な]**, 平静[な]
他 自 **静め[ま]る**

□ calm down　落ち着く[かせる]
▶発音に注意，l は黙示。
▶反意語は stórmy (あらしの), nérvous (いらいらしている) など。

52

The **internal** mail **system** at our college / is very good, / but now that everyone has e-mail / it's **hardly** used.

🔖 now that…「…である今，今はもう…なので」

私たちの大学の**学内**郵便**システム**は / とても良い． / しかし，今はもうみんなが e メールを使うようになったので， / それは**ほとんど**利用されて**いません**。

0149
internal
[intə́ːrnl]

形 **内部の**, 国内の

▶ extérnal (外部の) や fóreign (国外の) と対比する。

0150
hardly
[háːrdli]

副 **ほとんど〜しない**

▶ I can hardly believe it.（そんなことどうも信じられないよ）のように否定の気分がかなり強い。
▶同じ意味の scarcely [skéərsli] は会話ではあまり使わない。
▶ Hardly!（とんでもないよ）のように，not at all（全然〜でない）に近い意味になることもある。

53

The **junior** members of the faculty / are generally much **friendlier** and easier to talk to / than the **senior** members.

> fáculty「(大学の)学部教授陣」　génerally「一般に,概して」
> easy to talk to「(気楽に)話しかけやすい」

学部教授陣のうち**若手の**メンバーは, / 概してずっと**親しみやすく**話しかけやすい / **年配の**教授たちよりも。

0151
junior
[dʒúːnjər]

形 **年下の**
名 年少者, 後輩, 大学3年生

▶次のペアで使う。
　be junior to　〜より年下である
　be senior to　〜より年上である
▶会話では「息子」のことを Júnior と呼ぶことがある。

0152
friendly
[fréndli]

形 **好意的な**

□ be friendly to[with]　〜に味方する, 〜と仲が良い
▶ friend (友人, 味方) の形容詞。語尾が -ly だが形であって副として用いるのはまれ。

0153
senior
[síːnjər]

形 **年長の**, 先輩の　名 年長者, 先輩

▶4年制大学では「3年生」を júnior,「4年生」を sénior と呼ぶ。一般に,「新入生」を fréshman,「最上級生」を sénior と言う。

54

One of the most **carefully** protected **rights** in Japan / is the freedom to **worship** / in any way / you want to.

📎 protéct「保護する」
in any way…はin any way *that* you want to *worship*ということ。

> 日本で最も**入念に**保護されている**権利**の1つは，/ **信仰する**自由です / どんなやり方でも / 自分がしたいと思う。

0154
careful
[kéərfl]

形 **注意深い**

□ be careful of[about]　～に気をつける
▶ care（注意[する]，世話[する]）の形容詞。

0155
right
[ráit]

名 **権利**；右
形 **正しい**；右の　副 **まさしく**

□ ríghtly　副 正当に，当然
□ be in the right　正しい
　　↔ be in the wrong　誤っている
□ right away / at once　ただちに
▶ write（書く）と同音。
▶ 名 は basic human rights（基本的人権）のような「権利」という意味が重要である。
▶ 形 の反意語は意味によって，wrong（不正[の]），left（左[の]）となる。

0156
worship
[wə́:rʃip]

他 自 名 **崇拝[する]**

▶ warship[wɔ́:r-]（軍艦）と発音を区別するように。

55

Jane **sighed** / as she looked out of the window at the heavy rain; / the hockey game / would **certainly** not **happen** today.

as…「…したときに,…しながら」

ジェーンは**ため息をつきました** / 窓からどしゃ降りの雨を見ながら。/ ホッケーの試合は, / 今日は**きっと行われ**ないだろうと。

0157 certain [sə́:rtn]

形 確実な, 一定の, ある

- □ cértainty 名 確実(性)
- □ cértainly 副 確かに
- □ be certain of / be sure of　きっと〜だと思う
- ▶ for certain / for sure（確かに）は改まった言い方。

0158 happen [hǽpn]

自 起こる, 偶然〜する

- ▶ take place（[計画的に]行なわれる）に対し,「偶然起こる」という感じ。
- ▶ happen to〜 / chance to〜（たまたま〜する）は常用の言い方。

56

Few people in poor **countries** can **enjoy** / the **kind** of **luxuries** / that most people in **advanced** countries / take for granted, / like constant hot water.

few「(否定の気持ちで)ごく小数の, ほとんどいない」
take〜 for granted「〜を当然だと思う」

貧しい**国々**のほとんどの人びとは**楽しむ**ことができません /（次のような）**種類**のぜいたくを / **先進**国の大部分の人びとが / 当然と思うような, / 例えばいつでも熱い湯を使えるといった。

0159 kind [káind]

名 種類　形 親切な

- □ kíndness 名 親切
- □ be kind enough to〜　親切にも〜する
- ▶ a kind of（一種の）は a sort of や a type of とほぼ同じ。

0160 luxury
[lʌ́kʃəri]

名 ぜいたく[品]

- luxurious[lʌgʒúəriəs] **形** ぜいたくな
▶ **名**と**形**の[kʃ]と[gʒ]を区別する。

0161 advánce
[ədvǽns]

自他 前進する[させる]　**名** 前進

- advánced **形** 進歩した，上級の
- adváncement **名** 前進，進歩，出世
- in advance　前もって
▶「プレイガイドで前売り券を2枚買っておきましたよ」は I got two tickets in advance（または I got two advance tickets）at the agency.

57　Time to Read　TRACK 009

The snake **stared** / at the rabbit, / and it was **unable** to **move**.

🔗 be unable to~「~（することが）できない」

> ヘビが**にらみつけた** / ウサギを，/ そうしたら，ウサギは**動くことができません**でした。

0162 stare
[stéər]

自他 じっと見つめる　**名** 凝視

- stare at　~を凝視する
▶ stair（階段[の一段]）と同じ発音。

0163 able
[éibl]

形 ~できる，有能な

▶ be able to ~（~[することが]できる），be unable to ~（~できない）；abílity（できること，能力），inabílity（できないこと，無能力）の un- と in- に注意。

0164 move
[múːv]

他自 動く[かす]，引越す；感動させる
名 動き，移転

- móvement **名** 運動，移動
▶「（人の感情を）動かす」という意味で，move や touch が使われる。Some of them were moved to tears. ならば「中には感動して涙を流す人たちもいた」ということ。

58

A: Well, / what did you think of Josh's room?
B: What a mess! // It looked as if a **bomb** had gone off / in there!

> mess「乱雑, めちゃくちゃ」　it looked as if …「まるで…のようだった」
> go off「爆発する, 炸裂する」

ところで, / ジョッシュの部屋をどう思った？

めちゃくちゃだよ。// まるで爆弾が爆発したみたいだった / あそこの中で。

0165
bomb
[bám]

名 自 他 爆弾[を投下する]

□ bomber [bámər]　名 爆撃機
▶ b は黙字。comb [kóum]（くし）, lamb [lǽm]（子羊）, tomb [túːm]（墓）の b も同じ。
▶ bombárd（爆撃する）の b は発音する。

59

It is **dangerous** / to do anything / near a **naked flame** / since it is easy to set things on fire.
　　　　　　　　　　　　　　　0114

> set ～ on fire「～を燃やす, ～に着火する」

危険だ / 何をすることも / 裸の火の近くで, / なぜなら, まわりの物に着火しやすいから。

0166
naked
[néikid]

形 はだかの

▶ 語尾の -ed の発音に注意：léarned [id/ed]（学識のある）, áged [id]（年とった）, sácred [séikrid]（神聖な）などの語尾も誤りやすい。

0167
flame
[fléim]

名 炎；情熱　自 燃えあがる

□ infláme　自 他 火をつける；立腹する[させる]
□ flame up[out]　燃えあがる
□ afláme / in flames　燃えたって
▶ frame（骨組み）と区別する。

When the **earthquake struck**, / the children **dived** under the table / and **silently** prayed for their lives.

🔖 pray for「〜のために祈る」

> 地震が**起きた**とき，/ 子供たちはテーブルの下に**もぐりこんで**，/ そして，**静かに**命の無事を祈りました。

0168
quake
[kwéik]

名 自 **揺れ[る]，震え[る]**

- éarthquake 名 地震
- ▶ quíver（震え[る]）とほぼ同じ。「（地面や家が）揺れる」のは shake をよく使う。

0169
strike
[stráik]

他 **打つ，ぶつかる；感動させる，心に浮かぶ**
名 **打撃；ストライキ**

- stríking 形 著しい
- strike…on the head　（人）の頭をなぐる
- ▶「いい考えが（頭に）浮かびました」は A good idea struck me. / I struck[hit] on a good idea.
- ▶ move, touch と同じように「（人の心を）打つ」意味にもなる。

0170
dive
[dáiv]

名 自 **潜水[する]，急降下[する]**

- díver 名 潜水夫，ダイバー
- ▶ díving は日本語の「ダイビング」と同じく，「潜水，飛び込み」のこと。

0171
silent
[sáilənt]

形 **静かな，沈黙した**

- sílently 副 静かに，黙って
- sílence 名 他 静けさ，沈黙（させる）
- ▶ 反意語は nóisy（騒がしい），tálkative（おしゃべりな）など。

61

There are **apparently** many **wicked** people / in the world / who **enjoy** seeing the **pain** / they **cause** other people.

見たところたくさんの悪い人たちがいるようです / 世間には, / (そうした人たちは)苦痛を見るのを楽しむ / 自分が他の人びとに引き起こす。

0172 appárent [əpǽrənt]

形 明らかな；見たところ〜らしい

- □ appárently **副** 見たところは(…らしい)
- ▶ appéar（〜に見える）の形容詞。スペリングと発音・アクセントに注意する。
- ▶ Apparently, they are good friends. は「見たところ2人は仲が良さそうだ (It appears that they are good friends.)」の意。
「明らかに2人は仲が良い (It is apparent that they are good friends.)」という意味ではない。

0173 wicked [wíkid]

形 邪悪な, 意地の悪い

- ▶ 語尾の発音[id]を誤らないように。

0174 pain [péin]

名 痛み

- □ páinful **形** 痛い, つらい
- □ páinstaking **形** 骨の折れる, つらい
- ▶ pane（窓ガラス）と同音。
- ▶「(肉体的な)痛み」ばかりでなく「(精神的な)苦痛」にも使う。
- ▶ pains《複》は「骨折り, 苦労」の意。
take pains は「骨折る, 苦労する」。

0175 cause [kɔ́ːz]

名 原因；[大]目的 **他** 引き起こす

- □ cause … to 〜 …に〜させる（原因となる）
- ▶ cause and effect（原因と結果）のように用いる。
- ▶ in the cause of world peace（世界平和[という目的]のために）という用法にも注意。

A: Not another meeting! // They're driving me **mad**!

B: Weren't you told / that **participating** in **monotonous** meetings / was part of the **job** description?

📎 drive ~ mad「~を怒らせる, 頭にこさせる」
job description「職務内容(の記述)」

会議なんて, もうごめんだよ。// 頭をかりかりさせるよ。

言われなかった? / 退屈な会議に出席することも / 職務内容の一部なんだって。

0176
mad
[mǽd]

形 **気が狂った(ような), 頭にきて, 熱狂した**

- □ be mad at[about] ~で頭にくる
- □ be mad about[for] ~に夢中である
- ▶ He *went* mad.(気が狂ってしまった)と He *got* mad.(頭にきた/怒った)では意味が異なる。

0177
participate
[pɑːrtísipeit]

自 他 **参加する**

- □ partícipant 名 参加者
- □ participátion 名 参加, 関与
- ▶ アクセントに注意。
- ▶「~に参加する」は participate in / take part in。

0178
monotonous
[mənάtənəs]

形 **単調な, たいくつな**

- □ monótony 名 単調, たいくつ
- ▶ "móno-(単一の) + tone(調子)"から。
- ▶ アクセントに注意。

63

Modern technology has made **possible** / **machines** that **allow** us to **perceive** all **kinds** of phenomena / that no one knew **existed** before.

- technólogy「科学技術, テクノロジー」
  phenómena は phenómenon（現象）の複数形。
  that は existed before につながる主格の関係代名詞。

現代の科学技術は可能にした / 私たちにあらゆる種類の現象を感知させてくれる機械を / 以前には（そのような現象が）存在することをだれも知らなかった。

💬 現代の科学技術によって，以前にはその存在をだれも知らなかったあらゆる種類の現象を感知させてくれる機械ができるようになりました。

0179
módern
[mάdərn]

形 現代の，近代的な

- □ modern English　現代英語
- ▶ 日本語（モダンな）と区別して発音する。
- ▶ módern（近代の）は áncient（古代の），medieval [midíːvl]（中世の）と対比して使う。

0180
possible
[pάsəbl]

形 可能性がある，ありうる

- □ póssibly　副 ひょっとすると
- □ possibílity　名 可能性
- ▶「（見込みは少ないが，ひょっとすると）起こりうる」という感じ。
- ▶ 反意語は impóssible（不可能な，ありえない）。
- ▶「できるだけ早く帰って来てね」は Come home as quickly as póssible（または as quickly as you can）。

0181
machine
[məʃíːn]

名 機械

- ▶ ch の発音は [ʃ]。

0182
allow
[əláu]

他 **許す；与える**

- □ allowance 名 給与；許可
- ▶ 発音は[ou]ではなく[au]。allówed は alóud（声を出して）と同じ発音。
- ▶ allow…to～（…に～させておく）は "let + O + 原形" とほぼ同じ意味。
- ▶ 同意語は permít（許す），反意語は forbíd（禁じる）。

0183
percéive
[pərsí:v]

他 **知覚する，気づく，了解する**

- □ percéption 名 知覚，理解力
- □ percéptible 形 知覚できる
- ▶ recéive（受け取る）と同じく，スペリング ei に注意。ie と間違えないこと。
- ▶「（見て…だと）気づく，わかる」という感じ。

0184
exist
[igzíst]

自 **存在する，生存する**

- □ exístence 名 存在，生活
- □ come into existence / come into being　生じる
- ▶ 発音[gz]に注意。
- ▶ be（ある）や live（生きる）より改まった語。

Time to Read TRACK 010

64

You can make a **simple kind** of glue / by **mixing flour** and water.
₀₁₅₉

glue「のり，にかわ」

簡単な種類ののりが作れます / 小麦粉と水を混ぜることによって。

0185
simple
[símpl]

形 **簡単な，素朴な**

- □ símply 副 簡単に；ただ単に
- □ simplícity 名 簡単，質素
- ▶「（単純で）わかりやすい（easy）」，「（飾り気がなく）素朴な」の意。

0186
mix [míks]

他 自 混ぜる[ざる]　名 混合(物)

- míxture 名 混合(物)
- mix up　よく混ぜる, 混同させる
- mix up with　～と混同する
- ▶ blend や mingle より mix のほうが一般的。

0187
flour [fláuər]

名 他 粉[にする], 小麦粉

- ▶ スペリング・発音に特に注意。floor[flɔ́ːr](床)とは異なり, flówer(花)と同じに発音する。

65

Suzuki **injured** his knee / in the game / and **suffered** / a great **deal** of **pain**.

a great deal of「たくさんの～, 多量の～」 0174

鈴木はひざを**けがした** / 試合中に, / そして**こうむった** / **大変な痛み**を。

0188
injure [índʒər]

他 傷つける, 害する

- ínjury 名 損害, 中傷
- injúrious 形 有害な
- ▶ The injured were taken to the hospital.（けが人は病院へ運ばれました）のように, the injured は「けがをした人たち」のこと。
- ▶「(からだを)傷つける」ばかりでなく,「(人の感情を)害する」という意味でも使える。

0189
suffer [sʌ́fər]

他 自 こうむる, 苦しむ

- suffer from　～に苦しむ, (病気)にかかる
- ▶「まだ時差ぼけですよ」と言うのは I'm still suffering from jet lag.

0190
deal
[díːl]

自 他 取引きする，扱う
名 分量；取引き，処置

- □ déaling 名 取引，処置
- □ déaler 名 販売業者
- □ a good[great] deal of 多量の〜
- ▶ deal with（〜を扱う；処理する），deal in（〜を商う）など，前置詞に注意する。
- ▶「うちの会社はコンピュータソフト（ウェア）を扱っています」は We deal in computer software.

66

The house was a **lovely sight** / in the evening sunshine / with pink roses all around the **front** door.

🔗 all around「〜の周りじゅうに」

その家は美しい眺めでした / 夕陽の中で / ピンクのバラが正面のドアのあたりいっぱいに咲いていて。

0191
lovely
[lʌ́vli]

形 美しい，すばらしい

- ▶ Lovely day, isn't it?（いい天気ですね），What a lovely dress!（わあ，すてきなドレスだわ）のように，日常的に使われる。

0192
sight
[sáit]

名 光景；視野，視力；名所

- □ at the sight of 〜を見て
- □ in sight 見えるところに ↔ out of sight 視野の外に
- □ catch sight of 〜を見つける
  ↔ lose sight of 〜を見失う
- ▶ cite（引用する）や site（場所，敷地）も同じ発音。
- ▶ see（見る）の名詞に相当する。
- ▶ sightseeing は「観光，見物」。I went sightseeing in Hawaii. / I went to Hawaii to do the sights.（ハワイへ観光に行ってきました）のように使う。

0193
front
[fránt]

名 正面, 前部, 最前線　形 正面の

- □ frontier[frʌ́ntiər, frʌntíər]　名 形 国境地方(の)
- □ in front of　〜の前に
- □ at the front　正面の[で]
- ▶反意語は back(裏[の]), または rear(後部[の])。

67

The members of the **survival** course / were told / they had to **follow** the **route** / that was **marked** on their map.

サバイバル(生き残り)・コースのメンバーは / 指示されました / 道筋に従わなければならないと, / 地図に記されている。

0194
survive
[sərváiv]

自 他 生き残る, 〜より長生きする

- □ survíval　名 生き残り
- ▶ "sur(超えて)+vive(生きる)" から。"re(再び)+vive" なら revíve(復活する)となる。
- ▶ outlíve(〜より長生きする)という語もある。
- ▶親しい間柄なら, "How are you?" に対して "Oh, surviving."(まあ, なんとか生きてますよ)のようにも使える。

0195
following
[fálouiŋ]

形 次の, 次に来る

- ▶ follow(〜に続く, 従う)の形容詞。
- ▶ [on] the following day は「その次の日に (the next day)」。

0196
route
[rúːt]

名 道, 行程

- ▶ root(根)と同音。スペリングにも注意しよう。

0197
mark
[máːrk]

名 **印，記号**；評点；標的
他 印をつける，採点する

- □ lándmark 图 (旅行者の)目印(になるもの)
- □ beside the mark / off the mark　要点をはずした，的はずれの
- ▶学校で「成績をつける」のは grade，「点数をつける」のは mark を使うのが普通。
- ▶道を教えてもらうときに「何か目印になるものはありますか」とたずねるのは，Could you point out some landmarks? / Are there any landmarks?

68

Passengers are requested to **refrain** / from using personal computers and other electronic devices / during take-off and landing.

- requést「依頼する」　　personal computers「パソコン」
  electronic devices「電子機器」
  take-off and landing「(飛行機の)離陸と着陸」

> 搭乗客は控えるようにと依頼される / パーソナル・コンピュータや他の電子機器類を使うのを / 離陸と着陸時には。

0198
pássenger
[pǽsəndʒər]

名 **乗客**

- □ passenger list　(飛行機などの)乗客名簿
- ▶乗用車の運転席 (driver's seat) 以外の席はすべて passenger('s) seat と言う。「助手席」も assistant's seat ではなく，front seat とか passenger('s) seat。

0199
refrain
[rifréin]

自 **慎む，控える**
名 (同じことの)くり返し

- ▶ Please refrain from smoking.(喫煙はご遠慮ください) という掲示文のように，refrain from(〜を慎む，控える) という形で使うことが多い。

69

A: How **important** / is government **policy** in **population control**?

B: In most **developing countries**, / I'm **afraid** / it doesn't play a very important **role** at all …

📎 government policy「(政府の)政策」　　not…at all「全然…でない」

どのくらい重要なものなの？ / 人口の抑制についての政府の政策は。

大部分の発展途上国では / 残念ながら / 重要な役割をちっとも果たしていないんじゃないかと思うんだ……。

0200 population [pɑpjəléiʃən]

名 人口

- □ pópulous 形 人口の多い
- □ pópulate 他 居住させる
- □ population explosion　人口爆発，人口の急増
- ▶「多い(人口)」「少ない(人口)」はa large [small] populationであって，many, much, few などは使わない。

0201 contról [kəntróul]

他 名 支配[する]，抑制[する]

- □ be under control　支配されている
- □ control tower　航空管制塔
- ▶ 日本語の「コントロール」と発音を区別する。名他ともにアクセントは第2音節に。

0202 devélop [divéləp]

自 他 発達[発展]する，開発する

- □ devélopment 名 発達
- ▶ スペリング・発音に注意。
- ▶ developing countries　発展途上国
  developed countries　先進諸国

0203 role/rôle [róul]

名 役割，任務

- □ role play / role-playing　役割演技
- ▶ roll(ころがる)と同じ発音。
- ▶ play an important role in (〜で重要な役割をはたす)のように使う。

70

The **progress** in biotechnology has been amazing; / **scientists understand**[0116] so much about genes / that they can now clone sheep and monkeys.

- biotechnólogy「バイオテクノロジー，生物工学」
  amázing「驚嘆させるような」
  gene「遺伝子」　clone「クローンとして増やす」

> バイオテクノロジーの進歩は驚異的です。/ 科学者は遺伝子について非常によく理解しているので / いまや羊や猿のクローンを作れるほどです。

■■■ 0204
science
[sáiəns]

名 科学，学問

- □ scientífic　形 科学的な
- □ scíentist　名 科学者
- ▶形のアクセントには特に注意しよう。
- ▶「科学」を chémistry（化学）と混同してはならない。

■■■ 0205
understánd
[ʌndərstǽnd]

他 自 理解する，わかる

- □ understándable　形 わかりやすい
- □ understánding　形 思いやりがある
- ▶会話で「…だそうですね」と言うとき，I hear … の代わりに I understand … を使ってもよい。
- ▶説明を聞いて「なるほど，よくわかりました」は Oh, I see! Thanks. I understand now.

Time-to-Read TRACK 011

71

The road was dead **straight** / for as far as the eye could see.

- dead「まったく，完全に」
  for as far as…（…の及ぶかぎり）の for は，*for* ten miles（10マイル［にわたって］）の for と同じ。

> 道路は完全に直線だった / 目の届くかぎり（にわたって）。
>
> 💬 道路は目の及ぶかぎり，まっすぐ一直線に伸びていました。

0206 straight [stréit]

形 まっすぐな　副 まっすぐに

- □ straightfórward 形 率直な
- ▶ strait（海峡）も同じ発音。
- ▶「突き当たるまでまっすぐ行きなさい」と道案内するのは, Go straight down to the end of the street.

72

The old woman was the **sole occupant** / of the **huge** house on the hill.

その老女が**たった1人の住人**でした / 丘の上の**大きな**屋敷の。

0207 sole [sóul]

形 唯一の　名 足の裏

- □ sólely 副 単独に, ただ
- ▶ soul（精神）と同じ発音。
- ▶ the sole reason（唯一の理由）は形式ばった言い方。普通は the only reason でよい。
- ▶「(靴の)ゴム底」は a rubber sole。

0208 occupy [ákjəpai]

他 占める, 占領する；従事させる

- □ óccupant 名 占有者, 居住者
- □ occupátion 名 職業；占領
- □ be occupied in 〜に従事する
- □ be occupied with 〜で占められている, 〜で忙しい
- ▶発音・アクセントを間違えやすい。

0209 huge [hjú:dʒ]

形 巨大な

- ▶ a huge building（巨大なビル）, a huge tanker（巨大なタンカー）など。

73

All his **theories** / are **clearly** set **forth** / in his new book.

set forth「発表する, 示す」(present)

彼の理論はすべて, はっきりと示されています / 新著の中に。

0210 theory [θíːəri]

名 理論, 学説；意見

- □ theorétical　形 理論上の
- □ in theory / theorétically　理論上は
- ▶「理論」は practice（実際）と対照される。「それは机上の空論ですよ」は That's an armchair theory.

0211 clear [klíər]

形 澄んだ, 快晴の；明らかな
自他 取り除く；明らかにする

- □ cléarness　名 明白
- □ clarity [klǽrəti]　名 明快さ
- □ cléarance　名 整理；開墾
- □ clear up　晴れる
- □ clear A of B / clear B from[off] A　A から B を取り除く
- ▶「何もないすっきりした状態」をイメージするとよい。たとえば, コンピュータからデータを「すっかり消去する」のも clear を使う。

0212 forth [fɔ́ːrθ]

副 前へ, (外へ)現れて

- □ forthcóming　形 やがて来る
- □ and so forth / and so on　～など
- ▶ fourth（4つ目の）と同じ発音。force（力）と区別する。

74

When we **climbed** Mt. Hotaka, / the **leader** of our party **insisted** / on **binding** us all together / with a long rope.

párty「一行, パーティ」

私たちが穂高岳に登ったとき, / パーティーのリーダーは主張しました / 私たち全員を結びつけることを / 長いロープで。

0213 climb [kláim]

他 自 名 よじ登る[こと]

- □ clímbing 名 登山
- ▶ bomb[bám]（爆弾）, comb[kóum]（くし）などと同じく, b は発音しない。
- ▶ climb down（[手足を使って]降りる）とも言う。

0214 insist [insíst]

他 自 主張する, 固執する

- □ insístent 形 しつこい
- □ insístence 名 主張, 固執
- ▶「（…だと）がんとして言うことをきかない」という感じ。
- ▶「どうしても買うんだと言ってききません」は He insists on buying it. または He insists (that) he (should) buy it.

0215 bind [báind]

他 自 結ぶ, 束縛する

- □ be bound to ～することになっている
- ▶ bind-bound-bound と活用する。
- ▶ もとの意味は「（ひも・ハンカチ・包帯などで）しばる」。

75

I was **disappointed** / to **find** that most of the trees were **bare** / by the **middle** of October.

私は失望しました / 大部分の木が裸になっているのがわかって / 10月の半ばまでに。

0216
disappoint
[dísəpóint]

他 失望させる

- disappóintment 名 失望, 落胆
- be disappointed at[by, in, about] ～に失望する
- ▶ disappóinting([人を]失望させる)と disappóinted([人が]失望した)とを区別。
- ▶反意語は sátisfy(満足させる)。

0217
bare
[béər]

形 裸の；かろうじての

- bárely 名 やっと, かろうじて
- bárefoot 形 副 素足の[で]
- ▶ bear(熊；耐える)と同じ発音。
- ▶ barely「かろうじて(…する)」(肯定的)に対して, hardly, scarcely は「ほとんど(…しない)」(否定的)。「立っているのがやっとでした」ならば, I was barely able to stand.

0218
middle
[mídl]

名 形 真ん中[の], 中間[の]

- middle-aged 中高年の(人々)
- middle-class 中産階級の
- Middle Ages 中世
- in the middle of ～の中央に, 最中に
- ▶「5月中旬に」は in the middle of May。なお,
   「上旬に」は at the beginning of～
   「下旬に」は toward[at] the end of～

76

In his lifetime, / J. S. Bach was **considered** / to be a good organist, / but he never **established** much of a reputation for himself / as a **composer**.

📎 in his lifetime「生きている間に, 存命中」　órganist「オルガン奏者」
reputátion「名声, 評判」

> 生きている間に, /J.S. バッハは**考え**られていた / すぐれたオルガン奏者だと, / しかし, 彼は決して自分に対するそれほどの名声を**確立する**ことはありませんでした / **作曲家**として。

0219 consíder [kənsídər]

他 自 **考える**，熟考する

- considerátion 名 考慮，熟慮
- consíderate 形 思いやりのある
- consíderable 形 かなりの，相当の
- ▶ think よりも「熟考する」という感じが強い。「(…を)〜とみなす」という意味でも使う。

0220 establish [istǽbliʃ]

他 **確立する**，設立する

- estáblishment 名 確立，体制
- ▶ stáble(安定した)と関係がある語。
- ▶ She is established as a star. は「スターの地位を固めている」ということ。

0221 compose [kəmpóuz]

他 **構成する**，作曲する；落ちつかせる

- compóser 名 作曲家
- composítion 名 構成，作曲，作文
- compósure 名 平静，沈着
- ▶ be composed of / be made up of (〜から成る) という形で使うことが多い。

77

A: You must be very happy / living in a **place** like Provence.

B: Yes, it's generally wonderful, / but we **sometimes dread** the summer / — being **invaded** by millions of **tourists** / can **spoil** it somewhat !

📎 génerally「概して，大体は」　Provénce「プロバンス(フランス南東部)」
yes, …, but〜「たしかに…だが(しかし)〜」
millions of「何百万もの〜，非常に多数の〜」　sómewhat「いくぶん，多少」

さぞかしとってもお幸せでしょうね / プロバンスのような**場所**に住まわれて。

まあ，だいたいはいいところですが / しかし，**ときどき**夏が**恐くなる**んですよ。/ ものすごい数の**観光客**に**押しかけられて**，/ いくぶん**台なしにな り**かねないんですよ。

0222
place
[pléis]

名 場所, 地位　**他** 置く

- □ take place　起こる
- □ take the place of　〜に代わる
- □ in place of　〜の代わりに
- □ in the first place　まず第一に
- □ in place　適切な
  - ↔ out of place　不適切な
- ▶ Why don't you come over to my place?(うちにいらっしゃいよ)のように「家」の意味でもよく使う。
- ▶「置く」はput が普通だが, やや改まったときには place も使う。

0223
sómetimes
[sʌ́mtaimz]

副 ときどき, ときには

- ▶ álways (いつも), óften (しばしば), sómetimes (ときどき), occásionally (ときたま)の順で頻度が低くなる。

0224
dread
[dréd]

自 他 恐れる　**名** 恐怖[の種]

- □ dréadful　**形** 恐ろしい
- ▶ I'm dreadfully[terribly / awfully] sorry. は「まことに申し訳ありません」「本当にすみません」と謝るときの表現。

0225
invade
[invéid]

自 他 侵略する, 侵害する

- □ invásion　**名** 侵入, 侵害
- ▶「侵略者」は inváder。

0226
tour
[túər]

名 自 他 周遊[する], 旅行[する]

- □ tóurist　**名** 旅行者
- □ make a tour of　〜を周遊する
- ▶ 母音の発音[uər]に注意。tower[táuər](塔, タワー)と区別。
- ▶「観光事業」は tourist industry または tóurism。

0227
spoil
[spɔ́il]

自 他 だめにする；(子供を)甘やかす

- ▶ spoil-spoiled / spoilt-spoiled / spoilt と活用。
- ▶ Spare the rod and spoil the child.
  (むちを惜しむと子供をだめにする / かわいい子には旅をさせよ)

Time to Read TRACK 012

It did not **occur** to me / at the time / to **wonder** / why John was **behaving strangely**.
0037

ぼくには**思い浮かびません**でした / そのときには / **不審に思う**なんてことは, / なぜジョンが**奇妙に振舞っている**のか。

0228
occúr
[əkə́:r]

自 起こる；ふと思いつく

□ occúrrence 名 できごと
□ occur to / strike （人）の心に浮かぶ
▶過去形は occúrred となる。名詞形の occúrrence とともにスペリングとアクセントに注意する。

0229
wonder
[wʌ́ndər]

自他 …かしらと思う，驚く
名 驚異，不思議

□ wónderful 形 驚くべき，すばらしい
□ wonder at ～に驚く
□ (it is) no wonder (that)… …するのも不思議ではない
▶ wander（さまよう，放浪する）と区別。
▶ I wonder if you could explain this.（これを説明していただけますでしょうか）のように，I wonder if you could …はかなり丁寧な依頼のしかたの1つである。
▶ No wonder you were surprised.（きみがびっくりしたのもあたりまえだよ）のように No wonder…は会話でも使える。

0230
strange
[stréindʒ]

形 妙な，変な；未知の，初めての

□ stránger 名 見知らぬ人，よその人
▶ a を [ei] と発音する。
▶道をきかれて，教えられないときは，I'm sorry, but I'm a stranger around here myself.（すみせん，私もこのあたりは初めてなんです）と言えばよい。

79

The meeting **started** at 4 p.m. / and **continued** well into the night.

🔗 well into the night 「かなり夜更けまで」

> 会議は午後4時に**始まって**, / かなり夜更けまで**続きました**。

0231
continue
[kəntínju:]

他 自 **続ける**, 継続する

- □ continúity 名 連続
- □ contínual 形 ひん繁な
- □ contínuous 形 絶え間のない

▶ 雑誌などで見かける To be continued. は「(以下は)次号に続く」ということ。

80

John did not know / how to **operate** his new motorbike, / and he soon **lost control**.

🔗 mótorbike「モーターバイク, オートバイ」

> ジョンは知らなかった / 新しいモーターバイクの**動かし方**を, / そこで, すぐに**制御できなくなった**。

0232
óperate
[ápəreit]

自 他 **作動する[させる]**; 手術する, 経営する

- □ operátion 名 運転; 手術
- □ óperator 名 運転者; 電話交換手

▶ アクセントをぼかさないように。

81

There was a great **deal** of oil / **scattered** all over the beach / from the wreck.

🔗 wreck「難破船」

大量の油があった / 浜辺じゅうに**散らばって** / 難破船からの。

難破船から漏出した大量の油が，浜辺じゅうに散らばっていました。

0233 scatter [skǽtər]

他 名 ばらまく[こと]，散らす[こと]

▶「芝生に種子をばらまく」は scatter the seeds over the lawn または scatter the lawn with the seeds。
▶反意語は gáther（集める）。

82

It was hard / to **recognize** Mrs. Price / in her **dark** hat and glasses, / but Blake was **sure** / it was her / he saw in the lobby of the hotel.

🔗 it was her *that* he saw…は her を強調する表現。

難しかった / ミセス・プライスだと**気づくこと**は / **黒っぽい**帽子をかぶり，メガネをかけていたので，/ しかし，ブレイクは**自信がありました** / 彼女だったのだと / ホテルのロビーで見かけたのは。

0234 récognize [rékəgnaiz]

他 認める，認識する

□ recognítion 名 認識，承認
▶第1音節にアクセント。
▶「（前から知っていたものを）再び（re-）（同じものだと）わかる」がもとの意味。Do you recognize me?（私のこと［誰だか］わかりますか）のように「（人が誰だか）わかる」という使い方をよくする。

0235 dark [dάːrk]

形 暗い 名 暗がり，日暮れ

□ dárken 他 自 暗くする（なる）
□ in the dark やみの中で；（人が）知らないで（いる）
▶「（色が）濃い」「（髪・肌が）黒い」「（表情が）暗い」など，さまざまな暗い感じを表すのに使われる。

0236
sure [ʃúər]

形 確信している，きっと〜する
副 確かに

- □ súrely 副 きっと，確実に
- □ be sure of[about] 〜を確信している
- □ be sure to〜 きっと〜する
- ▶「きっと来ますよ」は He's sure to come. / He'll surely come. / I'm sure he'll come. ただし，*It*'s sure that he'll come. とは言えない。
- ▶何かを頼まれたとき「いいですとも」と引き受けるのは Sure. / Súrely. / Cértainly. / Of course. など。

83

Fortunately / the typhoon didn't **strike** the mainland / **directly**, / so there was less **damage** / than **expected**.

🖉 the mainland「本土，(日本の)本州」

幸いにも / 台風は本土を襲わなかった / 直接には，/ だから，被害は少なかった / 予想されたより。

💬 幸い台風は本州を直撃しなかったので，予想よりも被害は少なくてすみました。

0237
fortune [fɔ́ːrtʃən]

名 幸運；財産

- □ fórtunately / lúckily 副 運よく
- ▶ fortunate [fɔ́ːrtʃənət] 形 (幸運な)の反意語は unfórtunate (不運な)。

0238
direct [dirékt/dai-]

他 自 指揮する，向ける，道を教える
形 副 直接の[に]

- □ diréctly 副 直接に；〜すると同時に
- □ diréctor 名 管理者，演出家，指揮者
- □ diréction 名 方向，指揮
- ▶道を教えてもらうときは，Could you direct me to 〜? / Could you tell me how to get to〜?

0239
dámage
[dǽmidʒ]

名 他 損害[を与える]

- do damage　損害を与える
- ▶日本語の「ダメージ」と発音を区別する。

0240
expect
[ikspékt]

他 期待する，〜だろうと思う

- expectátion　名 期待
- unexpéctedly　副 意外に，突然に
- expect…to〜　…が〜するだろうと思う
- ▶excépt(〜を除いて)と区別。
- ▶expect A of[from] B (B に A を期待する)という型がある。「(私に)あまり期待しないでね」なら，Don't expect a lot of me. / Don't expect too much of me.

84

A: I don't know what to do : / my homeroom teacher has **advised** me / to **apply** to several universities / I don't think I stand a chance of getting into, / and....

B: Don't **worry**. // I was in a **similar situation** / but my homeroom teacher's **advice** / turned out to be **right**!

📎 univérsity「大学」0155　　stand a chance of〜「〜の可能性がある」
turn out to be「結局〜だとわかる」

> どうしたらいいかわからないんだよ。/ 担任の先生がぼくに忠告してくれたんだ / 大学をいくつか受けてみろって / ぼくには入れる見込みがなさそうに思える(大学を)。/ それで…。

> 悩むことないわよ。// 私も似たような状況におかれたことがあったの。/ でも，担任の先生の忠告は / 結局，正しかったわ。

0241
advise
[ədváiz]

他 自 忠告する

- advíce 名（忠告）の動詞形。スペリングと発音 -ce [s] と -se [z] を誤らないように。
- 日本語の「アドバイス」と発音・アクセントを区別する。
- 「あせらないで成り行きを見るようにと忠告してくれました」は He advised me to wait and see.

0242
apply
[əplái]

自 他 適用する；応募する

- □ applicátion 名 適用
- □ ápplicant 名 志願者
- □ apply to 〜にあてはまる
- □ apply for [to] 〜に応募する
- apply A to B (A を B に適用する) が基本型。

0243
worry
[wə́:ri/wʌ́ri]

他 自 悩ます；心配する　名 心配[事]

- □ worry about 〜を心配する
- □ be worried about [over] 〜のことで悩んでいる
- 発音に注意。
- Don't worry. (心配しないで) とか, There's nothing to worry about. (何も心配することはありませんよ) など。

0244
similar
[símələr]

形 類似した，同種の

- □ similárity 名 類似
- □ similar to 〜とよく似た
- 形 と 名 のアクセントを区別する。

0245
situation
[sitjuéiʃən]

名 位置；状況，事態

- □ be situated at [on, in] 〜に位置する，ある
- sítuate (ある場所に置く), sítuated (位置している) の名詞形。
- I was put in a difficult situation. は「困難な立場に置かれた」ということ。

85

It's **rare** to see / homeless people in Japan / **begging** for money.

見ることは**まれです** / 日本のホームレスの人たちが / お金を**せがむ**のを。

0246
rare
[réər]

形 **まれな；希薄な**

▶ often (しばしば) の反対にあたる「めったに〜しない」は rárely, séldom, hárdly éver などで表す。

0247
beg
[bég]

自他 **乞う，（熱心に）頼む**

□ béggar 名 こじき（語尾 -ar に注意）
▶ ask より「熱心に頼む」という感じ。

86

I don't think / we'll be **able** to **organize** a committee meeting / much **before** the third week of November.

🔗 committee meeting「委員会」0094

私は思わない / 私たちが委員会を**組織する**ことが**できる**とは，/ 11月の第3週よりずっと**前に**。

0248
organize
[ɔ́:rɡənaiz]

他 **組織する**

□ organizátion 名 組織
□ órganism 名 有機体
▶ órgan（器官）の動詞形。

87

A: I didn't **realize** / how **tough** it would be / to **convince** them to buy from us!
B: You didn't? // You still have a **lot** to learn / about **business**!

> 私は**わかって**いませんでした / どんなに**骨の折れる**ことか / うちから買ってくれるようあの人たちを**説得する**のが。

> そうかね。// きみはまだ**いっぱい**勉強しなくちゃいかんね / **商売**について。

0249
realize
[ríəlaiz]

他 **実現する；認識する**

- reálity 名 現実
- realizátion 名 実現；認識
- realístic 形 現実主義の，迫真的な
- in reality 実は
▶ real 形（本当の）の動詞形。
▶「（夢・希望・計画などを）実現する」のほか，I've realized how important it is to know about Japan.（日本のことを知っておくのが大事だとつくづくわかりました）のように，「…だとよくわかる」という感じで使う。

0250
tough
[tʌ́f]

形 **堅い，じょうぶな，骨の折れる**

▶ gh を [f] と発音する。cough [kɔ́ːf]（咳[をする]），enough [ináf]（十分な），laugh [lǽf]（笑う），rough [rʌ́f]（ざらざらの）なども同じ。

0251
convince
[kənvíns]

他 **確信させる**

- convíction 名 確信
- be convinced of ～を確信している
▶ convince A of B（A に B を確信させる）が基本型。

88

Most parents are **prepared** / to make **sacrifices** / to ensure a good **education** for their children.

- ensúre「保証する,確実にする」

たいていの親は**覚悟ができている** / **犠牲**を払うことの / 子供たちによい**教育**を確保してやるために。

0252 prepare [pripéər]

他 自 準備する，覚悟する[させる]

- □ preparátion 名 準備，覚悟
- □ prepáratory 形 準備の
- ▶ prepare for（〜の準備をする）は I'm prepared for the worst.（最悪の事態は覚悟の上ですよ）のように受動態で使うことも多い。

0253 sácrifice [sǽkrifais]

名 自 他 犠牲[にする]

- ▶ I won't sacrifice myself for my husband.（夫のために一生を犠牲にするなんてまっぴらごめんだわ）のように使う。

0254 éducate [édʒukeit]

他 教育する

- □ educátion 名 教育
- □ educátional 形 教育上の
- □ éducator 名 教育家
- ▶ éducated 形（教育を受けた）もアクセントは同じ。

89

It would be an exaggeration / to say that our **army admired** the **enemy**, / but we **certainly respected** him.

- exaggerátion「誇張,大げさ」

大げさでしょう / わが**軍**が**敵**を**賞賛**していたと言えば, / しかし, われわれは**確かに**敵に**敬意**をもっていました。

0255
army
[áːrmi]

名 軍隊, 陸軍

□ an army of 大ぜいの〜
▶ ármy(陸軍)に対し,「海軍」はnávy,「空軍」はair force。

0256
admire
[ədmáiər]

他 賞賛する, 感嘆する

□ admirátion 名 賞賛
□ admirable[ǽdmərəbl] 形 賞賛すべき
▶ admire A for B (B のことで A をほめる)という形でよく使われる。

0257
enemy
[énəmi]

名 敵

▶ friend(友人, 味方)の反意語。
▶ Terrorism is an enemy of democracy. (テロは民主主義の敵だ)のように使える。

0258
respect
[rispékt]

他 名 尊敬[する]; 点

□ respéctable 形 ちゃんとした, まあまあの
□ respéctful 形 丁重な
□ respéctive 形 それぞれの
▶ 上の3つの形容詞を区別して使う。
▶ in this respect は「この点では」の意。
▶ in respect of ; with respect to は「〜に関して」。

90

Our children are very **fond** / of **decorating** the house for Christmas, / but they **hate** / taking the **decorations** down again in January.

うちの子どもたちは**大好きです** / クリスマスのために家を**飾りつける**ことが, / でも, **嫌がります** / 1月になってまた**飾り**をとりはずすのは。

0259
fond
[fánd]

形 〜が大好き;情深い

▶ be fond of(〜が大好きだ)という形で使う。
▶ 強めるときは, I'm very fond of roses. (バラが大好きなの)のように very を使い, much は使わない。

0260
décorate
[dékəreit]

他 飾る，装飾する

□ decorated with 〜で飾られた
▶ decorátion 名（装飾）とアクセントの位置を区別。

91

Many have **found** themselves in a **situation** / where they are **unable** to get a **job without** having **experience**, / but are unable to get experience without having a job.

多くの人は自分が次のような**状況**にいることを**見出している**，/ **経験をもたずに仕事**を得る**ことはできない**，/ しかし，仕事をもたないと経験は得られない（という状況に）。

💬 経験がないと職につけない，しかし職につかないと経験が得られないという状況におかれている人たちがたくさんいます。

0261
withóut
[wiðáut]

前 〜なしに；〜がなければ

▶ withín（〜の中に，〜以内で）もアクセントは第2音節。
▶「〜がなければ（なかったならば）」という意味では，if it were not for〜（または if it had not been for〜）と言いかえられる。

0262
expérience
[ikspíəriəns]

名 他 経験[する]

□ expérienced 形 経験のある
▶ 面接で「その仕事なら十分な経験があります」と答えるのは，I have enough experience for the job.

92

A: How many people have **applied** / for the **job**?
B: About fifteen, / but it doesn't look as if any of the candidates **fulfil** all of our **requirements**.

🔗 it looks as if… 「…のように思える」　cándidate「志願者，応募者」

> 何人くらい**応募**してきたの？ / **求職**に。

> 15人くらい。/ だけど，応募者のだれ1人としてうちの**必要条件**のすべてを**満たし**ているようには見えない。

■■■ 0263
fulfíl(l)
[fulfíl]

他 （義務などを）**果たす**；（条件・目的を）**満たす**

- □ fulfil(l)ment 名 履行，達成
- □ fulfil oneself　能力を十分に発揮する
- ▶ "full（十分な）+ fill（満たす）" から「十分に（full）満たす（fill）」がもとの意味。

■■■ 0264
require
[rikwáiər]

他 **必要とする**，要求する

- □ requírement 名 要求（物），必要条件
- ▶ 改まった語なので，会話では need でよい。

93

My first car was **cheap** and practical : / it wasn't **designed** for **comfort**!

🔗 practical「実用的な」

> 私の最初の車は**安くて**実用的だった。/ でも，**乗り心地**がいいようには**設計**されていなかったんだ。

■■■ 0265
cheap
[tʃíːp]

形 **安価な，安っぽい**　副 **安く**

- ▶「安っぽい」という感じがあるので，「（値段が）安い」は inexpénsive（高くない），lów-priced（安価な），réasonable（まあまあの）などを使うことが多い。
- ▶「値段が高い」は expénsive（高い）または dear（高価な），cóstly（費用がかかる）。

0266 design
[dizáin]

名 他 図案[を描く]，設計[する]

□ desígner 名 デザイナー
▶日本語の「デザイン」と意味・用法があまり変わらない。

0267 cómfort
[kʌ́mfərt]

名 慰め，快適 他 慰める

□ cómfortable 形 快適な
□ in comfort / cómfortably 快適に
▶発音に注意する。

94

A person who **joins** the emergency services / is **expected** / to **serve** for at least twenty years.

the emergency services「救急隊」 0240 at least「少なくとも」

救急隊に加わる人は，/ 期待されています / 少なくとも20年間勤務することを。

0268 join
[dʒɔ́in]

他 自 結合する，参加する

□ jóint 名 関節，つぎ目 形 合同の
▶ゲームや食事をしている人たちに「ご一緒してもいいですか」と言うのは Do you mind if I join you?
▶だれかを誘い入れるのは，Would you like to join us? (一緒にどうですか)

0269 serve
[sə́ːrv]

他 自 仕える；役立つ；(食卓に)出す

□ sérvice 名 勤務；(バスなどの)便；礼拝
□ sérvant 名 召使，使用人
□ serviceable[sə́ːrvisəbl] 形 実用的な
▶「自業自得だよ」「当然の報いですよ」という意味で，That serves you right. と言える。
▶「アフター・サービス」は日本語なので，単に sérvicing と言うほうがよい。

95

The children were **excited** / when they **entered** the **Science Museum** / and saw all the working models there.

- working models 「動いている模型」

> 子供たちは**わくわくしました** / **科学博物館に入ったとき**, / そして, そこにある動いている模型すべてを見た(とき)。

0270
excite
[iksáit]

他 興奮させる, 刺激する

- □ excítement 名 興奮
- ▶ excíted（[人が]興奮した）と excíting（[人を]興奮させるような）とを区別。

0271
muséum
[mjuːzíəm]

名 博物館

- ▶ アクセントを誤らないように。
- ▶ 「美術館」は ((米)) では (art) muséum, ((英)) では gállery と言うことが多い。

96

Few of the visiting students from America could **understand** Japanese / to any significant **degree**.

- significant 「重要な, 意味のある」

> アメリカから訪れた学生のほとんどは日本語を**理解**できなかった / 意味をもつ**程度**には。

> アメリカから訪れた学生で, まともに日本語がわかる者はほとんどいませんでした。

0272
degree
[digríː]

名 程度, 度；学位

- □ by degrees　しだいに
- □ to a degree / to some degree　ある程度(まで)
- ▶ exténtは（範囲, 程度）も類似の語。

It would be **untrue** to say / that **price** had no **influence** / on my **decision** to buy a small car, / but ease of **parking** / was definitely a more **important** factor.

définitely 「明確に,はっきりと」　fáctor 「要素,要因」

（次のように）言ったら，**事実に反する**でしょう / **値段**は全然**影響**しなかったと（言えば）/ 小型車を買おうと**決める**のに，/ しかし，**駐車**のしやすさは / 明らかにより**重要な**決め手でした。

0273
price
[práis]

名 他 価格[をつける]，物価；代償

- príceless　形 （値段がつけられないほど）非常に貴重な
- ▶「物価が上がって［下がって］いる」は Prices are going up[coming down].
- ▶「値段が安い」を Its price is *cheap*. とは言わない。Its price is low. / It's cheap[inexpensive]. / It's low-priced. などと言うのが正しい。

0274
influence
[ínfluəns]

名 影響[力]　他 影響する

- have an influence on[upon]　～に影響を及ぼす
- ▶状況・人に対して「（間接的に）影響を及ぼす」の意。直接的に「影響する」のは afféct。

0275
decide
[disáid]

他 自 決定する

- decision[disíʒən]　名 決定
- decisive[disáisiv]　形 決定的な
- ▶「～について決める」は decide on～。
- ▶ I've decided to quit this job. (この仕事は辞めることにしました)のように「決心する（make up one's mind）」という意味でも使う。

0276
park
[páːrk]

名 公園　他 駐車する

- □ No Parking　駐車禁止
- □ parking lot　（有料）駐車場
- □ car park　((英))駐車場
- ▶ Can I park (my car) here?（ここに駐車してもいいですか）のように使う。
- ▶ Hyde Park のように「…公園」は無冠詞。

Time-to-Read　TRACK 015

98

The students saw the **trip** to the sea / as an **opportunity** / to **behave stupidly**.
0085　　　　　　　　　　　　　　　　　0037

学生たちは海への旅行を見なしました / 好機だと / ばかな振舞いをする。

0277
opportúnity
[ɑpərtjúːniti]

名 機会，好機

- ▶ chance（[偶然の]機会，めぐり合わせ）よりやや改まった語。
- ▶「こんな機会は逃さないほうがいいですよ」は You shouldn't miss this good opportunity.

0278
stupid
[stjúːpid]

形 愚かな，ばかげた

- □ stupídity　名 愚鈍，愚かな考え
- ▶ sílly, fóolish なども使うが，stúpid のほうが「ばかな」という意味がやや強い。
- ▶ 大事なことを忘れたりして「私って本当にばかだね」は，How stupid of me! / I'm so stupid! / It's so stupid of me (to have forgotten it).

99

The great advantage of **traveling** by car / is that you are not restricted / by train timetables and the like.

advantage「利点, 有利」　restríct「制限する, しばる」
tímetable「時刻表」　the like「そのようなもの」

> 車で旅をすることの大きな利点は / あなたが制約されないことです / 列車の時刻表などによって。

0279
travel
[trǽvl]

名 自 他 旅行[する], 伝わる

□ travel agency　旅行案内所
□ travel by air　空の旅[をする]
▶ trouble[trʌ́bl]（もめごと）と区別。

100

A: What did you **major** in / at university?
B: **Marine biology**.

univérsity「大学」

> 何を専攻されましたか / 大学では。
> 海洋生物学です。

0280
major
[méidʒər]

形 大きい[多い]方の, 主要な
自 専攻する

□ majórity　名 大多数, 過半数
□ major in　〜を専攻する
▶《米》の major league（[野球の]大リーグ）は有名。

0281
maríne
[məríːn]

形 海の, 船舶の

□ máriner　名 海員, 水夫
▶ sea（海）の形容詞にあたる。
▶「海産物」は marine products。

0282
biology
[baiálədʒi]

名 **生物学**

□ biological 形 生物学の
□ biologist 名 生物学者

▶ -logy(…学)の直前にアクセントを置く。ecólogy(生態学),psychólogy(心理学)など。
▶ bótany(植物学)やzoólogy(動物学)と区別。

101

Terry **grasped** the bar / in **front** of his seat / as hard as he could / when the roller coaster **started** to **move**.

roller coaster「ジェットコースター」　as ~ as one can「できるだけ~」

テリーは横棒を**握りしめました** / 座席の**前の** / できるだけ強く, / ジェットコースターが**動き始めた**とき。

0283
grasp
[ɡrǽsp]

他 自 名 **つかむ[こと], 理解[する]**

▶ take(握る)やhold(つかんでいる)より「しっかりつかむ」感じが強い。

102

There are several Japanese **companies** / that can be **considered pioneers** / in the **field** of **consumer** electronics.

séveral「いくつかの,いくつもの」　electrónics「エレクトロニクス(電子工学)」

いくつかの日本の**会社**がある / **先駆者と考えられ**うる / **消費者**エレクトロニクスという**分野**で。

💬 消費者エレクトロニクスの分野での草分けと見なされてしかるべき日本企業が数社あります。

0284
company
[kʌ́mpəni]

名 同席すること；仲間；会社

□ compánion 名 友，相手
□ in company（with） 人前で，（〜と）一緒に
▶「だれかと一緒にいる状態」が基本的な意味。人と会って別れるときに Thank you very much. I really enjoyed your company. と言えば，「ご一緒できてとても楽しかったですよ」ということ。
▶ Good company makes the road shorter.（良い旅仲間がいると道のりが短くなる / 旅は道連れ）

0285
pioneer
[paiəníər]

名 開拓者，先駆者

▶ 日本語の「パイオニア」とアクセントをはっきり区別する。

0286
field
[fíːld]

名 野原，畑；分野；現場；競技場

▶「田圃，水田」は a rice field とか a paddy field と言う。
▶ 何かを聞かれて「私の専門じゃありませんので…」と答えるのは，I'm sorry, I don't know. It's not my field.
▶ fieldwork（野外作業，実地研究）もよく使われる語。

0287
consume
[kənsúːm]

他 自 消費する，使いつくす

□ consúmption 名 消費；肺炎（スペリングに注意）
▶ prodúcer（生産者）の反意語は consúmer（消費者）。

103

War has **become** more and more **destructive** / because of the **development** / of new and more terrifying **weapons**.

more and more〜 「ますます〜」　　terrifying 「恐ろしい」

戦争はますます破壊的になっています / 発達のために / 新型のより恐ろしい兵器の。

0288
become
[bikʌ́m]

自 〜になる　他 似合う

□ becoming on[to] 〜にふさわしい
▶「〜に似合う」は，suit を使う。become は《英》では使わない。

0289
destroy
[distrói]

他 破壊する

- destrúction 名 破壊
  ↔ constrúction 建設
- destrúctive 形 破壊的な
  ↔ constrúctive 建設的な
▶ She has destroyed all my hopes. は「彼女のせいで私の希望はすべて台なしになりました」ということ。

0290
weapon
[wépən]

名 武器, 兵器

▶ wealth (富), health (健康) などと同じく ea を [e] と発音する。
▶「核兵器」は núclear weapons,「化学兵器」は chemical weapons。

104

People say / that **physical** exercise is only beneficial / if you build up a good **sweat**, / but this is not **necessarily true**.

éxercise「運動, 体を動かすこと」 benefícial「有益な, ためになる」

人びとは言う /肉体的な運動は有益だと, /あなたがよい汗をかくような場合にのみ, /しかし, これは必ずしも真実ではありません。

0291
sweat
[swét]

名 自 他 汗 [をかく]

▶ sweet [swíːt] (甘い) と区別する。日本語の「セーター」は sweater [swétər]。
▶ sweat shirt (トレーナー, ランニングシャツ):日本語の「トレーナー」は trainer とは言わない。

0292
necessary
[nésəseri]

形 必要な, 必然的な

- necéssity 名 必要[性], 必然
- necéssaries 名 必需品
- necessarily / of necessity 必然的に
- not necessarily 必ずしも～でない
▶ 反意語は unnécessary (不必要な)。

Time to Read TRACK 016

The house looked somehow **frightening**, / as if it **contained** an **evil spirit**.

🔗 sómehow「どういうわけか, なぜか」　　as if…「まるで…かのように」

その家はなぜか**ぞっとさせる**ように見えた, / まるで中に**悪霊**を**住まわせて**いるみたいに。

0293
frighten
[fráitn]

他 ぞっとさせる

□ frightful　形 恐ろしい
▶ fright (驚き, 恐怖) の動詞形。
▶ frightening ([人を] ぞっとさせる) と frightened ([人が] ぞっとした) とを区別する。

0294
contain
[kəntéin]

他 含む, 入っている

□ contáiner　名 容器, 入れ物
□ cóntent　名 中味, 内容
▶ 通例, 進行形にしない動詞の 1 つ。
▶ inclúde ([中身の一部として] 含む) という語もある。

0295
evil
[í:vl]

名 形 邪悪 [な]

▶ bad (悪い), harmful (害になる), unlúcky (不運な) などの意味を含む。
▶ 反意語は good (良い)。

0296
spiritual
[spíritʃuəl]

形 精神的な

▶ spírit (精神, 亡霊) の形容詞。
▶ spíritual, méntal, móral と material, phýsical, bódily などを対照して使うことが多い (→ 0047 の physical を参照)。

106

Nick claims / that he reads an **average** of four **books** a week, / but I don't **believe** / a word of it.

- claim that … 「(人に疑われて)…だと言い張る」
- not … a word 「ひとことも…しない」

ニックは言い張ります / 自分は平均して毎週 4 冊の本を読むと, / でも, 私は信じません / そのひとことも。

0297
áverage
[ǽvəridʒ]

名 形 平均[の]

- □ on (an / the) average　平均して
- ▶ 日本語の「アベレージ」と発音・アクセントを区別する。

0298
book
[búk]

名 書物；帳簿　他《英》予約する

- □ bóokkeeping　名 簿記
- □ bóokworm　名 しみ，読書狂
- ▶「予約する」は《米》では resérve が普通。「レストランの席を予約しておきましょうか」は Shall I book [reserve] a table at the restaurant?

107

Twins may look **alike** / but they have **quite separate** identities and personalities.

- idéntity「個性, 独自性」　personálity「性格, 人格」

双子は容貌は似ているかもしれない / が, まったく別個の個性と人格をもっています。

0299
alike
[əláik]

形 似ている　副 同様に

- □ A and B alike　A も B も(同様に)
- ▶ like (〜のような) や líkely (ありそうな, 〜しそうな) と区別する。
- ▶ They're like each other. / They're alike. (彼らは[お互いに]似ているね) の 2 文から like と alike の違いを理解しておく。

0300 quite
[kwáit]

副 まったく，かなり，とても

□ quite a distance　かなりの距離
□ quite a few　かなり多くの
▶使い方によって「まあまあ」の程度から「すっかり」まで，程度に幅がある。《米》では「とても，非常に（very）」の意味で使うのが普通。

0301 separate
形 [sépərət]
他自 [sépəreit]

形 離れた，別個の
自他 分離する[させる]

□ separátion　名 分離
▶スペリングとアクセントに注意。
▶「(夫婦が) 別居する，離婚とする」という意味にも使われる。「両親が別居中」ならば，My parents are now living separately.

108

The product was an **immediate** hit with young people, / and most shops had sold out / within a few days.

🔗 próduct「製品,生産物」　sell out「売り切る」

その製品は若者たちに**すぐさま**ヒットして，/ たいていの店は売り切ってしまいました / 数日のうちに。

0302 immédiate
[imí:diət]

形 直接の，即時の

□ immédiately　副 すぐに；直接に　≒ as soon as
▶[íː]を強く発音する。
▶スペリングに注意。

109

A: Could I **possibly** come and see you / tomorrow morning / around ten o'clock?

B: I'm **afraid** / ten o'clock isn't **convenient** for me, / but I can see you after lunch / if you like.

> よろしければおうかがいしてもいいでしょうか / 明朝 / 10時ごろに。

> 残念ながら / 10時は私の都合がよくないんです，/ でも，昼食後ならお会いできます / よろしければ。

0303
convénient
[kənvíːniənt]

形 **便利な，都合のよい**

□ convénience 名 便利
□ when it is convenient for you　都合がよいときに
▶ ve[víː]の部分を強くはっきり発音すると通じやすい。
▶ 反意語は inconvénient（不便な，都合が悪い）。
▶「コンビニ」は a convenience store のこと。

110

When you come **across** a new word / in your studies, / it's always a good **idea** / to try to **find** other words with the **opposite meaning** / — what we call antonyms.

　come across「(偶然)出くわす」
　what we call～「いわゆる～(と呼ぶもの)」
　ántonym「反意語」

> たまたま新しい言葉に出会ったら / 勉強中に，/ つねによい考えです / 反対の意味をもつ他の言葉を見つけようとすることは /——つまり，いわゆる反意語を。

0304
across
[əkrɔ́s/əkrɑ́s]

前 副 [～を]横切って，向こう側に

☐ across from ～から向こう側に，～の正面に
▶ さらに，次の基本的な前置詞の用法を確認しておく。
  through ～を通り抜けて
  for ～の方向に
  toward ～に向かって

0305
idéa
[aidíːə]

名 考え，意見；思いつき；観念，思想

☐ have no idea of ～がわからない
▶ アクセントに注意。日本語の「アイデア」にならないように。
▶ 「いいアイデアがある」は I've got a good idea. また，「それはいいね」と相づちを入れるのは Good idea!
▶ I have no idea. (私にはわかりません)とか Do you have any idea?(わかりますか)のように会話でよく使う。

0306
ópposite
[ápəzit]

形 反対側の，逆の

☐ opposítion 名 反対，対立
☐ opposite to ～と正反対の
▶ アクセントは第1音節に。
▶ oppose[əpóuz]他(～に反対する)の形容詞形。

111

Nuclear **weapons** are **usually thought** of / as the **ultimate weapons** of mass **destruction**, / but it is **certain** / that something even more powerful / **remains** to be **discovered**.

🔗 núclear「核の」　think of A as B「AをBだと考える」
　mass「大量の」
　remain to be discovered「まだ発見されないでいる，これから発見される」

核**兵器**は**ふつう考えられ**ている / **究極**の大量**破壊兵器**と，/ だが，**確か**です / なおいっそう強力なものが / **まだ発見**されないでいるということは。

0307
usual
[júːʒuəl]

形 **いつもの，普通の**

- as usual　いつもどおり
- as is usual with　～にはよくあることだが
- ▶ úsually 副（通例，いつもは）については，スペリングを誤りやすいので注意する。

0308
thought
[θɔ́ːt]

名 **考え，思想；思いやり**

- thóughtful　形 思慮深い，思いやりのある
- thóughtless　形 不注意な，思いやりのない
- ▶ 母音の発音［ɔː］に注意。though［ou］などと区別する。
- ▶ think(-thought-thought)（考える）の名詞形。

0309
ultimate
[ʌ́ltəmət]

形 **最後の，究極の**

- últimately　副 けっきょく，ついに
- ▶ 発音に注意。delicate [délikət]（繊細な）や private [práivət]（私的な，個人の）も同じ要領。

0310
remain
[riméin]

自 **残る；～のままである**

- remáins　名 遺物
- remáinder　名 残り（のもの）
- ▶ leave（発つ）に対して「居残る」という意味でも使えるが，stay を使うほうが一般的である。
- ▶ She remained motionless.（じっと身動きしないままでした）のような，"remain + C"（～のままである）は重要な用法。

Time-to-Read　TRACK 017

112

There **seemed** to be no way / of **satisfying** the dog's appetite.
　　　　0083

áppetite「食欲」

方法はないように**思えます** / 犬の食欲を**満足させる**。

0311 satisfy
[sǽtisfai]

他 満足させる

- satisfáction 名 満足
- satisfáctory 形 満足な，申し分のない
- be satisfied with ～に満足する
- ▶他と名 形ではアクセントの位置が異なる。

113

The **customs officer** tipped / the **entire contents** of my suitcase / onto the table.

🖉 tip「放り出す」

税関の係官は放り出した / 私のスーツケースの全部の中身を / テーブルの上に。

0312 entire
[entáiər]

形 全体の，まったくの

- entírely / complétely 副 まったく
- ▶whole（全体の）とほぼ同じだが，「全部そろった」という感じがやや強い。

0313 content
名 [kántent]
他 [kəntént]

名 内容 他 満足させる

- conténtment 名 満足
- be contént(ed) with ～に満足している
- ▶意味の違いによるアクセントの相違に注意。
- ▶「かばんの中身は？」は What are the contents of your bag?

114

The doctor **wished** / to have it on **record** / that he strongly **opposed** / the use of the new drug with his **patients**.

🖉 itは1行目のthat…をさす。

医者は望みました / 記録しておくのを，/ 自分は強く反対したことを / 患者に対する新薬の使用に。

0314
wish
[wíʃ]

他 自 望む；…であればいいと思う

□ wish for ～を(ほしいと)望む
▶ I wish I had enough money for that new PC.(あの新しいパソコンを買えるだけのお金があればいいのになあ)のように，仮定法過去(または過去完了)の動詞を使う。
▶ I'd like to～(～したいのですが)の代わりに I wish to～と言うこともできる。

0315
record
名 [rékərd]
他 [rikɔ́ːrd]

名 他 記録[する]；レコード

▶ 名詞は第1音節，動詞は第2音節にアクセントがあるので，「名前動後」と覚える。ほかに import (輸入[する])，increase (増加[する])，present (プレゼント[する])，progress (進歩[する])など。

115

Most students knew / they had to **behave**, / and that **otherwise** they would be **punished**.

たいがいの学生は知っていました / 行いを正しくしなければならない(ことを)，/ また，そうしないと罰せられるだろうということを。

0316
ótherwise
[ʌ́ðərwaiz]

副 さもなければ；他の方法で

▶ 前の文の内容を受けて，「もしそうでなければ(if not)(…だろう)」の意味。

0317
punish
[pʌ́niʃ]

他 罰する

□ púnishment 名 罰，処罰
▶ punish A for B (A を B のことで罰する) という形で使うことが多い。

116

Despite the **warnings** / **clearly displayed** on the beach, / the students all **decided** / to go swimming.

> 警告にもかかわらず, / 浜辺にはっきり掲げられていた, / 学生たちは全員決めた / 水泳に行くことに。

警告が浜辺にはっきり出ていたにもかかわらず, 学生たちは全員, 水泳に行こうと決めました。

0318
despíte
[díspáit]

前 ~にもかかわらず

▶ in spite of よりも改まった言い方で, 新聞などによく現れる。

0319
displáy
[displéi]

名 他 展示[する], 誇示[する]

▶ show(見せる), exhíbit(展示する)に近い。
▶「コンピュータの画面表示(装置)」をディスプレイと言うように, 日本語としてもよく使われる語。ただし, 英語のアクセントに注意。

117

The new road was **sticky** / with tar, / which was very **difficult** to **remove** / from our shoes / when we **reached** home.

🖉 tar「(舗装道路の)タール」

> 新しい道路はべとべとしていて / タールで, / それはとても取り除きにくかった / 靴から / うちに着いたとき。

0320
stick
[stík]

他 自 突き刺す; 粘着する
名 棒, つえ

□ stícky 形 粘着する
▶ stick-stuck-stuck と活用。
▶ stick to(~にくっつく, 固守する)という形で使う。
▶ 車が立ち往生したり, 仕事が行き詰まって身動きがとれなくなったようなとき, My car got stuck. とか We're stuck. などと使う。

0321
difficult
[dífikʌlt]

形 **難しい**, 気難しい

- dífficulty / hárdship 名 困難
- with difficulty　やっとのことで
▶ 普通は hard を使う。反意語は éasy（容易な）。

0322
remove
[rimúːv]

他 自 **移す**, 移る；**取り去る**

- remóval 名 移転；除去
- remove A (from B)　（B から）A を取り去る
▶ "再び(re-) + 動く[かす]" がもとの意味。
▶ 「引越す，移転する」は move のほうが普通。

118

A: Why didn't you **contact** Takako / when you were in Fukuoka? // She **seems** to be **pretty upset** / that you didn't.

B: I was planning to **invite** her out, / but in the end / I didn't have time. // I'll call her and **apologize**.

📎 invite ~ out 「〜を(旅行・デート・食事などに)誘う」

なぜ孝子に連絡しなかったの？/ 福岡にいたとき。// 彼女すごく動揺してるみたいよ / あなたが連絡しなかったから。

誘い出すつもりだったんだ / けど，結局，/ 時間がなかったんだ。// 電話して謝っておくよ。

0323
contact
[kɑ́ntækt]

名 他 自 **接触[する]**，**連絡[する]**

- come in contact with　〜と接触する
▶ 「彼と連絡をとってみましょう」は I'll contact him.（I'll contact *with* him. とは言わない）

0324
pretty
[príti]

形 きれいな，かわいらしい
副 **かなり**

▶ [púəti/pə́ːti] のように r が聞こえないこともあるので注意。
▶ It's pretty cold.（かなり[なかなか]寒いですね）は It's very cold.（とっても寒いですね）より少し弱めな言い方。

0325 upset
他自形 [ʌpsét]
名 [ʌ́pset]

他 自 **ひっくり返す**[返る]，**あわてさせる**
形 名 転覆[した]，混乱[した]

- □ be[get] upset　取り乱す，調子が狂う
- ▶ アクセントは「名前動後」。
- ▶ My stomach is upset.（胃の調子がおかしいんです）とか，Don't get upset.（落ち着いて！）のように使える。

0326 invite
[inváit]

他 **招待する**，誘う

- □ invitátion　名 招待(状)，誘惑
- □ invite…to〜　…に〜するように勧める
- ▶「ご招待ありがとう」は Thank you very much for inviting me.

0327 apologize
[əpɑ́lədʒaiz]

自 **謝罪する**，弁解する

- □ apólogy　名 弁解
- ▶ apologize to A for B の形で，「A に B のことを謝罪する」。
- ▶ 自なので，I have to apologize *to* you.（あなたに謝らないといけません）の to は必要。

119　Time to Read　TRACK 018

Takashi couldn't work up the **courage** / to **ask** Mariko out for a date.
0055

🖉 work up 「〜を奮い起こす」　　ask 〜 out 「〜をデートに誘う」

> 孝は**勇気**を奮い起こすことができませんでした /
> 真理子をデートに**誘う**。

0328 courage
[kə́:ridʒ/kʌ́r-]

名 **勇気**

- □ courágeous　形 勇敢な
- □ encóurage　他 勇気づける
- □ discóurage　他 落胆させる
- ▶ 名と形のアクセントの相違に注意。
- ▶ cóllege（単科大学）と区別する。

120

The **vastness** of the **Universe** / is beyond anyone's **imagination**.

📎 beyónd「〜(の範囲・能力)を超えて」

> 宇宙の広大さは/どんな人間の想像も超えています。

0329 **vast** [vǽst]	形 **広大な**, ばく大な □ vástness 名 広大さ, ばく大さ ▶ a vast number of　ばく大な数の〜 　a vast amount of　ばく大な量の〜
0330 **universe** [júːnəvəːrs]	名 **宇宙**；[全]世界 □ univérsal 形 宇宙の, 普遍的な ▶名と形のアクセントの位置が異なる。
0331 **image** [ímidʒ]	名 **像**, 映像 □ imagine[imædʒin] 他自 想像する □ imaginátion 名 想像(力) □ imáginary 形 想像上の □ imáginative 形 想像力のある ▶日本語の「イメージ」にならないように, 発音とアクセントに注意しよう。

121

How can we be **expected** / to **conduct advanced** research / with these budget cuts?

📎 reséarch「研究」　búdget「予算」

> どうやって私たちは期待されることができるでしょうか/高度な研究を行うことを/これらの予算削減で。

0332 **conduct** 名 [kándʌkt] 他自 [kəndʌ́kt]	名 **行為** 他自 **指揮する**, 案内する □ condúctor 名 指揮者, 車掌 ▶アクセントは「名前動後」。

122

I have no **desire** / to **offend** him, / but I think it's **important** / that he should know the **truth**.

私は何の**欲求**ももっていません / 彼を**怒らせる**. / しかし**重要だ**と思います / 彼が**真実**を知ることが。

0333
desire
[dizáiər]

他 **望む**, 欲望する　名 **望み**, 欲望

▶「(平和などへの)願望」にも「(性的な)欲情」にも使う。
▶ It's desirable([…が]望ましい)と I'm desírous [of〜]([〜を]希望している)とを使い分ける。

0334
offend
[əfénd]

他 自 **怒らせる**；(罪を)犯す

□ offénse 名 違反；立腹；攻撃
　↔ defénse(防御)
□ offénsive 形 不快な；攻撃的な
▶「あなたの感情を害するつもりはありませんでした」は I didn't mean to offend you.

123

A: I hear / your husband's doing some work / for the **government**.

B: Yes, he is. // He's involved in some **project** / to **help** children with learning **difficulties**.

📎 be involved in「〜に関係している」

お聞きしています / ご主人は何かお仕事をしておられると / **政府**の。

ええ。// 彼はある**事業計画**に関わっています / 学習**困難**に陥っている児童を**助ける**。

0335
govern
[gʌ́vərn]

他 自 **統治する**, 管理する

□ góvernment 名 政治, 政府
□ góvernor 名 支配者；[州]知事
▶ góvernment のスペリングに注意。n を脱落しない。

0336
project
名 [prάdʒekt]
他自 [prədʒékt]

名 (事業などの)**計画**
他自 **突き出る[出す]**

- □ projéction 名 投射
- □ projéctor 名 映写機
- ▶ 日本語の「プロジェクト」と発音・アクセントを区別する。
- ▶ "前方へ(pro-)＋投げ出す(-ject)"というのがもとの意味。

124

One of my classmates / **recently** acted / in a TV **drama**, / but she only **appeared** on the screen / for about 15 seconds!

🔖 screen 「(テレビ・映画の)画面」

クラスメートの1人が / 最近，出演しました / テレビドラマに，/ しかし，彼女は画面に現れただけでした / およそ15秒間くらい。

0337
drama
[drάːmə]

名 **劇**，戯曲

- □ dramátic 形 劇的な
- □ drámatist 名 劇作家
- ▶「ドラマ」「ドラマチック」という日本語の発音にならないように。

0338
appear
[əpíər]

自 **現れる；〜に見える**

- □ appéarance 名 出現
- □ apparent [əpǽrənt] 形 明白な，〜らしい（発音・アクセントに注意）
- ▶「現れる，姿を見せる」は，日常会話では come, turn up, show up などを使う。
- ▶「〜に見える，思える」は，普通は appear より look や seem（to〜）を使う。

125

Every **tourist** spot in Japan / **seems** to have a **special place** / for groups to have a **photograph** taken / of all of them together.

- spot「地点, 場所」　for…to〜「…が〜する」

日本のどこの**観光**地も, / **特別な場所**をもっている**ようです** / 団体が**写真**を撮ってもらう / 全員一緒の。

0339 special
[spéʃl]

形 名 **特別な**[もの], 専門の

- speciálity / spécialty　名 特色, 専門
- spécialist　名 専門家
- specialize in /《米》major in　〜を専門にする
- ▶ géneral（一般の）に対して「特別の」。Jane is a special friend (of mine).（ジェーンは特別な親友よ）と使う。
- ▶ What is your special field? は「あなたの専門分野は？」という質問。
- ▶ spécially（特別に, 格別に）と espécially（[中でも]特に, とりわけ）は少し意味が異なる。

0340 phótograph
[fóutəgræf]

名 他 自 **写真**[を撮る]

- photográphic[al]　形 写真の
- photógrapher　名 写真屋, 写真家
- take a photograph of　〜の写真をとる
- ▶派生語のアクセントを正確に。
- ▶「スナップ（写真）」は a snapshot。

126

Time to Read　TRACK 019

I'm very **curious** to know / where Alice went / after she **left** Japan.

私はとても**知りたい** / アリスはどこへ行ったのか, / 日本を**離れた**あと。

0341
curious [kjúəriəs]

形 **好奇心のある**；不思議な

- □ curiosity [kjuəriásiti] 名 好奇心，珍しい物
- □ be curious about ～を知りたがる
- ▶ 形 と 名 のスペリング・アクセントを区別。
- ▶「好奇心から（好奇心にかられて）部屋の中へ入ってみた」は I entered the room out of curiosity.

127

The preacher **appeared** to be **sincere**, / but what he said / made no **sense** / to Jim.
₀₃₃₈

🔗 préacher「（プロテスタントの）牧師」

牧師は**誠実に見えました** / しかし，彼が言ったことは / 全然，**意味**をなしませんでした（わかりませんでした）/ ジムには。

0342
sincere [sinsíər]

形 **誠実な**，真実の

- □ sincérely 副 誠実に，心から
- □ sincerity [sinsérəti] 名 誠実
- ▶ 名 の発音に注意。

0343
sense [séns]

名 **感覚**，センス，意識；**意味**
他 **感知する**

- □ sénsitive 形 敏感な
- □ sénsible 形 分別のある
- □ sénseless 形 無感覚の，無分別な，無意味な
- □ nónsense 形 名 無意味な［考え］，ばかげた［こと］
- ▶ sénsitive と sénsible の意味を区別する。
- ▶「ユーモアがわかる人がいいわ」は I like a man who has a sense of humor. また，「あの人はあらゆる意味で紳士だわ / どこをどう見ても紳士よ」は，He's a gentleman in every sense (of the word).

128

As the test **question** was **similar** / to an earlier one Dick had seen, / he **answered** it / **quite** easily.

テストの**問題**が**似ていた**ので / ディックが前に見たことのある問題に, / 彼はその問題に**答えました** / **とても**簡単に。

0344 qúestion
[kwéstʃən]

名 質問, 問題　他 たずねる, 疑う

- □ qúestionable 形 疑わしい
- □ beyond question　疑いなく
- □ out of the question　問題にならない
- ▶ -tion を [ʃən] ではなく [tʃən] と発音する例。ほかに, suggestion[sədʒéstʃən](提案)がある。
- ▶「そんなことは(まったく不可能で)問題にならないよ」は That's out of the question.

0345 answer
[ǽnsər]

他 自 [〜に]答える　名 答え, 返事

- ▶ I'll reply to his email instantly.(彼の e メールにすぐ返事をしよう)のように replý は to が必要だが, ánswer を使えば to は不要。
- ▶「電話に出る」のは answer the phone。電話が鳴ったとき「私が出ましょう」は I'll answer it. とか I'll get it.

129

The cherry trees in this part of the **country** / don't **usually blossom** / until the end of April.

🖉 cherry tree 「サクラ(桜)の木」

国のこの地域の桜は / **ふつう開花**しません / 4月の終わりまで。

0346 blossom
[blásəm]

名 花(木), 花盛り　自 開花する

- □ come into blossom　咲き出す
- □ be in full blossom[bloom]　満開である
- ▶ flówer(草花)に対して「(果樹などの)花」を言う。
- ▶ 一般的に「(花が)咲く」は come out を使う。

130

Japan has **abundant** hot springs, / but the **negative side** to this / is that it is also subject / to **frequent** earthquakes.

- be subject to 「(影響など)を受けやすい」

日本は**豊かな**温泉をもっている/しかし,このことの**否定的な側面**は,/同時に影響を受けやすいということだ/**頻発する**地震の。

日本には温泉がふんだんにありますが,その反面困るのは,地震が頻発しやすいことです。

0347
abundant
[əbʌ́ndənt]

形 **豊富な**

- abúndance 名 豊富
- be abundant in / abound in　〜に富む
- ▶ abound [əbáund] 自 (豊富である)の形容詞。

0348
negative
[négətiv]

形 **否定的な；消極的な**

- négatively 副 否定的に,消極的に
- negátion 名 否定
- ▶反意語は affirmative (肯定的な), pósitive (積極的な)。

0349
side
[sáid]

名 **側面,わき,そば；味方**
自 **味方する**

- sídewalk 名 歩道
- side by side　並んで
- on one's side / on the side of　〜に味方して
- ▶ side-effects ([薬の]副作用)のようにも使う。

0350
frequent
形 [fríːkwənt]
他 [frikwént]

形 **たびたびの**　他 **しばしば訪れる**

- fréquently 副 しばしば
- fréquency 名 頻度
- ▶アクセントは「形前動後」。
- ▶ fréquently (しばしば)は [ríː] を強く発音する。ただし,やや改まった語なので,通常は I often get headaches. (よく頭が痛くなるんです)のように often を使う。

131

A: How long will these cakes **last**?
B: Only a couple of days, / **unless** you keep them in the refrigerator.

a couple of days「2,3日」(a few days)　　refrígerator「冷蔵庫」

このケーキはどのくらい**もち**ますか。
ほんの2,3日ですね，/ 冷蔵庫に入れておく**なら別ですが**。

0351
unléss
[ənlés]

接 〜でないならば

▶ You'll never see unless you try.（やってみないとわかりませんよ）のように使う。
▶ if…not…で言いかえられる場合もあるが，unléss…は「…でない限り」「…する場合を除いて」という感じが強い。

132

After she was gone, / John **missed** seeing Mary so much / that he didn't feel like doing anything / for days.

feel like 〜ing「〜したい気がする」
for days「何日も」(for many days)

メアリーがいなくなったあと，/ ジョンは彼女に会え**ないのが**とても**寂しくて**，/ 何もする気になれませんでした / 何日間も。

0352
miss
[mís]

他 自 〜しそこなう；〜**がいないのを寂しく思う** 名 失敗

□ míssing 形 見えない，行方不明の
▶ miss（[電車・バスなどに]乗り遅れる）は catch（間にあう）とペアで覚えておく。
▶ I'll miss you.（[あなたがいなくなると] さみしくなります）という表現はよく使う。

133

Endoh was **fined** ¥100,000 / and **lost** his license /
for three months / for speeding.

- lícense「(運転)免許, ライセンス」　spéeding「スピード違反」

遠藤は10万円**罰金を科せ**られ, / そして免許を**失いました** /3か月間 / スピード違反で。

0353
fine
[fáin]

形 りっぱな, 美しい；晴れた；元気な；**微細な**
名 他 **罰金[を課する]**

▶ 多義語の1つ。「(粒・きめが) 細かい」という感じをつかんでおく。
▶ 「スピード違反で2万円の罰金をとられたよ」は I was fined 20,000 yen for speeding.

134

Unfortunately, / our house couldn't **bear** / the **weight** of its roof / in the **earthquake**, / so it collapsed.

- collápse「崩壊する」

不幸にも, / わが家は**耐える**ことができず, / 屋根の**重み**に / **地震**で / そこで, 倒壊しました。

0354
bear
[béər]

名 熊　自 他 **耐える；運ぶ**；生む

☐ bear on　〜に関係する
▶ bear-bore-borne と活用。ただし,「生まれる」だけは be born となる。

0355
weigh
[wéi]

他 自 **重さをはかる；重要である**

☐ wéight 名 重さ, 重要さ
▶ スペリングに注意。way と同じ発音。
▶ 「体重はどのくらい？」ときくのは How much do you weigh? または What do you weigh?

135

A: Why has Alan **quit** his **job** / in Los Angeles?
B: He said / they were going to **fire** him anyway / and that he didn't want to give them the **satisfaction**.

🔖 ányway「いずれにしても」

アランはどうして**仕事**を**辞めた**の? / ロサンゼルスで。

彼が言うには / いずれにせよ会社は彼を**くびにし**ようとしてたから, / くびにする**満足**感を彼らに味わわせてやりたくなかったんだとさ。

0356
quit
[kwít]

他 自 やめる;立ち去る

▶ quit-quit-quit と活用。ただし,《英》では過去・過去分詞に quitted も用いる。
▶ Tom says he's quitting his job.
 (トムは仕事を辞めると言ってるよ)のように使う。

136

It will **probably** be **difficult** / to make him see / that he is not **acting** / in the best **interests** of the **community**.

🔖 in the best interests of「〜に最もためになるように」

たぶん難しいでしょう / 彼にわからせるのは / 彼が行動していないということを / **地域社会**の最も**利益**になるように。

0357
commúnity
[kəmjúːnəti]

名 共同体, 地域社会

▶ アクセントの位置をぼかさないように。
▶ CATV(テレビ有線放送)は community antenna television の略。
▶ society(社会, 社交)と区別。

137

We walked for hours / looking for a **suitable** place to **cross** the river. // **Eventually** we found somewhere / where we could ford it.

🔖 ford「歩いて渡る」

私たちは何時間も歩きました / 川を渡るのに適した場所を探して。// 結局, 私たちはある場所を見つけました / 川を歩いて渡れる。

0358
suit
[súːt]

他 自 適する[させる]
名 訴訟；ひとそろい(の服)

- □ súitable 形 適当な
- □ be suited for 〜に適する
- ▶ What time will suit you?(何時が都合がいいですか)とか, That suits me fine.(それで結構です)のように会話でよく使う。
- ▶ fit(適合する, 似合う)と区別。

0359
cross
[krɔ́(ː)s]

名 十字架　形 交差した；不機嫌な
他 横切る

- □ cróssing 名 横断；交差点
- ▶「十字路, 交差点」は a crossroad(s)。
- ▶ イギリス人が Please don't get cross. と言ったら「つむじを曲げないでくださいよ」ということ。

138

The young man was **standing** on his head / with his back against a wall / because, he said, / it was good for his **brain**.

🔖 on one's head「逆立ちして」

その若い男は逆立ちしていました / 背中を壁につけて。/ なぜなら, 男が言うには, / そうするのが頭脳によいからだと。

0360
stand
[stǽnd]

自他 立つ；～である；耐える
名 台, 売店；停止；抵抗

- □ stándpoint 名 立場, 観点
- □ stand for ～を表す
- □ stand out 目立つ
- ▶ I can't stand this heat.（この暑さにはがまんできないよ）はよく使う表現。

0361
brain
[bréin]

名 頭脳, 知力

▶ 本来は brain damage（脳障害），brain death（脳死）のように「（人間・動物の）脳」のことだが，He's one of the brains of our company.（彼はうちの会社のブレーン［知的指導者］の 1 人だ）のようにも使う。

Time to Read TRACK 021

139

I was very **touched** / by the **kindness** of everyone / in the village.
0159

私は非常に**感動しました** / すべての人の**親切**に / 村の。

0362
touch
[tʌ́tʃ]

自他 触れる；感動させる
名 接触；筆致；少量

- □ tóuching 形 感動させる
- □ come in touch with ～と接触する
- ▶ move と同じく，「（人の心に）触れる，動かす」という用法が重要。「あの人たちが親切なのには感動しました」は I was greatly touched by their kindness.

140

The villagers always keep a **store** of firewood / for the winter / **behind** the headman's house.

firewood「まき,たきぎ」　héadman「頭(かしら),村長」

村人はいつもまきの**蓄え**を保っています / 冬に備えて / 村長の家**の後ろに**。

0363 store [stɔ́ːr]

名 他 蓄え[る]；店，倉庫

- □ be in store　蓄えられている
- □ department store　百貨店，デパート
- ▶「蓄え[る]」という意味が重要。

0364 behind [biháind]

副 前 [〜の]後方に，[〜より]遅れて

- ▶反意語は ahead (of) または in front (of)。
- ▶「(部屋に入ったら)ドアを閉めなさい」はClose[Shut] the door behind you.

141

The brochure **states** / that the **resort** is "a **paradise** on **earth**" / but, in **fact**, / it's an **awful** place.
₀₁₀₃

brochure[broʊʃúər]「パンフレット(小冊子)」

パンフレットは**述べている** / その**行楽地**は「**地**上の**楽園**」である，と / しかし**実際**は，/ (そこは)**ひどい**ところです。

0365 state [stéit]

名 状態；国家；州　他 述べる

- □ státely　形 堂々とした
- □ státement　名 陳述，声明
- □ státesman　名 政治家
- ▶「(正式に) 述べる」という意味に使う。say より改まった語。

0366 resort
[rizɔ́ːrt]

自 よく行く；(手段に)訴える
名 行楽地；(頼りの)手段

- resort to 〜に通う；〜に訴える
- ▶発音[z]に注意。
- ▶ resort to violence(暴力に訴える)などと使う。

0367 paradise
[pǽrədais]

名 天国，楽園

- ▶反対の「地獄」は hell。

0368 earth
[ə́ːrθ]

名 地球；土

- éarthly 形 地球の，俗界の
- éarthquake 名 地震
- ▶母音の発音[əːr]に注意する。
- ▶ earth は「大地」，globe は「(丸い)地球」というイメージがある。
- ▶ What on earth are you doing here? (こんなところでいったい何をしてるんだ) とか Sam is the happiest man on earth. (サムはこの世でいちばんの幸せ者だよ) などが会話的表現。

0369 awful
[ɔ́ːfl]

形 ひどい，ものすごい；恐ろしい

- áwe 名他 畏敬[の念を起こさせる]
- ▶ áwfully (ひどく，とても) とともに，意味を強める使い方が多い。
- ▶ He spent an awful lot of money. (ものすごくお金を使った)，I'm awfully sorry. / I'm terribly sorry. (本当にごめんなさい)など。

142

When she read the **letter** from her father, / my mother was so **angry** / she **tore** it into **pieces**.

🖉 so … that ~ （とても…なので~）の that はしばしば省略される。

父親からきた**手紙**を読むと，/ 母はとても**腹を立て**，/ **ずたずたに引きちぎってしまいました**。

0370
letter
[létər]

名 手紙；**文字**；**《複》文学**

□ a man of letters　文学者
▶ cháracter（表意文字）に対して「（アルファベットや仮名などの）表音文字」が letter。

0371
anger
[ǽŋgər]

名 怒り　**他 自** 立腹する［させる］

□ in anger　怒って，かっとなって
□ be［get］angry at［about］　~のことを怒る
□ be［get］angry with［at, for］　（人）に腹を立てる
▶ angry 形（怒った）は上記の形でよく使う。

0372
tear
[téər]

他 自 裂く，裂ける

□ tear to pieces　ずたずたに引き裂く
▶ tears［tíərz］（涙）と発音を区別。
▶ tear-tore-torn と活用する。

0373
piece
[píːs]

名 1つ，1個

▶ peace（平和）と同音。スペリングを混同しないように。
▶ a piece of cake（1つのケーキ），three pieces of cheese（チーズ3個）のように使う。
▶「コップを落としてばらばらにこわしちゃった」は The cup fell and broke into［in］pieces.

143

The researchers are **engaged** / in an **extremely complicated project**, / and most of them haven't been home / for the last three days.
₀₃₃₆

researcher「研究者」

研究者たちは携わっている / きわめて複雑なプロジェクトに，/ そして，彼らの大部分はうちに帰っていません / この3日間。

0374
engage
[engéidʒ]

他 自 従事する[させる]；婚約する

- engágement　名 約束，婚約
- be engaged in　~に従事している
- be engaged with　~で忙しい
- ▶ I'm single, but I'm engaged to Misa.（独身ですが，美佐と婚約しています）のように使う。

0375
extreme
[ikstríːm]

形 極端な，過激な　名 極端

- extrémely　副 極度に，とても
- extremity [ikstrémiti]　名 極端
- ▶ 反意語は moderate [mάdərət]（適度の）。
- ▶ That's extremely difficult.（きわめてむずかしいよ）のように，extrémely は véry の意味で使うことがある。

0376
cómplicated
[kάmpləkeitəd]

形 複雑な，難しい

- complicátion　名 複雑化，紛糾
- ▶ cómplicate（複雑にする）の過去分詞から。
- ▶ complex（入り組んだ）もほぼ同じ。

144

A: There's a **lot** of **gossip** going around / about you and Hasimoto, / you know.

B: That doesn't **matter** to me at all. // Let people say / what they want!

🔗 you knowは会話で「知ってるでしょ」とか，もっと軽く相手に同意を求めたり，確認したりするときに使う。

いっぱいうわさが流れているよ / きみと橋本君について， / ね。

私には全然どうってことないわよ。// そんな人たちには言わせておけばいいわ / 言いたいことを。

■■■ 0377
gossip
[gásəp]

名自 むだ話[をする]

▶主に「(人の)うわさ話」や「陰口」のこと。日本語の「ゴシップ」とあまり変わらない。

145

Achieving a **proper** balance / **between academic** studies and extra-curricular **activities** / is **important** / if you want to make the most of your time / at university.

🔗 extra-curricular activities 「課外活動」
make the most of 「~を最大限に活用する」
at university 「大学で」

適当なバランスをとることが / 学問の勉強と課外活動の間で / 大事です / もしあなたが自分の時間を最大限に活用したければ, / 大学で。

■■■ 0378
achieve
[ətʃíːv]

他 成就する，達成する

□ achíevement 名 成就，業績
▶「(あることを努力して)成し遂げる，得る」の意。仕事などを普通に「終える(finish)」ときには使わない。
▶ accomplish(成し遂げる)と区別。accomplish は「(計画や目標をうまく)遂行する」という意味。

0379 proper
[prápər]

形 適当な；固有の

- □ próperly 副 適切に，正当に
- □ próperty 名 財産；性質
- □ propriety[prəpráiəti] 名 適当
- □ it is proper that...should~ …が~するのは当然だ
- ▶ This custom is proper to Japan. (この習慣は日本固有のものです)は典型的な使い方の1つ。
- ▶ 反意語は impróper(不適切な)。

0380 académic
[ækədémik]

形 大学の；学問的な

- □ acádemy 名 (高度な)専門学校；学士院
- ▶ アクセントに注意する。

0381 active
[ǽktiv]

形 活動的な，積極的な

- □ áction 名 行動
- □ actívity 名 活動
- ▶ act(活動する)の形容詞。

146　Time to Read　TRACK 022

A: How many **letters** are there / in the Russian **alphabet**?

B: I think there are thirty-three, / but I'm not **sure**.

何**文字**あるの? / ロシア語の**アルファベット**は。

33文字だと思う / けど，**確か**じゃないよ。

0382 álphabet
[ǽlfəbet]

名 アルファベット；初歩

- □ alphabétic(al) 形 アルファベットの
- ▶「(料理などの)初歩」「(物事の)いろは」は the ABC('s)(of cooking)のように言うことがある。

147

Cooked food / is much more **tasty** / if it is **seasoned** / with salt and pepper.

péppar「コショウ」

料理された食べ物は / ずっとおいしくなる / 味付けされると / 塩とコショウで。

0383
taste
[téist]

他 自 味わう，味がする　名 味；好み

- □ tásty 形 おいしい
- □ tásteless 形 まずい，品がない
- □ tásteful 形 趣味のよい
- □ taste of 〜の味がする

▶「味はどうですか」は How does it taste?「おいしいですよ」は (It tastes) Very good.
Delicious! と言うのはやや大げさ。

▶「食物・飲み物」ばかりでなく「(喜びや悲しみを)味わう」という意味でも使う。

0384
season
[síːzn]

名 季節　他 味つけする

- □ in season　食べごろの
   ↔ out of season　季節はずれの

▶ séasoning は「味付け[すること]，調味[料]」。

148

Machines, unlike men, / do not need **rest**; / they can just go on and on working.
0181

go on and on 〜ing「どんどん(いくらでも)〜し続ける」

機械は人間と違って / 休息を必要としない。 / 機械はいつまでも働き続けることができる。

0385
rest
[rést]

名 休息；残り
自 他 休息する，よりかからせる

- □ take a rest　休息する
- □ rest on　〜に頼る，〜に基づく
- ▶「（一時的な）休止，休息」のほかに，「残り（の物・人）」という意味に使う。「（これから）死ぬまでの間」は for the rest of my life。

149

John turned **pale** / when he thought he saw the ghost of Lady Mary **floating** / **across** the dining room.
₀₃₀₄

🔗 ghost「幽霊」

> ジョンは**真っ青**になりました / 彼がレディー・メアリーの幽霊が**浮かんでいる**のを見たと思ったとき / ダイニング・ルーム**を横切って**。

0386
pale
[péil]

形 青白い，色の薄い

- ▶ pail（バケツ）と同音。
- ▶「少し顔色が悪いようですね。どうしましたか」と声をかけるのは，You look a little pale. What's the matter?

0387
float
[flóut]

自 他 浮く，浮かべる，漂う　**名** 浮き

- □ aflóat　**形 副** 浮かんで
- ▶ sink と対比して，「（沈まずに水面や空中に）浮く」の意。

150

Why do you always have to **air** your **opinions** / so **forcefully**? // Try listening to someone else / for a **change**.

🔗 for a change「いつもと違って，たまには」　try 〜ing「試しに〜してみる」

> きみはどうしていつも自分の**意見**を**吹聴**しなきゃいけないんだ / そんなに**強引に**。// 試しに人の話にも耳を貸してみたらどうだい / **たまには**。

0388
air [éər]

名 空気；様子；放送
他 空気にさらす；公表する

- áiry / áerial 形 空気の
- áirplane / áircraft 名 飛行機
- by air　飛行機で
- in the air　広まって
- on (the) air　放送されて
▶ heir(相続人)と同音。
▶「(人の)態度，雰囲気」を表すこともある。I like Ken because he doesn't put on airs. は「ケンは気取らない(えらそうな態度をしない)から好きよ」ということ。

0389
opinion [əpínjən]

名 意見，評価

- be of (the) opinion that …
　…と考える，…という意見だ
- have a good[bad] opinion of
　～を良く[悪く]思う
▶「世論(public opinion)」の意味で使われることもある。

0390
force [fɔ́ːrs]

名 力，腕力；兵力　他 強いる

- fórceful 形 力強い
- force…to～　強制的に…に～させる
- by force　力づくで
▶ the (armed) forces は「軍隊」，air force は「空軍(力)」。

0391
change [tʃéindʒ]

名 自 他 変化[する]；乗りかえ[る]；つり銭；小銭

- chángeable 形 変わりやすい
▶「品川で乗りかえないといけませんよ」なら You'll have to change at Shinagawa.
▶ Keep the change.(おつりは結構です)とか Here's your change.(はい，おつりです)のように，「つり銭，小銭」は change のまま使い，複数形にはしない。

151

Some of these **organizations** / **appear** to have / **unlimited supplies** of **arms** / and an unlimited **will** to use them.

これらの組織のうちいくつかは / もっているように見えます / 果てしない武器の供給と / それら(の武器)を使おうとする果てしない意志を。

0392 limit [límit]

名 他 限界, 制限 [する]

- □ limitátion 名 制限, 限界
- □ limited express 特急列車
- □ be limited to ～に制限され[てい]る
- ▶「制限, 範囲」は límits《複》とすることが多い。

0393 supply [səplái]

名 他 供給 [する]

- ▶「A に B を供給する」は supply A with B, または supply B to[for] A という形を使う。

0394 arm [á:rm]

名 腕;《複》武器
他 自 武装する[させる]

- □ ármy 名 陸軍, 軍隊
- □ ármed 形 武装した
- □ ármament 名 軍備
- ▶ arms が「武器・兵器」(wéapons) の意味であることに注意しておこう。arms race は「軍拡競争」, arms control は「軍備制限」のこと。

0395 will [wíl]

名 意志; 遺言
助 ～しよう, ～するだろう (↔ shall)

- □ wíllingly 副 進んで, 快く
- □ be willing to ～ 進んで～する
- ▶ 名の意味も覚えておく。

152

A: I'd really like to **run** / some **kind** of antique **furniture store**.

B: I'd **stick** to something more mainstream, if I were you / —there's no **guarantee** at all / that **specialty** stores like that will do well these days.

📎 antíque「アンティーク(骨董)の」　máinstream「主流の」

> 私はほんとに**経営**したいの / 何らかの(**種類**の)アンティーク**家具**の**お店**を。

> ぼくがきみならもっと主流の店に**固執する**ね / —全然, **保証**がないからね / このご時世にそういった**専門**店がうまくいく(という)。

■■■ 0396 **run** [rʌ́n]	自 他 走る, **作動する[させる]**；(会社などを) 経営する □ run across 〜に偶然出会う □ run into 〜とぶつかる □ run out of 〜を使い果たす ▶「連続して動く[動かす]」という感じからいろいろな意味が生まれる。
■■■ 0397 **furniture** [fə́ːrnitʃər]	名 **家具**, 備品 ▶集合的に「家具類」の意。したがって,「1つの家具」は a furniture ではなく, a piece of furniture (または an article of furniture)と言う。
■■■ 0398 **guarantée** [gærəntíː]	他 **保証する**　名 **保証[人]**；担保 ▶母音[æ]とアクセントに注意する。 ▶「1年間の保証」は a one-year guarantee。

153

There's not **enough room** in our **office** / for any more **staff**.

うちの**オフィス**には**十分な余地**はないよ / これ以上**スタッフ**を増やすだけの。

0399 room [rú(:)m]

名 部屋；余地

☐ room for　〜する余地
▶ もとの意味は「空間，スペース」。
▶ 「私に場所をあけてくれませんか」と頼むのは Could you make room for me, please?

0400 staff [stǽf]

名 《集合的に》職員，スタッフ

▶ スペリングを stuff **名**（材料）と間違えないように。
▶ the teaching staff（教授陣）はよいが，a teaching staff とは言えない。

154

A: Have you heard that Sato's been **fired**?
B: No, I hadn't, / but I'm not **surprised**. // He never did any work, / so I **guess** he **deserved** it.

佐藤が**くびになった**って聞いた?

いや，聞いてない。/ でも，ぼくは**驚か**ないよ。// 彼は仕事なんか全然やらなかった，/ だから，そう**なっても当然**だと思うよ。

0401 surprise [sərpráiz]

他 驚かす，不意打ちする
名 驚き，意外[なこと・物]

▶ 「ああ，びっくりした」は Oh, you surprised me. / What a surprise! など。「驚きませんよ」は I'm not surprised.
▶ be surprised（[人が]驚く）と surprising（[人を]驚かせるような）とを区別。

0402
guess [gés]

名他自 **推測[する]**

□ guess at　〜を推測する，言い当てる
▶過去・過去分詞の guessed [gést] は guest (客) と同じ発音。
▶I guess …は「なんとなく…と思う」という感じ。I think …では調子が強すぎるときに I guess …が使える。

0403
deserve [dizə́:rv]

他 **〜に値する**

▶be worthy of (〜にふさわしい) に近い。批判的に You deserve it.(自業自得じゃないか) と使うこともできる。

155

Our English teacher **recommended** us / to read one **serious** magazine or newspaper **article** a day.

英語の先生が私たちに**勧めてくれました** / **まじめな**雑誌や新聞の**記事**を1日に1つ読みなさいと。

0404
recomménd [rekəménd]

他 **推薦する**

□ recommendátion　名 推薦[状]
□ recommend A to B　A を B に推薦する
▶旅行の案内所などで「もっと安いホテルはありませんか」は Could you recommend a cheaper hotel?

0405
serious [síəriəs]

形 **まじめな；重大な，重病の**

▶Bob is seriously ill. は「ボブは重病だ」ということ。反対に，「たいしたことじゃありませんよ」は It's nothing serious.

0406
article [á:rtikl]

名 **物品；記事；条項；冠詞**

▶「(憲法)第9条」は the ninth article (of the Constitution)。

In any **consideration** of Japan's **culture**, / it's **desirable** to **maintain** a balanced **view** / of both its **ancient** and **modern** aspects.

áspect「側面,状況」

日本の文化について考える際には / バランスのとれた見方を維持するのが望ましい / 古代と現代の両面について。

0407 culture [kʌ́ltʃər]

名 文化,教養;耕作

- □ cúltural 形 文化の,教養の
- □ cúltured 形 教養のある
- ▶「耕す(cúltivate)」と関連がある。

0408 maintain [meintéin]

他 維持する;主張する

- ▶ keep(保つ), presérve(保持する), assért(主張する)などが類語。
- ▶ máintenance 名(維持;主張)のスペリング(aiではなくe)には特に注意。また,日本語の「メンテナンス」と発音を区別する。

0409 view [vjúː]

名 視界;眺め;考え[方]
他 見る,見なす

- □ in view of　〜の見えるところに;〜を考慮して
- □ with a view to 〜ing /
   with the view of 〜ing　〜する目的で
- □ from the viewpoint of　〜の見地から
- ▶「見る(こと)」が基本的な意味。
- ▶ In my view, … (私の考えでは…)のように使える。

0410 ancient [éinʃənt]

形 古代の,昔の

- ▶ [ei]という発音には特に注意。
- ▶ old でもよいが,módern(現代の)と対照的に「大昔の」という意味を強める。

157

His boss **asked** Jimmy / to be **sure** to **post** the letter / by registered mail / because the **contents** were very **important**.

📎 registered mail「書留郵便」

上司がジミーに**頼みました** / 確かにその手紙を**投函する**ようにと / 書留郵便で, / なぜなら, その**内容**がとても**重要**だから(と)。

0411
post
[póust]

名 柱；**郵便**；地位
他 **郵送する**；配置する

☐ póstal 形 郵便の
☐ póstage 名 郵便料金
☐ post office 郵便局
▶母音の発音 [ou] に注意。日本語の「ポスト」にならないように。
▶《米》では mail (郵便) をよく使う。

158

The coal **mines** of Germany / are so uneconomical / that it **costs** the **government** / up to 500,000 marks / to keep each miner in a **job**.

📎 uneconómical「不経済な, 浪費する」　mark「(ドイツの)マルク」

ドイツの**炭鉱**は / 非常に不経済で, / **政府**に**経費をかけさせている** / 50万マルクまで / ひとりひとりの坑夫を**職**に就かせておくために。

0412
mine
[máin]

代 私のもの　名 **鉱山**　他 自 **採掘する**

☐ míner 名 鉱夫
☐ míneral 名 形 鉱物(の)
▶「金を求めて採掘する」のは mine for gold。

0413
cost
[kɔ́(:)st]

他 名 **費用[がかかる]**；犠牲[にする]

- cóstly 形 高価な
- at the cost of / at the expense of　〜を犠牲にして
- ▶「(値段は) おいくらですか」は How much is it? または How much does it cost?
- ▶ It will cost you ten dollars.（10ドルはかかるでしょう）のように，2つの目的語をとることができる。

159

The **ability** to use tools / is said to be a defining **characteristic** of the **human race**, / but **actually** / some other animals / are also **capable** of using them.

> tool「道具」　define「定義づける，(他の動物との区別を)明確にする」

道具を使う**能力**は /**人類**を特徴づける**性質**だと言われています．/ が，**実際には** / いくつかの他の動物も / また道具を使うこと**ができます**。

0414
cháracter
[kǽrəktər]

名 **人格，特性；人物；文字**

- cháracterize 他 〜を特色づける
- characterístic 形 名 特色(のある)
- ▶「漢字」は Chinese characters と言う。

0415
human
[hjúːmən]

名 形 **人間[の]**

- humánity 名 人間性，人類
- humane[hju(:)méin] 形 人情味のある
- ▶「人間」は human beings, man, man-kínd (人類) などで表す。

0416
race
[réis]

名 競争；**民族，人種**　自 他 競争する

- rácial 形 人種の
- ▶ the human race (人類) とか the race problem (人種問題) のような使い方のほうが重要である。

0417
actual [ǽktʃuəl]

形 **現実の，実際の**

- □ actuálity 名 現実
- ▶ poténtial（潜在的な）に対して「現実に存在する」の意。
- ▶「（意外に思うでしょうが）実は…」という気持ちで Actually, …を使う。I have a golf bag, but actually I can't play.（ゴルフバッグは持ってますが，実はできないんですよ）など。

0418
capable [kéipəbl]

形 **〜ができる，能力[余地]がある**

- □ capabílity 名 能力
- □ capacity [kəpǽsəti] 名 （受け入れる）能力
- ▶ be capable of（〜ができる）という形で使うことが多い。be able to 〜（〜することができる）と形を区別。

Time-to-Read TRACK 024

160

You're **bound** to be late / if you don't **leave** till four. // You should **leave** at 3:30 / at the latest.

📎 at the latest「遅くとも」

きっと遅刻してしまうよ / 4 時まで出発しないでいると。// 3 時半には出たほうがいい / 遅くとも。

0419
bound [báund]

名 自 《複》**境界；跳躍[する]**
形 **縛られた**

- □ bóundary 名 境界
- □ be bound to〜 きっと〜する
- ▶ 形 は bind（縛る）の過去分詞形。
- ▶「成田発ロサンゼルス行の飛行機」は a plane bound for Los Angeles from Narita。

161

Mr. Goldring felt a strong **urge** / to **leave** the room, / but **instead**, / he took off his jacket, / sat down / and **faced** his seminar students.

séminar「ゼミナール，ゼミ」

ゴールドリング先生は強い衝動を感じました／部屋から出て行きたいという。／でも，そうはしないで／上着をぬいで／腰を下ろし，／ゼミの学生に正面きって顔を向けました。

0420 urge [ə́ːrdʒ]

他 促す，主張する　名 衝動

- □ úrgent 形 緊急の
- □ úrgency 名 緊急
- □ urge…to〜 (人)に〜するよう促す
- ▶「(激しく)せきたてる」という感じがしていればよい。

0421 instéad [instéd]

副 その代わりに

- ▶ instead of (〜の代わりに，〜しないで) という形でよく使う。

0422 face [féis]

名 顔，表面　他自 〜に直面する

- □ face to face with 〜と向い合って
- □ in the face of 〜の面前で，〜をものともせず
- ▶「私の家は海に面しています」は，My house faces the sea. / My house looks out on the sea.

A: How much do you **pay** a month / for your Internet **connection**?
B: Nothing. // Well, I pay **local** telephone charges, of course, / but the **provider** itself is **free**.

chárges「料金」
providér「(インターネットの)プロバイダー(接続業者)」

ひと月あたりいくらくらい支払ってるの? / インターネットの接続に。

無料だよ。// もちろん、市内通話の料金は払ってる / だけど、プロバイダー自体はただなんだ。

0423
pay
[péi]

他 **支払う**　自 **引き合う**

□ páyment 名 支払い, 報い
▶ Honesty doesn't always pay. は「正直がいつも引き合うとはかぎらないよ」の意。
▶ pay A for B (Bの代金をAに支払う)の for は「〜の代金[代償]として」の意。
▶ pay attention to (〜に注意する)のように「(注意などを)払う」の意味にも使う。

0424
connect
[kənékt]

他 自 **結びつける, 関係させる**

□ connéction 名 関係
▶ connect A with B (AをBと結びつける) / be connected with (〜と関係がある)という形で使う。

0425
local
[lóukl]

形 **その地方の, 局部の**

□ locálity 名 場所, 地方
□ locate [lóukeit, loukéit] 他 位置をつきとめる
▶ 日本語(ローカル)と違い, 英語では「いなかの」という感じは含まないことに注意する。
▶「各駅停車の列車」は a local train。

0426
provide
[prəváid]

他 自 供給する；備える

- províder 名 供給する人，(インターネットの）プロバイダー（接続業者）
- provide against ～に備える
- ▶ provide[supply, furnish] A with B(A に B を供給する) の with に注意。
- ▶ provided[providing] …は「もし…であれば」という言い方で，so long as / if only …に近い。

0427
free
[fríː]

形 自由な；無料の；ひまな
他 自由にする

- fréedom 名 自由
- fréely 副 自由に
- ▶「自由に，無料で」と副詞的にも使える。
- ▶ free from([心配・不安など]がない)
  far from(～[する]どころではない)
  を区別しておく。

163

Modern cellphones are **minute** / in **comparison** / to the **huge things**₀₁₇₉ people used to carry around₀₂₀₉ / when they were first **invented**₀₁₃₃.

✐ cellphone「携帯電話」

近ごろの携帯電話は**ごく小さい** / **比較**すると / 人びとが持ち歩いていた**大きなもの**に /（それらが）最初に**発明**されたころ。

0428
minute
名 [mínət]
形 [mainjúːt]

名 分，瞬間　形 微細な

- ▶ 意味によって発音・アクセントが異なる。
- ▶ 形は「（目に見えないほど）微小な」という意味。

0429
compare [kəmpéər]

他 自 比較する；～にたとえる

- □ compárison 名 比較
- □ compárative 形 比較的な
- □ cómparable 形 比較しうる
- □ compared with[to] / in comparison with ～と比べれば
- ▶主に次の形で使う。
  compare A with[to] B （A を B と比較する）
  compare A to B （A を B にたとえる）

0430
invent [invént]

他 発明する；でっちあげる

- □ invéntion 名 発明(品)
- □ invéntor 名 発明家
- □ invéntive 形 発明の才がある
- ▶ He tried to invent an excuse.（言い訳をでっちあげようとした）のように，「（無理やり）でっちあげる」（make up）という感じでも使う。
- ▶ discover（発見する）と区別。

164

What at first **appeared** / to be a **novel technique** for **expanding** learners' vocabulary / turned out / to be a **mere** rehash / of several orthodox **methods**.

- vocábulary 「語彙（ごい），用語数」
- turn out to be 「結局～であると判明する」
- rehash [ríːhæʃ] 「焼き直し」　órthodox 「正統的な，月並みな」

当初は見えたものが / 学習者の語彙を拡大するための新しい技術と / 結局，判明しました / 単なる焼き直しであることが，/ いくつかの昔ながらの方法の。

0431
novel [návl]

名 小説　形 目新しい

- □ nóvelist 名 小説家
- □ nóvelty 名 新奇（な物）
- ▶ 形 の意味に注意する。

0432
technique
[tekníːk]

名 技術, 技巧

- téchnic(al) 形 技術的な, 専門的な
- technícian 名 専門家
- ▶スペリングと発音に注意。

0433
expand
[ikspǽnd]

自 他 広がる[げる]

- expánsion 名 拡大, 膨張
- ▶「外へ(ex-)拡大する」という感じをつかんでおく。exténd([外へ]伸びる)の ex- も同じ意味。
- ▶反意語は contráct(縮む)。

0434
mere
[míər]

形 単なる, ほんの(〜にすぎない)

- mérely 副 ただ〜にすぎない
- merely because… / just because…
  ただ…というだけ(の理由)で
- ▶She's a mere child.(あの娘はまだほんの子供ですよ)のように使う。

0435
method
[méθəd]

名 方法, 手法

- methódical 形 組織的な
- ▶最も普通な way(方法)に対して méthod は「(組織的な, 体系的な)方法」という意味。mánner(やり方)や means(手段)などと使い分けるとよい。

---

165 Time-to-Read TRACK 025

Sound carries much farther / **across** water / than across **dry** land.

🖉 cárry「届く, 伝わる」　fárther は far(遠く[まで])の比較級。

音はずっと遠くまで伝わります / 水の中のほうが / 乾いた陸地よりも。

0436
sound [sáund]

名 自 他 音[がする]；〜と思われる
形 健全な　副 ぐっすりと（眠っている）

- ▶ That sounds interesting.（おもしろそうだね）は会話でよく使う。
- ▶ A sound mind in a sound body.（健全な身体に健全な精神[が宿る]）はことわざ。

0437
dry [drái]

形 乾いた　他 自 乾かす，乾く

- ▶「（雨が降らないで）乾燥した」「（パンやワインが）古くなった」という意味にも使う。

166

Racing drivers **seem** to thrive / on taking **risks** / that would **terrify** most people.
0416　　　　　　0083　　　　　　　　　　　　　　　0129

🔗 thrive on 「〜を楽しむ，〜をうまくやっている」

レーシング・ドライバーは楽しんでいる**ように思えます** / **危険**を冒すのを / たいがいの人を**怖がらせる**ような。

0438
risk [rísk]

名 他 危険[をおかす]

- □ rísky　形 危険な
- □ run the risk of　〜の危険をおかす
- □ at the risk of　〜の危険をおかして
- ▶ dánger と比べると，risk は「（自分で覚悟しておかす）危険」という感じが強い。

167

The Minister said / he didn't want to **cause** any **trouble** / and that he would **resign** at once.
　　　　　　　　　　　　　　　　　　0175
0003

大臣は言いました / **もめごと**を**起こしたくない**，/ ただちに**辞職する**，と。

0439 resign [rizáin]

他 自 あきらめる；辞職する

- resignátion 名 辞職；あきらめ
- resign oneself to ～を甘受する
- ▶「(途中で)退職する」の意。会話ではleave(離れる)やquit(やめる)が使われる。

168

A: What's your hometown like?
B: Well, / if I tell you it has a **lone** gas **station**, no bars and no shops, / you should get a **pretty** good **idea**!

📎 get a good idea「よくわかる」

> あなたのふるさとってどんなところ?

> そうだね，/ ガソリン・**スタンド**は 1 つだけ，バーも店も 1 軒もないと言えば，/ **とても**よく**感じ**がつかめるだろう。

0440 lone [lóun]

形 孤独な，さびしい

- lónely 形 孤独な，さびしい
- lóneliness 名 孤独
- lónesome 形 さびしい
- ▶ loan(貸しつけ[金]，ローン)と同じ発音。
- ▶「一匹おおかみ(のような人)」のことを He's a lone wolf. と言う。

0441 station [stéiʃən]

名 駅；部署 他 配置する

- státionary 形 静止した
- ▶ I hear James was stationed in Baghdad.(ジェイムズはバグダッドに配置されたそうだ)のように使う。

169

My father **leads** a life of **leisure** / now that he's **retired**; / it's a **bit irritating** / for my mother, / I think.

- now that … 「…である今, 今や…だから」

父は**悠々自適**の生活を**送っています** / **隠退した**今。/ それは**少しいらだたしい**ことだ / 母にとっては, / と思いますよ。

0442
leisure
[líːʒər/léʒə]

名 余暇

□ at leisure / léisurely　暇で, ゆっくりと
▶発音は日本語の「レジャー」と異なる。スペリングにも要注意。
▶「自由な時間」のことで, 日本語（レジャー）のように「娯楽」という意味合いはない。

0443
retire
[ritáiər]

自 退く, 退職する

□ retire from　〜から退く
▶普通は「定年で退職する」ときに使う。
▶resign（あきらめる, 辞職する）と区別。

0444
írritate
[íriteit]

他 いらだたせる; 刺激する

□ irritátion 名 いらだち
▶アクセントは第1音節に。
▶írritated 形（いらだっている）と írritable 形（怒りっぽい）とを区別。

170

Nets were originally **intended** / for catching fish, / but now / many people have been **captured** / by the Internet.

- oríginally 「もとは, 元来」
  the Internet「インターネット（世界的なコンピュータネットワーク）」

網はもともと**用途としていました** / 魚をとることを, / しかし, 今は / 多くの人びとが**つかまえられ**ています / インターネット網に。

0445
net
[nét]

名 網　形 正味の

- nétwork 名 網状の組織, 放送網
- ▶インターネットで次から次へサイトにアクセスするのは net surfing。
- ▶ a net profit（純益）。

0446
intend
[inténd]

他 意図する, しようと思う

- inténtion / intént 名 意図
- inténtional 形 故意の
- be intent on ～に熱中している
- ▶ intend to～（～するつもりである）という形で使う。

0447
capture
[kǽptʃər]

名 捕獲（物）　他 捕える

- ▶「（獲物・犯人などを）捕える」ばかりでなく,「（人の心を）捕える,（注意を）引く」のにも使う。catch より改まった語。

171

The sales **manager** isn't **particularly bright**, / but he has a wonderful knack / of persuading people to buy.

sales「販売（の）」　knack「技巧, こつ」
persuade…to～「…を説得して～させる」

販売部長は特に頭のよい人ではないのだが, / 見事な技巧をもっています / 客を説得して買わせるという。

0448
manage
[mǽnidʒ]

他 自 管理する, 扱う；なんとかする

- mánager 名 支配人, 経営者
- mánagement 名 経営, 管理
- ▶アクセントに注意。「マネージャー」のような日本語発音にならないように。
- ▶ I managed to get there in time.（なんとか間に合いました）のように, manage to～（どうにか～する）はよく使う。

0449
bright
[bráit]

形 明るい；**りこうな**

□ brighten 他 明るくする
▶ 反意語は dark（暗い），dull（愚鈍な）など。

---

172 Time to Read TRACK 026

The school wanted to **raise** the **standard** / of **achievement** of its pupils / in math.

@ math「数学」(mathematics) 0378

学校は**水準**を**上げ**たいと思いました / 生徒の**学力**の / 数学における。

0450
raise
[réiz]

他 **上げる**；飼育する；（金を）集める

▶ 発音 [ei] に注意。
▶ rise 自 の他動詞に相当する。a pay raise（賃上げ，昇給）のように 名 として用いることもある。

0451
stándard
[stǽndərd]

名 形 **標準[的な]**

□ standardize 他 標準化（規格化）する
▶「（比較や判断をするときの）基準」ということ。

173

The **pretty patterns** / woven into her jumper / were **admired** / by all her friends.

@ woven weave（織る，編み込む）の過去分詞 0256

きれいな柄は / 彼女のジャンパーに織り込まれた，/ **ほめられた** / 友だちみんなに。

0452
páttern
[pǽtərn]

名 **型，模範；模様**

▶ 発音が日本語の「パターン」にならないようにする。

174

Because of the typhoon, / the firework **display** has been **postponed** / till next Saturday.

typhoon [taifúːn]「台風」　firework「花火」

台風のため，/ 花火**大会**は**延期**されました / 次の土曜日まで。

0453
postpóne
[pous*t*póun]

他 延期する

- postpónement　名 延期
- ▶ post- は［後に］の意。
- ▶ 会話では，Shall we put it off until next week?（来週まで延ばしませんか）のように put off を使うのが普通。

175

You don't even **notice** / some of the most **important events** in your life / when they happen.

人は**気づき**さえしません / 人生における最も**重要な出来事**のいくつかに，/ それが起こったときに。

0454
notice
[nóutəs]

自 他 気がつく
名 注意；通知，予告，掲示

- nóticeable / remárkable　形 著しい
- nótify　他 通知する
- ▶ take notice of（～に気づく，注意する）という形も使う。
- ▶ put up a notice は「掲示を出す」。

0455
evént
[ivént]

名 出来事，事件，行事

- evéntually　副 結局，ついには
- ▶「（重要で大きな）出来事」という意。
- ▶ at all events ; in any event（とにかく）という用法もある。

176

A: Simon **hardly** seems to eat anything at all, / so I don't know / where he gets all his **energy** from.

B: I think / he's just very **careful** / about what he eats. // He's a vegetarian, isn't he?

hardly … at all「ほとんど…しない」　　vegetarian「菜食主義者」

サイモンは**ほとんど**ものを食べ**ない**みたいだ. / だから, ぼくはわからないね, / 彼がどこからあれだけの**エネルギー**を得ているのか。

私が思うに / 彼はものすごく**慎重なの**よ / 食べ物について。// 彼, 菜食主義者じゃない?

0456 energy
[énərdʒi]

名 精力, エネルギー

□ energetic[enərdʒétik] 形 精力的な
▶日本語(エネルギー)と同じ発音では不可。

177

Apparently, / our section **chief** had a short **career** / as a **history** teacher / before going into **business**.

section chief「課長」

見たところ / うちの課長は短い**経歴**がある**ようです** / **歴史**の教師としての / **実業**の世界に入る前に。

0457 chief
[tʃí:f]

形 主要な　名 長, チーフ

□ chíefly / máinly 副 主として, おもに
▶「課長」は chief (of the department[section]), その上は mánager。

0458 career
[kəríər]

名 経歴；職業

▶日本語発音(キャリア)では通じない。また, carrier[kæriər](運搬人)とはっきり区別しなければならない。
▶日本語の「キャリア・ウーマン」は a career girl または a career woman だが, 性差別の感じを与えることがあるので要注意。

0459
history
[hístəri]

名 歴史

- históric(al) 形 歴史(上)の
- histórian 名 歴史家
- ▶ personal history(履歴[書])のように，人の「履歴」にも使う。

178

Returning to Japan / after five years in the States, / Kobayashi found / some aspects of daily life / totally alien to him.

áspect「様子,局面」　daily life「日々の生活,日常生活」

日本に帰ってきて / アメリカでの5年間のあと，/ 小林は気がつきました / 日常生活のいくつかの面が / 彼にとってまったくなじみのないものになっていることに。

0460
life
[láif]

名 生活，生物，人生，生命；伝記；活気

- live a life　生活を送る
- for one's life　命がけで
- not … for the life of one　どうしても…でない
- ▶ 集合的に「生物」をさすこともある。「火星に生物はいるのだろうか」は I wonder if there's any life on Mars.
- ▶「伝記」は a biógraphy のほか，a life (story) とも言う。
- ▶「どうしてもあの娘の電話番号が思い出せないよ」は I can't for the life of me remember her phone number.

0461
total
[tóutl]

形 総計の；まったくの
名 自 他 合計[する]，総計[〜になる]

- tótally 副 まったく
- totálity 名 総計，全体
- ▶ 発音が日本語の「トータル」にならないように。
- ▶ 買物のとき「全部でおいくらになりますか」ときくのは，How much is that altogether? とか How much are they in total?

0462 alien
[éiliən]

形 **外国[人]の**, 異なった　名 外人

- alien to[from] ～と異なった
- ▶ a の発音 [ei] に注意する。ほかに áncient（大昔の），ámiable（愛想のよい），ángel（天使）なども [éi-] と発音する。
- ▶ fóreign（外国の）や，fóreigner（外国人）より形式的。

179　Time to Read TRACK 027

The doctors worked hard / to **treat** the **wounds** of the **soldiers** / on the **battlefield**.

医師たちは一生懸命働きました / 兵士たちの負傷を治療するために / 戦場で。

0463 treat
[trí:t]

他 自 **扱う, 待遇する；おごる；治療する**
名 楽しみ, おごり

- tréatment 名 待遇, 処置, 治療(法)
- treat A to B　A に B をおごる
- ▶「これは私のおごりです」は This is my treat. のほか，This is on me. / I'll treat you today. などと言う。

0464 wound
[wú:nd]

名 他 **負傷[させる]**

- ▶ 発音 [u:] に注意。また，次の2つを混同しないように。
  - wound-wóunded-wóunded（傷つける）
  - wind[wáind]-wound[wáund]-wound（巻く）
- ▶ wound は「（刃物や銃で）傷つける」という点が ínjure と異なる。

0465 soldier
[sóuldʒər]

名 **兵士**, 軍人

- ▶ スペリング・発音に注意。
- ▶ ほかに mílitary（軍隊の，軍人の）という語もある。

0466 battle
[bǽtl]

名 **戦闘**　自 戦う

- báttlefield 名 戦場
- báttlefront 名 （戦いの）最前線
- ▶「局地戦争」を指すが，「（一般的な）闘争」にも使う。

180

Supermarkets in Japan seem to like / to package **vegetables** / of **uniform size** and **weight**.

páckage「容器に詰める」

日本のスーパーマーケットは好むように思えます / 野菜を容器に詰めるのを / 均一の大きさと重さの。

0467
vegetable
[védʒətəbl]

名 形 野菜[の]，植物[の]

□ vegetátion 名 《集合的》植物
▶「八百屋 (vegetable store)」へ行って「こんにちは，野菜をください」は Hello, I'd like some vegetables.

0468
úniform
[júːnəʃɔːrm]

形 一様な　名 制服　他 一様にする

□ unifórmity 名 画一，単調
▶日本語(ユニホーム)とアクセントが異なる。

0469
size
[sáiz]

名 他 大きさ，寸法[に合わせる]

▶ weight(目方，重さ)に対して「寸法，サイズ」。
▶ 買物のときに「もう少し大きいのを見せてください」と言うのは Can you show me a larger size?

181

There is **local** rivalry / **between** schools in this **area** / **especially** when it comes to competitive **sports**.

rívalry「競争,張り合い」　*compétitive*「競争的な」
when it comes to〜「〜ということになると」

地域的な対抗心があります / この地域の学校間には, / 特に競技スポーツということになると。

0470
area
[éəriə]

名 面積，地域，範囲

▶日本語の「エリア」と発音を区別。
▶ region [ríːdʒən]([広範囲の]地域), dístrict([行政上の]地区)などの語もある。

0471
especially
[ispéʃəli]

副 特に，とりわけ

- particularly/in particular はほぼ同じだが，spécially（特別に）とは異なる。
- It's not especially[particularly] cold this morning.（今朝は特に寒いというわけじゃありませんよ）のように否定文でも使える。

0472
sport
[spɔ́:rt]

名 運動競技，気晴らし
自 遊ぶ，たわむれる

- □ spórtsman 名 スポーツマン
- □ in[for] sport / in fun 冗談に
- físhing（釣り），húnting（狩り）のような気晴らし的なものも sports に含まれる。

182

There is nothing more **refreshing** / than to **wander** through the mountains / in the **bright** spring **sunshine**.
0449

これ以上**気持ちのよい**ことはありません／山道を**散策する**よりも／**明るい**春の**陽光**の中で。

0473
refresh
[rifréʃ]

他 （気分を）新たにする，元気づける

- □ refréshing 形 爽快な
- □ refréshment 名 元気回復，軽い飲食
- 「新鮮な(fresh)状態に戻す(re-)」ということ。
- I'm refreshed. / I feel refreshed. は「ああ，さっぱりした」という感じ。

0474
wander
[wɑ́ndər]

自他 さまよう，放浪する

- □ wánderer 名 放浪者
- 母音の発音[ɑ]を間違えないように。
- wonder(…かしらと思う，驚く)と区別。

0475 shine [ʃáin]

自 光る, 輝く　他 (靴などを)みがく

- □ súnshine　名 日光, 日なた
- □ rain or shine　雨が降ろうと降るまいと
- ▶ shine-shone-shone と活用。ただし「靴をみがく」の過去・過去分詞は shined を使う。
- ▶「歯をみがく」のは clean[brush] one's teeth で, shine は使わない。

183

A: To be **frank** with you, / I can't **stand** action movies. // All the **blood** and violence / just **disgusts** me.
B: I know what you **mean**, / but I love them!

🔖 víolence「乱暴, 暴力」

正直言うと, / アクション映画は**がまん**できないんだ。// **血**と暴力だらけで / **胸が悪くなる**。

言ってる意味はわかる / だけど, 私は大ファンよ。

0476 frank [fræŋk]

形 率直な, 淡白な

- ▶ frankly (speaking) / to be frank (with you) (率直に言うと) は会話でよく使う表現。カッコ内の語句は省いてもよい。To be honest, … (正直に言うと…) も同じ。

0477 disgust [disgʌ́st]

名 他 不快 [にする]

- □ disgústing　形 不快な
- □ be disgusted at[by, with]　〜でむかつく
- ▶「むかつくね」は That's disgusting!

My mother is always **complaining** / that my father never **hangs** his **clothes** up / and just throws them on the floor.

母はいつも**不平を言って**います / 父が決して**衣服**をハンガーに**掛け**ないで，/ ただ床に投げ出していると。

0478
complain
[kəmpléin]

自 不平を言う

□ compláint 名 不平
▶ 通例，about, of などの前置詞とともに使う。

0479
hang
[hǽŋ]

他 自 掛ける，つるす；絞殺する

▶ hang-hung-hung（掛ける，つるす）と活用。ただし，「絞殺する」という意味のときだけは hang-hanged-hanged となる。
▶ Hang up and wait a moment, please. は「電話をいったん切ってお待ちください」。Hang on [Hold on] a minute, please. は「切らずにお待ちください」。
▶「あきらめるな！」「がんばれよ！」と励ますのは Hang on [in (there)]!

0480
clothes
[klóuz/klóuðz]

名 《集合的に》衣服

□ everyday clothes　ふだん着
▶ 発音を cloth, clothe と区別する。
▶ Fine clothes make the man.（立派な衣服を身につければ一人前の人に見えるものだ→馬子［まご］にも衣裳）はことわざ。

185

One of the **dangers** of democracy is / that it is **fairly easy** / for incompetent people to be **elected** / to positions of great responsibility.

democracy「民主主義」　incómpetent「無能な」　responsibílity「責任」

民主主義の**危険**のうちの1つは、/ **かなり容易だ**ということです / 無能な人間が**選ば**れてしまうことが / 重い責任をもつ地位に。

0481 fair [féər]

形 **公平な**；晴れた；金髪の
名 博覧会

- fáirly 副 公明正大に；かなり
- fair play 公明正大な戦い
- ▶ fare（料金）と同じ発音。

0482 easy [íːzi]

形 **容易な**，やさしい；**気楽な**

- éasily 副 容易に
- take ～ easy （物ごとを）のんびりやる
- ▶別れるときに「じゃあね」くらいの軽いあいさつとして Take it easy. と使える。

186

Time to Read TRACK 028

Thousands of refugees could be seen / **fleeing across** the **borders** / into **neighboring countries**.

refugée「難民」

何千という難民が見られました / **国境を越えて避難していくのが** / **隣の国々**に。

0483 flee [flíː]

自 他 **逃げる**

- ▶ flee-fled-fled と活用する。
- ▶ flea（蚤［のみ］）も同じ発音。free（自由にする）と区別。
- ▶ fly（飛ぶ，飛ばす）と区別。

0484
border
[bɔ́ːrdər]

名 **国境, ふち** 自他 **接する**

- □ bórderline 名 国境線, ボーダーライン
- ▶ bóarder（下宿人）と同じ発音。
- ▶ boundary [báundəri]（境界）という語もある。

0485
neighbor
[néibər]

名 **隣人** 他自 **隣りあう**

- □ néighboring 形 隣接した
- □ néighborhood 名 近所
- ▶ gh は黙字。
- ▶《英》では neighbour。

187

It is much easier / to recall something / if we have something / to **remind** us of it, / like a **photograph**.
(0340)

🖉 recáll「（努力して）思い出す」

ずっとやさしい / 何かを思い出すのは, / もしわれわれが何かをもっていれば / それをわれわれに**思い出させる** / **写真**のように。

💬 写真のような, 思い出すよすがとなるものがあれば, 記憶を呼びもどすのがずっと容易になります。

0486
remind
[rimáind]

他 **思い出させる**

- □ remind A of B　A に B を思い出させる
- □ be reminded of / think of　（人が）〜を思い出す
- ▶ 覚えているのではなく,「思い出させる」という他動詞である。remémber との区別は重要。

188

It's not **unusual** / to see people smoking / on **station** platforms / **right** in **front** of signs / saying that it's **forbidden**.
(0441) (0155) (0193)

🖉 sign「標示, 標識」

珍しいことではありません / 人びとがタバコを吸っているのを見るのは, / **駅**のプラットホームで / 標識の**まん前**で / それは**禁じられている**という。

0487
unúsual
[ʌnjúːʒuəl]

形 **普通ではない，まれな**

▶ unúsually 副（珍しく，いつもとちがって）も，スペリングと発音に慣れておこう。

0488
forbid
[fərbíd]

他 **禁じる**

▶ forbíd-forbade[-bǽd]-forbídden と活用する。
▶ 次の2つの形を区別しておこう。
　　forbid … to ~ / prohibit … from ~ing（動名詞）

189

The judge ruled / that the **defendants** could **reasonably** have been **expected** / to **foresee** the **difficulty** of **rescuing** anyone / trapped by fire on the fifth floor.

📎 judge「裁判官」　rule that …「…であると裁定する」
　trápped「閉じ込められた」

裁判官は裁定した / 被告たちは当然，期待されただろうと，/ 人を救出することの困難さを予見することを / 5階で火に閉じ込められた。

💬 5階で火に閉じ込められたら，中にいる人を救出するのは難しいと，被告たちは十分予測できたはずだと，裁判官は裁定しました。

0489
defend
[difénd]

他 **防御する；弁護する**

□ deféndant 名 被告（人）
▶ defénse, -ce 名 防御 ↔ offénse（攻撃）
　defénsive 形 防御の ↔ offénsive（攻勢の）

0490
reason
[ríːzn]

名 **理由；理性，道理**
他 自 **推論する，説得する**

□ réasonable 形 道理にかなった
　↔ unréasonable 不合理な
▶「理由」と覚えるだけでは不十分。
▶ réasoning は「推理，推論（すること）」。

0491
foresee
[fɔːrsíː]

他 **予見する**，予知する

□ fóresight 名 先見(の明)
▶ "fore(前もって) + see(見る)"
▶ foresée-foresáw-foreséen と活用。
▶ foretell(予言する)と区別。

0492
rescue
[réskjuː]

名 他 **救助**[する]

□ rescue … from ～ …を～から救う
▶「救助隊」は a rescue party，または a rescue team。

190

A: How come Yoshida's been promoted so quickly?
B: Well, / it might have something to do with the **fact** / that the **company** was **founded** / by one of his **cousins**!

🔖 How come …?「どうして…か」(Why …?) promóte「昇進させる」
have something to do with「～といくらか関係がある」

いったいなんで吉田さんはこんなに早く昇進したんだ?

そうね，/ それは(次のような)**事実**にいくらか関係があるかもね / **会社**は**創立**されたという / 彼の**いとこ**の１人によって。

0493
found
[fáund]

他 **基礎をつくる**，創設する

□ foundátion 名 土台，基礎；設立
▶ found-fóunded-fóunded と活用。find と意味・活用を混同しないこと。
▶ A is founded on B. という形で，「A は B に基づく」(A is based on B.)という意味に使う。

0494
cousin
[kʌ́zn]

名 **いとこ**(従兄弟・従姉妹)

▶ スペリングと発音に注意。ou を [ʌ] と発音するのは couple(夫婦，恋人同士)，courage(勇気)などと同じ。
▶「おい(甥)」は néphew，「めい(姪)」は niece。

191

We were told to **stop** talking / when they **started** to **distribute** the exam papers.

私たちはおしゃべりを**やめる**ようにと言われました / 係員が試験の問題用紙を**配り始めた**とき。

0495 distríbute [distríbjət]

他 分配する

- □ distribútion 名 分配，配給
- □ distribution system　流通機構
- ▶ contríbute とともにアクセントの位置は正確に。

192

Not being **able** to have any children of their own, / the couple **decided** / to **adopt** one from **abroad**.

couple[kʌ́pl]「夫婦」

自分たち自身の子供をもつ**ことができ**なかったので，/ 夫婦は**決めました** / **外国**から**養子を取る**ことを。

0496 adopt [ədápt]

他 採用する，養子にする

- □ adóption 名 採用
- ▶ adápt（適合させる）とスペリングや発音・意味を区別すること。

0497 abroad [əbrɔ́ːd]

副 外国に；広く

- ▶ 母音の発音 [ɔː] に注意。broad [ɔː]（広い）と同じだが，road（道路）は [ou]。
- ▶ broad（広い）に a-（副詞をつくる接頭辞）がついて，「広い方へ」ということ。
- ▶ *to* abroad は不可。from abroad（外国から）はよく使う。

193

The **problem** Jimmy **found** / with taking things **apart** / was that it wasn't so easy / to put them back together / and make them work again.

ジミーが気づいた困りごとは / 器物を分解してみて，/ それほど容易ではないということでした / それを組み立てて / もう一度動かすのは。

0498 apart [əpάːrt]

副 ばらばらに，離れて

☐ apart from 〜は別として
▶「お子さんたちとどのくらい離れて住んでますか」は How far apart do you live from your children?

194

A: Your grandfather is outrageous. // I can't **believe** his **attitude** / toward women!
B: Well, / I'm afraid he's never **quite succeeded** / in **adapting** to **postwar society**!

outrágeous「常規を逸した，あきれるほどの」

あなたのおじいさんって，ものすごいわね。// 彼の態度は信じられないわ / 女性に対する。

うん，/ 彼はまったく成功していないんじゃないかな / 戦後の世の中に適応することに。

0499 áttitude [ǽtitjuːd]

名 態度，心がまえ

▶ I have to change my attitude toward life.（生活態度を改めないといけないな）のように使う。

0500 succeed
[səksíːd]

自 他 成功する；後を継ぐ

- □ succeed in ～に成功する
- □ succeed to ～のあとを継ぐ
- ▶ "suc-（次に）＋ ceed（来る）"から，「事が次々と順調に運ぶ」「成功する」「後を継ぐ」の意味となる。
- ▶ 次の派生語の形と意味は重要。
  succéss 名 成功 → succéssful 形 成功した
  succéssion 名 連続，相続 → succéssive 形 連続的な
  succéeding 形 次の

0501 adapt
[ədǽpt]

他 適合させる，順応させる

- □ adaptátion 名 適応
- ▶「A を B に適合させる」のは，adapt A to［for］B。
- ▶ adjúst は（［調整してぴたりと］適合させる）。
- ▶ adopt（採用する，養子にする）と区別。

0502 postwar
[póustwɔ́ːr]

形 戦後の

- ▶「戦後の日本」は postwar Japan。
- ▶ 反意語は préwár 形（戦前の）。

0503 society
[səsáiəti]

名 社会；社交；会，協会

- □ sócial 形 社会の，社交の
- □ sóciable 形 交際好きの，社交的な
- □ sócialism 名 社会主義
- □ sócialist 名 社会主義者
- □ socializátion 名 社会主義化
- ▶ 発音［aiə］に注意。

195

Sally didn't **contribute** much / to the **discussion**, / but she was obviously paying **close** attention / to everything that was said.

🔖 óbviously「明らかに，目に見えて」

サリーはそれほど**貢献でき**なかった / **討論**に / しかし彼女は明らかに**綿密な**注意を払っていました / 発言されたすべてのことに。

0504
contribute
[kəntríbjuːt]

他 自 **貢献する**；寄付する，寄稿する

□ contribútion 名 貢献
▶ アクセントを誤らないように。
▶「～に貢献する」は contribute to～，または contribute toward～と言う。
▶ distribute（分配する）と区別。

0505
discuss
[diskʌ́s]

他 **話し合う**，検討する

□ discússion 名 討論
▶ discuss *about* とは言わないことに注意。discuss が「～について話し合う（talk about[over]）」に相当する。

196

My first **experience** of babysitting / was **terrible**; / both of the children I was looking after / **began sobbing** / the moment their parents left / and didn't **stop** / till they got back.

🔖 bábysitting「(他人の子供の)子守り」　　look after「～の世話をする」
the moment …「…するとすぐに」

> 私のベビーシッターの初**体験**は / **ひどい**ものでした。/ 私が面倒を見ていた子供が2人とも / **泣き始め** / 両親が出かけたとたんに，/ そして泣き**やまなかった**のです / 彼らが戻ってくるまで。

0506
begin
[bigín]

他 自 **始める，始まる**

□ begínning 名 初め，初歩
□ begínner 名 初心者
▶ start のほうが口語的。反意語は end, fínish（終わる[える]）など。
▶「うちの学校は8時半[9月1日，4月]から始まります」は，Our school begins at eight-thirty[on September 1st, in April]．前置詞が from ではないことに注意。

0507
sob
[sáb]

自 他 名 すすり泣き[する]

▶「(哀れっぽく)すすり泣く」の意。「泣く」の最も一般的な語は cry。
▶ weep(泣く,涙を流す)と区別。

Time-to-Read TRACK 030

197

Martin **stretched** his **arms** over his head / and yawned.

🔗 yawn[jɔ́ːn]「あくびする」

マーティンは頭の上に両**腕**を**伸ばし**/あくびをしました。

0508
stretch
[strétʃ]

他 自 名 引き伸ばす[こと],広がる[こと]

☐ strétcher 名 伸長器具;担架
☐ at a stretch 一気に,連続して
▶「(手足などをいっぱいに)伸ばす」という感じをつかむ。

198

The **floodwaters spread** / for twenty miles / across the Ohio **valley**.

洪水は**広がりました**/20マイルにわたって/オハイオ川**流域**の。

0509
flood
[flʌ́d]

名 洪水 自 他 はんらんする

▶ blood[blʌ́d](血)と同じく,flood も母音の発音は[ʌ]。

0510
spread
[spréd]

他 自 広げる,広める
名 広がり;流布

▶ spread-spread-spread と活用。
▶ streth(引き伸ばす[こと])と区別。

0511
valley
[vǽli]

名 **谷(間)**，流域(の平野)

▶ volleyball[váli-](バレーボール)の vólley- と区別。
▶ 両側を山で囲まれた比較的広い土地を言う。

199

The police **officers suspected** / that the men were **hiding** / somewhere in the woods.
₀₁₄₄

> 警官たちは**疑いました** / その男たちは**隠れている**だろうと / 森のどこかに。

0512
suspect
自他 [səspékt]
名 [sʌ́spekt]

自他 **疑う；たぶん…だろうと思う**
名 **容疑者**

□ suspícion 名 疑惑
□ suspícious 形 疑い深い，怪しい
▶ 同じ「疑う」でも doubt(…でないと思う)と suspéct(…だろうと思う)とを使い分けないといけない。

0513
hide
[háid]

他自 **隠す，隠れる**　名 **獣の皮**

□ hide-hid-hidden と活用。
▶ cóver (覆い隠す)，bury [béri] (埋めて隠す) などと使い分けるとよい。

200

Robert was very **disappointed** / when Maria walked **past** / without even **glancing** at him.
₀₂₁₆

> ロバートはとても**がっかりしました** / マリアが通り**過ぎて**いったとき / 彼を**ちらりとも見**ないで。

0514
past
[pǽst]

名 形 **過去[の]**　前 **〜を過ぎて**

□ in the past　過去に
▶ passed(pass[過ぎる]の過去・過去分詞)と同じ発音。
▶「現在」は présent,「未来」は fúture。

0515 glance
[glǽns]

他 自 名 ちらりと見る[こと]

- □ glance at ～をちらりと見る
- □ at a glance 一見して
- ▶ glímpse（ひと目［見る］，一見［する］）という類語がある。
- ▶「あの娘に一目ぼれしちゃった」は I fell in love with her at first glance（または at first sight）．
- ▶ gaze（見つめる）と区別。

201

The **view** from the hotel window / was so spectacular / that I spent most of the vacation / just **gazing** out of it.

spectácular「壮観な，目を見張るような」

ホテルの窓からの**眺め**が / とても壮観だったので， / 私は休暇の大部分を過ごしました / ただ窓から外を**眺めて**。

0516 gaze
[géiz]

自 見つめる　名 凝視

- □ gaze at ～を見つめる
- ▶ watch（［注意して］見る）や stare（じろじろ見る）も類語。
- ▶ glance（ちらりと見る［こと］）と区別。

202

He was a prolific **composer** / when he was young, / but he **accomplished** very little / in later life.

prolífic「多作の」

彼は多作の**作曲家**だった / 若いころは， / しかし非常にわずかしか仕事を**達成**しませんでした / 晩年は。

0517 accomplish
[əkámpliʃ]

他 成し遂げる

- □ accómplished 形 熟達した
- □ accómplishment 名 遂行：《複》才芸
- ▶「（計画や目標をうまく）遂行する」という意味。compléte（完成する，仕上げる）という語もある。

It's **important** / to be able to **overlook** a few small **faults** / in someone's **character**, / but you should **certainly pay heed** to any reports / you hear of **major** flaws.

repórts「うわさ、評判」　　flaw [flɔ́:]「欠点、弱点」

大事だ / いくつかの小さな欠点を大目に見られることは / 人の性格上の、/ しかし確かにどんな評判にも注意を払うべきだ / 大きな欠点について耳にする。

性格上のささいな欠点をいくつか大目に見ることができるのは大事ですが、大きな欠点について何か評判を耳にしたら、注意したほうがよいのは確かです。

0518 overlook
[òuvərlúk]

他 見渡す；**見落とす**、見逃す

▶ look over（見渡す、ざっと目を通す）のほうが口語的。

0519 fault
[fɔ́:lt]

名 **欠点**；過失、責任

- fáultless 形 申しぶんのない
- find fault with 〜のあらさがしをする
- at fault 間違って、故障して

▶発音 [ɔ:] に注意。
▶「ごめんなさい。私がいけなかったんです」は I'm sorry. に続けて It was my fault. と言う。

0520 heed
[hí:d]

名 他 **注意[を払う]**

- héedful 形 注意深い

▶ give[pay] heed to / take heed of / pay attention to（〜に注意を払う）という形で使うことが多い。

204

Japanese **society** is changing **rapidly**, / **mainly** because of the **effects** of money.

日本の社会は急速に変化しています / 主にお金がもたらす影響によって。

0521 **rapid** [rǽpid]	形 速い；急な　名《複》急流
	□ rapídity 名 迅速
	□ rápidly / with rapidity　急速に
	▶「速い，すばやい」は，普通は fast, quick でよい。

0522 **effect** [ifékt]	名 結果，影響，効果；主旨 他 （変化などを）生じさせる
	□ have an effect on　～に影響を及ぼす
	□ to the effect that　…という主旨の
	▶「原因と結果」は cause and effect。
	▶ resúlt が「(最終的な)結果」を言うのに対して efféct は「(直接的な)結果」。
	▶ affect（[直接的に]作用する，影響する）と区別。

205

He all but **confessed** to the **crime** / when he **admitted** he was in the **park** on Thursday evening.

all but 「ほとんど(almost)」

彼はほとんど犯行を自白したようなものでした / 木曜日の晩にその公園にいたことを認めたとき。

0523 **confess** [kənfés]	他 自 告白する，事実だと認める
	□ conféssion 名 告白
	▶告白せずに「隠しておく」のは concéal。

0524
crime [kráim]

名 犯罪

- críminal 形 罪の 名 犯罪, 犯人
- ▶「犯罪を犯す」は commit a crime。

0525
admit [ədmít]

自他 認める, 入れる

- admíssion 名 入場, 入学
- admit of ～の余地がある
- ▶「(～を正しいと)認める」の意。反意語は dený。
- ▶ He admitted being in the wrong. (自分が悪い[悪かった]と認めた)。admít ～ing は「～である[～だった]ことを認める」の意。

206

Paul didn't feel / he had the **strength** / to **resist** the **force** of the water / as it **rushed** into his house.
0390

ポールは感じなかった / 自分が力をもっているとは / 水の力に抵抗する, / 水が家の中にどっと流れ込んできたとき。

💬 水がどっと家の中に流れ込んできたとき, ポールはその力に逆らう力は自分にはないと感じました。

0526
strength [stréŋkθ]

名 力, 強さ

- stréngthen 他 強くする
- ▶ strong(力が強い)の名詞形。スペリングに注意。
- ▶ length[léŋkθ](長さ)と区別。

0527
resist [rizíst]

他自 抵抗する, 反抗する

- resístance 名 抵抗
- irresístible 形 (欲求が)抑えられない
- ▶ I can't resist laughing. (笑わないわけにはいきませんよ)は I can't help laughing. と同じ意味。

0528
rush [rʌ́ʃ]

自 他 名 急ぐ[こと]，殺到[する]

□ the rush hour(s)　混雑時間，ラッシュアワー
▶ rush into the classroom（教室に飛びこむ），rush to conclusions（性急に結論を出す）のように，hurry より「あわてる」感じが強い。

207

The Prime Minister said / that he had a **vision** of a **future** / in which disease and **poverty** had been eliminated.

🖉 Prime Minister「総理大臣，首相」　disease [dizíːz]「病気」
elíminate「取り除く，除去する」

首相は語りました / 自分は**未来**について**ビジョン**をもっていると /（そこでは）病気と**貧困**が除去されている。

0529
vision [víʒən]

名 視力；先見性，未来図；幻影

□ vísual　形 視覚の
□ vísualize　他 自 目に見えるようにする
▶ télevision（テレビ）や vísible（目に見える）のように，vis- を含む語は「見る」ことに関係がある。

0530
future [fjúːtʃər]

名 形 未来[の]

□ in (the) future　将来において，今後
□ in the near future　近いうちに
▶ 日本語と同じように He has a (big) future.（将来性がある）と言える。

0531
poverty [pávərti]

名 貧困

▶ poor（貧乏な）の名詞形。
▶ Some people live in poverty.（中には貧しい生活をしている人もいます）のように使う。

208

The **country's** economic malaise **persisted** / for the **whole** of the 1990s / and shows no sign of relenting / even now.

- económic「経済の」　málaise「沈滞, 停滞」　sign「徴候, 兆し」
- relént「和らぐ, 弱まる」

> その国の経済の沈滞は続いた / 1990 年代の全体にわたって, / そして和らぐ徴候を見せていません / 今なお。

0532
persist
[pərsíst]

自 固執する, 持続する

- □ persístent　形 固執する, しつこい
- □ persístence　名 固執, 持続
- □ persist in　〜に固執する
- ▶ insist on と persist in の前置詞の相違に注意。

209

People **naturally hunger** / for the **kind** of food they ate when they were young, / **especially** / if it is **unavailable** to them.

> 人びとは当然ながらひどく食べたがる / 若いころに食べた種類の食べ物を, / 特に / それが手に入らなければ。

0533
natural
[nǽtʃərəl]

形 自然の, 当然の, 生まれつきの

- □ náturally　副 生まれつき, 当然ながら
- □ by nature　生まれつき
- ▶ náture(自然, 天性)の形容詞。
- ▶「自然のままの, 手を加えていない」「(自然の法則に従って)当然の」という感じをつかんでおく。

0534
hunger
[hʌ́ŋgər]

名 空腹, 切望　**自他** 飢え[させ]る

- húngry **形** 空腹な
- hunger for　〜を切望する
▶「ああ, おなかがすいた」とか「腹ぺこだよ」と言うのは I'm really hungry. とか I'm starved. 反対に,「おなかがいっぱいだ」なら I'm full.

0535
available
[əvéiləbl]

形 利用できる, 入手できる

- avail oneself of / make use of　〜を利用する
- of no avail　役に立たない
▶ aváil(役立つ; 利益, 効用)の形容詞。
▶ I'd like to see you right now if it's all right (with you). (もし都合がよろしければすぐにでもお目にかかりたいのですが) の後半は if you're available. と言うこともできる。

210

Peter **insisted** / on visiting Narita-san / on the way to the airport, / with the **result** / that we very nearly **missed** our plane.

📎 on the way to 「〜へ行く途中に」　　néarly 「もう少しで(〜しそうになる)」

> ピーターは**主張した** / 成田山を訪れることを / 空港に行く途中, / その**結果**, / 私たちは飛行機に危うく**乗りそこなう**ところでした。

0536
result
[rizʌ́lt]

名 結果, 成績
自 (結果として)起こる

- as a result of　〜の結果として
- with the result that…　その結果…となる
▶ result from (〜から生じる) と result in (〜に終わる) とを区別する。
▶「プロジェクトは失敗(という結果)に終わりました」なら Our project resulted in failure. / Our project turned out to be a failure.

211

Can you pass me a **cloth**, please? // I've **spilt** my coffee.

私に**ふきん**をまわしてくれませんか。// コーヒーを**こぼし**ちゃいました。

0537
cloth [klɔ́(ː)θ]

名 布
- □ clothe [klóuð] 他 着せる
- □ clóthing 名 衣類, 着用品
- ▶ 複数形は cloths [klɔ́ðz, klɔ́θs]

0538
spill [spíl]

他 自 こぼす, こぼれる
- ▶ spill-spilled / spilt-spilled / spilt と活用。

212

In summer, / people try to **park** their cars / in the **shade** / out of the heat of the sun.

📎 heat「熱, 暑さ」

夏には / 人びとは**駐車**しようとします / **日陰**に / 太陽の熱から離れて。

0539
shade [ʃéid]

名 日陰；日よけ 他 光をさえぎる
- ▶「(光のあたらない) 陰, 暗がり」がもとの意味。「色合い, 微妙な相違」という意味にもなる。

213

Many of the **mountainous areas** of Japan / have **tracks**, / **marked** out on maps, / to **allow adventurous** people to explore them.

📎 explóre「探検する」

日本の**山岳地域**の多くには / **山道**があります / 地図に**明示**されている, / **冒険好きな**人々が探索**できる**ように。

0540 mountaineer
[mauntəníər]

名 登山者, 山の住人

- móuntain 名 山
- móuntainous 形 山地の
- mountainéering 名 登山

▶ pioneer と同じく -néer のアクセントは特に注意。

0541 track
[trǽk]

名 通った跡, 小道; 線路, 走路
他 跡をたどる, 跡をつける

▶「(自動車の)トラック」や「トロッコ」は truck[trʌ́k], 「(競技場の)トラック」は track。

0542 adventure
[ədvéntʃər]

名 冒険(心)

- advénturous 形 冒険好きな

▶「(はらはらどきどきの)冒険」が advénture。「(調査などの)探検」は explorátion。

214

The **passengers found** themselves / in a very **uncomfortable situation** / when the bus that was taking them home broke down / in the heavy **storm**.

🔗 break down「故障する」

乗客は自分たちを見出した / 非常に不安な状況にあることを / 故郷へ向かうバスが故障したとき / 激しい嵐の中で。

💬 故郷へ向かうバスが激しい嵐で故障したとき, 乗客は非常に不安な状況におかれました。

0543 storm
[stɔ́ːrm]

名 暴風雨　自他 強襲する, 荒れる

- stórmy 形 あらしの
- sándstorm 名 砂あらし

▶「明朝にはあらしがおさまるでしょう」は The storm will die down tomorrow morning.

215

Bill says / the **whole idea** of **nationality** / is ridiculous; / he **considers** himself / to be a **citizen** of the world, / not of the U.S.

🔗 ridículous「ばかばかしい」

ビルは言う / **国籍**なんていう**考え**は**すべて** / ばかばかしいものだと。/ 彼は自分のことを**考えています** / 世界の**市民**であって / アメリカの市民ではないと。

0544
citizen
[sítəzn]

名 国民，市民

- □ cíty　名 都市
- □ cítizenship　名 市民権，国籍
- ▶ 軍人に対して「民間人（civílian）」の意味にも使われる。

216

If you want to learn a **foreign language** well, / it's **essential** / to study the **culture** / of the people who speak it.

もしあなたが**外国語**を十分に習得したければ，/ **必須です** / **文化**を学ぶことが / それを話す人びとの。

0545
language
[lǽŋgwidʒ]

名 言語，ことば

- □ foreign language　外国語
- □ computer language　コンピュータ言語
- ▶「わかりやすいことばで言ってくれますか」は Could you put that in plain language?
- ▶「LL 教室」は英語では LL とは言わない。a language lab［laboratory］と言う。

217

In the nineteenth **century** / there was a **race** / to **find** the **source** of the Nile.

19世紀に / 競争がありました / ナイル川の源流を見つけようとする。

0546 **century** [séntʃəri]	名 世紀，100年間 □ in the 21st century　21世紀に ▶ cent- は per cent（100につき，パーセント）のように「100」を表す。
0547 **source** [sɔ́ːrs]	名 源，出所 □ taxation at the source　源泉課税 ▶ スペリング・発音に注意。sauce（ソース）と同じ発音。

218

Japan is **blessed** / with an **abundance** / of one very **important natural resource**: / water.

日本は恵まれている / 豊かさに / 1つの非常に重要な自然資源の / すなわち水という。

0548 **bless** [blés]	他 祝福する，感謝する □ blessed[blésid]　形 神聖な（発音に注意） □ bléssing　名 祝福 □ be blessed with　～に恵まれている ▶ とんでもない失敗をしたときに「おやおや，しまった」という感じで(God) Bless me! と言う。
0549 **resource** [ríːsɔːrs/rizɔ́ːrs]	名 資源，才知 □ resóurceful　形 財産（才知）のある □ natural resources　天然資源 □ a person of resource　才知に富む人 ▶ 普通は resources の形で使われる。「（天然の）資源」ばかりでなく，human resources（人的資源）にも使える。

219

Most railway **companies raised** their **fares** / to cover the **rise** / in the **consumption** tax **rate**.

大部分の鉄道会社は運賃を値上げしました / 上昇をカバーするために / 消費税率の。

■■■ 0550 **fare** [féər]	名 (乗物の)料金　自 暮らす ▶ fair（公平な）と同じ発音。 ▶ バスやタクシーに乗って，「料金は（いくらですか）」とたずねるのは What's the fare?
■■■ 0551 **rise** [ráiz]	自 上がる，立ち上がる ▶ go up のほうが，いっそう口語的。 ▶ rise-rose-risen[rízn]と活用する。 ▶ raise 他（上げる）と区別。
■■■ 0552 **rate** [réit]	名 割合，率　他自 見積る，評価する □ at any rate　とにかく □ at the rate of　〜の割合で □ at this rate　この調子なら ▶ parking rate（駐車料金），telephone rate（電話料金）のように一定の率で決められた「料金」にも使う。「基本料金」は the base rate。

220

I'll never **forget** / how my brother looked at me / in **despair** / when he saw / what the **earthquake** had done to his house.

私は決して忘れないでしょう / 弟がどんなふうに私を見たかを / 絶望して，/ 彼が見たとき / 地震が家屋に与えた損害を。

0553
forget
[fərgét]

他 自 忘れる

- forgétful 形 忘れっぽい
- ▶次の２つは否定形で使うことが多い。
  forget ～ing（～したのを忘れる）
  forget to～（～するのを忘れる）
- ▶「必ず手紙をくださいね」は
  Don't forget to write to me.
  （または Be sure to write to me.）

0554
despáir
[dispéər]

名 自 絶望[する]

- désperate 形 絶望的な，必死の
- despair of ～に絶望する
- ▶アクセントに注意。
- ▶hope（希望）の反意語。
- ▶in despair / désperately（絶望して，必死になって）という形でよく使う。

221

The **scene** in the morning from the bedroom window / was breathtaking / with the blue sea and the white mountains / beyond.

📎 bréathtaking「息をのむような」　　beyónd「はるか向こうに，かなたに」

寝室の窓からの朝の**風景**は / 息をのむほどでした / 青い海と白い山々の連なりが / はるか向こうにあって。

0555
scene
[síːn]

名 場面，情景；(事件の)現場

- scénic 形 風景の(美しい)
- ▶seen と同音，スペリングに注意。

222

The first time Michiko slept / in her grandmother's house in the **tiny** mountain village, / it was so **quiet** / that she woke up / listening to the **silence**.

- wake up「目を覚ます」

美智子が眠った最初のとき / 小さな山村にある祖母の家で, / とても静かだったので / 彼女は目を覚まして / 静けさに耳をすませた。

美智子が小さな山村にある祖母の家に初めて泊まったとき, あまりの静けさに, 目を覚まして静寂に耳をすませるほどでした。

0556 tiny [táini]
形 **ちっぽけな**
- ▶発音 [ai] に注意。
- ▶huge, tíny はそれぞれ「莫大な」「ごくわずかな」という感じも表せる。

0557 quiet [kwáiət]
形 **静かな，平静な**
名 静けさ，平静　他自 静める[まる]
- ▶発音・スペリングに注意。quite 副（まったく）と混同しないように。
- ▶反意語は nóisy (やかましい)。

223

A: I never **realized** / how **rude** people can be / before I **started** working here!
B: I know what you **mean**, / but you shouldn't **worry** too much about Mr. Hashimoto / —he's **actually pretty** nice, / and he's **certainly** one of our most **loyal customers**.

全然わからなかった / 人がこうまで無礼になれるなんて / ここで働き始めるまで。

言おうとしてることはわかるよ / でも, 橋本さんのことはあまり気にしないほうがいい。——彼は, 実際なかなかいい人だし, / それに間違いなくうちの最も誠実な顧客の1人なんだしね。

0558 rude [rúːd]

形 無礼な，粗野な

- rúdely 副 無礼に，荒々しく
- rúdeness 名 無礼，粗雑
- ▶「自然のままで荒っぽい」という感じ。同意語は impolíte（不作法な）。

0559 loyal [lɔ́iəl]

形 忠実な

- lóyalty 名 忠誠(心)
- loyal to ～に忠実な
- ▶反意語は disloyal（不誠実な）。

Time to Read　TRACK 034

224

We **followed** the **stream** of **tourists** / heading for the shrine.
　　　0195　　　　　　　　0226

🔗 head for「～に向かって進む」　shrine「神社」

私たちは観光客の流れに従いました / 神社に向かって進んでいく。

0560 stream [stríːm]

名 流れ，小川；時流　自 流れる

- ▶ríver（[やや大きな]川）より小さい。
- ▶「鯉のぼり」は a carp streamer（鯉の吹き流し）。

225

I **suppose** / what he said was an **attempt** at **humor**, / but I'm **afraid** it wasn't **funny** at all.
　　　　　　　　　　　　　　　　　　　0130
　　　　　　　　　　　　　　　　　　　　　　　　　　0122

私が想像するに / 彼が言った言葉はユーモアをねらったものだったんだろう / が，全然おかしくなかったんじゃないかな。

0561
attempt
[ətémpt]

名 他 試み[る]

▶ attémpt は改まった語なので, try to〜(〜しようとする)や try 〜ing(試しに〜してみる)を使うほうが普通。

0562
humo(u)r
[hjúːmər]

名 ユーモア；気分

- húmorous 形 こっけいな
- in a good humo(u)r 機嫌がよい

▶ alcohol[ǽlkəhɔːl]と同じように, h を発音する。

0563
funny
[fÁni]

形 おかしい, すばらしい；奇妙な

▶ fun と異なり, funny は「楽しい」という意味にはならない。Skiing is great fun.(スキーはとても楽しいよ)と言い, Skiing is very *funny*. とは言わない。

226

Jim isn't really **lazy**, / but he will **rarely** do anything / he doesn't want to do.
0246

not really〜「あまり〜ではない」

ジムはそれほど**怠け者**じゃない / けれど, **めったにしようとしません** / やりたくないことは。

0564
lazy
[léizi]

形 怠惰な

- láziness 名 怠惰

▶「仕事嫌いで, 不熱心な」という意味。He's lazy.(あいつは怠け者だ)と言えば非難の気持ちを含む。

227

My father says / that **besides** being a nuisance, / most of the meetings he has to **attend** / are a **waste** of time.

- núisance「迷惑(なこと)」

父は言っています /（会議は）迷惑である**ばかりか** / **出席**しないといけないたいていの会議は / 時間の**浪費**だと。

0565 besides [bisáidz]

前 ～に加えて　副 その上さらに

▶ besíde と混同しないように。besídes は「(～に)加えて」(in addition [to])の意味である。

0566 attend [əténd]

自 他 出席する；世話する，注意する

- □ atténtion　名 注意
- □ atténdance　名 出席
- □ atténtive　形 注意深い

▶ You should attend the meeting.（その会議には出たほうがいいですよ）のように，atténd（～に出席する）は前置詞不要。attend to（～に注意する）と区別する。

0567 waste [wéist]

他 自 浪費する　名 浪費，荒れ地
形 不毛の，廃物の

- □ wásteful　形 浪費的な
- □ industrial waste　産業廃棄物

▶ waist(腰)と同じ発音。
▶「もったいない！」は What a waste!
▶ Haste makes waste.（あわてるとむだになる / せいては事を仕損じる）はことわざ。

228

Mary was lost in **pleasant thoughts** / when the teacher called her back from her day-**dream** / with a **question**.

- be lost in 「～にふける」

> メアリーは**楽しいもの思い**にふけっていた / 教師が**空想**から呼びもどしたとき / **質問**をして。

> メアリーが快い空想にふけっていたら、先生が質問して、夢想から呼びもどされてしまいました。

0568 pleasant [pléznt]

形 楽しい, 気持ちよい

- pleasure [pléʒər]　名 楽しみ, 快楽
- ▶ please [plíːz]　他自（喜ばせる）の形容詞。発音・スペリングに注意する。

0569 dream [dríːm]

名 自 夢[を見る]

- dream of [about]　～の夢を見る
- ▶ I've never dreamed of it. なら、「そんなことは夢にも思わなかったですよ」。

229

The chairman of the committee / tried to **pretend** / that he was **interested**, / but it was **completely** obvious / that he didn't even think our **proposal** / **worthy** of **consideration**.

- cháirman「議長」　commíttee「委員会」
  óbvious「明らかな, 見えすいた」

> 委員会の議長は / **ふりをしようとした** / **興味のある**ような、/ しかし**まったく**明らかでした / 彼がわれわれの**提案**を思ってもいないことは / **考慮に値する**と。

0570 **pretend** [priténd]	他 自 **ふりをする，見せかける**
	□ preténse, -ce 名 口実，見せかけ
	▶ pretend to～（～するふりをする）が標準的な使い方。

0571 **propose** [prəpóuz]	他 自 **提案する；申し込む**
	□ propósal 名 申込み，提案
	□ proposítion 名 提議
	▶ suggést よりも「（はっきりと）提案する」という感じ。

0572 **worthy** [wə́:rði]	形 **値する，ふさわしい**
	□ be worthy of ～に値する，～にふさわしい
	□ worthy of the name その名にふさわしい
	▶ 発音[ð]に注意。
	▶ wórthy だけでなく，worthy of という形で使うのが普通。

230

A: Would you like to try some *sashimi*?
B: I'd **prefer** not to, / if you don't **mind**. // I know it's **stupid**, / but I've always felt **uneasy** about eating seafood / since I got food **poisoning** from an oyster when I was a child.

📎 since… 「…以来，…してからずっと」　óyster 「カキ」

お刺し身を食べてみません？

食べない**ことにしたい**のですが /**よろしければ**。// 自分でも**ばかげてる**とわかっているんですけど，/ いつもシーフードを食べるとなると**不安**になっちゃうんです / 子供のころカキの食**中毒**になってからというもの。

0573
prefer
[prifə́:r]

他 **〜のほうを好む**

- □ préferable 形 望ましい
- ▶ occúrred（起こった）などと同じく，過去形 preférred のスペリングを誤らないように。
- ▶ prefer A to B（B より A のほうを好む）が基本形。than は用いない。
- ▶ A is preferable to B.（A のほうが B より好ましい）では，more は用いない。

0574
mind
[máind]

名 **精神[の持ち主]，考え**
他 自 **気にかける**

- □ bear[keep] 〜 in mind　〜を覚えておく
- □ make up one's mind　決心する
- ▶ Do you mind if I smoke?（タバコを吸ってもいい？）とか，Would you mind helping me?（手伝っていただけませんか）のように会話でよく使う。

0575
uneasy
[ʌníːzi]

形 **不安な，落ちつかない**

- □ feel uneasy　不安に思う
- ▶ easy（気楽な）の反意語。easy（やさしい）の反意語は hard, dífficult（むずかしい）。
- ▶「人前では落ちつきません」は I'm uneasy（または I'm ill at ease）with strangers.

Time-to-Read TRACK 035

231

Mount Fuji is a magnificent **sight**, / but it is only **visible** / when the air is **clear**.
0192　　　　　　　　　　　　　　　　　　　　　　　　　　0211

🖉 magníficent「壮麗な, すばらしい」

富士山は実にすばらしい眺めです，/ しかし，見えるだけです / 空気が澄んでいるときに。

0576
visible
[vízəbl]

形 目に見える，明らかな

- vísion（先見の明，ビジョン）のように vis- は「見る」と関係がある。-ible は able（できる）の意。
- 反意語は invísible（目に見えない）。

232

My grandmother's eyesight / is getting worse and worse; / the doctor said / she might even go **blind**.

🔗 get worse and worse「ますます悪くなる」　éyesight「視力」

祖母の視力は / ますます悪化する一方で, / 医者が言うには / 彼女はまったく**見えなく**なるかもしれないとのことでした。

0577
blind
[bláind]

形 目の見えない　名 日よけ

- □ blíndly　副 盲目的に
- □ be blind to　〜を見る目がない
- ▶ Love is blind.（恋は盲目）とか，He's blind to her faults.（あいつは彼女の欠点に気づいていない）のように，「物を見る目がない，気がつかない」という場合にも使える。

233

My **nephew** seems to **dislike physical activity** / and is much more **interested** / in **intellectual** pursuits.

🔗 pursúits「仕事,研究,（習慣として行う）気晴らし」

私の**甥**は**体を動かすこと**が**嫌い**なようで, / はるかに**興味をもっています** / **知的な**活動のほうに。

0578
nephew
[néfju(:)/-vju(:)]

名 甥

- ▶「いとこ」は cousin[kʌ́zn]。
- ▶「親類（の人）」は relative[rélətiv]，「親戚関係」は relationship を使う。

0579
dislike
[disláik]

他 名 嫌う[こと]

- like(好む)の反意語。
- I don't like living in Tokyo. よりも I dislike living in Tokyo. のほうが「いやだ」という気持がやや強い。

0580
intellectual
[intəléktʃuəl]

形 知性のある　名 知識人

- □ íntellect 名 知性
- intélligent（頭がいい）よりも intelléctual のほうが「知性のレベルが高い」感じが強い。

234

To **want** to have a **career** in politics / is rather like wanting to be a **professional** actor or actress.

🖉 pólitics「政治」

政治の世界で**職業**をもち**たいと思う**ことは，/ **プロ**の男優や女優になりたいと思うのにいくぶん似ています。

0581
professional
[prəféʃənl]

名 形 プロ[の]，専門家[の]

- proféssion（[知的な]職業）の形容詞。
- 「プロゴルファー」は a golf pro（または a pro golfer）。

235

The only time / I can get anything done / is when the baby's **asleep**; / when he's **awake** / I have to watch him constantly.

🖉 get anything done「何かをやる，かたづける」
　cónstantly「絶えず，ずっと」

唯一の時間は / 私が何かをやれる，/ 赤ん坊が**眠っている**ときだけで，/ **目を覚ましている**ときは / ずっと見ていなくてはいけません。

■■■ 0582
awake
[əwéik]

形 **目ざめて(いる)**
自 他 **目ざめる[させる]**

▶形は asléep と対比して「目をさまして(いる),眠らないで(いる)」の意。
▶ awake-awoke[awaked]-awaked[awóke, awóken]と活用。
▶眠っている人の目をさまさせようとして「起きろよ」と言うのは Wake up! なお,get up([目ざめて]起きる)と区別すること。

236

A: I've got some good news / —Harry and I are getting **married** in June.
B: You're kidding! // So are Kiichi and I! // We could have a **double** wedding!

🔗 You're kidding!「まさか,冗談でしょう」　wédding「結婚式」

いいニュースがあるの。/ ハリーとあたしは6月に結婚するの。

冗談でしょ。// 私と貴一もそうなのよ。// ダブルの結婚式だってできちゃうじゃない。

■■■ 0583
marry
[mǽri]

自 他 **結婚する[させる]**

□ márried 形 既婚の
□ márriage 名 結婚

▶「ジョンと結婚します」は I'm going to marry *with* John. とは言わない。I'm going to marry John. / I'm going to get married to John. が正しい。「～と」に惑わされないように。

0584
double [dʌ́bl]

形 副 名 2倍[に, の]

▶「3倍（の）」は triple。そのほか，次の関連語にも注目しておくとよい。
　couple[kʌ́pl] 名 2つ（1組）
　séveral 形 代 いくつか（の）
　twice[twáis] 副 2度，2倍

237

When **comparing humans** / with other animals, / it's easy to say / the **former** are more **intelligent**, / but it's much less easy to assert / that they have more **common sense**.

🔗 assért 「(…と)断言する, 主張する」

人間を比較するとき / 他の動物と, / 言うことはたやすい / 前者がより知的であると, / しかし断言するのはずっと容易ではなくなります / 前者のほうが常識をもっていると。

0585
former [fɔ́:rmər]

形 以前の；前者の

□ fórmerly 副 昔, 以前は
▶ the former（前者），the latter（後者）は堅苦しい文語でのみ使われる。

0586
intelligent [intélidʒənt]

形 知力のある, りこうな

□ intélligence 名 知力, 情報
□ intélligible 形 理解できる
▶「知能の程度が高い」という意味で，反意語は unintélligent（知能が低い）。

0587 common [kámən]

形 共通の，ありふれた

- □ cómmonplace **形** 平凡な
- □ common to ～に共通した
- □ common sense 常識
- ▶「共通の，共同の」の反対は pérsonal（個人の），「ありふれた」の反対は rare（まれな）。
- ▶「私たち，共通するところがたくさんあるわね」は We have a lot in common (with each other).

238 Time to Read TRACK 036

There are few **insects** / more **industrious** than the ant.

ant「アリ（蟻）」

昆虫はほとんどいません / アリより勤勉な。

0588 insect [ínsekt]

名 昆虫（こんちゅう）

- ▶「虫」のことを bug（虫［全般］），worm [wə́ːrm]（［目のない］虫）と言うこともある。

0589 indústrious [indʌ́striəs]

形 勤勉な

- ▶ índustry **名**（勤勉）の形容詞。意味によって，indústrial（産業の），indústrious（勤勉な）を使い分ける。
- ▶会話では hárdwórking（よく働く［勉強する］）のほうがよく使われる。

239

The **principal reason** / for **saving** paper / is to do something / to **preserve** the forests of the **earth**.

🔗 fórest「森林」

主な理由は / 紙を節約する, / 何かをすることだ / 地球の森林を保存するために。

💬 紙を節約する主な理由は，それが地球の森林保護の一助になるということです。

0590
principal
[prínsipl]

形 **主要な**　名 **校長**, 会長

▶ prínciple 名（原理，主義）と発音は同じ。

0591
save
[séiv]

他 自 **救う**；**貯える**, 節約する
前 接 **〜を除いて**

▶ This computer will save you a lot of energy.（このコンピュータを使えばずいぶん労力が省けますよ）のように，2つの目的語をとることもある。
▶ save…を「…を除いて (except [that]…)」の意味で使うのは文語体。

0592
preserve
[prizə́ːrv]

他 自 **保存する[される]**

☐ preservátion 名 保存, 貯蔵
▶「(食べ物を加工して)保存する，貯蔵する」のほか，They made efforts to preserve the peace.（平和を保とうと努めた）のようにも使える。

240

One **probable result** / of the warming of the **climate** / will be more **destructive** typhoons and snow **storms**.

📎 wárming「温暖化」

1つの**ありそうな結果**は / **気候**の温暖化の, / より**破壊的な**台風や**ふぶき**だろう。

💬 気候温暖化がもたらすと十分予想される結果は，台風やふぶきがもっと破壊的になるということでしょう。

0593
climate
[kláimət]

名 気候，風土

▶「（その日の）天気」（weather）ではなく，「（年間を通しての）気候」を言うときに使う。
▶ cultural climate は「文化的風土」。

241

Vegetables are an **important** part of anyone's diet, / because they **contain** fiber and **essential minerals** and vitamins.

📎 díet「（日常の）食物」　fíber「（食物）繊維」

野菜は食物の**重要な**要素です, / 食物繊維や**必須のミネラル**やビタミンを**含んでいます**から。

0594
mineral
[mínərəl]

名 形 鉱物[の]，無機物[の]

▶ mine（鉱山），míner（鉱夫）も関連語。

The **international** boycott / of the **country's products** / has **caused severe damage** / to the economy.

> 🔖 bóycott「ボイコット(不買運動)」

国際的な不買運動は / その国の製品の, / 深刻な打撃を引き起こしました / 経済に対して。

0595
international
[intərnǽʃənl]

形 **国際的な**

- □ internationalizátion 名 国際化
- □ international language 国際語
- ▶ "inter(間の, 相互の) + nátional"という語。glóbal(全世界の)という語もある。

0596
produce
他 [prədjúːs]
名 [pródjuːs]

他 **生産する；取り出す；上演する**
名 **生産物**

- □ próduct 名 生産物, 成果
- □ prodúction 名 生産；上演
- □ prodúctive 形 生産的な
- ▶ アクセントは「名前動後」。

0597
sevére
[sivíər]

形 **厳しい, 激しい**

- ▶ アクセントに注意して, 日本語(シビアな)と区別する。
- ▶ hard(厳しい), strict(厳格な), harsh(無情な)などの類語もある。

A: What's your **technique** / for **memorizing** poetry?
B: I copy out each poem / about twenty times / and read it **aloud** twice / each time I copy it.

- póetry「詩, 韻文」　póem「(1篇の)詩」
- copy out「〜を模写する, そっくり書き写す」
- each time…「…するたびに」

> コツは何ですか / 詩を記憶する。

> 私はそれぞれの詩を書き写します / 20 回くらいずつ, / そして 2 度ずつ声に出して読みます / 1 回書き写すごとに。

0598
memory
[méməri]

名 記憶[力]；記念

- □ mémorize　他 記憶する
- □ mémorable　形 記憶すべき
- □ memórial　形 名 記念の[物]
- ▶派生語のアクセントを区別する。
- ▶「〜を記念して」は in memory of 〜。

0599
aloud
[əláud]

副 声に出して

- ▶発音は[ou]ではなく[au]。allówed(allów[許す]の過去・過去分詞)と同じ発音。
- ▶lóudly(大声で)とは異なり, alóud は「(聞こえるように)声に出して」の意で, 反意語は sílently である。

The **principle** of **fairness meant** / that John's father had to **punish** both the boys **equally**, / even though Tim **probably** was not so much to **blame** / for the **problem**.

公正の原則は意味した / ジョンの父親は両方の少年を平等に罰しなければならないということを, / おそらくティムのほうはそれほど非難されなくてよかったのだけれども / その問題のことで。

💬 おそらく問題の罪はティムのほうが軽かったのですが, 公平にするという原則によって, ジョンの父親は, 2人の少年の両方に平等に罰を与えなければなりませんでした。

0600
principle
[prínsipl]

名 **原理；主義**

□ in principle　原則として
▶「(物事の)原理, 原則」「(人の)主義, 信念」という意味。He's a man of principle. は「自分の主義を曲げない人だ」ということ。

0601
equal
[íːkwəl]

形 他 **(〜に)等しい, 匹敵する**
名 **同等の人[もの]**

□ equálity　名 平等, 対等
□ be equal to　〜に等しい, 〜に匹敵する
▶日本語の「イコール」と発音・アクセントを区別する。[íː]をはっきり発音するとよい。

0602
blame
[bléim]

他 **責める**　名 **とがめ, 責任**

□ blame A for B　BのことでAを責める
□ be to blame　〜が悪い, 〜の責任だ
▶ praise(ほめる)と対照的に「責める, 非難する」。
▶「その責任は私にあります(悪いのは私です)」は I'm to blame for it.

245

People **tend** not to think very much / about their **health** / until they **lose** it.

人はそれほど考えない**傾向があります** / 自分の**健康**について / それを**失う**まで。

0603 **tend** [ténd]	自 他 **傾向がある；世話をする**
	□ téndency 名 傾向, 風潮
	□ tend to[toward] 〜の方向に向かう
	▶ tend to〜（〜する傾向がある）という形で使うことが多い。be apt to〜；be likely to〜；be inclined to〜もこれに近い。

0604 **health** [hélθ]	名 **健康**
	□ be in good health 健康である。
	▶ health も wealth（富）も ea を [e] と発音する。Health is better than wealth.（健康は富にまさる）
	▶ héalthy（[人が]健康な）と héalthful（健康によい）を区別する。

246

A **thorough search** of the canal / **produced** a lot of **surprises**, / but not the **missing** bicycle.

🔗 canál「運河, 水路」

徹底的な水路の**捜索**は, / たくさんの**意外なものを生み出しました** / が, なくなった自転車は出てきませんでした。

0605 **thórough** [θə́ːrou/θʌ́rə]	形 **完全な, 徹底的な**
	▶ thóroughly 副 徹底的に
	▶ 発音には特に注意。through [θrúː] や though [ðóu] と区別する。

■■■ 0606	自他 捜す　名 捜索
search [sə́ːrtʃ]	□ in search of[for]　〜を求めて ▶ search for（〜を捜す）と search A for B（B を求めて A を捜索する）とを区別する。

■■■ 0607	形 行方不明の，見当たらない
missing [mísiŋ]	▶ miss（〜しそこなう，いないのをさびしく思う）の形容詞。 ▶ My pet dog is missing.（ペットの犬が行方不明だ）のように使う。

247

I hadn't been **conscious** / of any bad feeling between them, / so I was **surprised** / to hear they had fallen out.
0401

🔗 fall out「別れる，(恋が)さめる」

私は**気づいて**いませんでした / 彼らの間の悪感情について，/ だから，**驚きました** / 2人が別れたと聞いて。

■■■ 0608	形 意識している
conscious [kánʃəs]	□ cónsciously　副 意識して，故意に □ cónsciousness　名 意識 ▶ スペリングに注意。s を脱落しないように。 ▶「〜を意識している」は be conscious of〜（または be aware of〜）。 ▶ 反意語は uncónscious（無意識の）。

248

The **royal** yacht made a **splendid sight** / in the harbor, / but we weren't **allowed** / to **sail** our boat within 200 meters of it.

 hárbor「港」

国王のヨットは華麗な姿を見せていました / 港で, / しかし, 私たちは許されませんでした / 周囲200メートル以内に船を航行させることを。

0609 royal [rɔ́iəl]
形 **国王の**；威厳のある

- róyalty 名 王位；印税
- ▶ There is no royal road to learning.（学問に王道なし）は「〜に楽な道はない」ということ。

0610 splendid [spléndid]
形 **壮麗な，すばらしい**

- spléndo(u)r 名 光輝, 壮麗
- ▶「すばらしい！」を表すのに, wónderful, béautiful, lóvely, pérfect, great, spléndid, márvelous, éxcellent, magníficent, fantástic のほか fine, górgeous, grand, terrífic, superb [supə́ːrb]…など。

0611 sail [séil]
名 **帆** 自他 **航行する**

- ▶ sale（販売）と同じ発音。
- ▶「ウィンドサーフィンのボード」は sáilboard。日本語の「ヨット」は sáilboat にあたる。

249

My father says / he's **waiting** for the **right** time / to give up smoking, / but **actually** / we all know / there'll never be an **ideal** time / for him!

父は言ってます / 自分は適切なときを待っているのだと / タバコをやめる, / しかし実際は / 私たちはみんな知っています / そんな理想的な機会など絶対こないだろうと / 彼にとって。

0612
wait
[wéit]

| 自 他 待つ；給仕する　名 待つこと |

- □ wáiter　名 給仕, ボーイ
- □ wáitress　名 ウェイトレス
- □ wait for…to～　…が～するのを待つ
- ▶ weight(重さ)と同じ発音。
- ▶ wait for (～を待つ)と wait on (～に給仕する)とを区別する。
- ▶ There's a letter waiting for you at home.(お宅に手紙が1通届いてますよ)のようにも使える。

0613
ideal
[aidíːəl]

| 名 形 理想[的な] |

- □ idealístic　形 理想主義の
- ▶ 日本語式に「アイデアル」とならないように。

250

We had all been looking forward / to our day on the beach, / but when we saw all the **dead** fish **floating** in the sea, / we packed up / and went home.

₀₃₈₇

📎 look forward to 「～を楽しみに待つ」　　pack up 「荷物をまとめる」

私たちはみんな楽しみにしていました / 浜辺での1日を, / しかし, 海一面に**死んだ**魚が**浮かん**でいるのを見て, / 荷物をまとめて / 帰ってきてしまいました。

0614
death
[déθ]

| 名 死 |

- □ déad　形 死んでいる
- □ to death　死ぬまで, 死ぬほど
- ▶ die(死ぬ)の名詞形。
  「焼死した」は He was burnt to death.
  「ひどく心配した」は He was worried to death.

A: Damn it! // Liz has gone home / without giving me that report / she **promised** me.

B: She **probably** hasn't **finished** writing it yet. // You know / she's never been **particularly conscientious** / about her work!

🔗 Damn it!「くそ！ まいったよ！」

まいったな！// リズがうちに帰っちゃった / 例の報告書を渡してくれずに / ぼくに約束してた。

彼女，たぶんまだ書き終えていないわよ。// 知ってのとおり，いつだって特に良心的ってわけじゃなかったもの / 仕事に。

0615 promise [prámis]

名 自 他 **約束[する]，見込み[がある]**

□ prómising 形 将来有望な

▶ appóintment（[時間・場所などの]約束）と区別する。誘われたとき，「（人に会う）約束があって…」と断るときには prómise は使わない。I'd like to, but I have an appointment. のように言う。

0616 finish [fíniʃ]

他 自 **終える，仕上げる** 名 **終り**

▶ begín, start（始める）に対して「終える」。
▶ 目的語は名詞か動名詞。finish to～ は誤り。

0617 conscientious [kɑnʃiénʃəs]

形 **良心的な**

▶ conscience [kɑ́nʃəns] 名（良心）の形容詞。
▶ スペリング・発音・アクセントに要注意。He's conscientious about his work. は「良心的な仕事をする」ということ。

252

The steps **descended steeply** / into a large underground cavern.

- únderground「地下の」　cávern「(大きな)洞窟」

> 階段は**急に下っていました** / 大きな地下の洞窟の中へ。

0618 **descend** [disénd]	自他 **下る，降りる**，(子孫へ)伝わる

□ descént 名 下降；家柄
□ descéndant 名 子孫 ↔ ancestor(祖先)
▶会話では go down, climb down などでよい。

0619 **steep** [stíːp]	形 **険しい，急な**　他 浸す

▶「急な坂」は a steep slope,「ゆるやかな坂」は a gentle slope.

253

Driving was **quite** hard, / because all the roads were **wet** / and **frozen** in places.

- in places「ところどころ(で)」

> 運転が**非常に**難しかった / 道路がすべて**濡れていて** / ところどころ**凍結し**ていたので。

0620 **wet** [wét]	形 名 **湿った，雨天[の]**　他 ぬらす

▶ damp(じめじめした)，húmid(湿気の多い)，moist([ほどよく]湿った)などの類語がある。

0621
freeze
[fríːz]

自 他 凍る[らせる]，ぞっとする

- □ fréezer 名 冷蔵庫
- □ be frozen (to death) 凍死する
- ▶反意語は melt(溶ける)，boil(沸騰する)など。
- ▶銃を持つ相手が "Freeze!" と言ったら「(そのまま)動くな！」ということ。

254

The number of male smokers / has been **gradually decreasing**, / while the number of female smokers / has been **increasing**.

🔗 male「男の」　female [fíːmeil]「女の」

男性喫煙者の数は / **徐々に減って**いますが，/ その一方で，女性喫煙者の数は / **増えて**きています。

0622
gradual
[ǽduəl]

形 徐々の

- ▶grade(等級，段階)の形容詞。
- ▶grádually(徐々に，だんだんと)とともによく使う。
- ▶反意語は súdden(突然の)，súddenly(急に，突然に)。

0623
decrease
自 他 [diːkríːs]
名 [díːkriːs]

自 他 減少する[させる]　名 減少

- ▶de- は「下へ」の意。

0624
increase
名 [ínkriːs]
自 他 [inkríːs]

名 自 他 増加[する]

- □ incréasingly 副 ますます，しだいに
- ▶アクセントは原則的には「名前動後」だが，increase と decrease についてはその区別はそれほど厳密ではない。語尾の発音[s]にも注意。

255

Ken never **hesitates** to say / **exactly** what he thinks, / which is **probably** why a lot of people find him / a little **difficult** to get on with.

get on with「〜と仲よくやっていく」

ケンは決して**ためらわず**に言います / 思っていることを**そのとおり**, / **おそらく**そのせいで, 多くの人びとが彼のことを感じるのでしょう / いくぶんつきあい**にくい**と。

0625 hésitate [héziteit]

自 **ちゅうちょする**, ためらう

□ hesitátion 名 ためらい
□ hésitatingly 副 ためらいがちに
▶ hesitate to〜 （〜するのをためらう）の形で使われることが多い。

0626 exact [igzǽkt]

形 **正確な**, 厳密な

□ exáctly 副 正確に, まさしく
▶ x の発音は [gz]。

256

John **decided** to **tidy** up his room, / so first / he put everything into **different piles**, / one for his **clothes**, / another for his books and so on.

〜 and so on「〜など」

ジョンは部屋を**整頓する**ことに**決めた**, / そこで, まず最初に / すべてのものを**別々の山**に仕分けした / 1 つの山は**服** / もう 1 つは本などという具合に。

0627 tidy [táidi]

形 **きちんとした**, こぎれいな
他 きちんとする

□ tidy up 〜をきちんと片づける
▶ neat に近い意味。反意語は untídy（だらしない, 乱雑な）。

0628
pile [páil]

他 自 **積み重ねる[なる]**
名 **堆積**；多数

- a pile of / a heap of　多量の〜, 山ほどの〜
- ▶「新聞紙の積み重ね」は a pile of newspapers。

257

The **reward** for the students' hard work / was the happiness / on the **faces** of the handicapped children / when they took them to the zoo.

🔗 handicapped children「身体障害児」　zoo「動物園」

学生たちの骨折りに対する**報酬**は / 幸せそのものの表情でした / 身体障害児たちの**顔**に浮かんだ, / その子たちを動物園に連れていったときに。

0629
reward [riwɔ́ːrd]

名 **報酬**　他 自 **報いる**

- in reward for　〜に報いて
- ▶ ar の発音[ɔːr]に注意する。[ɑːr]ではない。

258

I can **assure** you / that we will take the **utmost** care / in drafting our report / and that all the **mechanical** details / we **provide** you with / will be **correct**.

🔗 draft「起草する, 作成する」　detail「細部, 詳細」

私はあなたがたに**保証できます** / われわれは**最大限**の配慮をすることを / 報告書を作成する際に, / また, **機械**の詳細情報はすべて / われわれが**提供する**, / **正しい**ことを。

0630
assure [əʃúər]

他 **確信させる**, 保証する, 確かめる

- assúrance 名 確信, 保証
- be assured of　〜を確信している
- ▶「確実(sure)にする」という動詞。

0631
utmost
[ʌ́tmoust]

形 名 **最大限[の]，精いっぱい[の]**

- [ ] do[try] one's utmost / do[try] one's best　全力をつくす
- [ ] to the utmost (of one's power)　力の及ぶかぎり
▶ 上記のように使うのが慣用的。

0632
mechanism
[mékənizəm]

名 **機械装置**，機構

- [ ] mechánical　形 機械の
- [ ] mechánic　名 機械工
- [ ] mechánics　名 仕組み，構造
▶ ch の発音は [k]。日本語の「メカニズム」とアクセントを区別する。

0633
correct
[kərékt]

形 **正しい**，正確な　他 **訂正する**，直す

- [ ] corréctness　名 正確
- [ ] corréction　名 訂正
▶ colléct（集める）と区別。
▶「私の時計は正確です」は My watch is correct，または My watch keeps good time.
▶ 反意語は incorréct（正しくない）。

259　Time-to-Read TRACK 039

I think / you've been **offered** a very good **job** / ― you should **accept** it.
₀₀₁₂

> 私は思います / あなたはとてもよい**仕事**の**申し出**を受けたと。/（あなたはそれを）**受諾する**ほうがいいですよ。

0634
offer
[ɔ́(ː)fər]

他 名 **差し出す，申し出[る]**

▶ They offered him a part-time job.（彼にアルバイトの仕事を提供した）のように，2つの目的語をとることもある。

0635
accept [əksépt]

他 **受け入れる**，承諾する

□ accéptance 名 受け入れ，承諾
▶「(相手に同意して気持ちよく)受け取る，受け入れる」という感じ。

260

I can't understand / how you can **despise** Don / when you haven't even met him.

私には理解できないわ / どうしてあなたがドンを**軽蔑する**なんてできるのか，/ あなたは彼に会ってもいないのに。

0636
despise [dispáiz]

他 **軽べつする**

▶次の語句をペアで記憶しておく。
　respéct / look up to（見上げる）
　despíse / look down on（見くだす）

261

As **expected**, / there is solid **local opposition** / to the plans / to **construct** a nuclear power **station** in the **area**.

✐ sólid「（意見などが）一致した」　nuclear power station「原子力発電所」

予想されたとおり，/ **地域**の一致した**反対**が起こっています / 計画に対して / その**地域**に原子力発電**所**を**建設**する。

0637
construct [kənstrʌ́kt]

他 **建設する**，組み立てる

□ constrúction 名 建設
□ constrúctive 形 建設的な
▶やさしい語なら build（建てる）。

262

The **suburbs** of Tokyo **stretch** / on and on / so that you don't **necessarily** know / when you get to one of the **surrounding** cities.

🔗 on and on「どんどん(と)」

東京の郊外は広がっています / どんどんと, / だから, 必ずしもわかりません / 周辺の市の1つにいつ着くのか。

0638 **súburb** [sÁbəːrb]	名 郊外
	□ subúrban　形 郊外の □ in the suburb(s) of　〜の郊外に ▶ 複数形で使うことが多い。

0639 **surround** [səráund]	他 取り囲む
	□ surróunding　形 周囲の □ surróundings　名 周囲(の状況), 環境 ▶ My hometown is surrounded by mountains. (私の故郷は山に取り囲まれています)のように使う。

263

It's **inevitable** / that you will **sometimes** be **excluded** / from **activities** you want to take part in, / so you shouldn't **worry** about it.

🔗 take part in「〜に参加する」

避けられない / あなたがときには除外されることは / 参加したいと思う活動から, / だから, それについて悩むべきでない。

💬 自分が参加したいと思う活動から締め出されることもあるのはどうしようもない。だから, あまりくよくよしなさんな。

0640 inévitable
[inévitəbl]

形 避けられない，必然の

- inévitably 副 必然的に
- ▶類似の語は unescápable (逃れられない)，unavóidable (避けられない)。
- ▶「開戦は不可避のようだ」は，The outbreak of war seems inevitable. / It seems inevitable that war will break out.

0641 exclude
[iksklú:d]

他 除外する，排斥する

- exclúsive 形 排他的な
- exclúsion 名 排除
- ▶ inclúde（[中に] 含む）とは反対に，「外へ締め出す (shut out, keep out)」という意味。

264

All I did / was **question** a few of the points in his report, / but he took it as a personal **attack** / on him and his department.

- all I did was〜 「私がしたことのすべては〜だった」つまり，「私がしたのは〜だけだった」
- pérsonal「個人的な」　depártment「課，部門」

ぼくがしたのは / 彼の報告書のいくつかの点について**質問**しただけでした，/ が，彼はそれを個人的な**攻撃**と受け取りました / 彼と彼が所属する課に対する。

0642 attack
[ətǽk]

名 他 攻撃[する]

- ▶「(仕事に急に) 取りかかる」「(病気などが) 襲う」などの場合にも使われる。

265

Truly **forgiving** somebody for something / **means** never **mentioning** it again.

だれかを何かの過ちに対して本当に**許す**ということは，/ そのことに二度と**触れ**ないことを**意味します**。

0643
forgive
[fərgív]

他 自 **許す**，免除する

▶ forgíve-forgáve-forgíven と活用。
▶「（怒ったり罰したりせずに）容赦する」の意。「相手のちょっとしたミスを許す」のは excúse, párdon。また，「許可する」という意味の「許す」は allów, permít。
▶ My mother forgave me anything.（母は私のやることは何でも許してくれました）のように，目的語を 2 つとることもある。

0644
mention
[ménʃən]

他 **述べる** 名 陳述

▶ talk about（〜について話す）という意味だが，mention *about* とは言わない。
▶ 会話で Don't mention it. と言えば，Not at all. / That's O.K. / You are welcome. と同じく，「どういたしまして」ということ。

266

My uncle, who is a policeman, / says / that the **duty** he **hates** most / is **directing** traffic.

🔗 políceman「警官，巡査」　tráffic「交通，往来」

叔父は警察官だが，/ 言っています / 最も**嫌う**任務は / 交通を**整理する**ことだと。

0645
duty
[djúːti]

名 **義務**；税

☐ do one's duty　義務を果たす
☐ on[off] duty　勤務中(非番)で
▶ rights and duties（権利と義務）のように使う。

267

The **dip** in **exports** / in the first quarter/ was more than made up for / by a **sharp increase** / in the second.

🔗 the first quarter「第1四半期」
make up for「埋め合わせをする,取り戻す」

> 輸出の下落は／第1四半期における,／埋め合わせされる以上だった／急激な増加によって／第2四半期における。

💬 第1四半期の輸出の落ち込みは,第2四半期での急激な増加によって埋め合わせされてなおあまりあるものがありました。

0646
dip
[díp]

他 自 **ちょっと浸す**[浸る]

▶お刺身などを「しょうゆにちょっと浸すとおいしいですよ」は It tastes good if you dip it in[into] soy sauce. と言えばよい。

0647
export
名 [ékspɔːrt]
他 [ekspɔ́ːrt]

名 他 **輸出**[する]

▶「輸出入」は export and import。
▶「輸入品」は imported goods,「輸出品」は exported goods(または単に éxports でもよい)。

0648
sharp
[ʃɑ́ːrp]

形 **鋭い**,とがった,鮮明な
副 かっきり

□ shárpen 他 鋭利にする
▶「(刃などが)鈍い」は blunt(切れない),dull(なまくらの)など。
▶ at nine sharp(かっきり9時に)という使い方もする。

268

Confucius was **famous** / for the **wisdom** of his sayings, / which guided Japanese philosophers / for **centuries**.

- Confúcius 0546「孔子」　sáying「ことば，発言」　philósopher「哲学者」

> 孔子は**有名**でした / その言葉の**叡智**で，/ それは日本の哲学者を導きました / 何**世紀**にもわたって。

0649

famous

[féiməs]

形 有名な

- □ be famous for　〜で有名である
- □ be famous as　〜として有名である
- ▶ fame（名声）の形容詞。nóted（人によく知られた），fámed（名高い）もほぼ同じ意味。
- ▶ 反意語として infamous [ínfəməs]（不名誉な）。

0650

wisdom

[wízdəm]

名 知恵，英知

- ▶ wise 形（賢い）の名詞形。fréedom（自由）とともに -dom（名詞をつくる語尾）に注意する。

269

A: How was yesterday's speech **contest**?
B: Well, / I don't think the **standard** was **particularly** 0451 high, / but there was one speech about **space travel** 0077 / that **impressed** me. // It **impressed** 0279 the judges, too / —the girl who gave it / **won**!

> きのうのスピーチ・**コンテスト**はどうでした?

> そうね，/ **水準**は**特に**高くはなかったと思う / けど，**宇宙旅行**についてのスピーチが1つあってね，/ それは**印象に残った**。// それは審査員にも**感銘を与えた**みたいで，/ そのスピーチをした女の子が / **優勝した**よ。

0651 contest
名 [kántest]
他 [kəntést]

名 他 競争[する], 競技(会)

- contéstant 名 (コンテストの)出場者
- ▶アクセントは「名前動後」。
- ▶「美人コンテストに出てみたら？」は Why don't you enter a beauty contest?

0652 space
[spéis]

名 空間, 宇宙

- spácious 形 広々とした
- ▶「駐車できるスペースはありませんよ」は You won't be able to find a parking space.
- ▶ spáceflight（宇宙飛行）, space science（宇宙科学）, space shuttle（スペースシャトル）のようによく使う。

0653 impress
他 [imprés]
名 [ímpres]

他 印象づける 名 刻印；特徴

- impréssion 名 印象
- impréssive 形 強い印象を与える
- impréssionable 形 感じやすい
- ▶ "im-（中に，上に）+ press（押す）" から「（人の心に）印象づける」「感動させる」となる。
- ▶「A を B に印象づける」は impress A on B という形。

0654 win
[wín]

他 自 勝つ；かち取る

- ▶ win-won-won と活用。won は one（1つ）と同じ発音。
- ▶「（人やチームを）負かす」は beat, deféat, 「（試合に）負ける」は lose を使う。

Time-to-Read TRACK 041

270

Shakespeare wrote the greatest **tragedies** / in the **history** of theater.

0459
théater「演劇」

シェークスピアは最も偉大な悲劇を書きました / 演劇の歴史において。

0655
tragedy
[trǽdʒədi]

名 **悲劇**, 惨事

- trágic 形 悲劇的な
- ▶ It's a tragedy that she died so young.
（彼女があんなに若くして死んだのは悲劇です）など。

271

The only way to learn a **skill** / is through constant and **regular practice**.

🔗 cónstant「継続的な」 práctice「練習, 訓練」
0139

ある**技術**を習得する唯一の方法は，/ 継続的で**規則正しい訓練**によるものです。

0656
skillful
[skílfl]

形 **熟練した**, 上手な

- skíllfully 副 巧みに
- ▶ skill（熟練，技能）の形容詞。skílled もほぼ同じ意味。
- ▶《英》では skílful, skílfully も使われる。

0657
practice, -se
[prǽktis]

名 自 他 **実行**[する]，**習慣**[的に行う]，練習[する]

- práctical 形 実際的な
- práctically 副 実際には，事実上
- in practice　実際には
- put ~ into practice　~を実行する
- ▶「（医者・弁護士が）開業[する]」という意味にも使う。「開業医」は a GP / a general practitioner と言う。

272

Japan's **defeat** in WW II / didn't **prevent** it / from **becoming** an economic superpower.

- WW II 「第2次世界大戦(World War II)」
  economic superpower 「経済的超大国」

第2次世界大戦における日本の**敗北**は，/ **妨げ**ませんでした / 日本が経済的超大国に**なる**のを。

0658 defeat [difíːt]

名 **敗北**　他 **負かす**

▶ You can't beat me.（きみには負けないよ）のように，口語では beat のほうがよく使われる。

0659 prevent [privént]

他 **妨げる，予防する**

▶ prevent…from ～ing（…が～するのを妨げる）は決まった型。ただし，stop や keep よりも改まった用法。
▶ 会話で「うるさくて眠れませんでしたよ」と言うのは，The noise prevented me from sleeping. よりも I couldn't sleep because it was noisy. のほうが自然である。

273

One measure / of the **wealth** of a **country** / is the **amount** of **energy** / it uses.

- méasure 「尺度，物差し」

1つの物差しは / **一国の富裕（度）**の，/ **エネルギーの量**です / その国が使う。

0660 wealth [wélθ]

名 **富，財産；豊富**

□ wealthy 形 裕福な
▶ héalth（健康）と同じく，母音発音[e]に注意する。
▶ wéalthy は rich（金持の）や wéll-óff（裕福な）より改まった語。

0661
amount
[əmáunt]

名 量, 額, 総計　**自** 総計～になる

□ amount to　総計～になる
▶ He spent a large amount of money.（多額のお金を費した）のように「量や額」について使う。a large number of（多数の）と区別する。

274

Many in the rich countries of the world / feel **guilty** / whenever they see on TV / so much **poverty** in other countries.
0531

世界の豊かな国々の多くの人たちは, / 罪悪感を感じています / テレビで見るたびに / 他の国々の非常に多くの貧困を。

0662
guilty
[gílti]

形 有罪の, やましい

□ feel guilty (about)　（～について）気がとがめる
□ be guilty of　～の罪がある
▶ guilt（罪, 有罪）の形容詞。

275

Earthquakes may **occur** more **frequently** /
　　　　　　　0168　0228　　　　0350
when the **pull** of the larger planets / is all in the same **direction**; / that is, / when they are on the same **side** of the **earth**.
　　0349　　　　　　　0368

📎 that is「すなわち, つまり」　plánet「惑星」

地震がいっそう頻繁に起こるかもしれません, / 大型の惑星の引力が / みんな同じ方向にあるとき, / つまり, / 惑星が地球の同じ側に並んだとき。

0663
pull [púl]

他 自 名 **引っ張る[こと]**

▶次の語句が口語でよく使われる。
pull in （列車が）着く，（車が）止まる
pull out （列車・車が）出て行く
pull up （車が）止まる，止める

---

276 Time to Read TRACK 042

The **expense** / of putting three children through **private education** / is treméndous.
0254

🖉 treméndous「ものすごい，莫大な」

費用は /3 人の子供を私立の教育で通す，/ 莫大です。

0664
expense [ikspéns]

名 **費用，犠牲**

□ expénsive 形 費用のかかる
□ expénditure 名 支出
▶ cost（費用），páyment（支払い，支出）なども使われる。
▶「～を犠牲にして」は at the expense of / at the cost of。

0665
prívate [práivət]

形 **個人の，私的な**　名 **兵卒**

□ prívacy 名 私生活，プライバシー
□ prívately / in private 個人的に，ひそかに
□ 発音が日本語の「プライベート」にならないように。

277

There is much less **demand** / for **luxury** goods / than there was during "the bubble economy."
0160

🖉 bubble economy「バブル（泡沫的な）経済」

はるかに少しの需要しかありません / ぜいたく品に対する / 「バブル経済」の間（にあった）よりも。

0666
demand
[dimǽnd]

名 他 要求[する]

- supply and demand（需要と供給）のように，supplý とペアになる。
- ask（頼む），requíre（必要とする），requést（依頼する）などよりも「要求」の意味が強い。

278

The catering department / **failed** to **supply** the **right kind** of food / to the **hospital**.
0155　0159　　　　　　　　　　　　　　　　　0393
🖉 catering department「仕出し部門」

仕出し部門は，/ 正しい種類の食物を供給しそこないました / 病院へ。

0667
fail
[féil]

自 他 失敗する；〜できない；弱る

- □ fáilure 名 失敗，〜できないこと
- fail in（〜に失敗する）と fail to 〜（〜しない，できない）とを区別。
- cannot[never] fail to 〜は「必ず〜する」という肯定の意味になる。
- 「テストに落ちてしまった」は I failed the test. が正しい。I failed *in* the test. とは言わない。

0668
hospital
[háspitl]

名 病院

- □ hospitálity 名 親切なもてなし
- 「父は入院しています」は My father is in *the* hospital. 《英》では My father is in hospital.
- go to (the) hospital（入院する），go to the hospital（[見舞などで]病院に行く）などと使う。

279

It was **quite** a **battle** / getting him to **agree** with us, / but it was one well **worth fighting**.

- one は a battle のこと。

> かなり大変な闘いでした / 彼を私たちの意見に賛同させるのは, / しかし, それは争う価値が十分にある闘いでした。

0669
agrée
[əgríː]

自 同意する, 一致する

- □ agréeable 形 感じのよい
- □ agréement 名 同意, 一致
- ▶反意語は disagrée(意見が合わない, 一致しない)。
- ▶会話で I agree with you there.(その点は同感ですね)のように使う。
- ▶ agree with([人・考え]に同意する), agree to([提案・計画など]に同意する), agree on[about](〜について同意する)など, 前置詞に注意して使うように。

0670
worth
[wə́ːrθ]

形 名 価値[がある]

- ▶目的語をとる形容詞の1つである。「する価値がありますよ」は It's worth doing. / It is worth while doing. / It is worth your while to do so. などの形で表せる。

0671
fight
[fáit]

他 自 戦う, けんかする　名 戦闘, 闘志

- ▶ fight-fought-fought と活用。
- ▶「〜と戦う」は fight (against)〜。

280

My uncle told me / that his **annual income** had **actually** fallen / in real **terms** / over the last ten years.

- in real terms 「実質的には」

> 叔父が私に言いました / 彼の年収は実際, 減少してしまったと, / 実質的に / この10年間にわたって。

0672
annual [ǽnjuəl]

形 **毎年の，年に１回の**

- □ ánnually 副 毎年，年に１度
- ▶「年収，年俸」なら annual income，「年に１度の会合」なら an annual meeting。
- ▶ yéarly もほぼ同じ意味。「毎年」なら every year でよい。

0673
income [ínkʌm]

名 **収入**

- ▶ アクセントに注意。
- ▶ 反意語は óutgo（支出），expénse（出費）など。

0674
term [tə́ːrm]

名 **期間，学期；用語；《複》条件；間がら**
他 **～と呼ぶ**

- □ in terms of ～によって；～の面から；～の言葉で
- □ on good[bad] terms with ～と仲がよい[悪い]

281

The **lights** in Western houses / often **seem** very **dim** to the Japanese, / who generally **prefer** their homes to be **brightly lit**.

🔗 génerally「一般的に，概して」0449

> 西洋の住宅の明かりは，/ しばしば日本人には非常に薄暗く思えます /（日本人は）一般に家が明るく照明されているほうを好む（ので）。

0675
light [láit]

形 **明るい；軽い**　名 **光**　他 **点火する**

- □ líghten 自他 明るくなる；軽くする
- □ líghthouse 名 灯台
- □ líghting 名 点火，照明
- □ líghtning 名 電光，いなずま（スペリングに注意）
- ▶「明るい」の反対は dark（暗い），「軽い」の反対は héavy（重い）。

0676
dim [dím]

形 **うす暗い**, ぼやけた
他 うす暗くする

- ▶ 反意語は bright(明るい)。
- ▶ 車のヘッドライト(héadlight)を「暗くする」のも dim を使う。

282

I wore the same coat for over ten years / —**right** through from **junior** high school to university; / my mother was always saying / how **shabby** it was, / but I really loved that coat!

🔗 univérsity「大学」

ぼくは同じコートを10年以上着ていた / ——**中学校**から大学まで**ずっと**。/ 母はいつも言っていました / なんて**みすぼらしい**んだろうと, / しかし, ぼくはそのコートが本当に大好きだったのです。

0677
shabby [ʃǽbi]

形 **みすぼらしい**, そまつな

- ▶ 服・帽子や家などについて使う。
- ▶ 反対に「見苦しくない, ちゃんとした」は decent[díːsnt]。

283 Time to Read TRACK 043

I'm not nearly as **keen** / on sweets and **desserts** / as I **used** to be.

私はあまり**夢中**ではなくなりました / 甘いものや**デザート**に / **以前ほどは**。

0678
keen [kíːn]

形 **鋭い**, 敏感な；**熱心な**

- □ be keen on 〜に熱中している
- ▶ 同意語は sharp(鋭い), éager(熱心な)など。
- ▶ 反意語は dull(鈍い), unínterested(無関心な)など。

0679
dessert [dizə́ːrt]

名 **(食後の)デザート**

▶ désert[dézərt]（砂漠）とスペリングも発音も区別する。desért（見捨てる）とは同じ発音でよい。

284

We had the **misfortune** / to get **stuck** in a traffic jam / and **miss** our flight.

traffic jam「交通渋滞」

私たちは**不運**な目にあいました / 交通渋滞で**動けなくなり**, / 飛行機に**乗りそこねる**という。

0680
misfortune [misfɔ́ːrtʃən]

名 **不運, 不幸[な出来ごと]**

▶ unfórtunate（不運な）と mistórtune（不運）の接頭辞 (un-, mis-) を混同しないように。
▶ Unfortunately, I'm going to be busy tomorrow.（あいにく明日は暇がありません）のように, 会話で「あいにく…」は Unfortunately,… と言えばよい。

285

We didn't **reach** the **summit** until 6 o'clock, / by which time / it was too late / to take the **risk** of **tackling** the **descent**.

私たちは 6 時まで**山頂**に**着け**ず / その時間では / 遅すぎて / **下山**に**取り組む危険**は冒せませんでした。

0681
summit [sʌ́mit]

名 **頂上, 首脳**

□ summit conference　首脳会議
▶ やさしい語を使うなら top でよい。

0682
tackle [tǽkl]

他 **取り組む**　名 **(釣り)道具**

▶「難問に取り組む」は tackle the problem。ほかに, work on[at], struggle with, attack なども使える。

286

A: How **formal** / is the dinner party tomorrow night?
B: The **invitation** card says, "Black **Tie**", / so you'd better **wear** one of your evening gowns.

🔗 evening gown「(女性の)夜会服」

> どのくらい公式なものなの？/ あしたの夜のディナー・パーティーは。

> 招待状には「黒のネクタイ」って書いてある，/ だから，夜会服を着ていったほうがいいよ。

0683 formal [fɔ́ːrml]

形 **正式の，形式ばった**

☐ formal dress 正装
▶ form（形式，形造る）の形容詞。反意語は infórmal（略式の，うちとけた），cásual。
▶「うわべだけの，堅苦しい」という感じを含む。

0684 tie [tái]

他 **結ぶ**
名 **結び[目]；ネクタイ；同点**

▶「(ひも・ネクタイなどを)結ぶ」の意。反対に「ほどく」のは untíe。
▶ I'm sorry, but I'm tied up right now.（すみませんが，今忙しくて手が離せません）のように使える。

0685 wear [wéər]

他 自 **着ている；使い古す，(長く)もつ**
名 **着用，衣類；消耗**

☐ worn-out 形 使い古した
▶ put on（着る）に対して「〜を着ている」は wear や have 〜 on を使う。

287

It was the **invention** of the steam engine / that **eventually** made it **possible** in Europe / to pass a **law** / against keeping **slaves**.

- steam engine「蒸気機関」

蒸気機関の発明でした / 結果的にヨーロッパで可能にしたのは / 法律を通すことを / 奴隷を保有することを禁止する。

0686
law [lɔ́ː]

名 法律，法則

- □ láwful 形 合法の
- □ láwless 形 無法な
- □ láwyer 名 法律家，弁護士
- □ law of gravity 重力の法則
- ▶ raw[rɔ́ː]（生の），low[lóu]（低い）と区別する。
- ▶「法廷」は a court (of law)，または a (law) court。

0687
slave [sléiv]

名 奴隷　自 あくせく働く

- □ slávery 名 奴隷状態
- ▶「自由人」は a freeman。
- ▶ máster と対比して「〜に捕らわれている，言いなりになっている」という意味で be (a) slave to [of] が使われる。

288

We were **fully expecting** / a **negative** response to our request, / so we were **quite surprised** / when the **president agreed** / without **hesitating** for a moment.

- respónse「返答」　reqúest「依頼，頼みごと」

私たちは十分予想していました / 私たちの依頼に対して否定的な返答を，/ だから本当に驚きました / 大統領が賛成してくれたとき / 一瞬もためらわずに。

0688 **full** [fúl]	形 **いっぱいの**
	□ fúlly 副 十分に □ be full of ～でいっぱいである □ fill A with B　A を B で満たす ▶ fill 他 自（満たす，満ちる）と区別。

0689 **president** [prézidənt]	名 **大統領**；社長，学長
	□ présidency 名 大統領の地位(任期) ▶ preside [-záid]（司会する，統轄する）から「presíde する人」の意。

289

A: Did you see Joe **knock** Mrs. Kondoh's ikebana **display** on the floor / this morning?

B: And then / **trip** over it! // Yes, I did / ―he's one of the **clumsiest** people I've ever known!

> ジョーが近藤さんの床に飾ってあった生け花の**展示**を**蹴飛ばし**ちゃったのを見てた？ / 今朝。

> おまけに / **つまずいて倒れ込ん**じゃった。/ ――そう，見てたとも。/ まったく見たことがないくらい**不器用な**やつだよ。

0690 **knock** [nák]	自 他 名 **ノック[する]**
	▶ k は黙字。know（知る），knee（ひざ），knit（編む），knob（[ドアの]ノブ）などの k も同じ。

0691 **clumsy** [klʌ́mzi]	形 **不器用な**，ぎこちない
	□ clúmsily 副 ぎこちなく ▶ 反対に「器用な」は cléver, good, skíllful など。

290

A: This shirt's really **tight**. // It must have shrunk / in the wash.
B: I don't think so. // You've put on **weight**!
₀₃₅₅

🔗 shrunk<shrink「縮む」　put on weight「太る」

> このシャツ，すごく**きつい**よ。// これ，きっと縮んじゃったんだ / 洗って。

> そうじゃないと思うわ。// あなたの**体重**が増えたのよ。

0692

tight
[táit]

形 **堅く結んだ；きつい**　副 **きつく**

□ tíghten　他目 堅く締める[まる]
▶靴を選ぶときに「これは私にはきつすぎます」と言うのは，These (shoes) are too tight for me.

291

A: That was a brilliant performance, wasn't it?
B: Yes ― wonderful. // It's hard to **believe** / that they're all **amateur** musicians, isn't it?
₀₀₅₁

🔗 brilliant performance「すばらしい演技（演奏）」

> すばらしい演奏だったわね。

> うん，すごかった。// **信じ**にくいね / 彼ら全員，**素人の**音楽家とは。

0693

ámateur
[ǽmətʃùər, ǽmətə(ː)]

名 形 **しろうと[の]**

▶スペリングと発音・アクセントに注意。日本語の「アマチュア」では通じない。

292

Many schools are built / in the form of a **square** / enclosing an open paved **area**.

🔗 enclóse「〜を囲む」 páved「舗装された」 0470

多くの学校は建てられています / **四角形**の形で / 屋根のない舗装された**区域**を取り囲む。

0694
square
[skwéər]

形 **四角の** 名 広場；平方
他 四角にする

□ two square feet 2 平方フィート
▶ 関連語は round（丸い），triangular[traiǽŋgjələr]（三角の）など。

293

The pond was so **shallow** / that we couldn't **believe** / someone had **drowned** in it.
0051

その池は非常に**浅くて** / 私たちは**信じ**られませんでした / だれかがそこで**溺れ**てしまったとは。

0695
shallow
[ʃǽlou]

形 **浅い**；浅薄な 名 浅瀬

▶ deep breathing（深呼吸），shallow breathing（浅い呼吸）のように使うことができる。

0696
drown
[dráun]

自 他 **おぼれ[させ]る**

□ be drowned / drown oneself おぼれ[させられ]る
▶ 発音[au]に注意。[ou]ではない。
▶ A drowning man will catch at a straw.（おぼれる者はわらをもつかむ）はことわざ。

294

The **thickness** of a tree / **depends** partly on how old it is; / the thicker the tree, / the older it is.

📎 the 比較級～, the 比較級… 「～であればあるほど…」

> 木の**茂り**具合は / 1つにはその木が何歳か**によります**。/ 葉がおい茂っていればいるほど / その木はそれだけ古いのです。

0697 thick [θík]

形 厚い, 太い ; 濃い　副 厚く, 濃く

□ thícken 他自 厚くする, 濃くする[なる]
▶「濃いスープ」は thick soup だが「濃いコーヒー」は *thick coffee* とは言わない。strong coffee のほうがよい。

0698 dependent [dipéndənt]

形 頼っている, ～しだいである

□ depéndence 名 依存
▶ depend (on / upon)（～に頼る, ～しだいである）の形容詞。
▶ be dependent on（～に頼っている, ～しだいである）という形で用いる。

295

Our son studied / just hard **enough** to pass his exams; / in other words, / he did the **bare minimum** / **necessary** to pass.

📎 in other words 「言い換えれば, つまり」

> うちの息子は勉強しました / ちょうど試験に通る**くらい**熱心に。/ 言い換えると, / **ぎりぎり最小限**の勉強をやったのです / パスするのに**必要な**。

0699 minimum [mínimǝm]

名 形 最小限[の]

▶「ミニスカート」「ミニカー」はそれぞれ míniskirt, mínicar だが, その mini- は míniature（小型[の]）という意味。

296

The red rose **seemed** a very small **gift** / **beside** the **huge** bunches of flowers in the room, / but Shirley said / that it was the thought that **counted**.

🔗 bunch 「(花などの)束」

> その赤いバラは非常にちっぽけな贈り物のように見えました / 部屋の大きな花束の数々のそばでは, / しかし, シャーリーは言いました / 大切なのは気持ちだわと。

■■■ 0700 **gift** [gíft]	名 贈り物, 天賦の才能　他 授ける □ gífted 形 才能のある ▶ give(与える)の名詞に相当する。
■■■ 0701 **beside** [bisáid]	前 ～のそばに □ beside the point　的はずれの ▶ near よりも「そばに」という感じが強い。「私の横にすわりなさい」は Sit (yourself) down beside me.
■■■ 0702 **count** [káunt]	他 自 数える；あてにする；重要である 名 計算 □ cóuntless 形 数えきれぬほど多くの □ count on　～をあてにする □ count for nothing　重要でない ▶「1つ1つ数える」という感じ。There are 15 days to go, counting from today. は「今日から数えてまだ15日ある」ということ。

297

The tire **burst** on the **rear** inside wheel / and the car spun / **across** the road.

🖉 wheel「車輪」　spun は spin (スピンする，ぐるぐる回る)の過去形

後部の内側車輪のタイヤが破裂して，/ 車はスピンしてしまいました / 道路を横切って。

0703
burst
[bə́ːrst]

自 他 破裂する，急に〜する
名 破裂，突発

□ burst into laughter / burst out laughing　どっと笑いだす
▶ burst-burst-burst と活用するが，過去・過去分詞に bursted を使うこともある。

0704
rear
[ríər]

名 形 後部[の]　他 育てる，栽培する

▶日本語の「バックミラー」は，英語では a rearview mirror と言う。
▶「育てる」は bring up を使うのが最も普通。rear は主に《英》で使われ，《米》では raise。

298

There was a **foul smell** in the house, / as if the windows hadn't been **opened** / for years.

🖉 as if…「まるで…かのように」

いやな匂いが家の中にたちこめていました，/ まるで窓が開けられていなかったかのように / 何年間も。

0705
foul
[fául]

形 不潔な，邪悪な　名 反則　他 自 汚す

▶発音[au]に注意。fowl(鶏，家禽類)と同じ発音。
▶野球の「ファウル」は a foul ball,「ファウルチップ」は a foul tip。

0706
smell [smél]

他 自 においをかぐ

□ smell of / smell like ～のにおいがする
▶「何か燃えてるにおいがしますよ」はI (can) smell something burning.

299

The **jewelry** my mother **left** me / is not **particularly valuable**, / but it is very **dear** to me.

母が私に**遺**してくれた**宝石**は / **特に高価な**ものではありません / が，私にとっては非常に**大切な**ものです。

0707
jewel [dʒú(:)əl]

名 宝石

□ jéwel(l)er 名 宝石商
□ jéwelry / jéwellery 名 宝石類
▶ Do you have any jewels?（宝石貴金属類はお持ちですか）は税関でよくきかれる質問の１つ。

0708
value [vǽljuː]

名 価値　他 尊重する，評価する

□ váluable 形 価値がある
□ válueless 形 価値がない
□ set[put] (a high) value on ～を重く見る
▶ of great value（非常に価値がある），of little value（ほとんど価値がない），of no value（まったく価値がない）はよく使われる語句。

0709
dear [díər]

形 親愛な；高価な　名 いとしい人

□ déarly 副 とても；愛情をこめて
▶ deer（鹿）と同音，スペリングを区別。
▶ はがき，手紙，ファックス，eメールなどの書き出しに Dear Tim, / Dear Mr. Smith, のように使う。
▶ 会話では，Dear me! / Oh, dear! / Dear, dear! など「おや，まあ」と驚きの気持ちを表す。

300

There's **probably** no **annual event** / awaited as **eagerly** / by European children / as Christmas.

- aváit「待つ(wait for)」

おそらく年中行事はありません / 熱心に待ち望まれる / ヨーロッパの子供たちによって / クリスマスほど。

0710 eager
[í:gər]

形 熱心な，熱望して

- □ be eager to　〜したがっている
- □ be eager for[about]　〜を熱望している
- ▶ keen や enthusiástic なども近い意味の語。
- ▶ 反意語は，lázy（やる気がない）や indífferent（無関心な）。

301

Mr. Brown was **relieved** / when he heard his wife was **safe** and **sound** / after the car **accident**.

ブラウンさんはほっとしました / 妻が安全で無事であると聞いたとき / 自動車事故のあと。

0711 safe
[séif]

形 安全な　名 金庫

- □ sáfety　名 安全，無事
- □ sáfeguard　名 予防措置，安全装置
- □ in safety / sáfely　無事に
- ▶「安全運転」は sáfe driving であって，「セーフティ・ドライブ」ではない。

0712 accident
[ǽksədənt]

名 偶然，事故

- □ accidéntal　形 偶然の
- □ accidéntally / by accident / by chance　偶然に
- ▶「交通事故」は a traffic accident。「自動車の事故」なら a car accident, an auto accident。

302

An **example** of **positive** thinking / is to **consider** a bottle half **full** / rather than half **empty**.

📎 …rather than～「～というよりも(むしろ)…」

> 前向きな考え方の1つの例は，/ びんが半分は満ちていると考えることです / 半分空っぽだというよりも。

0713
positive
[pázətiv]

形 明確な；積極的な

- □ pósitively **副** 明確に，前向きに
- □ be positive about ～を確信している
- ▶ positive action（積極的な行動），a positive way of thinking（前向きの考え方）など。

0714
empty
[émpti]

形 からの，むなしい
他 自 からにする[なる]

- □ émptiness **名** から，空虚
- □ empty of ～を欠いた
- ▶ I have no money.（お金がないんだ）の代わりに，My pockets are empty.（ポケットの中はからなんだ）と言ってもよい。

303

A: Would you **prefer** / to be **buried alive** / or **burned** at the stake?

B: Well, / I'm not **particularly keen** on either option, / but if I had to **choose**, / I **suppose** I'd **probably** go for the **latter**.

📎 be burned at the stake「火あぶりの刑で焼かれる」
not…either「どちらも…でない」　óption「選択」　go for「(選んで)～にする」

> どっちが好き？/ 生き埋めにされるのと / 火あぶりの刑で焼かれるのと。

> そうねえ，/ どっちの選択にもとりわけ気がのるわけじゃないけど，/ どうしても選ばなきゃいけないとすれば，/ たぶん後者のほう（の火あぶり）にするだろうな。

0715 alive [əláiv]

形 生きて(いる)，生き生きして

▶ 発音[ai]に注意。「死んで(いる)」は dead。
▶ My parents are still alive.（両親はまだ生きています）のように叙述用法のみに用いる。

0716 burn [bə́ːrn]

自他 燃える，燃やす；焼ける，焼く
名 やけど

□ búrnt 形 焼けた，やけどした
□ burn down 全焼する[させる]
□ burn up 燃え上がる
▶ It's burning hot. と言えば「焼けつくように熱い」ということ。

0717 latter [lǽtər]

形 後者の，後半の

▶ late の比較級で「(順序が)後の」という場合に使う。
　late-látter-last
▶「前半」は the first half，「後半」は the latter half と言う。

Time to Read TRACK 046

304

My mother **seems** to be very **anxious** / about my **trip** to the **States**, / but I don't think / she needs to be.

母は非常に**心配しているようです** / 私の**アメリカ旅行**について，/ しかし，私は思いません / 母が心配する必要があるとは。

0718 anxious [ǽŋkʃəs]

形 心配な；切望して

□ ánxiously 副 心配して，切望して
□ anxiety[æŋzáiəti] 名 心配，切望
▶ 形 と 名 の[ŋkʃ]と[ŋz]を区別する。
▶ be anxious about（～を心配する）と be anxious for［または to do］（～を切望する）とを区別して使う。

305

Nobody likes being in **debt**, / but how can you **avoid** it / if you **want** to buy a house?

> だれでも借金はしたくないのです / が，どうやって避けられるでしょうか / 家を買いたいと思ったら。

0719
debt
[dét]

名 借金；借り

□ be in debt　借金をしている
▶ b は黙字。doubt [dáut]（疑う），climb [kláim]（登る），thumb [θʌ́m]（親指），bomb [bám]（爆弾）などの b も同じ。
▶「ジョンに借りがあるんだ」は I'm in debt to John.

0720
avoid
[əvɔ́id]

他 避ける，〜しないようにする

▶ 目的語は不定詞ではなく動名詞。
She avoids looking at me. は「あの娘は私を見ないようにしている」。

306

In an **attempt** to **discourage** burglars, / a **lot** of houses are **fitted** with **external lights** / that come on when anyone **approaches** them.

🖉 búrglar「(夜に住居侵入する)強盗」　come on「点灯する」

> 強盗の意気をくじこうとの試みから，/ 多くの家が外灯を備えています / (それは)だれかが家に近づくと点灯する。

0721
discourage
[diskə́:ridʒ]

他 がっかりさせる

▶ 反意語をつくる dis- がついて「勇気をくじく」の意。
▶ 次の 2 つをペアで記憶するとよい。
　I encouraged him to go.（行くように励ました）
　I discouraged him from going.（行くのを断念させた）

0722
external
[ikstə́:rnl]

形 **外部の**

▶ internal（内部の）と対比する。ほかに，ínner（内部の），óuter（外部の）というペアもある。

0723
approach
[əpróutʃ]

自他 **近づく**　名 接近，方法

▶ 発音[ou]に注意。
▶ The deadline is approaching.（期限が近づいています）のように自としても使えるが，他として「〜に近づく」は to, toward などの前置詞は不要。
▶「成田に近づいてます」は We're approaching *to* Narita. は誤りで，We're approaching Narita. が正しい。

307

Children these days / are often criticized / for spending too much time on **passive activities** / like watching TV / and playing computer games.

0381

🔖 críticize「批判する」

昨今の子供たちは / しばしば批判されています / **受動的な活動**に時間を費やしすぎると / テレビを見たり / コンピュータ・ゲームをしたりといった。

0724
passive
[pǽsiv]

形 **受動的な**；消極的な

▶ áctive と対照して「受け身の，消極的な」の意。
▶ 英文法では，active voice（能動態）と passive voice（受動態）が対照される。

308

Andrew gave us / a very **vivid** and flattering description of the town / but when, stimulated by what he had said, / we went to stay there, / we **found** that the **reality** was **totally different** from his description!

- fláttering「うれしがらせる,実物よりよく見せる」
- descríption「説明,描写」　stímulate「刺激する」

> アンドリューはわれわれにしてくれました / その町について非常に**生き生きとした**よい印象をもたせるような描写を, / しかし,彼の言葉に刺激されて / そこに行って滞在してみたら, / **現実**は彼の話とは**まったく違っている**ことが**わかりました**。

0725 vivid [vívid]

形 生き生きした,鮮やかな

- □ vívidly 副 生き生きと,鮮やかに
- ▶ survíve(生き残る)の -vive と同じように viv- は「生きる」という意味。

0726 reality [riǽləti]

名 現実,真実

- □ réalize 他 実現する;認識する
- □ realizátion 名 実現;認識
- □ realístic 形 現実主義の,迫真的な
- ▶ real 形 (本当の)の名詞形。
- ▶ in reality / in fact / in truth は「実際は」,「実は」,「本当は」。

309　Time-to-Read TRACK 047

It was very **brave** of you / to **stand** up to him; / I wouldn't have **dared**.

- stand up to「～に敢然と立ち向かう」

> あなたはとても**勇敢**でしたね / 彼に敢然と**立ち向かった**のは。 / 私だったら**とてもできなかった**でしょう。

0727
brave
[bréiv]

形 **勇敢な**

- brávery 名 勇敢
- ▶ bold(大胆な), courágeous(勇気のある)に近い。
- ▶ 反意語は shy（内気の）, tímid（おどおどした）, cówardly（おく病な）など。

0728
dare
[déər]

他 **思いきって〜する**

- dáring 形 名 大胆(な)
- ▶ dare to〜の形で使われることが多いが, to は省略することもある。
- ▶ vénture（あえて〜する, 危険な試み[をする]）という語もある。

310

A: I'm not **sure** it would be **polite** / to **raise** any **objections**.

B: It's not a **question** of politeness; / it's a question of **honesty**.

無作法になるんじゃないでしょうか。/ 異議を唱えたら。

礼儀正しさの問題じゃなくて, / 誠実かどうかの問題ですよ。

0729
polite
[pəláit]

形 **丁寧な, 礼儀正しい**

- polítely 副 丁寧に, 礼儀正しく
- políteness 名 丁寧さ, 礼儀正しさ
- ▶ 発音に注意する。
- ▶ cívil（礼儀正しい）, políte, courteous[kə́ːrtiəs]（思いやりがある）の順に「丁寧さ」の度合いが強い。

0730
object
名 [ábdʒikt]
他 自 [əbdʒékt]

名 対象, 事物；目的　他 自 反対する

- □ objéction 名 反対, 異議
- □ objéctive 形 客観的な ↔ subjéctive 主観的な
- ▶ 品詞とアクセントに注意。
- ▶ object to ～ing（～するのに反対する）と have no objection to ～ing（～するのに異議はない）の動名詞を to 不定詞と誤らないように。

0731
hónesty
[ánəsti]

名 正直

- ▶ h は発音しない。
- ▶ honest（正直な）の名詞形。
- ▶ 反意語は dishónesty（不誠実）。

311

Mr. Ueda **poured** himself a **generous helping** of whiskey / and **sank** into his **favorite** armchair.

上田さんは自分でウィスキーを**なみなみと注ぎ**, / **お好みの**ひじ掛けいすに**ぐったりと腰をおろしました**。

0732
pour
[pɔ́ːr]

他 自 注ぐ, どしゃぶりに降る

- ▶ 発音は, pore（じっくり見る[考える]）と同じ。
- ▶ It never rains but it pours.（降ればどしゃぶり / 2 度あることは 3 度ある）の but は「…せずに」という否定の接続詞。現在では When it rains, it pours. のほうが自然な言い方である。

0733
generous
[dʒénərəs]

形 寛大な；気前のいい, 豊富な

- □ generósity 名 寛大
- ▶ bróad-minded（寛大な）, tólerant（寛容な）, líberal（気前のよい）などもある。
- ▶ 反意語は mean（しみったれの）, stíngy（けちな）など。

0734
sink
[síŋk]

自 他 **沈む**[める]　名 流し，洗面台

▶ sink-sank-sunk と活用。
▶「太陽が沈む」のは set, sink (down), go down などで表せる。

312

It is easy to **appear stupid** / in a **situation** with which you are **totally unfamiliar**.

愚かに見えやすいものです，/ まったく馴染みのない状況におかれると。

0735
familiar
[fəmíljər]

形 **よく知られた；精通している**

▶ fámily（家族）の形容詞。アクセントに注意。反意語は unfamíliar（なじみの薄い），strange（未知の）。
▶ 次の２つを区別しておく。
　be familiar with　〜に精通している
　be familiar to　〜によく知られている

313

We tried to be **kind** / to the new boy in our class, / but for some **reason** / he **remained** incredibly **hostile** / to everyone.

🔗 incrédibly「信じられないほど」

私たちは親切にしてあげようとしました / クラスに新しくやってきた少年に，/ しかし，どういうわけか / 彼は信じられないほど敵対的なままでした / だれに対しても。

0736
hostile
[hástl/-tail]

形 **敵意のある**

☐ hostílity　名 敵意，敵対
☐ be hostile to[against]　〜に敵意を持つ
▶ fríendly と対照的に「非友好的な」という意味。

314

A: Kyoko told me / she was thinking of going to America to study / for a year.
B: Really? // I would have thought / she was far too **timid** / to do anything like that!

- be thinking of ~ing「~しようかと考えている」
- too…to~ 「あまり…なので~できない」

恭子はぼくに言ってたよ，/ アメリカに勉強しに行くつもりだって / 1 年間。

ほんと? // もしその場に私がいたら思ったでしょうね / 彼女，ものすごく臆病だから，/ そんなことできっこないって。

0737
timid
[tímid]

形 **おく病な，内気な**

□ timídity 名 おく病
▶「おどおどして気が弱い」という感じ。

315

The anonymous **memorandum** said / that **employees** have had to **endure** falling salaries / for long **enough** / and that the **company** has **actually** been profiting / from their sense of insecurity.

- anónymous「匿名の」 profit from「~から利益を得る」
- sense of insecurity「不安感」

匿名のメモには書いてありました / 従業員は下がり続ける給料に耐えなければならなかったと / かなり長い間，/ また，会社は現実に利益を得ていると / 彼らの不安感から。

0738
memorandum
[memərǽndəm]

名 **覚え書き，メモ**

▶複数形は memoránda, -dums。ほかに dáta, bactéria も複数形である。
▶略して，memo[mémou] でもよい。「メモをとる」のは make a memo とか take a memo。

0739
employe(e)
[emplɔ́ii:, emplɔ́ií:]

名 **従業員，雇われている人**

□ government employee　公務員
▶"emplóy + ee（〜される人）"。特に，-ee という接尾辞にアクセントが置かれることが多いので注意しておこう。

0740
endúre
[indjúər]

他 自 **がまんする；持ちこたえる**

□ endúrance　名 忍耐力
▶口語では put up with や stand を使うことが多い。
▶同じ意味の bear や stand のように，cannot, couldn't とともに使うことが多い。

Time to Read　TRACK 048

316

Everyone **seems** to think that Bob is very **bold**, / but I think he's just reckless.
（0083）

🔖 réckless「向う見ずな，無謀な」

> みんなボブはとても**大胆な**男だと思っている**ようです**．/ しかし，私は単に向うみずなだけだと思います。

0741
bold
[bóuld]

形 **大胆な**

▶bald[bɔ́:ld]（はげの）と区別。
▶brave, courágeous より「(人目をはばからず) 大胆な，ずうずうしい」という感じがある。
▶反意語は shy（内気な），tímid（おどおどした），cówardly（おく病な），resérved（控えめな）など。

317

There was something very **noble** / about the way / John **dealt** with the crisis.

crísis「危機，難局」 0190

どこか非常に**見事な**ところがありました / やりかたには / ジョンが難局に**対処する**。

0742
noble
[nóubl]

形 高尚な；貴族の

□ nóbleman 名 貴族
□ nobílity 名 高尚，貴族（階級）
▶ novel [nάvəl]（小説；目新しい）と区別する。
▶ 反意語は humble, low, ignóble（卑しい，下品な）など。

318

Our new dentist has **dozens** of **learned** journals / in his waiting room, / but there's nothing there / that most people would want to read.

déntist「歯科医」 jóurnal「（専門的な）刊行物，雑誌」

新しい歯医者は**何十冊も学術**雑誌を備えています / 待合室に，/ しかし，そこには1冊もありません / たいていの人が読みたいと思うような本は。

0743
dozen
[dʌ́zn]

名 形 ダース（12個）［の］

□ dozens of 何ダースもの〜，多数の〜
▶ もちろん，日本語（ダース）と発音を区別する。

0744
learned
[lə́ːrnəd]

形 学問のある

▶ 語尾 -ed の発音（[əd] または [id]）に注意。learn（学ぶ，覚える）の過去・過去分詞 learned [lə́ːrnd] と区別する。
▶ つまり，a learned professor（学識のある教授）と a learned skill（身につけた技術）は発音が異なる。

319

A: You seem to be getting a little **thin** on top / these days!
B: I know. // I **expect** I'll be **completely bald** / by the time I'm thirty!

🔗 by the time… 「…(のとき)までに」

> あなた，頭のてっぺんの髪が少し薄くなってるようよ / このごろ。

> わかってる。// すっかりはげ上がっちゃってるんだろうな /30 になるまでには。

0745
thin
[θín]

形 薄い，細い；まばらな
副他自 薄く[する, なる], まばらに[する, なる]

▶ 比較級は thínner（スペリングに注意）。

0746
bald
[bɔ́:ld]

形 はげの；飾りのない

▶ スペリングと発音 [ɔ:] に注意。bold（大胆な）の [ou] と混同しないように。
▶ 「頭のてっぺんがうすくなりかかってる」のは I'm thin on top. また，The bald fact is that…とは「ありのままの事実を言えば…だ」ということ。

320

At first, / John seemed to be **quite angry** with us / for criticizing him, / but he **became** more **humble** / when he **realized** that the **mistake** was his.

🔗 críticize「批判する」

> 最初は，/ ジョンは私たちに非常に腹を立てているようだった / 彼を批判したことで，/ しかし，彼は以前より謙虚になりました / 間違っているのは自分のほうだと気づいたとき。

0747
humble
[hʌ́mbl]

形 **卑しい**, 謙遜な　他 卑しめる

▶「低い (low)」がもとの意味。proud (誇り高い) に対して「(へりくだって)謙虚な, 卑屈な」という感じ。

321

A lot of students are just **shy**, of course, / but the main **reason** they are so reluctant to **ask questions** / is that they are **afraid** / of **appearing ignorant**.

🔖 be reluctant to〜 「〜するのをいやがる, 〜したがらない」

もちろん, 多くの学生は単に**内気な**だけです, / しかし, 彼らが**質問する**ことを非常にいやがる主な**理由**は, / **恐れている**ということです / 自分が**無知に見える**のを。

0748
shy
[ʃái]

形 **内気な**, てれている

☐ be shy of[about] 〜ing　なかなか〜しない

▶「はにかんだ, 恥ずかしがりの」という意味。tímid (おどおどした) もこれに近い。

0749
ignorant
[ígnərənt]

形 **無知の**, 無学の

☐ ígnorance 名 無知, 無学
☐ be ignorant of　〜を知らない

▶ awáre (知っている, 気づいている) に対して「知らない」は ígnorant (または unawáre) を使う。

A: He should be locked up / for **life** / for doing something like that!
B: Come on / —he's only just been arrested. // Everyone's **innocent** until **proven guilty**, / **remember**.

- lock up「刑務所に入れる」　for life「一生、死ぬまで」
- arrést「逮捕する」

> あの男は刑務所に入っていればいいのよ / 死ぬまで、/ あんなことをしでかしたんだから。

> ちょっと待ってよ。/ 彼はまだ逮捕されただけじゃないか。// だれであれ、有罪が証明されるまでは無罪なんだ。/ いいかい(覚えておいて)。

0750 innocent [ínəsənt]

形 **無邪気な；無罪の，潔白な**

- □ ínnocence 名 無邪気；潔白
- □ be innocent of 〜の罪を犯していない
- ▶ アクセントに注意。

0751 remember [rimémbər]

他 自 **覚えている；よろしく伝える**

- □ remémbrance 名 記憶
- ▶ 次の2つを区別。
  - remember 〜ing(動名詞)　〜したことを覚えている
  - remember to 〜　忘れずに〜する
- ▶ Please remember me to Tom.(トムによろしく)はやや文語的。くだけた会話では Please say hello to Tom. でよい。
- ▶ remind(思い出させる)と区別。

323

The judge felt / he should not **punish** the boys too **harshly** / since they had no **previous record** of such bad **behavior**.

🔗 judge「裁判官」

> 裁判官は感じました / 少年たちをあまり**厳しく罰する**べきではないと, / 彼らにはそのような不良**行為**の**前歴**がなかったので。

0752 harsh [há:rʃ]

形 **厳しい**；不快な, ざらざらした

▶ 反意語は mild（温和な）, gentle（おとなしい）, cómfortable（快適な）など。
▶ a harsh voice は「耳ざわりな声」。

0753 prévious [prí:viəs]

形 **以前の**, 先の

□ préviously 副 以前に
▶ [i:] を強く言う。[e] ではない。
▶ (on) the previous day は「(何かがあった) その前日に (the day before)」ということ。

324

A: How **important** is **attendance** / in Prof. Yokouchi's course?

B: Well, / according to her course description, / you're likely to **fail** / if you're **absent** more than three times in one semester.

🔗 course description「講座概要」　seméster「(2学期制大学の)学期」
if you're absent more than three times は「欠席3回を限度としてそれを超えると」(つまり「4回以上欠席すると」)の意。

> **出席**がどのくらい**重要**なの? / 横内先生の講座では。

> そうね, / 講座概要によると, / **不合格になる**ようだよ / 1学期に3回より多く**欠席すると**。

0754 absent
[ǽbsənt]

形 欠席[不在]の

□ ábsence 名 欠席, 不在
□ ábsent-mínded 形 放心状態の
▶「目の前にいない, ない」の意。

325

This drug will make you feel **considerably** better / when you take it, / but you should **remember** / that the **effect** is only **temporary** / and that it will not **actually cure** you.

🔗 drug「薬, 麻薬」

この薬であなたの気分は**かなり**よくなるでしょう / それを飲めば, / しかし, **覚えておいて**ください / 効果は**一時的な**ものでしかなくて / **実際に**病気を**治す**わけではないことを。

0755 temporary
[témpəreri]

形 一時的な, 間に合わせの

□ temporárily 副 一時的に
▶「仮の, 間に合わせの」という感じがある。

0756 cure
[kjúər]

他 自 病気を治す, 直る　名 治療(法)

▶ cure A of B (A[人]の B[病気]を治す) という型が基本。rob A of B (A から B を奪う) などと同じ形式。

326

The village we stayed in / would have **seemed** incredibly **remote** and inaccessible / fifty years **ago**, / but now / you can drive to the nearest city / in less than 30 minutes.

incrédibly「信じられないほど」　inaccéssible「近づきにくい」

私たちが滞在した村は / 信じられないくらい遠くて近づきにくいところに思えたでしょう / 50 年前は, / しかし, 今は / 車で最寄りの市に行けます / 30 分かからずに。

0757
remote
[rimóut]

形 **遠方の, 辺ぴな；遠い昔の**

□ remote control　遠隔操作, リモコン
▶「(距離や時間が) 遠く離れた」の意。会話では far away を使ってよい。
▶反意語は near, néarby (近い) など。

0758
ago
[əgóu]

副 **(今から)～前に**

▶ two years ago (2 年前に) のほか two pages ago (2 ページ前に) のようにも使える。
▶はっきり「過去」を表すので現在完了とともには使えない。

327

Time to Read　TRACK 050

There is often a **difference** / **between** what people say in **public** / and what they do in **private**.

しばしば相違があります / 人びとが公に発言する内容と / 私的な場で言うことの間には。

0759
public
[pʌ́blik]

形 名 **公共の，一般大衆[の]**

- □ públish 他 発表する，出版する
- □ public library 公立図書館
- □ public office 官公庁，公職
- □ in public 人前で
- ▶ prívate（私的な）に対して「公（おおやけ）の，公的な」の意。

328

There was a **partial** eclipse of the sun / here last Friday, / but it was too cloudy / for us to see anything **interesting**.

🔗 eclipse of the sun「日食」 0036

> 部分日食がありました / ここで先だっての金曜日に，/ しかし，とても曇っていて / 私たちには興味を引くものは何も見えませんでした。

0760
partial
[pɑ́ːrʃl]

形 **部分的な，不公平な**

- □ pártially 副 部分的に
- ▶ part（一部分）の形容詞。
- ▶「完全な，全体の」を表す compléte, whole, tótal の反意語にあたる。

329

Ben went on and on / about his **trivial** ailments / as if he were **suffering** / from three terminal diseases / at the same time! 0189

🔗 áilment「(軽い)病気」　términal「末期の」

> ベンは延々としゃべり続けました / とるにたりない自分の病気について，/ まるでかかっているみたいに / 3つも末期の病気に / 同時に。

0761
trivial
[tríviəl]

形 **ささいな**, とるにたりない

▶ trifling [tráifliŋ]（くだらない）もほぼ同じ意味。

330

It is **horrible** / to overhear someone making unkind **remarks** about yourself / to other people.

🔗 overhéar「ふと耳にする，漏れ聞く」

実に**不愉快な**ものです / だれかが自分について思いやりのない**発言**をしているのをふと耳にするのは / 他の人に。

0762
horrible
[hɔ́(ː)rəbl]

形 **恐ろしい**, ひどくいやな

□ hórrify 他 恐れさす
▶ hórror（恐怖）の形容詞。
▶「(本当に)恐ろしい」という意味では térrible よりもこの hórrible を使う。

0763
remark
[rimáːrk]

名 他 自 **所見[を述べる]**；注目[する]

□ remárkable 形 著しい, 注目すべき
▶ say（言う）よりずっと改まった感じの語。

331

If the **president paid** half as much attention / to **domestic matters** / as he does to **international affairs**, / he would be twice as **popular**.

🔗 pay attention to「～に注意を払う」
half as much ～ as …「…の半分の～」

もし**大統領**が半分も注意を**払えば** / **国内問題**に対して / 彼が**国際問題**に向けている注意の, / **人気**は倍増するでしょうに。

0764
doméstic [dəméstik]

形 **家庭の，自国の；人に飼われる**

- doműsticate 他 飼いならす
- domestic animal 家畜
- ▶ fóreign（外国の）に対して「国内の」は home または doméstic で表す。「国産品」なら domestic goods。

0765
affair [əféər]

名 **事情，問題，事件，事柄**

- ▶ world affairs（世界情勢），current affairs（時事問題），love affairs（恋愛関係，情事）などと使う。

0766
popular [pápjələr]

形 **人気のある，大衆的な**

- populárity 名 人気，大衆性
- ▶ Risa is very popular with her friends.（リサは友だちにとっても人気がありますよ）のように使う。
- ▶ popular music（流行音楽）は pop music と言ってもよい。

332

You can't **expect** / to have all the **modern urban conveniences** at your fingertips / if you book a cottage in a **rural area** / for your holiday!

- have ～ at one's fingertips 「～をすぐ利用できる」
- book 「予約する」(resérve)   cóttage 「コテージ，山荘」

あなたは**期待**できませんよ / すべての**現代的な都会の便利なもの**をすぐさま利用することを，/ もし**いなか**の山荘を予約したら / 休暇で。

💬 休暇でいなかの山荘を予約するというのなら，都会のあらゆる現代的な設備をそこですぐ利用しようったって無理ですよ。

0767
urban [ə́ːrbn]

形 **都会の**

- urbane [əːrbéin] 形 都会風の，上品な
- ▶ rural life（いなかの生活）と urban life（都会生活）を対照して使うことがある。

0768 rural
[rúərəl]

形 **いなかの**, 田園の

▶「ひなびた，のどかな」という感じがある。cóuntry（いなか[の]）を使ってもよい。

333

A: Can't you **explain** this more **simply**? // What you've written / is far too **complicated** / for most people to **follow**.
B: I'll try, / but it'll be a **tough task**. // If I make it too **simple**, / it won't help anyone.

これ，もう少し**簡単に説明して**もらえませんか。// お書きになってることは / あまりに**複雑**すぎて / たいていの人は**ついていけ**ません。

やってはみます / けど，**難しい仕事**ですね。// あまりにも**単純**化してしまうと，/ だれの役にも立ちませんから。

0769 task
[tǽsk]

名 **仕事**，職務

▶「（人から課せられた）仕事，（骨の折れる）任務」の意。

334 Time-to-Read TRACK 051

The **weather** was very **mild** / for the time of year.

天気は非常に**穏やか**でした / 1年のこの時期としては。

0770 weather
[wéðər]

名 **天候**

□ weather forecast　天気予報
□ weather permitting　天気が良ければ
▶ whéther(…かどうか)と同じ発音。
▶「（その日の）天気，天候」に使う。
▶ climate(気候，風土)と区別。

0771
mild
[máild]

形 温和な，温暖な

▶ 反意語は sevére（厳しい），wild（荒々しい），víolent（激しい）など。
▶ 「（お茶・コーヒーなどが）濃い（strong）」のに対して「まろやかな味の」という意味にも使える。

335

I find / working in **artificial light** / all the time / a great strain on my eyes.
₀₆₇₅

📎 strain「緊張, 疲れ」

> 私は思う / 人工的な照明のもとで仕事をするのは / ずっと, / 眼には大きな緊張であると。

💬 人工的な照明のもとでずっと働いていると，眼がとても疲れるのがわかります。

0772
artificial
[ɑːrtifíʃl]

形 人工の

▶ アクセントを誤らないように。offícial（公の），benefícial（有益な）なども同じ。
▶ nátural（自然の）に対照して，mán-máde（人造の），false（にせの）を使ってもよい。

336

Paperbacks are **inferior** / in quality/ to hardback books, / but they generally / represent better **value** / for money.
₀₇₀₈

📎 páperback「ペーパーバック(紙表紙)の本」　quálity「質, 品質」
　 hárdback「堅い表紙の」　represént「表す」

> ペーパーバックの本は劣っている / 品質では / ハードカバーの本より, / しかし, （それらは）概して / より価値が認められます / 値段の割りには。

244

0773 inferior
[infíəriər]

形 より劣った　名 目下の者

- inferiórity 名 劣等
- inferiority complex 劣等感
- ▶ supérior も inférior も than ではなく to を用いることに注意。また，more や most をつけるのも誤り。

337

Perhaps we can no longer feel great **pity** / for others, / because we see too many pictures of people **suffering disasters** / every evening on TV.

no longer「もはや〜ではない」　pícture「画面, 映像」

ことによると私たちはもはや大きな同情を感じられなくなっています / 他の人びとに対して, / 人びとが災害に苦しんでいる映像をあまりにたくさん見過ぎているために / 毎晩, テレビで。

0774 pity
[píti]

名 哀れみ，残念なこと　他 哀れむ

- it is a pity that… …なのは残念なことだ
- ▶「それは残念ですね」は That's a pity. / That's a shame. / That's too bad. / I'm sorry to hear that. など。

338

This part of the ocean is **notorious** / for **changeable** currents, / and great care should be taken / in navigating it.

ocean「海洋」　cúrrent「流れ, 海流」　návigate「(船を)操縦する」

海洋のこの部分は悪名高く / 変化しやすい海流で, / 大いに注意しないといけません / そこを航行するときは。

0775 notórious
[noutɔ́:riəs]

形 悪名の高い，名うての

- ▶ fámous, nóted はよい意味で「有名な」。wéll-knówn（よく知られた）はどちらにも使える。

0776
changeable
[tʃéindʒəbl]

形 **変わりやすい**

▶ change（変化［する］）の形容詞。「（天候・気分・方針などが）変わりやすい, 気まぐれな」という意味で使う。
▶ The weather is very changeable at this time of year.（この時期は天気が変わりやすい）など。

339

People are judged / these days / by their **material** success / —how much money they make / —but money doesn't **seem** / to make them any happier.
0083

人は判定されます / このごろは / **物質的な**成功 / すなわち, いくらお金をかせぐかということによって, / しかし, お金は**思え**ません / 人間をいっそう幸せにしてくれるようには。

0777
matérial
[mətíəriəl]

形 **物質的な**　名 **材料**, 原料

▶ material comforts は「（精神面ではなく）物質面での快適さ」ということ。

340

A: I told you not to buy **vegetables** at *Sakura-ya*.
0467
// The last ones you bought went **rotten** / within two days. // You only buy them because they're **cheap**!
0265
B: I'm only trying to help. // You should **thank** me / **instead** of **complaining** all the time!
0421　　0478

私, サクラヤでは**野菜**を買わないようにって言ったでしょ // この前あなたが買ってきたのは**腐っちゃった**のよ / 2日もたたないうちに。// あなたは**安い**から買ってるだけでしょ。

あたしはお手伝いしようとしているだけです。// **有難う**くらいおっしゃれないんですか, / いつも**文句**ばかり言ってないで。

0778 rotten [rátn]

形 腐った

- rot（腐敗する［させる］）の形容詞。
- go rotten（腐る）は肉や野菜ばかりでなく，「(人や社会が)堕落した，腐敗した」という意味で使うこともできる。

0779 thank [θǽŋk]

他 名 感謝[する]，礼を言う

- □ thank A for B　BのことでAに感謝する
- □ thanks to　～のおかげで
- ▶「ありがとう」は Thank you. / Thanks. 丁寧に「どうもありがとう」は Thank you very much. / Thanks a lot. / Many thanks. など。
- ▶ 名 は thanks と複数形で使う。

341　Time to Read　TRACK 052

Akihiro is too **proud** of his car: / he got **quite angry** with me / when I **leaned** against it / the other day!

昭広は自分の車を**自慢**に思いすぎてるよ。/（彼は）ぼくのことを**とても怒っ**たんだ / 車に**寄りかかったら** / この間。

0780 proud [práud]

形 誇りにしている，うぬぼれた

- ▶ pride[práid] 名（誇り）の形容詞。
- ▶ be proud of ～ / be proud (that) … （～を[…を]誇りにしている）という形で使うことが多い。

0781 lean [líːn]

自 他 よりかかる，傾く[傾かせる]
形 やせた，不毛の

- □ lean against　～にもたれる
- □ lean on / depend on / rely on　～に頼る
- ▶「やせた」の反対は fat（太った）。

342

To most Westerners / the *kotatsu* is an **extraordinary piece** of **furniture**, / but once they try one out, / it often **appeals** to them.

🔗 once… 「いったん…すると」　try out 「試しに使ってみる」

たいていの西洋人には / コタツは**なんとも妙な家具**です, / が, 一度試しに使ってみると, / **気に入ってしまう**ことがよくあります。

| ■■■ 0782 **extraórdinary** [ikstrɔ́ːrdəneri] | 形 **並はずれた**, 異常なほどの
▶スペリング・発音に注意する。
▶意味は "extra-（〜をはずれた）+ ordinary（通常の）"から。 |

| ■■■ 0783 **appeal** [əpíːl] | 自 他 名 **訴え[る]**, 哀願[する]
□ appéaling 形 心に訴える, 魅力的な
□ appeal to 〜に訴える
□ appeal for 〜を(熱心に)求める
▶ appeal to arms / resort to arms は「武力に訴える」。 |

343

He talks / as if he had the solution / to all our **problems**, / but he seems to be **unaware** / that **deeds** speak **louder** than words.

🔗 as if … 「まるで…であるかのように」　solútion 「解答, 解決策」

彼は話します / まるで自分は解答を心得ているかのように / 私たちのどんな**問題**にも, / しかし, **気づいていない**ようです / 言葉より**行為**のほうが**ものを言う**ことに。

■■■ 0784 **unaware** [ʌnəwéər]	形 **気づいていない**，知らない	

- be unaware of / be unconscious of
  〜に気づいていない
- ígnorant（無知の）よりも uncónscious（無意識の）のほうに近い。

■■■ 0785 **deed** [díːd]	名 **行為**，行動	

- do（する，行う）の名詞に相当する。
- Deeds are better than words.（ことばより実行）はことわざ。

■■■ 0786 **loud** [láud]	形 **声[音]が大きい**　副 大きい声で	

- □ lóudly 副 大声で
- 発音[au]に注意。
- 相手の声が小さくて聞きとれないときには，Could you speak up a bit? / Could you speak a little louder?（もう少し大きい声で話してくれませんか）。

344

A: How long is it going to take / for this water to **boil**? // I feel as if I've been **waiting** for an hour!
B: Don't be so **impatient**. // You only put it on / a **minute ago**.

何時間かかるっていうんだ / この水が**沸騰する**のに。// まるで1時間も**待ってる**ような気がするよ。

まあ，そんなに**じれ**ないで。// あなた，かけたばかりじゃない / 1 **分前に**。

0787
boil
[bóil]

自他名 煮る，沸騰[する]；激高[する]

- It's boiling hot. と言えば，「煮えたぎるように暑い，ひどく暑い」ということ。
- hárd-bóiled（[卵が] 固ゆでの，[人が] 非情の），sóft-bóiled（半熟の）をペアで覚えておこう。
- A watched pot never boils.（なべは見つめていると[なかなか]沸かない / 待つ身は長い）はことわざ。

0788
impatient
[impéiʃənt]

形 我慢できない，～したがっている

- □ impátience 名 じれったいこと，我慢しきれないこと
- pátient に否定の意味を表す im- がついたもの。「（我慢しきれずに）いらいらしている，しきりに～したがっている」という感じ。
- 「我慢できずに」は impátiently または with impatience。

345

Living with your parents / until you're well into **middle age** / may be **convenient**, / but I don't think / anyone can really be classed as an adult / until they're **fully independent**.

be classed as an adult 「大人とみなされる」

両親と一緒に暮らすのは / ゆうに中年になるまで / 便利かもしれません，/ しかし，私は思いません / だれにせよ本当に大人とみなされるとは / 完全に独立するまでは。

0789
age
[éidʒ]

名 年齢，老齢；時代

- □ áged 形 ～歳の；[éidʒid] 老齢の
- □ aging society　高齢化社会
- an age of high technology（ハイテク時代），the space age（宇宙時代）のように使う。
- 会話で使う It's been ages.（久しぶりですね）の ages は「長い間（a long time）」という意味。

0790 independent
[indipéndənt]

形 頼らない，独立した

- indepéndence 名 独立，自活
- ▶ be independent of [from]（〜から独立している）については，前置詞に注意しておく。たいていは of だが，たまに from も使われる。

---

346 Time to Read TRACK 053

The **fog** was so **thick** / that we could **hardly** see / two meters **ahead**.

> 霧が非常に濃かったので / 私たちはほとんど見えませんでした /2 メートル先も。

0791 fog
[fɔ́(ː)g]

名 他 自 霧[がかかる]

- fóggy 形 霧深い
- ▶ mist（かすみ，もや）より濃い霧。

0792 ahead
[əhéd]

副 前方に，先んじて

- ▶ in front は「前に，正面に」。
- ▶「お先にどうぞ」とか「どうぞ話を続けてください」とか相手を促すときに Go ahead. と言う。

347

After a week / in a tropical **resort**, / I **wished** / I'd taken a vacation in the **Antarctic**!

tropical「熱帯(地方)の」

> 1 週間後 / 熱帯の行楽地での / 私は思いました / 休暇は南極でとっていたらよかったのにと。

0793
Antarctic
[æntá:rktik]

名 形 南極[の]

□ the Antarctic　南極(地方)
▶ ant- は「反対」という意味。つまり，「北極の反対」。
▶「東西」は east and west だが「南北」は north and south という順序で言う。éastern（東の），wéstern（西の），northern[nɔ́:rðərn]（北の），southern[sʌ́ðərn]（南の）。

348

The **major difficulty** / we **face** in **hiring** new **employees** / is **finding** people with the **necessary experience**.

主な困難は / 新しい従業員を雇い入れようとする際に直面する. / 必要な経験の持ち主を見つけることです。

0794
hire
[háiər]

他 雇う，賃貸[借]する
名 賃貸[借]料，雇用

▶「(人や物を一時的に)雇う，借りる」という意味。
▶ rent([土地・家・部屋・車などを]貸す，借りる)と区別。

349

A: Your parents' house is / always really **neat** and **tidy**, isn't it?
B: Most of it is, // but you should see my father's study / —it's a **total** mess!

mess「乱雑, めちゃくちゃ」

ご両親のお宅は / いつもほんとにこぎれいに，きちんとしておられるのね。

たいがいのところはね。// だけど，親父の書斎を見てごらんよ。/ まったくごちゃごちゃだから。

0795 neat [níːt]

形 **きちんとした，手ぎわのよい**

□ néatly 副 きちんと，適切に
▶ neat and tidy（きちんと片づいている）という形で使うこともある。
▶ くだけた会話では It's neat, isn't it?（すごいじゃないか）のように言うこともある。

350

A: But sir, / we have a tennis tournament / this weekend.
B: **Nevertheless** / I **expect** you / to turn in your assignments / on Monday.

- tóurnament「トーナメント（勝ち抜き試合）」
- turn in「（レポートなどを）提出する」　assígnment「宿題」

でも，先生，/ 私たち，テニスの試合があるんですけど / この週末は。

それでも，/ 私はみんなに**期待しますよ** / 宿題を提出するように / 月曜日に。

0796 nevertheléss [nevərðəlés]

副 **それにもかかわらず**

▶ but（しかし）より強い対照の意味を表す改まった語。thérefore も nevertheléss も会話では使わない。

351

I'm **afraid** / your **understanding** / of the **situation** / is **completely** wrong. // Let me **acquaint** you / with the real **facts**.

思うに / あなたの**理解**は / **状況**に対する，/ **完全**に誤っているようだ。// 私に**教え**させて，/ ありのままの**事実**を。

💬 状況の理解が完全に誤っているんじゃないかな。ありのままの事実を教えてあげよう。

0797
acquaint
[əkwéint]

他 知らせる，通じさせる

□ acquáintance 名 面識；知人
▶ be acquainted with（〜を知っている），get acquainted with（〜と知り合う）という形で使うことが多い。

352

Carrying out road **repairs** / at night / may benefit drivers, / but it also **deprives** / the people who live **nearby** / of sleep.

📎 carry out「行う，実施する」　bénefit「〜のためになる」

道路の補修を行うのは / 夜間に， / ドライバーのためになるかもしれません， / が，それは同時に奪ってしまいます / 近所に住む人たちから / 睡眠を。

0798
repair
[ripéər]

名 他 修理[する]

▶ mend（[布製品や比較的小さな物を]修繕する）と区別。
▶「（家具・機械などを）修理する」ときに使う。口語では mend や repair の代わりに fix を使うことが多い。

0799
deprive
[dipráiv]

他 奪う

▶ deprive A of B（A から B を奪う）は rob A of B（A から B を奪いとる）と同型。
▶ rob より改まった語。rob のような「腕づくで」という感じはない。

0800
nearby
[níərbái]

形 近くの　副 近くで

▶「近くのコンビニ」は a nearby convenience store であって a *near* 〜 とは言わない。

353

The twins **resembled** each other / uncannily; / they might have been clones.

- twin「双子, 双生児」　uncánnily「異様なほど」
- clone「クローン(コピー生物)」

双子は互いに**似ていました** / 異様なほど。/ ひょっとするとクローンだったのかもしれない。

0801 resemble [rizémbl]

他 ～に似ている

- resémblance 名 類似
- ▶ resémble は前置詞をつけずに, look like (～と似ている), take after ([親など]に似ている) という意味。

354

We were amazed / to see such a **trivial argument escalate** / into a stand-up **fight**.

- be amazed「(大いに)びっくりする」
- stánd-up「なぐり合いの, 真っ向からの」

私たちはびっくりしました / あんな**些細な口論**が**エスカレートする**のを見て / なぐり合いの**けんか**に。

0802 argue [áːrgjuː]

自他 論じる, 主張する

- árgument 名 議論
- argue that… …だと主張する
- ▶ discúss (討論する) と比べると, 相手の言うことをあまり聴かずに自分の考えを主張する感じが強い。

0803 éscalator [éskəleitər]

名 エスカレーター

- ▶「エレベーター」も英語では élevator。
- ▶ éscalate (エスカレートする[させる]), élevate (高める) もアクセントは第１音節に。

355

The **firm** is **aiming** / to **increase exports** / to Eastern European **countries** / significantly.

significantly「はっきりと,いちじるしく」

会社はめざしています / 輸出を増やすことを / 東ヨーロッパ諸国への / はっきりと。

0804 firm [fə́ːrm]

形 **堅固な**　名 (合資)会社

- □ fírmly　副　しっかりと
- □ hold firm (to)　(〜を)しっかりつかんでいる
- ▶ farm[fάːrm](農場)と発音を区別。

0805 aim [éim]

自他 **ねらう**　名 ねらい,目標

- ▶ aim at(〜をねらう)という形で使うことが多い。

356

A: I hear it's **normal** / for women to **wear silly** hats to weddings / in England.

B: Well, / they do usually wear hats, yes, / but I don't **suppose** / they **consider** them to be **particularly** silly!

wédding「結婚式」

普通なんだそうですね / 女性がへんてこな帽子をかぶって結婚式へ行くのは, / 英国では。

そうですねえ, / 確かに,普通,帽子をかぶることはかぶります / でも,私は思いませんよ / それらの帽子を特にへんてこだと考えているとは。

0806 normal [nɔ́ːrml]

形 名 **普通[の], 正常[の]**

- ▶「標準[基準](norm)に合っている」という感じ。

0807
silly
[síli]

形 **愚かな，ばかばかしい**

□ sílliness 名 愚かさ
▶ Silly!（[そんな]ばかな！）とか Don't be silly.（ばかなことを言うな）はくだけた会話でよく使われる。

357

Time to Read TRACK 055

The court is unlikely to show him much mercy / **unless** he **repents**.

🔗 court「法廷，裁判所」0351　mércy「慈悲，情け」

法廷はそれほどの慈悲を示しそうもありません，/ 彼が**悔い改めないかぎり**。

0808
repent
[ripént]

他 自 **後悔する**

□ repéntance 名 後悔
▶ I repent of having been idle. / I regret that I was idle.（さぼったのを後悔している）のように，repent of（～を後悔する）という形で使うことが多い。

358

We will **consent** to a revision of clause 18, / **provided** you **accept** our **proposed** amendment to clause 12.
0426　0635　0571

🔗 revísion「(法の)改正」　clause「(法律の)条項」
　améndment「修正(案)」

第18条の改正に**同意しましょう**，/ 当方が**提案した**第12条の修正を**受諾**していただける**のなら**。

0809
consént
[kənsént]

名 自 **同意[する]**

□ consent to ～に同意する
▶ 反意語は dissént（不同意）。
▶「～に同意する」は agree to が最も普通。consent to はやや改まった言い方で「（考えた上で）同意する」という感じ。

359

I can only **repeat** that I didn't do / what you are **accusing** me of doing. // That is why I **refuse** to **apologize** for it.

🔖 That is why … 「そういうわけで…」 0327

私はやってないと**繰り返す**ほかありません / あなたが私がやったと**非難して**いることを。// そういうわけで，**謝罪する**のは**拒否します**。

0810
repeat
[ripí:t]

他 自 繰り返す

□ repéatedly / over and over again　繰り返して
▶「もう一度言ってくれませんか」は Could you repeat that? / Could you say that again?
▶ repetítion 名（繰り返し）のスペリングに注意する。

0811
accuse
[əkjú:z]

他 非難する，告訴する

□ accusátion 名 告発，非難
▶ accuse John of sexual harrassment（ジョンをセクハラで訴える）のように，accuse A of B（A を B で告訴［非難］する）が基本型。of に特に注意。

0812
refuse
[rifjú:z]

自 他 断る，拒絶する

□ refúsal 名 拒絶
▶ dený（否定する），declíne（［丁寧に］断る）より強く「（きっぱりと）断る（turn down）」という感じ。rejéct（はねつける）はもっと強い拒絶。

360

A: You must be **crazy** / to even **consider** buying a car that color!
B: I don't know; / I think it's **quite** nice / to have something a little **different**.

> おまえ，頭がおかしいんじゃないか / あんな色の車を買うなんて考えるだけでも。

> そうかなあ，/ けっこういいんじゃないかと思うんだけど / ちょっと変わったのを持つのも。

0813
crazy
[kréizi]

形 狂気の；熱中している

- be crazy about[on] ～に熱中している
- ▶ 反意語は sane（正気の）。
- ▶ I'm crazy about coffee.（コーヒーには目がないんです）とか Tom's crazy about Meg.（トムはメグに夢中だ）などと使う。

361

I think it's a wonderful plan, / but you'll still have to get it **approved** / by the **President** / before you do anything else.

> それはすばらしい計画だと私は思います，/ が，それでもなお，あなたは承認してもらわなければならないでしょう / 大統領に / ほかの行動をする前に。

0814
approve
[əprúːv]

自 他 是認する，賛成する

- appróval 名 是認，賛成
- ▶ 母音の発音[uː]は prove（証明する）と同じ。
- ▶ approve of（～を是認する）は agree to とほぼ同じ意味。ただし，「賛成する」の意味で最もよく使われる語は agrée である。

There's a general **belief** / **nowadays** / that money **solves** all **problems**, / but how can money **compensate** anyone / for the loss of a loved one?

> 一般的な考えがあります / 近ごろ / お金がすべての問題を解決するという，/ しかし，どのようにお金が人に償えるというのでしょうか / 愛する者を失ったことに対して。

0815
nowadays
[náuədeiz]

副 **今日では，近ごろ**

- ▶ now（いま）を含む語。スペリングに注意する。
- ▶ 過去と対照して「今日では」の意。現在形と使う。現在完了とは使わない。
- ▶ 会話では these days のほうが一般的。
- ▶ 反意語は fórmerly（以前は）。

0816
solve
[sálv]

他 **解決する，解く**

- □ solútion 名 解決，溶解
- ▶「（困難な問題を）解決する」という意味。したがって，「（テストなどの）問題が解けないよ」なら I can't *solve* the problem. または I can't *answer* the question. のどちらかが自然な表現となる。

0817
cómpensate
[kámpənseit]

自 他 **補償する**

- ▶ Nothing can compensate for this loss. は「どんなことをしてもこの損失は償えません」の意。
- ▶ compensate A for [with] B の形で「B で A の埋め合わせをする」。
- ▶「~の埋め合わせをする」の意味で Money can't make up for lost time.（お金で失った時間の埋め合わせはできませんよ）のように，make up for がよく使われる。

363

Look at all these **wretched** homeless people! // Most of them / lost their **jobs** / **through** no **fault** of their own, / and I can't **understand** / how the **government** can **neglect** them like this.

> これらすべての哀れなホームレスの人びとをごらんなさい。// 彼らの大部分は / 仕事を失ったのです。/ 自分には落ち度がないのに。/ 私には理解できません / 政府がどうしてこんなふうに彼らを顧みないでいられるのか。

0818 wretched [rétʃid]
形 みじめな
- □ wrétch 名 あわれな人, 恥知らず
- ▶語尾の発音は [id]。

0819 through [θrú(ː)]
前 副 (〜を)通り抜けて
- ▶ across (〜を横切って)と使い分ける。
- ▶ I'm through (with the work). ([仕事を]すっかりやり終えたよ)のように使える。
- ▶《米》では from Monday to Friday (月曜から金曜まで)の代わりに (from) Monday through Friday とも言う。

0820 neglect [niglékt]
他 怠る, 無視する　名 怠慢, 無視
- □ negléctful 形 怠惰な, 不注意な
- ▶「(不注意で)無視する」の意。「(故意に)無視する」は ignóre。

364

It was hard / to tell from the map / what the **various** signs **referred** to.

🔗 sign 「記号, しるし」

> 難しかった / 地図を見て判別するのが / さまざまな記号が何を指しているのかを。

0821 variety [vəráiəti]

名 変化，多様性

- □ vary[vé(:)ri] 他自 変更させる(する)
- □ váried 形 種々の
- □ various[véəriəs] 形 いろいろな，種々の
- □ variátion 名 変化
- □ inváriable 形 不変の
- ▶ 上記の語はすべて発音やスペリングを誤りやすい。

0822 refer [rifə́:r]

自他 言及する，参照する

- □ réference 名 参考；言及
- ▶ refer to（〜に言及する，参照する）という形で使うことが多い。
- ▶ reférred（過去・過去分詞）のスペリングを間違えやすい。

365

The room **seems** to be **filled** / with all **sorts** of **objects** / that had to do with cars.

have to do with「〜と関係がある」

部屋はいっぱいになっているようです / あらゆる種類のもので / 車に関係のある。

0823 fill [fíl]

他自 満たす

- □ fill A with B　A を B で満たす
- □ be filled with / be full of　〜で満ちている
- ▶ 反意語は émpty（空にする）。形容詞は full（充満した，十分の）↔ émpty（空の）。
- ▶ 文章では「（要求などを）満たす（meet, sátisfy）」という意味で使われることもある。

0824 sort [só:rt]

名 種類　他 分類する

- □ be[feel] out of sorts　気分が悪い
- ▶ a sort of / a kind of（一種の）が基本的な使い方。
- ▶ Jane was sort of angry.（ジェーンはなんだか怒ってたようだよ）のように，くだけた口語では sort of が「いくぶん，多少（sómewhat）」の意味で使われる。

366

There's **quite** a **lot** of money / that hasn't been **accounted** for: / what did you spent it all on?

> **かなりたくさん**の金があるね / **説明**がついていない。/ これ全部, きみは何に使ったんだ?

0825
account
[əkáunt]

自他 説明する
名 計算；説明；価値；理由

- □ on account of / owing to / because of　〜のために
- □ of no account　重要でない
- □ bank account　預金口座
- □ take account of / take〜into account　〜を考慮に入れる

▶ 「計算する(count)」と関係がある多義語の1つ。
▶ account for は「(〜の理由を)説明する(explain)」という意味。たとえば Oh well, that accounts for it. と言えば「なるほどそういうわけだったんですね」つまり, I understand why it happened.（どうしてそうなったのかわかります）ということ。

367

A: I hear your father has been **elected President** of the University. // **Congratulations!**

B: Thanks very much. // He only **won** by a very **slender** margin, / though!

📎 univérsity「大学」　márgin「(ぎりぎりの)差」

> お父様が大学の**学長**に**選出**されたそうですね。// **おめでとうございます。**

> どうも有難う。// 父は本当に**僅かな**差でやっと**勝った**だけですよ, / でも。

0826
congrátulate
[kəngrǽtʃuleit]

他 **祝う, おめでとうを言う**

□ congratulátion 名 祝賀
□ congratulate A on[upon] B　(Aに)Bをおめでとうと言う。
▶スペリング・アクセントに注意。
▶ Congratulátions!(おめでとう)の s を脱落させないように。

0827
slender
[sléndər]

形 **ほっそりした, 貧弱な;わずかな**

▶ She's tall and slender.(彼女は背が高くて, すらっとしてますよ)のように使う。

368

My **niece**'s **self-control** in **front** of us was **admirable**, / but when she returned to her own room / her **weeping**, though **faint**, was quite **audible**.

私たちの前では姪の自制心は見事なものでしたが, / 自分の部屋にもどったとき, / かすかでしたが, 泣き声がはっきり聞こえてきました。

0828
niece
[níːs]

名 **姪**

▶ néphew と níece は「男・女」のペアになる。
▶ほかに,「女・男」のペアとして
　　wídow　未亡人 / wídower　男やもめ
　　bride　新婦 / brídegroom　新郎

0829
weep
[wíːp]

自 他 **泣く, 涙を流す**

▶ weep-wept-wept と活用する。
▶悲しみなどで「(涙を流しながら)しくしく泣く」ときに使う。
▶ sob「(哀れっぽく)すすり泣く」と区別。

0830 faint
[féint]

形 かすかな，弱々しい
名 自 気絶[する]

▶「かすかなにおい，ほのかなにおい」は a faint smell, a slight smell などと表せる。

0831 audible
[ɔ́ːdəbl]

形 聞こえる

□ áudience **名** 聴衆
□ auditórium **名** 聴衆席，講堂
▶ audítion（オーディション）のように audi- は「聞く，聴く」に関係がある。

369

Goro is **usually pretty reliable** / at knowing what to do, / but in this **particular instance** / I think / he's dead wrong.

五郎は**いつもはかなり信頼できる** / 何をしたらいいかを心得ていることでは，/ しかし，この**特定の場合**では / 私は思います / 彼は完全に誤っていると。

0832 rely
[rilái]

自 頼る，あてにする

□ relíable **形** 信頼できる
□ relíance **名** 信頼
▶ rely on[upon] は「～を頼る」。ただし depend on や count on を使うほうが普通。

0833 instance
[ínstəns]

名 例，場合

□ for instance / for example　たとえば
▶相手が話しているとき，「たとえば（どういうこと）？」と例を求めるには，For instance? と言えばよい。

370

We are **struggling** / to resolve what is a very **delicate situation** / and would appreciate it / if you would **refrain** / from **interfering** with our **efforts**.

- resólve「解決する, 解明する」　appréciate「ありがたく思う, 感謝する」
- if you would…「…してくださらば」

> 私どもは**苦闘**しています / きわめて**微妙な事態**を解明しようと / ありがたく存じます / **慎ん**でくださると / 私どもの**努力**を**妨げる**ことを。

0834　struggle [strʌ́gl]

自 **もがく, 奮闘する**　名 **もがき, 闘争**

□ struggle against [with] 〜と闘う, 取り組む
▶「生存競争」は struggle for existence。

0835　délicate [délikət]

形 **微妙な；虚弱な**

□ délicacy 名 繊細, 微妙
▶日本語(デリケート)とアクセント・発音を区別する。

0836　interfére [ìntərfíər]

自 **干渉する；妨害する**

□ interférence 名 干渉, 妨害
▶次の前置詞 in, with に注目しておく。
　interfere in 〜に干渉する
　interfere with 〜を妨害する

371　Time to Read TRACK 057

The lecture didn't **consist** / of much more than a series of **silly jokes**.

- lécture「講演, 講義」　a series of「一連の〜」

> 講演は**成り立っていなかった** / 一連の**くだらない冗談**以上の内容から。

💬 講演は, 一連のくだらない冗談だけで, それ以上価値のある内容はありませんでした。

0837 consist
[kənsíst]

自 〜から成る；〜にある

- consístent 形 一貫した，両立する
- ▶ consist of (〜から成る) と consist in (〜にある) とを区別。さらに，consist with は「〜と両立する」。
- ▶ consist of は be composed of / be made up of とほぼ同じ。ただし，be consisted of は誤り。

0838 joke
[dʒóuk]

名 自 他 冗談[を言う]

- tell a joke　冗談を言う
- in joke　冗談半分に
- ▶「そんなばかな。冗談でしょう？」は That's stupid. You must be joking.
- ▶「冗談はさておき，…」は Joking aside,… とか To be serious,…。

372

It must be **amusing** / for bosses to listen to the **excuses** / their **staff** make up for not coming into work.
　0089　　　　　　　　　　　　　　　　0400

🔗 make up 「〜をでっちあげる」

さぞかし面白いでしょう / 上司が言い訳をあれこれ聞くのは / 職員が仕事をさぼるのにでっちあげる。

0839 excuse
他 [ikskjúːz]
名 [-kjúːs]

他 名 弁解[する]；許す，免除する

- make an excuse for　〜の言い訳をする
- ▶ 子音の発音 [-z] [-s] に注意。
- ▶ 軽く謝るときは，(I'm) Sorry. とか Excuse me.「遅れてごめんなさい」なら Excuse me for being late.
- ▶ 席を立ちながら「ちょっと失礼。すぐ戻ります」は Excuse me for a moment. I'll be right back.

373

It **usually** takes Kate **ages** / to do anything, / but in this **case** / she was **surprisingly swift** to act.

ケイトは，**いつもは**ひどく**時間**がかかる / 何をするにも，/ しかし，今度の**場合**は / 彼女は**驚くほどすばやく**行動しました。

0840
case
[kéis]

名 箱；**場合**，**実状**；**訴訟**；**患者**

□ in any case　いずれにしても
□ in (the) case of　〜の場合は
□ as is often the case with　〜によくあることだが
▶重要な多義語の1つ。
▶「それはケースバイケースですよ」に case by case は不可。It depends on each case. のように言う。

0841
swift
[swíft]

形 **速い，迅速な**

▶同意語は fast, quick, rápid など。
▶反意語は slow (のろい)。

374

Math classes at school / were absolute **hell**: / I couldn't keep up with the others, / and the teacher was always picking on me.

🖉 keep up with「〜についていく」　　ábsolute「完全な，まったくの」
　pick on「〜に目をつける，いびる」

学校の数学の授業は，/ まったく**地獄**でした。/ 私は他の連中についていけず，/ 教師にはいつも目をつけられていました。

0842
hell
[hél]

名 **地獄**，冥土(めいど)

▶ héaven (天国，極楽) と対比して「地獄」。
▶会話での Oh, hell. とか Go to hell! は「くそっ，ちくしょう」という怒りや不満を表すことば。

375

We were just about to **board** the plane / when they **announced** / that the **flight** had been **canceled**.

🔗 be about to ~ 「(まさに)〜しようとしている」 ⁰⁰³¹

私たちはまさに飛行機に**乗り込も**うとしていました / するとそのとき**アナウンスがありました,** / その便は**運航中止**になったという。

0843
board
[bɔ́ːrd]

名 板；船内；(下宿の)食事；会議；省，局
他 自 (船・飛行機に)乗り込む；下宿する[させる]

- □ bóardsailing 名 ウィンドサーフィン
- □ boarding house 下宿屋
- □ on board 乗船して
- ▶ bored (あきあきした) と同音。boat (ボート) などの [ou] と区別する。
- ▶「(細長い) 板」がもとの意味だが，いろいろ比喩的に使われる。
- ▶ 飛行機の「搭乗ゲート」は a boarding gate,「搭乗ブリッジ」は a boarding bridge。

0844
fly
[flái]

自 他 飛ぶ，飛ばす；逃げる
名 飛行；ハエ

- □ flíght 名 飛行(機便)，逃走
- ▶ fly-flew-flown と活用。ただし，「逃げる」の意味では fly-fled-fled。
- ▶ I'm flying out in a week. (1 週間後に [飛行機で] 出発します) のように，「飛行機で行く」という意味で使うことが多い。

0845
cancel
[kǽnsl]

自 他 取り消す，相殺(そうさい)する
名 取り消し

- □ cancellátion 名 取り消し，キャンセル
- ▶「(予約・注文などを) キャンセルする」は日本語と同じように使える。

376

I **regret** to **inform** you / that your **application** / for **admission** to the Graduate School of H University / has not been successful.

graduate school「大学院」　univérsity「大学」

残念ながらお知らせします / あなたのお申し込みは /H 大学の大学院入学への / 成功しなかったことを。

0846
regret
[rigrét]

他 名 後悔[する]，残念[に思う]

- regréttable 形 (物事が)残念な
- regrétful 形 (人が)残念に思う
- it is to be regretted that… …とは残念だ
- to one's regret 残念なことに

▶「(過去のことについて)後悔する」は regret ~ing, 「(現在・未来のことについて)残念に思う」は regret to ~。

▶会話で「残念だけど時間がないんです」は I'm afraid I haven't got time now. regrét を使うのは大げさになる。

377

A: Aren't you **ashamed** / of **ruining** their holiday with your **careless** arrangements?

B: Of course I am. // Does it **sound** / as if I'm **boasting** about it?

arrángements「(旅行などの)手配」

恥ずかしくはないのか / おまえの行き届かない手配のせいで彼らの休日がだいなしになったのが。

もちろん恥ずかしいと思ってますよ。// 見えるんですか / 私が自慢しているとでも。

0847 ashamed [əʃéimd]

形 **恥じている，恥ずかしい**

- □ be ashamed of ～を恥じている
- □ be ashamed to～ 恥ずかしくて～できない
- ▶ shame 名（恥）の形容詞。shámeful（恥ずべき，ひどい）と区別。
- ▶ Aren't you ashamed?（[そんなことをして] 恥ずかしくないのか）はかなり激しいことば。

0848 ruin [rú(:)in]

名 他 **破滅[させる]**

- □ rúins 名 ((複))廃墟，遺跡
- ▶ destróy（破壊する）より改まった語。

0849 careless [kéərləs]

形 **不注意な**

- □ cárelessly 副 不注意に，うかつにも
- ▶「すみません。不注意でした」とあやまるのは I'm sorry. It was very careless of me.

0850 boast [bóust]

名 自 他 **自慢[する]**

- ▶ boast of [about]（～を自慢する）は be proud of よりも「鼻にかける」という感じ。

378　Time-to-Read TRACK 058

Don't **accuse** me / of **lying**! // I really thought / it was the **truth**.
₀₈₁₁ ₀₀₃₃

私を非難しないで / 嘘をついたって。// ほんとに思ったんだから / それは事実だって。

0851
lie
[lái]

自 名 横たわる；嘘[をつく]

- líar 名 嘘つき
- tell a lie 嘘をつく
- ▶意味により活用が異なる。
  lie-lay-lain 横たわる
  lie-lied-lied 嘘をつく
- ▶ Happiness lies in contentment.（幸福は満足にある）のように，lie in は consist in と同じ意味で使われる。
- ▶「嘘」「嘘つき」を表す lie や liar は，英語のほうが日本語よりきついことばなので，会話で使うときは要注意。

379

It took her a long time / to get **accustomed** to Japanese food, / but now she really loves it.

> 彼女は長い時間かかりました / 日本の食べ物に**慣れる**のに，/ でも，今では大好きになっています。

0852
accustom
[əkʌ́stəm]

他 慣れさせる，習慣をつける

- be accustomed to / be used to 〜に慣れている
- ▶ accustom A to B（A を B に慣れさせる）が基本形。to のあとの B は不定詞ではなく，名詞または動名詞を使う。

380

Some girls do aerobic exercises / in the hope of **reducing** their **weight**, / some to **improve** their **figures**.
₀₃₅₅

🔖 aerobic exercise「エアロビクス（エアロビック体操）」
in the hope of「〜を望んで」

> エアロビクスをする女の子もいます / **体重**を**減らし**たいと望んで，/ また**体型をよくし**ようと思ってやる子もいます。

0853
reduce
[ridjúːs]

他 減らす；(ある状態に)**引き下げる**

- redúction 名 縮小, 割引
- ▶ reduce A to B (AをBに引きげる) は受動態 (be reduced to)で用いられることが多い。

0854
improve
[imprúːv]

他 自 **改善する, 上達する**

- impróvement 名 改善, 進歩
- ▶「私の英語もずいぶん上達しました」は My English has improved a lot.

0855
figure
[fígjər]

名 **姿, 形**；人物；数字, 図形
他 自 描く, 想像する

- figure out　計算する, (考えて)わかる
- ▶「あの人はスタイル (体形) がいい」のスタイルは style ではなく, She has a good figure. とか He has a nice build. のように言う。

381

It was **difficult** / for the ship to **hold** a **steady** course / as the wind and sea became wilder / with the **approaching storm**.

🔗 wild「激しい, 荒れた」

困難だった / 船が安定した航路を保つのは, / 風や海が荒れてくるにつれて / 近づいてくる嵐で。

0856
hold
[hóuld]

他 自 名 **持つ[こと], 握る[こと]**；保つ；(会を)催す

- catch[take] hold of　～をつかむ
- hold good　有効である；当てはまる
- ▶「(電話を切らないで) そのままお待ちください」は, Hold on a minute, please. / Hold the line, please.

0857
steady
[stédi]

形 **堅実な，不変の**

□ stéadily / step by step　着実に
▶ ea を [e] と発音する。
▶ Slow and steady wins the race.
（ゆっくりと着実なのがレースに勝つ/急がば回れ）

382

It is far more **common** / for Japanese to **exchange** business cards / when they meet people / than it is for Western people.

business card「(業務用の)名刺」

はるかに**一般的**です / 日本人が名刺を**交換する**のは / 人に会うとき，/ 西洋人よりも。

0858
exchange
[ikstʃéindʒ]

名 他 自 **交換[する]**

□ in exchange for　～と交換に
▶ exchange A for B（A を B と交換する）の for は pay A for B（B の代金を A に払う）の for と同じ。
▶ What's the exchange rate for dollars today? は「今日のドルへの交換レートはいくらですか」。

383

Ed's apartment / **certainly lacks space** / but it's very well **equipped** / with a wide range of electronic gadgets.

apártment「アパート(apartment house)の1室」
a wide range of「広範囲にわたる～」
electronic gadget「電子機器」

エドのアパートは / **確かにスペースを欠いています**，/ が、とてもよく**装備されています** / 広範囲の電子機器類で。

0859
lack [lǽk]

他 自 **欠いている**　名 **不足**

□ be lacking in / be wanting in　〜を欠いている
▶ luck[lʌ́k]（幸運）と区別。
▶「不足」は，ほかに want, shórtage[ʃɔ́ːrtidʒ] など。

0860
equip [ikwíp]

他 （必要物を）**備える，装備する**

□ equípment　名 装備，設備
▶ equip A with B（A に B を備えつける）は supply A with B（A に B を補給する）などと同じパターン。

384　Time to Read　TRACK 059

John's mother **regarded** him with **affection**, / though she knew he had done some very bad things.

> ジョンの母親は彼を愛情をもって見守っていました，/ 息子が何かよくないことをしでかしたことはわかっていましたが。

0861
regard [rigáːrd]

他 **〜とみなす**；尊重する；注視する
名 **敬意**；関連

□ regárding　前 / in[with] regard to / as regards　〜に関して
□ regardless of　〜にかまわずに
▶ regard A as B / look on A as B / think of A as B（A を B とみなす）は重要な型。
▶ Say hello to Tom.（トムによろしく）を丁寧に言うと，Give my best regards to Tom.

0862
affect [əfékt]

他 **影響する**，感動させる；**ふりをする**

▶ efféct とほぼ同じように聞こえるので注意する。
▶ ínfluence（[間接的に]影響する）に対して，afféct は「（直接的に）作用する，影響する」の意。
▶ affectátion（気どった態度）は afféction（愛情）と区別。

385

After what **happened**, / the pupils felt / they could have no **trust** / in the teacher's **promises**.

起こった出来事のあとで / 生徒たちは感じました / 信用できないと / その教師の約束を。

0863
trust
[trʌ́st]

名 他 自 信用[する]；委託[する]

- □ trústworthy 形 信用できる
- □ trust A to B / trust B with A　A を B に委託する
- ▶「あの人を信用しちゃいけませんよ」は I don't think you should trust him.

386

It sometimes seems to me / that Taro is genuinely unable to **distinguish** / **between right** and wrong.

📎 génuinely「本当に」

私にはときどき思えることがあります / 太郎はほんとに区別ができないのだと / 正しいことと間違ったことの。

0864
distínguish
[distíŋgwiʃ]

他 区別する，目だたせる

- □ distínguished 形 著名な
- ▶ distinguish A from B [between A and B]（A と B とを区別する）という形で使う。ただし，会話では Can you tell A from B?（A を B と区別できますか）のほうが普通の言い方。

387

It's a good **idea** / not to keep your books near a window / where they might be **exposed** to **direct** sunlight.

> よい**考え**です / 窓の近くに本を置いておかないようにするのは, / (そこでは,)**直射**日光に**さらさ**れることもあるので。

0865
expose
[ikspóuz]

他 暴露する, さらす

- □ expósure 名 暴露
- □ exposítion 名 発表；博覧会
- □ expose A to B　A を B にさらす
- ▶ "ex-(外に) + pose(置く)" から。
- ▶ Expo([万国]博覧会)は exposítion の略。

388

Old people look back on their **youth** / with nostalgia / and **forget** most of the **pain** and **trouble** / that they **experienced** then.

🖉 nostálgia「懐旧の気持ち, ノスタルジア」

> 老人は**若かったころ**を振り返り / 懐旧の思いをもって, / そして**苦痛**や**苦労**の大部分を**忘れて**しまいます / 自分がそのころ**経験した**。

0866
youth
[júːθ]

名 青年, 青春

- □ yóuthful 形 若々しい
- ▶ young(若い)の名詞に相当する。
- ▶ in my youth は when (I am / was) young (若い時に)と同じ意味。

389

A: How's Takahashi doing / in your class?
B: Well, / he's **probably** a little **below average** for the group, / but he's likeable **enough**.

- líkeable / líkable 「好感がもてる,魅力がある」

> 高橋の成績はどんな具合です? / あなたのクラスで。

> そうですね,/ 彼は**たぶん**クラスの**平均**より少し**下**といったところでしょう,/ でも,彼は**十分**好感がもてますよ。

0867
below
[bilóu]

前 副 **[～より]下の方に**

- □ below sea level　海面より下に
- □ below average　平均より下

▶ únder(～の[真]下に)と区別。belów は「(広く)下の方に」という意味。また,benéath は改まった語でどちらの意味にもなる。

390

You can't **necessarily associate** high technology with quality: / of the four high-tech devices / I've bought in the last six months, / three have **proved** to be **defective** / in some way or another.

- high technology 「ハイテク(高度先端技術)」
  quálity 「質,良質」　high-tech devices 「ハイテク機器」

> 必ずしもハイテクと品質を**結びつけて考える**わけにはいきませんね。/ 4つのハイテク機器のうち / この半年の間に私が買った,/ 3つは**欠陥があるとわかりました** / どこかしらに。

0868
assóciate
他 [əsóuʃieit]
名形 [-ʃiət]

自 他 **交際する；連想する**
名 形 **仲間[の]**

- associátion 名 交際；連合, 連想
- associate with ～と交際する
- ▶ associate A with B （AからBを連想する）は connect A with B（AをBと結びつける）と同じパターン。

0869
defective
[diféktiv]

形 **欠点がある, 欠けている**

- be defective in ～を欠いている
- ▶ deféct（欠点, 欠陥）の形容詞。

391　Time to Read　TRACK 060

The look on the woman's **face** / **suggested** that she was far from **pleased**.
0422

far from 「～どころではない、決して～でない」

その女性の（顔の）表情は / 気に入っているどころではないことを暗示していました。

0870
suggest
[sədʒést]

他 **示唆する；提案する**

- suggéstion 名 暗示；提案
- ▶ I suggested going in my car.（私の車で行こうと提案しました）はよいが, I suggested *to go* in my car. とは言わない。
- ▶ I suggested (that) we (should) take a break.（ちょっと休憩しましょうと提案しました）が基本となる使い方。

0871
pleased
[plíːzd]

形 **喜んでいる, 満足している**

- be pleased with ～が気に入っている
- ▶「（人が）喜んでいる, 気に入っている」の意。「（人を）楽しませる, 愉快な」を意味する pléasant と区別。

392

Our new **system** will **enable** workers / to spot **defects** early **enough** / to rectify them easily.

- spot「見つける, 発見する」   réctify「治す, 修正する」

うちの新しい**システム**は作業員たちに**可能にする**だろう / 早めに**欠陥**を発見することを / たやすく修正できる**くらい**に。

💬 新しいシステムのおかげで, 作業員が早めに欠陥を発見し, たやすく修正できるようになるでしょう。

0872
enable
[enéibl]

他 可能にさせる

□ enable … to～ / make it possible for … to～
（…が～するのを可能にする）
▶ able(可能な)に en-(させる)をつけて動詞化した語。
▶ The Internet enables you to get a lot of information.
（インターネットは［あなたが］多くの情報を得るのを可能にしてくれる）とは, 「インターネットのおかげで（あなたは）たくさんの情報が得られる」ということ。

393

We all **envied** Takeshi his good looks, / so we were **secretly** glad / that he always did so badly on tests.

ぼくらはみんな武の容貌のよいのを**ねたましく思っていた** / ので, **密かに**喜んでいました / いつも彼のテストの成績がひどいのを。

0873
envy
[énvi]

他 うらやむ 名 羨望, ねたみ

□ be envious of ～をねたむ
▶「うらやましいと思う（こと）」の意。
▶ I envy (her) her beauty.（彼女が美しいのがうらやましいわ）のように, 2つの目的語をとることもある。

0874
secret
[síːkrət]

名 形 秘密[の], 秘訣

□ secretary[sékriteri] 名 秘書
▶「秘密に」は sécretly または in secret。
▶「ご成功の秘訣は？」とたずねるのは，What's the secret of your success?

394

The old man left **directions** in his **will** / that his **property** was to be **divided equally** / **among** his three children.

老人は**遺書**に**指示**を遺しました / **財産**を**平等に分ける**ようにと / 3人の子供**の間**で。

0875
divide
[diváid]

他 自 分割する, 区別する

□ divísion 名 分割, 部門
▶ divide ~ into three（~を3つに分ける），divide ~ between the two [among the three]（~を2人で[3人で]分ける）のように使う。前置詞に注意。

395

The girls **crept** as **quietly** as **possible** / up the **narrow** stairs, / but a door **suddenly opened above** them / and a voice **asked** them where they had been.

🖉 as ~ as possible「できるだけ~」

女の子たちは**できるだけ**静かに**忍び足**で上がっていきました / **狭い**階段を, / しかし, **上のほうでドアが突然開いて**, / 「どこへ行っていたんだ」と**詰問**する声がしました。

0876
creep [kríːp]

自 名 **はう[こと]**, ぞっとする[こと]

▶「(赤ん坊や動物が)はう, ゆっくり進む」という意味。「(ヘビやムカデが)はう」のは crawl [krɔ́ːl]。
▶ 日本でコーヒーに入れる CREAP は商品名。発音が creep と同じなので英米人には連想がよくない。

0877
narrow [nǽrou]

形 **狭い；かろうじての**

□ nárrowly / bárely 副 かろうじて
▶ a narrow escape は「かろうじて危難を逃れること」。I narrowly escaped death. なら「危うく命びろいしましたよ」。
▶ 反対は broad (広い), wide ([幅が]広い)。

0878
sudden [sʌ́dn]

形 **突然の**, 思いがけない

□ súddenly / (all) of a sudden 急に, 不意に
▶ sudden death は「急死」。

0879
above [əbʌ́v]

前 副 **[～の]上の方に**, [～を]超えて

□ above sea level 海抜(～メートル)
□ above average 平均より上
▶ on, óver と区別。「(表面に接して)上に」は on,「(表面から離れて)上の方に」が abóve,「(おおいかぶるように)真上に」が óver。
▶ It's above me. と言えば,「そんなこと(私の能力を超えていて)私にはできないよ」ということになる。

396

I **realized** / almost as soon as I **started** speaking / that most of the audience couldn't **understand** a word I was saying, / so I had to **adjust** my **language** / accordingly.

　áudience「聴衆」　　accórdingly「状況に応じて」

私は**気づきました** / ほとんど話し**始めた**とたんに / 聴衆のほとんどが私が話している言葉をひとことも**理解**できないでいることに, / そこで, 私は使う**言葉**を**調整し**なければなりませんでした / 状況に応じて。

0880
adjust
[ədʒʌ́st]

他 調整する，適応させる

□ adjústment 名 調整
□ adjust oneself to ～に順応する
▶ adjust A to B (A を B に[調整して]適合させる)が基本形。adapt A to B に近い。

397

A: The boss says / we'll soon be **providing** 90% of the **spare** parts / used in the **area**.
B: But you know / he's **apt** to say ridiculous things like that! // I wish he'd give up chasing **shadows**!

🔗 ridículous「ばかばかしい, とんでもない」　chase「追い求める」

社長がおっしゃってるわよ / わが社はまもなく予備部品の 90%を供給するようになるぞって / 地域で使用される。

だけどさ, / うちの社長はそういう途方もないことをよく言いがちだからね。// まぼろしを追いかけるのはやめにしてもらいたいね。

0881
spare
[spéər]

自 他 節約する；分け与える
形 予備の；手すきの　名 予備品

▶「ちょっと時間をさいていただけますか」は Could you spare me a couple of minutes?
▶ spare room(客間), spare time / time to spare(余暇), spare tire(予備のタイヤ)などと使える。

0882
apt
[ǽpt]

形 ～しがちな；適切な，才能がある

□ áptitude 名 適正，才能
□ be apt to～　～しがちである
▶ 齢のせいで「つい忘れちゃうんですよ」は I'm apt to be forgetful.

0883
shadow
[ʃǽdou]

名 影；暗がり

▶「(光によって写るはっきりした)影」の意。silhouette [siluét](シルエット, 輪郭)という語もある。

398

A: Does this coat **belong** to anyone here?
B: It's Takashi's. // I'll give it to him / if you like.

このコート，ここにいるだれか**の（持ち物）**？
隆くんのだよ。// ぼくが渡してあげるよ，/ よかったら。

0884
belong
[bilɔ́(ː)ŋ]

自 **属する**

□ belóngings 名 所有物
▶ belong to（〜のものである）の形で使う。進行形にはしない。
▶「テニス部員です」と言うとき，I belong to the tennis club. は大げさで不自然。I'm a member of the tennis club. が普通。

399

Even though I **travel abroad** / at least twice a year, / I have still never really **overcome** my **fear** of flying.

🔗 at least「少なくとも」

たとえ**外国へ旅行する**にしても / 少なくとも1年に2回は，/ 私はいまだに飛行機に乗る**恐怖**をあまり**克服**していません。

0885
overcome
[òuvərkʌ́m]

他 **打ち勝つ**

□ be overcome by[with]　〜に打ちのめされる
▶ "over-（上に）+ come（来る）" から「（困難・誘惑などに）打ち勝つ，克服する」という意味になる。

400

I **found** it hard / to **relate** what the lecturer said about school life / to my own **experiences** as a child.

🔖 lécturer「講演者, 講師」

私は難しい**と思いました** / 講師が学校生活について語ったことを**結びつける**のが / 私自身の子供のころの**体験**に。

0886
relate
[riléit]

他 自 述べる；関係させる

- □ relátion 名 関係
- □ relátionship 名 (人と人の)関係
- □ relative [rélətiv] 名 親類 形 相対的な
- □ in relation to ～に関連して
- ▶ relate A to [with] B (A を B と関係づける) が基本のパターン。A is related to B. は「A は B と関係がある」。

401

When he was first **hired**, / Jones **seemed incapable** of doing almost anything **right**, / but he has shown a **gradual improvement** / over the years.

最初に**雇われた**とき, / ジョーンズは何をやっても**うまくはできないように思えた**のですが, / **だんだん向上**が見られるようになりました / ここ何年か(にわたって)。

0887
incapable
[inkéipəbl]

形 ～ができない, 能力を欠いている

- ▶ be incapable of (～できない) という形で用いる。

402

I'm not very good / at **mingling** with people I don't know, / so I **tend** to spend most of my time / at parties / talking to the host and hostess.

*spend … ~ing「〜するのに…を使う」　host「(客をもてなす)家人,主催者」
hóstess は host の女性形。

私はそれほど得意ではありません / 知らない人びとに**混じる**ことが, / だから, 大半の時間を費やし**がちです** / パーティーでは / 主人役の夫妻と話すことに。

0888
mingle
[míŋgl]

他 自 **混合する**, 混ぜる[ざる]

□ mingle A with B / mix A with B　A を B と混合する
▶「混ぜる」は, ほかに mix, blend (混ぜ合わせる), compóund ([薬を]調合する) など。

403

It would be **possible** / to **substitute** "must" for "should" / in your translation, / but "should" is closer in **meaning** / to the original Japanese.

*translátion「翻訳, 訳文」　oríginal「原文の, 元の」

可能でしょう / "should" **の代わりに** "must" **を**使うのは / あなたの翻訳(した文)で, / しかし, "should" のほうが**意味**が近いですよ / 原文の日本語に。

0889
súbstitute
[sʌ́bstətjuːt]

他 自 **代用する**　名 代用[品]

□ substitútion 名 代用[品]
▶ substitute for (〜の代用になる), substitute A for B (B の代わりに A を使う) という形で使う。

The **government** has **released** a few political detainees / in what it says is a gesture of goodwill, / but most of these prisoners were **due** for release / within the next few months anyway.

- political「政治上の」　detainée「拘留(されている)者」
  géstuře「そぶり, 意志表示」　góodwill「善意, 好意」
  prísoner「囚人」

> 政府は数名の政治犯拘留者を釈放しました / 政府が言うには善意のしるしとして, / しかし, これらの囚人のほとんどは釈放されることになっていたのです / いずれにせよそれから数か月以内には。

0890
release
[rilíːs]

他 名 解放[する]

□ release from　〜から解放する
▶「(束縛や緊張から) 解き放す」という意味。会話では set free や let go を使ってよい。

0891
due
[d(j)úː]

形 当然(…するはず)の　副 正しく
名 当然受けるべきもの

□ dúly　副 予定通りに；十分に
▶ due to (〜による；〜のために) と be due to〜 (当然〜するはずである) とを区別する。
▶ Our plane is due (to arrive) in San Francisco at seven.(この飛行機は7時にサンフランシスコ着の予定です)。

405

I wouldn't invest in a scheme like that / if I were you, / unless you want to be **robbed**!

- invést「投資する」　scheme「計画, 事業計画」
- unless…「…でないかぎり」

そんな計画に投資なんかしないね / ぼくがきみだったら, / **強奪**されたいと思うのでないかぎり。

💬 私ならそんな計画に投資なんかしませんよ。身ぐるみ持っていかれたいと言うなら話は別だけど。

0892
rob
[ráb]

他 **奪う**, 強盗をする

- □ róbber 名 強盗
- □ róbbery 名 略奪
- ▶「腕づくで奪いとる」の意。
- ▶ rob A of B (A から B を奪う) は deprive A of B とともに有名なパターン。I was robbed of my bag. なら「ひったくりに遭ってバッグをとられました」。

406

The movie **relies** too heavily on the **talents** of its actors; / the script itself is **terrible**.

- áctor「俳優」　script「脚本, 台本」

その映画はあまりにも俳優たちの**才能**に**依存していて**, / 脚本自体は**ひどい**ものです。

0893
talent
[tǽlənt]

名 **才能**(のある人)

- □ tálented 形 才能のある
- ▶ This company has a lot of young talent.(この会社は若い人材が豊かだ)のように, 集合的に「人材」の意味でも使う。
- ▶「テレビタレント」は a TV *talent* ではなく, a TV personality とか, a TV star と言う。

407

Realizing that everyone was against him, / Mr. Takemura **finally yielded** / to the calls for his **resignation**.

みんなに反対されていることを**さとって**，/ 竹村さんは**ついに屈しました** / **辞任**を求める声に。

0894 **final** [fáinl]	形 **最終の**，決定的な　名 **決勝戦**
	▶ last（最後の）より「最終の」という感じが強い。 ▶「最後に，ついに」は finally, at last, in the end など。

0895 **yield** [jíːld]	他 自 名 **産出[する]**；**屈服する**
	□ yield to　～に屈服する ▶「良い結果を生むとは思えません」は I don't think this will yield a good result.

408

I'm now so **deaf** / that everyone seems to be **whispering** to me / even when they're speaking **normally**.

私はいまや**耳が遠い**ので，/ みんなが私に**ささやき**かけているように思えます / **ふつうに**話しかけているときでさえ。

0896 **deaf** [déf]	形 **耳が聞こえない**
	□ be deaf to　～に耳を傾けない ▶発音[e]に注意。 ▶比喩的に「（人の言うことを）聞こうとしない」という場合にも使える。 ▶「口がきけない」は dumb[dʌ́m]。

0897
whisper
[hwíspər]

自 他 ささやく，さらさら音をたてる
名 ささやき

□ in a whisper 小声で
▶ 反対は cry（大声をあげる），shout（[大声で] 叫ぶ），speak loud(ly)（大声で言う）など。

409

John was only **joking** / when he said Australia was an **island** near New Zealnad; / of course he knows / Australia's a **continent**.

ジョンは冗談を言っていただけです。/ 彼がオーストラリアはニュージーランドに近い島だと言ったとき。/ もちろん彼は知っています / オーストラリアは大陸だと。

0898
cóntinent
[kántinənt]

名 大陸

□ continéntal 形 大陸の
▶ イギリス人が the Cóntinent と言えば通例「ヨーロッパ大陸」のこと。

410

The **result** was devastating, / but I consoled myself / with the thought no one could have **foretold** / what would **happen**.

devástating「衝撃的な，ひどい」　console oneself「納得する，気がすむ」

結果はさんざんだった。/ でも，私は自分を慰めました / だれにも予言できなかっただろうと考えて / 先に何が起こるか。

0899
foretell
[fɔːrtél]

他 予言する；予告する

▶ "fore（前もって）+ tell（言う）" から。"pre（前もって）+ dict（言う）" の predíct（予言する）より改まった語。
▶ foretéll-foretóld-foretóld と活用。

411

When schools **prohibit** students / from carrying things like cellphones, / all they are really doing / is **presenting** them with a challenge to break the rules.

- cellphones「携帯電話」　　present A with B「AにBを進呈する」
- chállenge「挑戦, 課題」

学校が学生に**禁止する**とき / 携帯電話のようなものをもつことを, / 現実に学校がやっていることのすべては / 学生たちに規則を破るという挑戦を**提供する**ことだ。

💬 学校が学生に携帯電話のようなものの持ち歩きを禁じる場合, 学校が実際にやっていることといえば, 学生たちに規則を破るという課題を与えているにすぎません。

0900
prohibit
[prouhíbət]

他 **禁じる, 妨げる**

☐ prohibítion 名 禁止

▶ forbíd は個人的に使えるが, prohíbit は「(法律・規則などで) 禁止する」というやや堅い語。ban という語もよく使われる。

Time to Read　TRACK 063

412

A: Do you have any seating **preference**?
B: Yes. I thought my secretary had **reserved** an aisle seat for me.

- sécretary「秘書」　　aisle seat「通路側の席」

座席の**好み**はありますか。

はい, 秘書が通路側の座席を**予約**しておいてくれたと思いますけど。

0901
reserved
[rɪzə́ːrvd]

形 **遠慮がちな；取ってある**

- reservátion 名 保留，予約
- without reserve 遠慮なく
- ▶ resérve(取っておく，予約する；遠慮)の形容詞。

413

No **civilization** has ever **admired cowards**, / but some have **encouraged** recklessness and **plain folly** / more than others.

🖉 récklessness「無茶」

どんな文明においても，いまだかつておく病者が賞賛されることはありませんでした / が，中には，向う見ずな行為やあからさまな愚行を奨励する文明もありました / 他の文明以上に。

0902
civilization
[sìvələzéiʃən]

名 **文明，文明化**

- ▶ cívilize 他(文明化する)の名詞形。「文明国」は civilized countries。
- ▶ cúlture が「(精神的な) 文化」であるのに対し，civilizátion は「(国民・時代の)文明」に使う。
- ▶ 反意語は bárbarism(未開，野蛮)。

0903
cóward
[káuərd]

名 **おく病者**

- cówardice 名 おく病
- ▶ [auər]という発音に注意。
- ▶ cówardly 形(おく病な) の反意語は brave (勇敢な)，bold(大胆な)，courágeous(勇気のある)など。

0904
encourage
[enkə́ːridʒ]

他 **勇気づける，励ます**

- ▶ cóurage (勇気)に en-(動詞をつくる接頭辞)をつけて動詞化した語。

0905 plain [pléin]

形 **明白な**, わかりやすい；質素な
名 **平原**

- ▶ plane（飛行機）と同音。スペリングを区別する。
- ▶「平らな」「飾り気のない」というイメージをもつ単語。
- ▶「わかりやすい英語で説明してくれますか」は Could you explain this in plain English?

0906 folly [fáli]

名 **愚かさ**, 愚行

- ▶「ばかげたこと」の意。「そんなことを信じるなんて愚の骨頂だよ」は It's the height of folly to believe it.
- ▶ 会話で「ばかばかしい」「くだらないよ」の気持ちを表すには、fóolish（愚かな）, sílly（ばかげた）, stúpid（くだらない）などを使う。

414

The hotel's owners had obviously gone to great **expense** to **furnish** the place, / but their **taste left** a lot to be **desired**.

🔗 leave … to be desired 「遺憾な点が…ある」

> ホテルの所有者たちは明らかに多額の**経費**をかけてそこに**家具を備え付けた**のですが, / 彼らの**趣味**は大いに**不満の残る**ものでした。

0907 furnish [fə́ːrniʃ]

自 他 **備える**, 供給する

- □ fúrniture 名 《物質名詞扱い》家具
- □ furnish A with B / furnish B to A
  A に B を供給する
- ▶ equíp, supplý とほぼ同じだが,「（必要な家具・食物などを）備えつける, 供給する」の意。

415

Most exams seem to be tests of **memory**; / students have to **remember** so much **information** / that they often get **confused**.

たいていのテストは記憶力のテストのようです。/ 学生は非常にたくさんの知識を覚えないといけない / ので, しばしば混乱してしまうほどです。

0908 confuse
[kənfjúːz]

他 混同する, 混乱させる

- confuse A with B (AをBと混同する) が基本形。confuse A and B や mix (up) A with B (AをBとごっちゃにする), mistake A for B (AをBとまちがえる) でもよい。
- confúsion (混乱) の反対は órder (秩序)。

416

The new law is **designed** / to **compel** teachers to **devote** more time to their less **able** pupils, / but it's difficult to see how it will be enforced.

enfórce「施行する, 守らせる」

新しい法律はねらいとしています / 教師に能力が劣る生徒にもっと時間を充てるように強制するのを。/ だが, どういうふうにその法律を守らせられるのだろうかわかりにくい。

0909 compél
[kəmpél]

他 強いて〜させる

- アクセントと compélled, compélling のスペリングに注意。
- compel … to〜 (…に強制的に〜させる) は force … to〜 (…にむりやり〜させる) とほぼ同じ意味。

0910 devote
[divóut]

他 捧げる, 専念する

- □ devótion 名 献身, 信仰
- □ devote oneself to 〜に専念する
- devote A to B (AをBに捧げる) が基本型。

417

You shouldn't **attach** any great significance to the fact / that you haven't **received** any news yet: / **companies** usually take at least two weeks / to issue **job offers** / after **conducting interviews**.

significance「重要性」　íssue「出す, 発行する」

次の事実にあまり重きを**置か**ないほうがいいよ / まだなんの知らせも**受け取って**いないという（ことに）。**会社**は普通, 少なくとも2週間かかるものだから / **採用通知**を発行するのに / **面接**を行ってから。

0911
attach
[ətǽtʃ]

他 自 **付ける；慕わせる**

□ attáchment　名 付着；愛着
▶ attach A to B (AをBにくっつける) または be attached to (〜に所属する, 〜を慕う) という形で使う。

0912
receive
[risíːv]

他 自 **受け取る, 迎える**

□ receipt [risíːt]　名 受領(証), レシート
□ recéption　名 歓迎(会)；受領
▶ スペリング ei と発音 [iː] に注意する。concéive (考えつく), percéive (知覚する) なども同じ。

418

Time-to-Read　TRACK 064

I don't want to **bore** you with the details, / so I'll just give you the gist / of what he said.

detail「細部, 詳細」　gist「要点」

細かいことであなたを**うんざりさせ**たくない / ので, 要点だけお伝えしましょう / 彼が言ったことの。

0913
bore
[bɔ́:r]

他 退屈させる；穴をあける
名 退屈[な人・もの]

- □ bóredom 名 倦怠(けんたい), 退屈
- ▶ bored([人が]うんざりした) と bóring([人を]うんざりさせる)とを区別。
- ▶「ああ, 退屈だ」は What a bore! とか How boring!

419

The club is **celebrating** its centenary the year after next, / so we're planning **various special events**.
0821　0339
0455

✎ centenary 「100周年」(米国では centénnial と言う)

クラブが再来年に100周年を**祝う**予定です / ので, 私たちは**さまざまな特別行事**を企画しているところです。

0914
célebrate
[séləbreit]

自 他 祝う, ほめたたえる

- □ celebrátion 名 祝賀[会], 賞賛
- □ célebrated 形 有名な
- ▶「30歳の誕生日を祝う」は celebrate his thirtieth birthday。ただし,「誕生日おめでとうと祝う」は congratulate him on his birthday。

420

The **remarkable** quality of American universities / stems in large part / from the **willingness** of large numbers of their alumni to endow them so **generously**.
0733

✎ stem from 「～に起因する, ～から起こる」
alumni[əlÁmnai] 「卒業生」(alúmnusの複数形)　　endów 「基金を寄付する」

米国の大学の**著しい**特質は / たいてい生まれています, / たくさんの卒業生たちが**進んで**大学にとても**気前よく**寄付を行うところから。

0915
remarkable
[rimá:rkəbl]

形 注目すべき，著しい

- remárkably 副 著しく
- ▶ remárk(発言[する]，注目[する])の形容詞。

0916
willing
[wíliŋ]

形 進んでやる

- wíllingly 副 進んで，快く
- be wiling to〜 気持ちよく〜する
- be unwilling[reluctant] to〜 〜するのをいやがる
- ▶反意語は unwílling, relúctant（気の進まない）。この2つの語句を同時に覚えておく。
- ▶会話で「喜んでお手伝いしましょう」は I'll be glad to help you. / I'll be happy to help you.

421

The prime minister is **expected** / to **replace** several of the older members of the cabinet / in the next reshuffle.

- prime minister「首相，総理大臣」
- cábinet「内閣」　reshúffle「(内閣の)改造」

首相は**予期**されています / 内閣の高齢の閣僚を数名**入れ替える**ものと / 次の内閣改造で。

0917
replace
[ripléis]

他 〜にとって代わる

- be replaced by / be taken place of by
  〜にとって代わられる
- ▶ replace A with[by] B（A を B と取り替える）は上の形(受動態)で使われることが多い。

422

I can't **understand** / why he should want to **deny** / that he knows Kobayashi. // In any case, / I saw them together last week, / so it's clear that he's **lying.**

> 私には**わかり**ません / どうして彼が**否定し**たがるのか / 小林と知り合いであることを。// いずれにしても, / 私は先週, 2人が一緒にいるところを見かけた / だから, 彼が**うそを言って**いるのは明らかです。

0918

deny
[dinái]

他 **否定する**, 拒絶する

□ deníal 名 否定, 拒否
▶ 反意語は admít（認める）。
▶ They deny her nothing.（彼女には何でも与えてしまう）のように, 2つの目的語をとることもある。

423

The **fact** that a lot of people break grammatical rules / isn't **necessarily** a good **excuse** / for breaking them yourself: / a lot of people also **obey** them!

🔗 grammatical rules「文法上の規則」

> 多くの人びとが文法規則を破っているという**事実**が / **必ず**しも正当な**口実**になるわけではありません / あなた自身が文法規則を破ることの。/ 規則に**従って**いる人もたくさんいるわけですからね。

0919

obey
[əbéi]

他 自 **従う**, 服従する

□ obedient [əbí:diənt] 形 従順な
□ obédience 名 従順, 服従
▶ 反意語は disobéy（服従しない）, resíst（反抗する）など。

424

My teacher says / that my command of French grammar and vocabulary is good / and that all I need to do now / to become an **effective** communicator in that **language** / is to **polish** my pronunciation.

- commánd「自由にあやつる力」　grammar and vocabulary「文法と語彙」
  all … is to〜「…なのは〜することだけだ」
  commúnicator「コミュニケーションができる人」　pronunciátion「発音」

先生が言われるには，/ 私のフランス語文法と語彙力は十分で，/ いま私に必要なのは / フランス語で効果的にコミュニケーションできるようになるために，/ 発音にみがきをかけることだけだとのことです。

0920
polish
[pɑ́liʃ]

他 みがく，洗練する
名 みがき，つや(出し)

□ polish up / brush up　勉強し直す
▶ Polish [póuliʃ]（ポーランド[人]の）と区別。

425

If the recession doesn't **lift** very soon, / we're going to have to **cease production** / of several of our less **popular lines**.

- recéssion「不景気, 景気後退」

不景気がすぐにでも上向かなければ，/ うち（の会社）は生産を中止しなければならないでしょう / あまり人気のない製品のうちのいくつかの。

0921
lift
[líft]

他 自 名 持ち上げる[こと]；((英))エレベーター

▶ ((英))の lift は，((米))では élevator。
▶ lift up のほかに lift down（持ち上げて降ろす）という言い方もする。

0922
cease [síːs]

自他 **止む[める]** 名 **中止**

□ cease-fire 名 停戦, 休戦
▶やや改まった語。普通は stop を使ってよい。ただし, cease to~ は「(しだいに) ~しなくなる」という感じを出すときに使える。

0923
line [láin]

名 **線**；**列, 行**；**進行方向**
自他 **並ぶ[べる]**

□ líner 名 定期船, 定期航空機
□ lífeline 名 (ガス・水道・電気・道路などの) ライフライン
▶もとは「線」だが, かなり発展的な意味で使われる。That's out of my line.「私の専門外ですよ」。

426

Thanks to the Internet, / **obtaining information** on a wide **variety** of subjects now / **requires** much less **effort** / than it **used** to.

インターネットのおかげで, / いまや広範囲にわたる**さまざまな**種類の**情報**を**入手する**ことが / ずっと**努力**を**要さ**なくなっています / **昔（そうであった）**よりも。

0924
obtain [əbtéin]

他 **獲得する**

▶「得る」は get が普通だが, obtáin は「努力して手に入れる」という感じ。

427

One of the biggest headaches / **associated** with email is / that you **inevitably receive** a large number of unwanted **messages**.

🔗 héadache「頭痛, 悩みの種」　　a large number of「多数の」

最も頭の痛いことの1つは / e メールに**関連して**, / **必然的に**たくさんのほしくもない**通信文**を**受け取って**しまうことです。

0925
méssage
[mésidʒ]

名 伝言；使命

□ méssenger **名** 使者
▶ 日本語(メッセージ)と区別する。
▶ Can I leave him a message?(伝言をしてもらえますか)は電話での決まり文句。

428

A: I took my **blood** pressure this morning, / and it was 140 over 80. // That's very high, isn't it?
B: It's a little high, / but I don't think it's **abnormal** / for your **age**.

今朝, 血圧を測ったんだけど, / 上が 140 で下が 80 だった。// それってすごく高いんじゃないか。

少し高いけど, / 異常というほどじゃないと思うわ / あなたの歳なら。

0926
abnormal
[æbnɔ́ːrml]

形 異常な

▶ ab- は「離れて」の意味。「正常からはずれている」ということ。
▶ excéptional（例外的な），extraórdinary（並はずれた）などに近い。

429

I had to **share** a room with my brother / until I was twelve, / and even after that / we only really had one room, / which was **separated** by a flimsy partition.

🔗 flímsy「軽くて薄い」　partítion「(部屋の)仕切り」

私は部屋を兄と共有しなければなりませんでした / 12 歳になるまで, / そしてそのあとになっても / 実質はひと部屋があるだけで, / それが薄っぺらな仕切りで分かれていたのでした。

0927
share
[ʃéər]

名 **分け前**；役割
他 自 **分かち合う**，共にする

□ share A with B　B と A を共にする
□ share in　〜にあずかる
▶「(均等に) 分ける，(共通に) 分かち合う」という感じをつかんでおく。
▶「私の傘に入りませんか」は Would you like to share (または get under) my umbrella?

430

It's **difficult** to **strike** the **right** balance / between **praise**[0321] and criticism:[0169] / if you praise a child too much, / you might **discourage**[0155] him from trying harder; / if you criticize him too strongly, / you might **encourage**[0721] him to give up.

🖉 bálance「バランス,均衡」[0904]　críticism「批判,非難」
　　críticize「批判する,非難する」

適当なバランスを**とるのは難しい** / **ほめる**ことと批判することの。 / 子供をあまりほめすぎると / もっと努力しようとする**気持ちをなくさせ**かねません。 / あまりに強く批判すると / あきらめる気持ちを**助長し**かねません。

0928
praise
[préiz]

他 名 **ほめる[こと]**

□ praise A for B　A を B のことでほめる
▶ 反意語は blame(非難する)，scold(しかる)など。

PART II
Time to Read
66 〜 130

評論・エッセイ，政治・経済・医療・文化・科学技術・環境などの時事ニュースを題材とした英文436文を収録しています。

431

Don't worry about the dog; // he looks **fierce**, / but he wouldn't hurt a fly.

犬は気にしないで。// **どう猛**に見えるけど，/ ハエ1匹傷つけようともしないでしょうから。

■■■ 0929

fierce
[fíərs]

形 **猛烈な，残忍な**

- ▶母音の発音は[íər]。
- ▶gentle(おとなしい)の正反対で「荒々しい，激しい」。
- ▶動物や人間の気性ばかりでなく，風雨・憎しみ・競争などにも使う。
- ▶「猛犬」は a fierce dog だが，「猛犬に注意」という掲示は Beware of the dog.

432

Ron made a **pathetic** excuse / for being late // and then tried to **dominate** the meeting.

pathetic excuse「情けないくらい下手な弁解, どうしようもないほどまずい言い訳」

ロンは**情けないくらい下手な**言い訳をした / 遅刻したことに，// それから，会議を**牛耳ろ**うとしました。

■■■ 0930

pathétic
[pəθétik]

形 **哀れな，悲しい**

- ▶sympathétic(同情的な)とともに，アクセントに注意。
- ▶húmor (ユーモア) と対比して「悲哀，哀感」は pathos [péiθas]と言う。
- ▶pítiful(哀れな)という意味だが，くだけた会話では「ひどい，お粗末な」という感じにもなる。
- ▶You're pathetic! は「だめだなあ，どうしようもないなあ」。

0931 dóminate
[dámineit]

他 自 支配する，優位にたつ

- □ dóminant 形 支配的な，優勢な
- □ dominátion / dóminance 名 支配，優位
- ▶第1音節をはっきり発音する。
- ▶When I was a child, I was dominated by my father. は「子供の頃は父親の言うことをきかなければならなかった」。
- ▶「強国による植民地支配」は colonial domination by superpowers。

433

A: It will be a **miracle** / if he hasn't been permanently **paralyzed** / by the accident.
B: Well, / we can only wait and pray.

奇跡だろう / もし彼が永久に麻痺していないとしたら / あの事故によって。

ええ，/ じっと待って祈ることしかできないわ。

0932 miracle
[mírəkl]

名 奇跡

- □ miráculous 形 奇跡的な
- ▶名と形はアクセントの位置が異なる。
- ▶「不思議なことに…」は Strángely / Mystériously / Miráculously などで文を始められる。

0933 páralyze, -lyse
[pǽrəlaiz]

他 まひさせる，無力にする

- □ parálysis 名 まひ(状態)
- ▶畳の上に坐っていて「足がまひしてしまった（しびれてしまった）」は，My legs have gone to sleep. とか My legs are asleep.

434

I wouldn't complain / if increases in **university tuition** fees simply **reflected inflation**, // but they far outstrip it.

📎 outstríp「〜を上回る, 超える」

文句は言わないだろう / もし**大学**の**授業**料の値上げが**インフレ**を**反映する**だけの程度なら, // でも, 値上げはそれをはるかに超えているよ。

0934 university
[juːnəvə́ːrsəti]

名 (総合)大学

- úniverse　名 宇宙, 全世界
- ▶《米》では cóllege（[単科]大学）も univésity と区別しないで同じように使うことが多い。
- ▶「大学に行ってます」は I go to college. / I go to (the) university.
- ▶「女子大学」は a women's university[college], 「短大」は a junior college。
- ▶ cámpus（[大学の]構内）という語もある。

0935 tuition
[tjuː(ː)íʃən]

名 指導, 授業

- tuition fee　授業料
- ▶ téaching より改まった言い方。
- ▶「家庭教師」にあたるのは, tútor, coach, private teacher など。

0936 reflect
[riflékt]

他 自 反射する, 反映する；熟考する

- refléction　名 反射, 反映；熟考, 反省
- ▶ reflect on / look back on は「（過去を）振り返る, 回想する」の意。

0937 inflation
[infléiʃən]

名 通貨膨張, インフレ

- ▶反対の「デフレ」は deflátion（通貨収縮）。

435

A: Would you like me to make you some sandwiches for lunch?
B: No, don't **bother** / — I don't seem to have much **appetite** / at the moment.

🔖 Would you like me to ～?「～してさしあげましょうか？」
don't bother「おかまいなく。(わざわざそうしていただくには及びません)」

> 昼食にサンドイッチをお作りしましょうか？

> いえ, **おかまい**なく。/ あまり**食欲**がないみたいですから / いまのところ。

0938
bother
[bάðər]

他 自 名 **悩ます, 悩む**, めんどう[をかける]

□ bóthersome 形 厄介な, うるさい
□ bother about ～を思い悩む
▶ 発音[ð]に注意。意味は trouble に近い。
▶ 日本語の「どうぞおかまいなく」は, 英語では Please don't bother (for me).
▶ 手紙や e メールなどで「わざわざ返事はくれなくてもけっこうですよ」は Don't bother to write back.

0939
áppetite
[ǽpətait]

名 **食欲**, 欲求

□ áppetizing 形 食欲をそそる
▶「食欲を満たす」は satisfy one's appetite,「食欲を失う」は lose one's appetite。
▶ How's your appetite?（食欲はどうですか）ときかれたら, I have a good appetite.（十分あります）とか, I don't have any (appetite).（ありません）などと答える。

436

I bear my brother no **malice**, / but there's no hiding the fact / that when we were **adolescents** / I **detested** him for being a **genius** / while I was merely average.

> there's no hiding ～は I can't hide ～の意。

兄に**悪意**をもっているわけではないが，/（以下の）事実は隠せない / **思春期**のころ，/ 兄は**天才**だったせいで，私は彼を**ひどく嫌った** / 自分は並の人間にすぎないのに。

兄に恨みがあるわけじゃありませんが，思春期のころ，自分はただ並の人間なのに兄が天才なのがひどく嫌だったという事実は隠せません。

0940
málice
[mǽlis]

名 悪意，恨み

□ malícious　形 悪意のある
▶ out of malice / out of spite は「悪意から」。
▶ mal- は「悪い」の意味。malígnant（悪性の，悪意に満ちた）という語もある。

0941
adoléscent
[æ̀dəlésnt]

形 名 青春期の[人]

□ adoléscence　名 青春期
▶「（子供から大人へ成長する）思春期の女の子」は an adolescent girl または a girl at adolescence。

0942
detest
[ditést]

他 ひどくきらう，憎む

□ ditéstable　形 大きらいな，いまわしい
▶ hate（嫌う）よりさらに強い語。
▶ detéct（見つける）と区別する。

0943
genius
[dʒíːniəs]

名 天才，(非凡な)才能

▶ e を [iː] と発音する。
▶「あの娘は音楽の天才だ」は，She has a genius for music. / She's a genius in music.

Tim thought / how **odd** it was / that something that was considered in one culture to be the height of good taste / could appear **crude** and **vulgar** in another.

*how odd *it* was の it は直後の that… 以下全体をさす。

ティムは思いました / なんて**奇妙な**んだろうと，/ ある文化で最も高尚なたしなみと考えられるものが，/ 別の文化では**露骨で俗悪な**ものに見えることもありうるとは。

0944
odd
[ád]

形 **奇妙な**；はんぱな，奇数の

- They're very odd people.（ずいぶん変わった連中だね）のように，strange よりもさらに「変な，変わった」と言いたいときに使う。
- odd numbers（奇数）と even numbers（偶数）をペアで覚えておく。

0945
crude
[krúːd]

形 **自然のままの**；粗雑な

- crude oil（原油）のように，「加工されていない」という感じ。rough[ráf]（大まかな），cóarse（粗野な），vúlgar（みだらな）などの意味にもなる。
- 反意語は refíned（洗練された）。同じように，raw（生の，料理されていない）と cóoked（料理された）もペアになる。

0946
vulgar
[válgər]

形 **俗悪な**，下品な

- 「品のないことばは使わないで！」は Don't use vulgar language.

438

We can't possibly **alter** our plans / at this late stage!

- can't possibly ~ 「とても~できない,どうしても~できない」

> 計画をいまさら**変更する**なんてとてもできませんよ / この遅い段階になって。

0947 **alter** [ɔ́:ltər]	他自 **改める,変更する**
	▶ all, hall と同じように[ɔ́:]と発音する。
	▶ áltar(祭壇)と同じ発音だが,こちらは頻度が低い。
	▶「変える」は change, turn でよいが,álter は「(部分的に)改める」という感じのときに使う。

439

The **issue** that is of most **concern** to the firm / is how much the project will cost.

> 会社にとって最も**関心**のある**問題**は, / その計画にはいくら金がかかるかということです。

0948 **issue** [íʃuː]	他自 **発行する**,流出する
	名 **発行**,流出;**問題**,論争
	□ at issue 論争中の,問題になっている
	▶「(現在論争となっている)問題」を the issue または the matter at issue と言う。

0949 **concern** [kənsə́ːrn]	他 **関係する;関心を持たせる**
	名 **関係;関心事;心配**
	□ concérning 前 ~について
	▶ 他動詞なので, be concerned with[in, about] (~に関係[関心]がある), concern oneself with (~と関係する) などの形で使うことが多い。

440

There's a very **nasty flu** bug going around / at the moment, // so I'd avoid crowded places / if I were you.

- there's ~ going around「~が広まっている」
- bug「ばい菌, 微生物」

とても**いやなインフルエンザ**のばい菌が飛び交っている / いま現在, // だから, 人混みの場所へは行かないようにするけどね / もしぼくがきみだったら。

0950 nasty [nǽsti]
形 けがらわしい, 意地の悪い；険悪な
- [æ]という発音に注意。
- nice（気持ちのいい）や lóvery（すばらしい）とは反対の意味。天気が悪いときに「ひどい天気ですね」と言うのは, Nasty weather, isn't it? / Terrible weather, isn't it? / Not very nice, is it? など。

0951 flu [flúː]
名 インフルエンザ, 流感
- 正式には influénza だが, 会話では flu が一般的。
- 「どうもインフルエンザか何かにかかったようです」は I'm coming down with a flu or something. / I seem to have caught flu or something.

441

All my **instincts** suddenly started telling me to be careful / as he held out the **contract** / for me to **sign**.

私の全**本能**が, 突然, 気をつけろ, とささやきかけはじめました / 彼が**契約書**を差し出したとき / 私が**署名**するようにと。

0952
instinct
[ínstiŋkt]

名 **本能**，天性

□ instínctive 形 本能的な
▶名形ともにアクセントに注意する。
▶「本能的に」は instínctively / by instinct / from instinct など。
▶「あいつは本能のままに行動する」は He acts on instinct.

0953
contract
名 [kάntrækt]
他自 [-rǽkt]

名他自 **契約[する]**；縮める；[病気に]かかる

▶アクセントは「名前動後」。
▶ She's contracted to Andy. は She's engaged to Andy.（アンディと婚約している）という意味。

0954
sign
[sáin]

名 **記号，徴候；合図，標識**
他自 署名する；合図する

□ sígnal 名 合図, 信号
□ signature [sígnətʃər] 名 署名
▶「道路標識」は a road sign。
▶「警官が私に止まれと合図しました」は, The policeman signed me to stop.

442

Saving money for the future / is undoubtedly a **virtue**, / but most young people seem to prefer / to borrow money to enjoy things / without having to wait.

> without having to ~ 「必ずしも~せずに, ~するとは限らないで」

将来のために貯金をするのは / 間違いなく**美徳**だが, / たいがいの若い人たちは好むようです, / 楽しいことをするために借金するのを / 待つことなんかしないで。

0955
virtue
[və́ːrtʃuː]

名 **美徳，美点**；力

□ vírtuous 形 有徳の
□ by[in] virtue of　～の力で，～によって
▶ vírtual（事実上の，仮の）という語もある。virtual reality と言えば「(仮想空間で現実感を体験する) 仮想の現実感」。

443

We've already spent **considerable sums** / on our **advertising campaign**, // so even though it's not going particularly well, / I don't think we have any choice / but to **persevere** with it.

- even though… 「たとえ…にしても」
- have *no* choice but to ～ 「～するよりほかはない，～するしかない」

私たちはすでに**相当な金額**を投じていますから /**広告キャンペーン**に，//（それで）特にうまくいってはいないとしても，/ 選択の余地はないと思います / これを**やり抜く**ほか。

0956 considerable [kənsídərəbl]

形 **かなりの，相当な**

- □ consíderably 副 かなり，相当に
- ▶ consíderate 形（思いやりのある）と区別。それぞれ consíder（[よく]考える，みなす）の形容詞。

0957 sum [sʌ́m]

名 他 自 **合計[する]，要約[する]**

- □ súmmary 名 要約
- □ súmmarize / sum up　要約する
- ▶ some（いくらかの）と同じ発音。
- ▶「費用の総額」は the sum total of our expense。

0958 ádvertise [ǽdvərtaiz]

自 他 **広告する**

- □ advertísement 名 広告
- □ ádvertiser 名 広告主
- ▶ アクセントは第1音節に。
- ▶ 日本で「CM」と言っているのは commercial message（商業広告放送）のこと。英語ではあまり CM と略すことはない。

0959
campaign
[kæmpéin]

名 (選挙などの)運動, 軍事行動
自 従軍する；運動を起こす

▶「戦争反対のキャンペーン」は a campaign against war,「男女同権運動」は a campaign for equal rights for women。

0960
persevére
[pə̀ːrsəvíər]

自 忍耐する, やり抜く

□ persevérance 名 忍耐
□ persevere with[in] ～を(耐えて)やり抜く
▶アクセントは第3音節に。

444

In a pamphlet **proclaiming** his innocence of all **charges** against him, / the former **minister saluted** those of his **colleagues** / who had stood up for him, / including the **prime minister**.

 those of ～ who…「～のうち…の人たち」
 (who の先行詞は cólleagues ではなく, those)
 stand up for「～を擁護する」(suppórt, defénd)

自分に対するすべての告発について潔白だと公言するパンフレットの中で, / 前大臣は同僚の人たちに敬意を表しました / 自分を擁護してくれた（人たちに）, / 首相を含めて。

0961
proclaim
[prəkléim]

他 宣言[布告]する；…だと示す

□ proclamátion 名 宣言, 公布
▶「イラクに対して宣戦布告する」のは proclaim war against Iraq。
▶ decláre (宣言する), annóunce (発表する), show (clearly) ([はっきり]示す) などで言い換えられることもある。

0962 charge [tʃɑ́ːrdʒ]

名 他 代金[を請求する]，責任[を負わせる]；告訴する；荷[を積む]

- □ in charge of 〜を預かって
- □ take charge of 〜を引き受ける，〜を担任する
- □ charge A with B AをBの罪で告訴する
- ▶請求書の伝票を見ながら「これは何の代金なのかわかりませんが」と確認するのは，I'm not sure what this charge is for.
- ▶Who is in charge of your class? は「あなたのクラス担任は何先生なの？」という質問。

0963 minister [mínəstər]

名 大臣；牧師，公使　自 仕える

- □ mínistry 名 省；牧師職，大臣職
- ▶「首相（総理大臣）」は the Prime Minister，「外務大臣」は the Minister of Foreign Affairs，…など。
- ▶「内閣」は the Ministry（または the Cabinet）。

0964 salute [səlúːt]

他 自 あいさつする，敬礼する

- □ salutátion 名 あいさつ，敬礼
- ▶「(動作で)あいさつする」の意。「(口で)あいさつする」のは greet。

0965 cólleague [káliːg]

名 同僚，仲間

- ▶発音・アクセントに注意する。
- ▶「ポールは会社の同僚です」と言うのは Paul is a colleague of mine from the office.
- ▶ほかに a fellow worker, a co-woker（仕事仲間）と言うこともある。

0966 primary [práimeri]

形 名 第一の，主要な[もの]，初期の

- □ prímarily 副 第一に，主として
- □ príme 形 主要な，極上の 名 初期；全盛期
- ▶ main（主要な），básic（基本的な），most important（最重要な）などの意。

445

Being mentally **exhausted** is / in many ways / much worse than being **physically exhausted**.

精神的に**疲れ果てる**のは, / 多くの点で / **肉体的に疲れ果てる**よりも, はるかにきついものです。

0967
exhaust
[iɡzɔ́ːst]

自他 **使い尽くす, 疲労させる**
名 **排気(ガス)**

- □ exháustion 名 使い尽くすこと, 疲労
- □ inexháustible 形 無尽蔵の
- ▶発音([ɡz]と[ɔː])に注意する。
- ▶「へとへとに疲れきってしまった」は I'm exhausted. / I'm tired out. / I'm awfully tired. など。
- ▶「排気ガス」は exhaust (gas)。

0968
physician
[fizíʃən]

名 **内科医**

- ▶((米))では dóctor(医者)の代わりに使うこともある。
- ▶phýsicist(物理学者)と混同しやすい。

446

I didn't **register** the **significance** of the third **paragraph** / until you brought it to my attention.

🔗 bring ～ to my attention 「～を私に気づかせてくれる」

第3**段落**の**重要性**について, ぼくは**気に留め**なかったよ / きみが注意を促してくれるまで。

0969 régister [rédʒistər]

他 登録する；書留にする
名 登録[機]

□ registrátion 名 登録, 書留(にすること)
▶スーパーマーケットなどの「レジ(の器械)」は a cash register, 「レジ係(の人)」は a cashíer。「レジのところで待っててね」は I'll see you at the checkout.
▶郵便局で「書留で送りたい」ときには, I'd like to have this registered. とか I want to send this by registered mail. と言えばよい。

0970 significant [signífikənt]

形 重要な, 意味のある

□ significance 名 重要性, 意味
▶sígnify(意味する, 重要である)の形容詞。それぞれのアクセントに注意。
▶There are no significant differences between the two.(両者には, はっきりした[有意の]差は見られない) のように使う。
▶反意語は insignifícant(無意味の, 重要でない)。

0971 páragraph [pǽrəgræf]

名 他 段落 [に分ける]

▶páraphrase(言い換え[る])と区別。

447

Agriculture, / which used to be the mainstay of the country's **economy**, / has been in **decline** / for the last two **decades**.

📎 máinstay「頼みの綱, 支え」

農業は, / かつては国の経済を支えるものでしたが, / 衰退してきています / この 20 年間。

0972
agriculture
[ǽgrikʌltʃər]

名 農業, 農学

- □ agricúltural 形 農業の
- ▶アクセントを誤りやすい。第1音節を強く発音する。
- ▶fárming(農業)より改まった語。
  会話で「うちは農業をやってました」は We used to run a farm. とか We were farmers.

0973
economy
[i(:)kánəmi]

名 経済；節約

- □ económics 名 経済学
- □ económist 名 経済学者
- □ económize 自他 節約する
- ▶上記3語のアクセントをはっきり区別するように。
- ▶económic 形(経済[学]の) と económical 形(経済的な)とを区別。
- ▶ecónomy は an economy car (経済車) とか economy class ([飛行機の] エコノミー・クラス) のように cheap (安い) という意味を含んで形容詞的に使われる。

0974
decline
[dikláin]

自他 断わる, 傾く　名 衰え, 傾き

- ▶反意語は accépt(承諾する)。
- ▶refúse(拒否する), turn down(はねつける), rejéct(拒絶する)などと比べると, declíne は「(丁寧に)断わる」という感じ。
- ▶I had to decline her invitation. (彼女の招待を断わらねばなりませんでした), My father's health was declining rapidly. (父の健康が急速に衰えてきていました)など。

0975
decade
[dékeid/dekéid]

名 10年間

- ▶for the first decade of this century (今世紀の最初の10年間は)のように言う。改まった言い方。
- ▶「100年間」はcéntury,「1000年間」はmillénnium。

448

Ted made a conscious decision / to quit his last job, // so he'll just have to live / with the **consequences**.

- make a conscious decision「意識して決める，しっかり考えた上で決断する」

テッドは意識的に決意しました / 前の仕事をやめようと // だから，生きていくほかないでしょう / それがもたらす**結果**を受け入れて。

0976
cónsequence
[kánsəkwens]

名 結果；重要性

- cónsequent **形** 結果として生じる
- in consequence of ～の結果
- of no consequence 重要ではない
- ▶ cón- を強めに発音する。
- ▶「その結果（として），したがって」というつなぎのことばとして，Cónsequently, … / In consequence, …などが使われる。ただし，堅いことばなので，普通はAs a result,…を使う。

449

Religion plays a fairly minor role / in the lives of most Japanese, // but they accept it / at important events like weddings and **funerals**.

- play a … role in「～において…の役割を果たす」

宗教はかなり小さな役割しか果たしていません / 大部分の日本人の生活において，// しかし，宗教を受け入れています / 結婚式や**葬式**のような大事な行事では。

0977
religion
[rilídʒən]

名 宗教

- relígious **形** 宗教の，信心深い
- ▶「仏教」は the buddhist religion（または Búddhism）。
- ▶「たいていの日本人は宗教には無関心ですね」と言うのは，Most Japanese people are indifferent to religion.

0978
funeral
[fjúːnərəl]

名 形 葬式[の]

▶ u の発音は[ju]。
▶「葬儀」は a funeral (ceremony), a funeral service。

450

A **detailed analysis** of the **factors** / that **motivated parliament** to finance the **operation** / showed / that **security concerns** were the first **priority**.

諸**要因**の詳しい**分析**は / **議会**にその**軍事行動**に**融資する**よう**促した**, / 明らかにした / **安全保障**という**関心事**が**最優先**だったことを。

💬 議会を動かしてその軍事行動に財政支出をさせた要因を詳細に分析すると, 安全保障問題こそが最優先事項であったことが判明しました。

0979
detail
[díːteil/ditéil]

名 他 詳細[に述べる]

□ détailed 形 詳細な
▶ 発音に注意。
▶ in detail (詳細に) という形で使うことが多い。反対に「手短に」は in brief, in short, in a few words など。

0980
analysis
[ənǽlisis]

名 分析, 分解

□ in the last analysis 結局において
▶ ánalyze (分析[分解]する) の名詞形。
▶ 複数形は anályses [-siːz]。スペリングと -es の発音に注意する。

0981
factor
[fǽktər]

名 要素, 要因

▶ élement は「(構成)要素, 成分」, fáctor は「(結果をもたらす)要因」という感じ。
▶ economic factors (経済的な要因), environmental factors (環境による要因) などと使う。

0982 motivate
[móutiveit]

他 動機づける

- mótive 名 動機
- motivátion 名 動機づけ
- ▶ "motive（動機）+ -ate（する，させる）" から「（行動を起こす）動機を与える」ということ。

0983 parliament
[páːrləmənt]

名 （英国の）議会

- parliaméntary 形 議会（制度）の
- ▶ Cóngress（[米国の]議会），the Díet（[日本の]議会）と使い分ける。
- ▶ MP（[英国の]下院議員）は a Member of Parliament の略。

0984 finance
[fináens/fáinæns]

名 財政[学]，（融資される）資金
他 融資する

- finances 名 ((複))財源，財政状態
- fináncial 形 財政の，財界の
- ▶ 日本の「財務省」は the Ministry of Finance。
- ▶ financial situation（財政事情），financial crisis（財政危機），financial support（財政援助）などはよく使われる語句。

0985 operation
[ɑpəréiʃən]

名 作用，運転；活動；手術

- óperator 名 運転者；電話交換手
- ▶ operate[ápəreit]（作動する，運転する）の名詞形。
- ▶ 戦争においては「軍事行動，作戦」という意味で使われる。

0986 security
[sikjúərəti]

名 安全（の確保）；保障

- secúre 形 安全な 他（安全などを）確保する
- ▶「安全保障条約」は the security pact（またはtreaty），「日米安保（条約）」は the U.S.-Japan Security Treaty。

0987 prior
[práiər]

形 前の；より優先の

- prior to ～より前の
- ▶ priórity 名（優先）権）は，It's a top priority.（それは最優先[事項]です）のように使う。

451

It's a little early to make **predictions**, / but the refusal of six members of the **cabinet** to **comply** with the **prime minister**'s wishes / could, I think, **trigger** a **general** election.

予言するのはいささか時期尚早ですけど，/ 内閣の6人の閣僚が総理大臣の意向に応じることを拒否したら / 総選挙の引き金になりうるんじゃないかと思いますよ。

0988
predict
[pridíkt]

他 自 **予言する**

□ predíction 名 予言
▶ "pre-(前もって) + dict (言う)" から「予言する，予測する」。
ほかに，foretéll，prophesy [práfəsai] も「予言する」の意で使う。

0989
cabinet
[kǽbənət]

名 **飾り棚，内閣**

□ cábin 名 船室，小屋
▶ 「(陳列や整理用の)キャビネット」のこと。the Cabinet (または the Ministry) は「内閣」。

0990
comply
[kəmplái]

自 **(要求・命令などに)応じる**

▶ 発音 [ai] とアクセントに注意する。
▶ obéy や fóllow の意味で，comply with (〜に応じる) の形で使う。

0991
trigger
[trígər]

名 他 **引き金[になる]**

▶ trigger an international dispute (国際紛争の引き金となる) のように，「(爆発・事件・紛争など，物事の)きっかけになる，誘発する」という意味で使われる。

0992
general
[dʒénərəl]

形 **一般的な；全般的な**　名 **軍司令官**

- □ géneralize 他 一般化する，総合する
- □ generalizátion 名 一般化，通則
- ▶「概して，一般的に（言うと）」は génerally, in general, generally speaking など。
- ▶「一般的な」の反意語は spécial（特別な），specific（特定の）など。
- ▶「全般的な」の反意語は pártial（部分的な），partícular（特定の［この，その］）など。

Time to Read TRACK **069**

452

I knew it would be **futile** to argue, / so I kept quiet.

議論しても**むだだ**とわかっていたので，/ 私は沈黙していました。

0993
futile
[fjúːtəl / -ail]

形 **無益な；くだらない**

- □ futílity 名 無益（なもの）
- ▶発音に注意する。
- ▶ póintless（無意味な），úseless（むだな），vain（［結果的に］むだな），frúitless（成果があがらない）などに近い。
- ▶「抗議してもむだですよ」は，It's futile to protest. のほかに，It's no use［good］protesting. / There's no point (in) protesting. などと言える。

453

Thanks largely to the hotel's **amiable** staff, / we had a wonderful stay in Toronto.

主にホテルの**感じのよい**従業員のおかげで，/ 私たちのトロントでの滞在はすばらしいものになりました。

■■■ 0994
ámiable
[éimiəbl]

形 **愛想のよい**，好意的な

□ ámiably 副 愛想よく
▶ a- を [éi-] と発音する。álien（外国の），áncient（大昔の），ángel（天使）なども [éi-] という発音を誤りやすい。
▶「(人が) 気だてがよい，優しい」という感じ。

454

My views don't often **coincide** with Ogawa's, / but on this point / we are in **absolute** agreement.

私と小川さんとはよく意見が一致しないのですが，/ この点に関しては / 完全に一致しています。

■■■ 0995
coincíde
[kòuinsáid]

自 **一致する**，同時に起こる

□ coíncidence 名 一致，符合
▶ アクセントを誤りやすい。
▶ coincide with の形で「〜と一致 [符合] する」。普通は，agree（一致する）とか happen together（同時に起こる）を使ってよい。
▶ まったく予期しない人に顔を合わせたとき，「偶然（の一致）ですね」は What a coincidence!

■■■ 0996
ábsolute
[ǽbsəluːt]

形 **絶対的な**，完全な，専制の

□ ábsolutely 副 絶対に，まったく
▶ アクセントは第1音節。ただし，absolúte と発音することもある。
▶ 会話で「まったくそのとおりですよ」は Right. / True. / Exáctly. のほか強意的に Absolútely. を使える。
▶ また，Ábsolutely not. / Définitely not. と言えば「とんでもない」「まったく違いますよ」という強い否定になる。

455

It's difficult, I think, / to **interpret** his **address** / as anything other than a veiled message to his political **opponents** / to back off.

- interpret A as B 「AをBと[AはBであると]解釈する」
- anything other than 「〜以外の何か」
- veiled 「ベールで覆われた,隠された」
- back off 「退く,後退する」

難しいと思いますよ / 彼の演説を解釈するのは / 政敵に対する隠されたメッセージ以外のものだと / 後退するという。

彼の演説は,自分は身を引くという,政敵への婉曲な意思表示にほかならないと解釈するのが妥当だと思いますよ。(それ以外に解釈しにくいと思いますよ,の意)

0997
intérpret
[intə́ːrprət]

他 自 解釈する；通訳する

- interpretátion 名 解釈,通訳
- intérpreter 名 通訳(者),解説者
- ▶アクセントは第2音節。スペリングも誤りやすい。
- ▶ inter- は「間に,お互いに」の意。
  「間に入って解説する」という感じをつかんでおく。

0998
address
[ədrés]

他 名 演説[する],宛先[を書く]

- address oneself to 〜に話しかける
- ▶スペリング(dd)に注意する。
- ▶「宛先,住所,(コンピュータの)アドレス」の意味では [ǽdres] と発音する。
- ▶ an opening address (開会の辞) とか,an inaugural address ([大統領などの] 就任演説) のように,改まった演説(formal speech)に使う。

0999
oppónent
[əpóunənt]

名 (勝負の)相手 形 敵対する

- ▶ [óu] をはっきり発音する。
- ▶ I beat my opponent at chess. (チェスで相手を負かしました) のほかに,They're opponents of abortion. (あの人たちは[妊娠]中絶の反対者たちです) のようにも使える。

Their plans to live a more **frugal** lifestyle / quickly **evaporated** / when an **inheritance** gave them the **means** / to live pretty much as they pleased.

もっと**倹約した**暮らし方をしようという彼らの計画は / すぐに**どこかに消えてしまいました** / **遺産**が転がり込んで**資力**が手に入ったとき / かなり好きなように暮らせるだけの。

1000
frugal
[frúːgl]

形 **倹約な**，質素な

□ frugálity 名 倹約
▶ 反意語は wásteful（浪費的な）。
▶ thrífty（倹約な）もほぼ同じ。stíngy（けちな）のようなマイナスイメージはない。「あの娘は財布のひもがかたいね」なら，She's frugal[thrifty] with her money.
▶「お金が不足してきてる。倹約しなくては」は I'm running out of money, so I have to try to be frugal.

1001
eváporate
[ivǽpəreit]

自他 **蒸発する[させる]**

□ evaporátion 名 蒸発，蒸気
▶ アクセントに注意。
▶ change into a gas（蒸気に変わる）と言い換えられる。hope（希望）や cónfidence（自信）などが「消えて行く」という意味にも使える。

1002
inherit
[inhérit]

他自 **相続する**，受け継ぐ

□ inhéritance 名 相続（財産），遺伝
▶「（性質などを）遺伝として受け継ぐ」の反意語は acquíre（生後に習得する）。
▶「文化遺産，伝統」は héritage。

1003 means [míːnz]

名 《複》**手段**；**資力**

□ by means of 〜［の手段］によって
□ by no means 決して〜でない

▶ a means of communication（コミュニケーションの手段）のように，means は「単複同形」（単数も複数も means という形）。
▶ 会話で By all means. は「ぜひどうぞ」「必ず」という肯定，By no means. は「とんでもない」という否定を表す。たとえば，Can I use your phone?（電話を使っていい？）に対しては By all means. / Yes, of course. / Sure. / Certainly. などと答える。
▶ mean（意味する，つもりである；卑しい）も基本語として重要。

457

There's no doubt / that the **prime minister**'s remarks were provocative, / but I would have expected the **ambassador** / to show a little more **diplomacy** / in **responding** to them.

🖉 There's no doubt that … 「…に疑いない，確かに…だ」
provócative「（人を）怒らせる，挑発的な」

確かに / 総理大臣の発言は挑発的でしたが，/ 私は大使に期待したいところでした / いま少し外交術を示すのを / それらの言葉に反応する際に。

1004 ambássador [æmbǽsədər]

名 **大使**，使節

▶ スペリングとアクセントに注意。
▶「大使館」は émbassy。

1005 diplómacy [diplóuməsi]

名 **外交**

□ diplomátic 形 外交の
▶「外交官」は a diplomat[dípləmæt]（アクセントに注意）。

1006
respond
[rispánd]

自 応答する，反応する

- respónse 名 応答，反応
- respónsive 形 敏感な，よく反応する
- ▶ respond to や reply to（～に応答する）は answer（～に答える）より改まった言い方。会話では answer とか talk back to を使うとよい。

458

You can say what you like / to try to convince me, // but I just don't find vegetables **nurtured** in **greenhouses** as **attractive** or tasty / as those grown in natural **environments**.

好きなことをおっしゃってかまいません / 私を説得しようとして，// でも私には**温室**で**育てられた**野菜が，**魅力がある**とかおいしいとか，とても思えません / 自然の**環境**で育ったのと同じくらい。

1007
nurture
[nə́:rtʃər]

他 名 養育[する]，しつけ[る]

- ▶ bring up（育てる）よりも「（子供・植物・計画などを大事に）育てはぐくむ」という感じが強い。

1008
gréenhouse
[grí:nhaus]

名 温室

- ▶ a green house（緑色の家）と区別すること。
- ▶ the greenhouse effect（温室効果）は「（大気中の CO_2 やフロンによる）地表温度の上昇」のこと。

1009
attract
[ətrǽkt]

他 引きつける，誘引する

- attráctive 形 魅力的な
- attráction 名 誘引，魅力，呼びもの
- ▶ There's something about her that attracts people. / There's something attractive about her. は「あの娘にはどことなく魅力的なところがある」ということ。

1010 environment
[inváirənmənt]

名 (自然)環境

- □ environméntal 形 環境(上)の
- ▶ 発音・アクセントに注意する。
- ▶ a happy home environment（恵まれた家庭環境）のように使う。
- ▶ environmental pollution（環境汚染），environmental destruction（環境破壊），environmental preservation（環境保全），environmental assessment（環境アセスメント[環境への影響調査]）のように使用頻度が高い。

459
Time-to-Read TRACK 070

There are several keys on my computer / whose **functions** I don't know.

私のコンピュータにはキーがいくつかあります / 機能が私にはわからない。

1011 function
[fʌ́ŋkʃən]

名 自 機能[する]，役目[を果たす]

- □ fúnctional 形 機能上の，機能的な
- ▶ the function of the heart は「心臓の(果たす)機能」，harmony of form and function は「形と機能の調和」。
- ▶ This machine doesn't function well.（この機械はうまく動かないよ）の function は work（動く）や óperate（作動する）とほぼ同じ。

460

There is not one **grain** or **even** one **particle** of truth / in what he said / about his **paternal** grandfather.

ひと**かけら**，いや**微塵**の真実も含まれていません / 彼が言ったことには / 彼の**父方の**祖父について。

1012 grain
[gréin]

名 穀物；粒，微量

- ▶ 集合的に「穀物(類)」は《米》grain，《英》corn。米国では「とうもろこし」を corn と言う。

1013 even
[íːvn]

形 **平らな，一様な**；互角の
副 **〜でさえも**

- 「平らな」は，会話では普通 flat や smooth を使う。
- 「五分五分の確率」は even odds，または an even chance と言う。
- 副 では，even more（さらになおいっそう）のように比較級を強める用法もある。
- even if…；even though…は「たとえ…としても」。

1014 particle
[páːrtikl]

名 **微粒子；わずか**

- 「細かいちり」は dust particles / particles of dust。
- There is not a particle of scientific evidence. は「少しの科学的な証拠もない」ということ。

1015 paternal
[pətə́ːrnl]

形 **父の[ような]**

- my paternal grandmother は「父方のおばあさん（my father's mother）」。
- 「父親らしい」は fátherly とか like a father と表現してもよい。

461

It's quite some time now / since **lung** cancer **overtook** cancer of the **stomach** / as the leading form of cancer in Japan.

- it's … since 〜 「〜してから…になる」
- cáncer「癌」

もうかなりの時間がたっています / 肺ガンが胃ガンを上回ってから / 日本におけるガンの主要な形態として。

1016 lung
[lʌ́ŋ]

名 **肺**，肺臓

- □ lung cancer　肺がん
- □ lung disease　肺病
- 左右2つを合わせて the lungs の形で使うことが多い。

1017
overtake
[òuvərtéik]

他 自 **追いつく，追い越す，（恐怖などが）襲う**

▶ Go ahead. I'll catch up soon.（お先にどうぞ，すぐ追いつきますから）のように，catch up with（～に追いつく）のほうが口語的。ただし「追い越す」という意味には使えない。

▶「追い越し禁止」は，《米》No passing. 《英》No overtaking.

1018
stómach
[stʌ́mək]

名 **胃；腹**

▶ ch は [k] と発音する。

▶「胃はじょうぶです」は I have a strong stomach.「胃が弱いんです」は I have a weak stomach.

462

My husband's account of the vacation / didn't really **convey** / the **quality** of the hotel and service / or the **tranquil** nature of the resort.

🔗 accóunt「話，報告」
didn't really ~「あまり～しなかった」

夫がした休暇の話は / あまり**伝えて**くれませんでした / ホテルやサービスの**質**とか / そのリゾート地の**静かな**土地柄のことを。

💬 夫が休暇について話してくれたのですが，ホテルやサービスの良し悪しとかその行楽地の静かさとかはあまり伝えてくれませんでした。

1019
convey
[kənvéi]

他 **運ぶ，伝える**

□ convéyance 名 運搬；乗り物

▶「（意志・気持ちなどを）伝える」という意味では commúnicate に近い。かなり改まって「私の謝罪の気持ちを奥さまにお伝えください」と言うのは，Please convey my apologies to your wife.

▶ 日本語の「ベルト・コンベヤー」は a conveyor belt [belt conveyor]。

1020 quality [kwáliti]

名 質, 特質

▶ of good[high] quality（良質の）または of low quality（低級な）のように使う。ただし, quality だけでもどちらかというと「良質」を意味する。

1021 tránquil [trǽŋkwil]

形 平穏な, 平静な

☐ tranquíl(l)ity **名** 平穏, 平静
▶ quíet（静かな）, péacefull（平和な）という意味。my grandfather is leading a tranquil life in the country.（祖父は田舎で穏やかに暮らしています）
▶ tránquil(l)izer は「精神安定剤, トランキライザー」。

463

I had an **overwhelming** urge / to try to **attract** his attention, // which only the presence of my husband made it possible / for me to **subdue**.

私は抗しがたい衝動に駆られました / 彼の注意を引こうとする // が, ただ夫が同席していたことだけで, できたのでした / 私がその衝動を抑えることが。

1022 overwhélming [ouvərhwélmiŋ]

形 圧倒的な

▶ overwhélm（圧倒する）の形容詞。
▶「圧倒的多数」は the overwhelming majority,「圧倒的な勝利」は an overwhelming victory。

1023 subdue [səbdjúː]

他 鎮圧する, 抑制する

▶ sub- は「下へ」という意味。だから,「上から下へ抑えつける」という感じ。
▶ cónquer（征服する）, contról（抑える）などで言い換えられる。

The **geologists' preliminary** report suggests / that there is too little gold in the ore / for it to be **economically** viable / to **excavate** the latter and **extract** the former.

- too … for − to 〜 「あまり…なので−は〜でない」
- for it の it は to excavate…をさす。
- ore[ɔːr]「鉱石, 原石」
- viable[váiəbl]「実行可能な, 成功しそうな」

地質学者の**予備**報告は（次のことを）示唆しています / その原石に含まれる金があまりにわずかなので / **経済的に**見合わないと / 原石を**採掘して**金を**抽出する**ことは。

1024 **geology** [dʒiálədʒi]

名 地質学

- □ geológical 形 地質学の
- □ geólogist 名 地質学者
- ▶ geo-（土地）は日本語の「地（じ）」に通じると思ってよい。geómetry（幾何学）も大もとは「土地を測ること」からできた語である。
- ▶ -logy は psychólogy（心理学）のように「…学」を意味する。

1025 **preliminary** [prilíməneri]

名 形 予備[的な]

- □ preliminary to 〜に先立って
- ▶ prelíminaries という複数形で,「予備行為（予備試験, 予選など）」を表す。たとえば, a preliminary negotiation は「予備交渉」。
- ▶ initial（初めの）, prepáratory（準備の）などの語もある。

1026 **excavate** [ékskəveit]

他 掘る, 発掘する

- □ excavátion 名 発掘(物)
- ▶ アクセントに注意する。
- ▶ dig（掘る）より改まった語。「遺跡を発掘調査する」のは excavate the ruins,「墓所を発掘する」のは excavate the burial site。

1027
extract
他 [ikstrǽkt]
名 [ékstrækt]

他 名 **抜粋[する], 抽出物**

□ extráction 名 抽出(物), 抜粋
▶ アクセントは「名前動後」。
▶ ex- は「外へ」の意。「外へ引き(抜き)出す」という感じの語。
▶ vanilla essence (バニラ・エッセンス) は ((米)) では vanilla extract と言う。

465

The **government**'s attempts / to **isolate fundamentalist** extremists / instead of engaging with them in **dialogue** / are at the root of the **current** wave of **terrorist** attacks.

🔗 extrémists「過激論者,過激派(の人たち)」　　engage with「〜と交戦する」
　root「根底」　wave「波,うねり,高まり」

政府の試みが / 原理主義者の過激派を孤立させようとする / 彼らと対話を交わそうとせずに, / 現在のテロリストたちによる攻撃の高まりの根底にある。

💬 原理主義者の過激派に対して,対話を交わそうとせずに孤立させようとする政府の企てが,テロリストたちの今の波状的な攻勢の根底にあります。

1028
government
[gʌ́vərnmənt]

名 **政治, 政府**

□ góvernor 名 支配者；総督, 知事
□ góvern 他 自 治める, 支配する
▶ スペリングに注意(n を脱落しないように)。
▶「政府与党」は the government party,「野党」は the opposition party。

1029
isolate
[áisəleit]

他 **孤立させる, 分離する**

□ isolátion 名 孤立, 隔離
▶ [ai] を強く発音する。
▶「鎖国」は (national) isolation だが, 実際には, The Tokugawa Shogunate closed the door to foreigners. (徳川幕府は鎖国を行いました)のように説明すればよい。

1030 fundamentalist
[fʌndəméntlist]

名 原理主義者

- fundaméntal 形 名 基本[的な]，根本[の]
- fundaméntally 副 基本的に(は)
▶宗教上の原理・教義に忠実な「教条主義者」のこと。

1031 díalogue
[dáiəlɔ(:)g]

名 対話，会談

▶《米》では díalog というスペリングも使われる。
▶ mónologue なら「独白，一人芝居」。

1032 currency
[kə́:rənsi]

名 流通，通貨

- cúrrent 名 流れ 形 流通している，現在の
▶ gold currency（金貨），foreign currency（外貨）のように使う。

1033 térrorism
[térərizm]

名 テロ(行為)，恐怖政治

- térrorist 名 テロリスト
- térrify 他 恐れさす
- térrible 形 ひどい，恐ろしい
- terrífic 形 すごくいい，恐ろしい
▶ "térror(恐怖) + -ism(状態・主義などを表す)"から。「恐怖や暴力を政治の手段とする行為」のこと。
▶頻発する「爆弾テロ」は terrorist bombings，「自爆」は self-destruction または suicidal bombing。

Time to Read TRACK 071

466

The police **pursued** the robbers / in a highspeed car chase / along the freeway.

警察は強盗を**追跡しました** / 猛スピードのカーチェイスで / 高速道路の。

1034 pursúe
[pərsú:]

他 自 追跡[追求]する，続行する

- pursúit 名 追跡，研究
- in pursuit of 〜を求めて
▶ chase（追う），seek（捜し求める），carry out（実行する），carry on（続行する）などの意。
▶「幸福の追求」は the pursuit of happiness。

467

By far the best **feature** of the movie / was its special effects; / the story was terrible!

🔗 by far 最上級を強めて「飛びぬけて，断然」

その映画の断然すぐれた**特色**は / 特殊効果で，/ ストーリーはまったくひどいものでした。

1035
feature
[fíːtʃər]

名 他 特徴[になる]；顔立ち

▶「目立つところ，（人目を引く）特徴」という感じ。TV などで a feature (program) は「特集番組」，新聞で a feature article は「特集記事」のこと。

▶ a man of handsome features（ハンサムな［顔立ちの］男）のように「容貌」は複数形で使うのが普通。会話では，He's handsome. / He's good-looking.

468

Take no notice of the dog: / he always **growls** / when he's **confronted** with someone he doesn't know, // but he never bites.

犬は気にしないで。/ いつも**うなる** / 知らない人と**向かい合うと**，// でも絶対かみついたりしませんから。

1036
growl
[ɡrául]

自 他 （犬などが）うなる；どなって言う
名 うなり声

▶ grow（成長する）の [ou] と区別して，母音の発音は [au]。

1037
confront
[kənfrʌ́nt]

他 直面する[させる]

□ confrontátion **名** 直面，対決

▶ We were confronted with[by] some difficulties. / Some difficulties confronted us.（困難に直面した）のように，be confronted with[by] の形で「〜に直面する (face[up to])」の意。

469

The **riots** in **protest** over the **court**'s **verdict** / were quite a **spectacle**, / but not of the **type** / the **government** wanted to see.

🔖 not of the type¹⁰²⁸…「…のような(種類の)ものではない」

法廷の評決に抗議する暴動は / かなりの見物でした / が, 種類のものではありませんでした / 政府が目にしたいような。

1038 riot
[ráiət]

名自 暴動[を起こす]

- □ ríoter 名 暴徒
- ▶発音に注意。
- ▶「(暴徒鎮圧のための)催涙ガス」は riot gas,「機動隊」は (the) riot police。

1039 protest
自他 [prətést]
名 [próutest]

名自他 抗議[する]

- ▶アクセントは「名前動後」。
- ▶「戦争に抗議する」のは protest (against) war。
- ▶ Prótestant(新教徒[の])と Cátholic(旧教徒[の])のペアにも注目。どちらも日本語の「プロテスタント」「カトリック」と発音・アクセントを区別。

1040 court
[kɔ́ːrt]

名 宮廷;裁判所;庭　他 求婚する

- □ cóurteous 形 礼儀正しい
- □ cóurtesy 名 礼儀, おじぎ
- ▶ coat[kóut]と発音を区別する。
- ▶本来は「(建物に囲まれた)中庭(courtyard)」という意味。a tennis court (テニスコート) はわかりやすいが, a court of justice は「法廷, 裁判所」のこと。

1041 verdict
[və́ːrdikt]

名 (陪審員の)評決, 判定

- ▶この「評決」をうけて裁判官(judge)が判決(júdgment)を下し, 刑の宣告(séntence)がなされる。
- ▶ convíct (有罪判決する), convíction (有罪判決)と区別する。

1042
spectacle
[spéktəkl]

名 光景；見せ物

- spéctacles 《複》めがね
- spectácular 形 壮観な，見せ物の
- spéctater 名 観客，見物人
- ▶形のアクセントは誤りやすい。
- ▶「(映画・演劇などの大がかりな)ショー，(壮観な)見もの」という意味で使うことが多い。

1043
typical
[típikl]

形 典型的な

- ▶ type[táip]（型，典型；タイプする）の形容詞。発音を区別する。
- ▶ A is typical of B.（A は B の特徴を表している）という形で使うことが多い。

470

The report **advocates** / swifter **justice** and **generally stricter sentences** / for **violent** offenders⁰⁹⁹² // but, **paradoxically**, / it calls for a temporary moratorium on the death penalty.

🔗 moratórium「一時停止,猶予(期間)」

報告書は提言しています／より迅速な司法措置と全般的に厳しめの判決を／暴力犯に対して，//しかし，逆説的になりますが，／死刑については一時的な猶予を要請しています。

1044
ádvocate
名 [ǽdvəkət]
他 [-keit]

他 名 主張する(人)，擁護する(人)

- ▶発音・アクセントに注意する。
- ▶「(主義などを)唱道する」という感じで，recomménd（推奨する），suppórt（支持する）などの意味を含む。

1045
justice
[dʒʌ́stis]

名 正義, 正当性；裁判(官)

- júst 形 正しい 副 ちょうど, たったいま, ただ〜だけ
- jústify 他 正当化する
- ▶ do justice to / do 〜 justice という形で「〜を公平に扱う[評価する]」の意。
- ▶「法廷」は a court of justice。

1046
strict
[stríkt]

形 厳格な, 厳密な

- strictly speaking 厳密に言えば
- ▶「厳しい規則」は strict rules。「(人に対して)厳しい」と言うとき strict が普通。sevére を使うと「情け容赦がない」という感じがずっと強くなる。

1047
sentence
[séntəns]

名 他 判決[を言いわたす]；文

- ▶ death sentence は「死刑の宣告」, life sentence は「終身刑」。
  また, He was sentenced to death[life imprisonment]. は「死刑[終身禁固刑]を宣告された」の意。

1048
violence
[váiələns]

名 激しさ, 暴力

- víolent 形 激しい, 乱暴な
- ▶ domestic violence (家庭内暴力), violence against women(婦女暴行)などと「暴力(行為)」に使う。

1049
paradox
[pǽrədɑks]

名 逆説, パラドックス

- paradóxical 形 逆説の
- paradóxically 副 逆説的に(言えば)
- ▶ アクセントは第1音節に。
- ▶ "More haste, less speed." (急がばまわれ)のように,「一見矛盾しているようだが, 実は真理であること」の意。

471

Most so-called **civilized audiences** / seem to think / it's **compulsory** to **applaud**, // even when they have been presented / with something bad enough to make them **blush**!

- be presented with「～を提供される，～を見せられる」
- bad enough to ～「～するくらい下手な，～するほどまずい」

> いわゆる**洗練された観客**の大部分は / 思っているようです / **拍手をする**のは**義務だ**と // 見せられたときでさえ / 自分たちを**赤面**させるぐらい下手なものを。

1050 **civilized** [sívəlaizd]
形 文明化した

- □ civilizátion 名 文明
- ▶ cívilize（文明化する）の形容詞。アクセントに注意。
- ▶ 反意語は uncívilized（文明化していない），sávage（未開の），bárbarous（野蛮な）など。

1051 **audience** [ɔ́ːdiəns]
名 聴衆

- ▶ áudible（聞こえる）のように，audi- は「聞く」という意味。auditórium（聴衆席，講堂）という語もある。
- ▶ a large audience（大勢の聴衆）のように，「（聴衆が）多い，少ない」は mány, few ではなく large, small を使う。

1052 **compulsory** [kəmpʌ́lsəri]
形 強制的な，義務的な

- ▶「義務教育」は compulsory education,「（大学などの）必修科目」は compulsory subjects（「選択科目」は optional subjects）。

1053 **applause** [əplɔ́ːz]
名 拍手，賞賛

- □ appláud 自他 拍手する，賞賛する
- ▶「拍手」は clápping,「拍手する」は clap (one's hands)。
- ▶ a storm of applause（あらしのような拍手），a round of applause（いっせいの拍手）など。
  結婚式などで「2人に暖かい拍手を！」は，Let's give them a big hand. とか Give the two a round of applause!

1054 blush [blʌ́ʃ]

名 自 赤面[する]

▶ flush と区別する。blush は「(恥じたり当惑したりして) 赤面する」, flush は「(興奮したり運動したりして) 紅潮する[させる]」。
▶ flash (ひらめき) や brush (はけ, ブラシ) と区別。

472

Mr. Lear was an **inspiring chemistry** teacher, / but much of the knowledge he **imparted** to us / was, **strictly** speaking, / **irrelevant** to the syllabus we were supposed to be **following**.

sýllabus「教授概要, 授業項目」

リア先生は生徒を**やる気にしてくれる化学**の教師でしたが, / **教えてくれた**知識の多くは, / **厳密に言えば** / 私たちが**履修する**ことになっている授業項目とは**無関係な**ものでした。

1055 inspire [inspáiər]

他 (思想・感情を) 吹き込む；活気を与える；息を吸い込む

□ inspirátion 名 霊感
▶ The movie inspired me with courage. は「その映画を見て勇気づけられました」。

1056 chemistry [kémistri]

名 化学；化学作用

□ chémical 形 化学の 名 化学薬品
□ chémist 名 化学者
▶ ch [k] の発音に注意。
▶ organic chemistry (有機化学)
  inorganic chemistry (無機化学)

1057 impart [impáːrt]

他 分け与える, 告げる

▶ give (与える), convey (伝える), pass (渡す, 伝える) などに近い意味。

1058
irrelevant
[írélәvənt]

形 **不適切な**, 関連性のない

▶ irrelevant remarks は「(その場に関係のない)不適切な発言」。

1059
follow
[fálou]

他 自 **あとに続く；従う；理解する**

☐ fóllowing 形 次の
☐ as follows 次の通り
☐ It follows that… したがって…となる

▶ A is followed by B. / B follows A. (A のあとに B が続く)は A と B をとり違えやすいので注意。
What day follows Tuesday? の答えは Wednesday で,
What day is followed by Tuesday? の答えは Monday となる。

▶ 相手が早口で聞き取れないときは, I'm sorry but I can't follow you. Could you say that again?

Time to Read TRACK 072

473

The **explorers** were lost / without **trace** / in the icy wastes of Alaska.

探検家たちは行方不明になりました / 足どりが途絶え, / 凍りついたアラスカの荒野で。

1060
explore
[ikspló:r]

他 **探検する**, 探求する

☐ explorátion 名 探検
☐ explórer 名 探検家

▶ コンピュータでインターネット利用するには, まず Internet Explore のボタンからスタートする。

1061
trace
[tréis]

名 他 **跡 [をたどる]**

▶ traces of ancient Greek civilization (古代ギリシャ文明の跡), trace the history of ～ back to the Stone Age (～の歴史を石器時代までさかのぼる)のように使う。

474

Influenza is an **infectious disease** / that can spread rapidly / through whole populations.

インフルエンザは**伝染病**です / 急速に広まる可能性のある / 全人口に。

1062 infection [infékʃən]

名 伝染(病)，感染

□ inféctious 形 伝染性の
▶ an infectious disease は「（空気・水などによる間接的な）伝染病，感染症」のこと。「（接触による）伝染病」は a contagious disease。

1063 disease [dizíːz]

名 病気

□ diséased 形 病気の
▶ s を [s] ではなく [z] と発音する。decease [disíːs]（死亡）と区別。
▶ íllness, síckness が「病気（の状態）」であるのに対し，diséase は「（病名のある個々の）病気」。
▶ 反意語は health（健康）。

475

The land I bought in the mountains last year / is impossible / to **cultivate** vegetables on.

去年，山中に買った土地は，/ 不可能です / 野菜を**栽培する**のは。

1064 cultivate [kʌ́ltiveit]

他 耕作する，栽培する；(教養を)みがく

□ cúltivated 形 耕作された；教養のある
□ cultivátion 名 耕作；教養
▶ もとは「（土地を）耕す」だが，人間について「（精神，教養などを）つちかう」という意味によく使われる。

It was largely Naylor's **obsession** / with **defying** his father's wishes / that **nourished** his **ambition** / to **follow** a **military** career.

- It was … that ～. は…を強調する形式。　　career[kəríər]「職業,経歴」

主にネイラーにとりついた**執念**でした / 父親の期待**に逆らおう**とする / **野心**を**募らせ**たのは / **軍人**という職業**に就こう**とする。

ネイラーが軍人として成功する道を歩もうとする野心を募らせた原因は, 主に, 父親の期待に対する反抗心にとりつかれていたことにありました。

1065 obsession [əbséʃən]
名 **(妄想などに)とりつかれること**

- □ obséss([妄想などが]とりつく)の名詞形。
- ▶ He's obsessed by computers.（コンピュータにとりつかれている / コンピュータのことで頭がいっぱいだ）のように使うことができる。

1066 defy [difái]
他 **挑む, ものともしない**

- □ defíant　形 反抗的な, けんか腰の
- □ defíance　名 挑戦, 反抗
- ▶ defy the law は「法律を無視する」, in defiance of tradition は「伝統をものともしないで」。

1067 nourish [nʌ́riʃ/nɔ́:riʃ]
他 **養う, 育成する**

- □ nóurishing　形 栄養のある
- □ nóurishment　名 栄養(のある食物)
- ▶「栄養失調の」は undernóurished,「栄養十分な」は well-nóurished。
「栄養をとるようにしています」は I always try to take nourishment.

1068 ambition [æmbíʃən]
名 **野心, 大望**

- □ ambítious　形 野心のある
- ▶ アクセントをぼかさないように。
- ▶ 有名な「少年よ大志を抱け」ということばは Boys, be ambitious.

1069 military [míliteri]

形 軍隊の，陸軍の
名 ((総称))軍隊，軍人

- □ mílitarism **名** 軍国主義
- ▶「兵役」は military service，「徴兵制」は military draft，「軍隊」は military (forces)。
- ▶「軍の」に対して「一般人の，民間の」は cívil。「軍人」に対して「一般人，民間人」は civílian。

477

Anyone who perceives **inequality** / in the opportunities afforded himself / in **comparison** with those given to others in his society / will feel **oppressed**.

> だれでも**不平等**に気づく人は / 自分に与えられる機会の / 社会の他の人びとに与えられる機会に**くらべて**，/ **虐げられている**と感じるだろう。

💬 社会の他の人びとに与えられる機会にくらべて，自分に与えられる機会が不平等だと思う人はだれでも，虐げられていると感じるでしょう。

1070 inequálity [inikwάliti]

名 不平等

- ▶ equálity（平等）の反意語。equal[íːkwəl]（等しい，平等な）の名詞形。
- ▶「(いろいろな)社会的不平等」は social inequalities。

1071 comparative [kəmpǽrətiv]

形 比較的な

- ▶ compáre（比較する）の形容詞。
- ▶ compáratively（比較的［に］，いくぶん）という形で使うことが多い。rélatively（相対的に）に近い。

1072 oppress [əprés]

他 圧迫する，抑圧する

- □ oppréssion **名** 圧迫，抑圧
- □ oppréssive **形** 圧迫的な，重苦しい
- ▶ ほかに，depréss（意気消沈させる，憂うつにする），représs（抑える，こらえる）という語もある。

It is **token** of the **prime minister**'s **pragmatic** approach to **politics** / that he has decided to **dissolve** the **Diet** and call a **general** election / at this point in the **government**'s term.

首相の実際的な政治手法の1つの表れです / 国会を解散して総選挙を指示しようと決断したのは / (議会の)会期中のこの時点で。

1073
token
[tóukən]

名 しるし，記念[品]

▶ 改まって品物を渡すとき，This is just a token of our appreciation.(これは私たちのほんの感謝のしるしです)。
▶ in token of ～ / as a token of ～は「～のしるしに，～の記念に」という決まり文句。

1074
pragmátic
[prægmǽtik]

形 実用(主義)の

▶ 問題を解決するにあたって観念より実際的な手法を重視する，ということ。realístic(現実主義の)に近い。

1075
pólitics
[pálitiks]

名 政治[学]

☐ political 形 政治の
☐ politícian 名 政治家[屋]
▶ 上記2語のアクセントを誤らないように。
▶ económics(経済[学])，mathemátics(数学)などと同じく単数扱い。
▶ 良い意味で「(大物)政治家」は státesman，státeswoman，státesperson だが，悪い意味での「政治屋」のニュアンスを含むのが politícian である。

1076
dissolve
[dizálv]

他 自 溶解する，解散する

▶ solve(解く)の[s]に対して，dissolve や resolve(決心する)は[z]と発音する。
▶ 「溶かす，溶ける」だけでなく，dissolve the Diet(国会を解散する)のようにも使える。

1077 diet [dáiət]

名 自 **(規定の)食事**[をとる]；**国会**

▶「ダイエットする」は go on a diet。「ダイエットしています」は I'm on a diet.「スマートになろうとダイエットしてますの」ならば I'm trying to slim down by going on a diet.

▶「(日本の)国会」は the Diet,「(英米の)議会」はそれぞれ Párliament, Cóngress。

479

The family's precipitous **decline** over the last two or three **generations** / is a **potent** reminder / that **prosperity** is not easily **sustained** over long periods of time.

- precípitous「急激な」
- a reminder that …「…を思い出させるもの」

その一族のここ2,3世代にかけての急激な衰退ぶりは，/ 強く思い出させてくれます / 繁栄は長期間にわたって容易に持続されるものではないことを。

1078 génerate [dʒénəreit]

他 **発生させる**，起こす

- □ génerator 名 発生装置，((英))発電機
- □ generátion 名 世代；発生
- ▶ generate hazardous gas は「(公害となる)有毒ガスを発生させる」。
- ▶ prodúce(生み出す)，give rise to(引き起こす)などと言い換えられる。

1079 pótent [póutənt]

形 **強力な**，効力のある

▶反意語は ímpotent(無力な)。

1080
prosperity
[prɑspérɪti]

名 **繁栄**

- □ prósper 自他 繁栄する
- □ prósperous 形 繁栄している
- ▶「(特に経済的に)成功している状態」に使う。「平和と繁栄の時期」は a period of peace and prosperity。

1081
sustain
[səstéin]

他 **支える**，扶養する；耐える

- □ sústenance 名 生計；食物；維持
- ▶「下から (sus-) 支える」から suppórt (支持する，扶養する)，bear (耐える)，keep，maintáin (維持する) などの意味になる。

Time to Read TRACK 073

480

The Harringtons have recently **acquired** a very desirable property / down by the lake.

ハリントンさん一家は, 最近, 願ってもない不動産を**手に入れました** / 下の湖のほとりに。

1082
acquired
[əkwáiərd]

形 **獲得した**，後天的な

- ▶ acquíre (得る，[後天的に] 習得する) の形容詞。「生まれつきの」に対して「生まれた後で身についた」という意味で使う。

481

It's not easy for totalitarian states to adjust to **democracy**, / as **demonstrated** by present-day Russia.

🔗 totalitárian「全体主義の」　　adjust to「〜に順応する, 慣れる」

全体主義国家が**民主主義**に順応するのは容易ではありません / 現在のロシアが**実証**しているように。

1083
demócracy [dimákrəsi]

名 民主主義

- democrátic 形 民主的な
- démocrat 名 民主主義者
- ▶上記2語のアクセントを区別。
- ▶ a, the をつけると「民主（主義の）国，民主主義社会」の意味になる。
- ▶「民主党」は the Democratic Party,「共和党」は the Republican Party。
- ▶ aristócracy（貴族政体）と対照して使うこともある。

1084
démonstrate [démənstreit]

他 自 証明する；デモをする

- demonstrátion 名 証明；デモ
- ▶ de- を強く発音する。
- ▶「戦争反対のデモをする」は demonstrate against war。
- ▶最近は「（商品の）実演販売（をする）」というときに démonstrate, demonstrátion をよく使う。

482

Carl **collapsed** with a severe attack of **chest** pain / during an unaccustomed **session** of **vigorous exercise** / yesterday.

🖇 unaccústomed「慣れていない」

カールは激しい胸の痛みに襲われて倒れました／不慣れな激しい運動時間中に，／きのう。

1085
collapse [kəlǽps]

名 自 他 崩壊[する, させる]，衰弱[する]

- ▶スペリングを誤らないように。
- ▶ fall down（くずれる）や break down（つぶれる）などより改まった語。

1086 chest [tʃést]

名 胸[部]；箱，金庫

- □ the community chest　共同募金
- ▶ breast（[女性の]胸，乳房），bust（[女性の]胸[囲]）と区別して，一般的に「胸部」は the chest を使う。
- ▶「息をすると胸が痛いんです」は My chest hurts when I breathe.

1087 session [séʃən]

名 開会，会議，会期；学期，授業時間

- ▶「座ること」が元の意味で，in session（開会中），out of session（閉会中）という形でよく使われる。

1088 vigor [vígər]

名 活力，元気

- □ vígorous　形 元気旺盛な
- □ vígorously　副 / with vigor　精力的に
- ▶ 類語は énergy（エネルギー），force（力），enthúsiasm（熱意）など。

1089 exercise [éksərsaiz]

他 名 働かせる[こと]，運動；練習

- ▶ アクセントとスペリングに注意する。
- ▶「適度の運動をするといいですよ」は You should take moderate exercise.「運動のためウォーキングをするといいですよ」は You should try exercise walking.
- ▶「英作文の練習問題」は English composition exercises。

483

I thoroughly enjoyed **studying psychology** at **university**, / and I have also found / what I learned then extremely **beneficial** to my career.

🖉 thoroughly[θə́ːrəli]「徹底的に，存分に」

私は**大学**で**心理学**をとても楽しく**勉強**しました / そして，同時にわかりました / そのとき学んだことが私の職業にもきわめて**有益である**ことが。

1090 study [stÁdi]

名他自 勉強[する]，研究[する]；書斎

- stúdent 名 学生，研究者
- studious[stjúːdiəs] 形 熱心な
- ▶ learn（覚える，習得する）と比べると study のほうが「（努力して）学ぶ」という感じが強い。

1091 psychólogy [saikÁlədʒi]

名 心理学

- psychológic(al) 形 心理的な
- psychólogist 名 心理学者
- ▶ 発音・アクセントに注意。p を発音しないのは，psalm[sáːm]（讃美歌），corps[kɔ́ːr]（軍団）なども同じ。
- ▶ "psycho（心の）+ logy（学問）" から。派生語のアクセントにも注意。

1092 benefícial [benəfíʃl]

形 有益な

- ▶ アクセントは第3音節に。
- ▶ bénefit（利益，恩恵）の形容詞で，úseful（役立つ）に近い。反対は，hármful（有害な）。
- ▶ benéficent（情け深い）と区別が必要。

484

The novel, / which is in the form of a **diary**, / **depicts** the early life of an **orphan** / through the eyes of a **pious** yet **fundamentally** unsympathetic foster mother.

- unsympathétic「同情心のない，思いやりのない」
- foster mother「養母」

その小説は，/ 日記の形式をとりながら，/ 1人の孤児の子供時代を描いています / 信心深いが根本的に同情心を欠いた養母の目を通して。

1093
diary [dáiəri]

名 **日記, メモ帳**
- dairy[déəri]（搾乳場）とスペリング・発音を区別する。
- 「日記を（習慣として）つけてますか」は Do you keep a diary?
- ((英))では「(日付の入っている)メモ帳, 手帳」も a diary と言う。((米))では a cálendar（日程表）。

1094
depict [dipíkt]

他 **描写する**
- descríbe（描写[記述]する）, represént（表現する）と比べて, depict は「生き生きと描く」という感じ。

1095
orphan [ɔ́ːrfən]

名 形 **孤児[の]**
- 「戦争孤児(たち)」は war orphans。

1096
pious [páiəs]

形 **信心深い, 敬虔な**
- piety[páiəti] 名 敬虔, 信心
- 母音の発音[ai]に注意する。
- relígious（信心深い）とほぼ同じ。
  反意語は impious[ímpiəs/impáiəs]（不信心な）。

485

Although the president has publicly expressed his **intention** to resign and go into **exile**, / many **observers** remain **skeptical** / about whether he will actually do so.

✎ resígn「辞職する」

大統領は辞職して**亡命するつもり**だと公言しましたが, / **観測筋**の多くが**懐疑的なまま**です / 実際にそうするかどうかについては。

1097 intént
[intént]

名 意図, 意向 **形** 熱中している

- ▶ アクセントは第2音節に。
- ▶ inténd(意図する)の名詞形。inténtion(意志, 意図)より改まった語。
- ▶ by intent, with intent は「意図的に(inténtionally)」。
- ▶ Tom is intent on computer graphics. (トムはコンピュータ・グラフィックスに夢中だよ) のように, be intent on(〜に熱中している)という形でよく使う。

1098 exile
[égzail]

名 亡命[者], (国外)追放[者]
他 追放する

- ▶ 「亡命する, 国外追放の身になる」のは go into exile。

1099 observation
[ɑbzərvéiʃən]

名 観察, (観察に基づく)意見

- □ obsérver **名** 観察者, 立会人
- ▶ obsérve 他自(観察する, 気づく)の名詞形。

1100 skeptical
[sképtikl]

形 懐疑的な

- ▶ scéptical《英》も発音は同じ。

486

The key to curing an **addict** of his dependence on drugs / is to **create** a situation / in which he has no choice but to **abstain** from drug use / for an extended period of time.

- cure A of B 「A(病人)のB(病気)を治す」
- have no choice but to 〜 「〜するほかない」

麻薬**中毒患者**の薬物依存を治すカギは, / 境遇を**つくって**やることです / 薬物使用を**控え**ざるをえない / 長期間。

1101 **áddict** [ǽdikt]

名 **中毒患者，大ファン**

- addicted [ədíktid] 形 中毒の，やみつきの
▶ アクセントに注意。
▶ a drug addict（麻薬常用者），a video game addict（テレビゲーム狂）など。
▶ He's addicted to computer games.（コンピュータゲームにやみつきになっている）のように，be addicted to の形で使われることが多い。

1102 **create** [kri(:)éit]

他 **創造する**

- creátive 形 創造力のある
- creátion 名 創造，天地万物
- creature [krí:tʃər] 名 生き物，人間
▶ 母音の発音に注意する。
▶ make（作る）より改まった語で「（新しい物を）創り出す」という意味。create more jobs for young people（若い人たちの働き口を生み出す）のようにも使える。

1103 **abstain** [əbstéin]

自 **控える，慎む**

▶ abstain from alcohol（禁酒する）のように，abstain from（～を控える）の形で使う。
▶ refrain from（～を[一時的に]控える，がまんする）と区別。車内やレストランなどの「たばこはご遠慮ください」という掲示は No smoking, please. / Kindly refrain from smoking. のように refráin を使う。

Time-to-Read TRACK 074

487

He's a **zealous** and, at times, **eloquent opponent** / of **globalization**. 0999

at times「ときどき，たまに」

彼は**熱烈な**，そして時には**雄弁な反対論者**です / グローバリゼーションに対する。

1104 zealous
[zéləs]

形 熱心な，熱中している

- be zealous in ~ ing / be zealous to ~
  ～することに熱中している
- ▶ zeal 名（熱意）は[zíːl]だが，形 は[zéləs]と発音する。
- ▶ jealous[dʒéləs]（ねたんでいる）と区別。éager とほぼ同じ意味。

1105 éloquent
[éləkwənt]

形 雄弁な

- éloquence 名 雄弁
- ▶ アクセントは第1音節。
- ▶ an eloquent speech（雄弁な演説），an eloquent speaker（弁説の立つ人）のように使う。

1106 globalization
[gloubələzéiʃən]

名 世界化，国際化

- ▶ globe（地球），glóbal（地球の）から。
- ▶「（企業・マーケットなどを）グローバル化すること」の意。global standard（世界[に通用する]水準），global network（世界規模の情報通信網）などもよく使われる。

488

The will of the majority **prevailed** / and the others just had to accept / they had lost the argument.

多数派の意思が通り，/ そのほかの者は認めざるをえませんでした / 議論に敗れたことを。

1107 prevail
[privéil]

自 優勢である，流布する

- preváiling / prévalent 形 広く行き渡っている
- ▶「エイズが蔓延しつつある」を AIDS has been prevailing[prevalent]. と言えるが，やや文語的。「風邪がはやっているようですね」は There seems to be a lot of flu about. くらいが適当。

489

Jeff sees the the latest **assignment** / as merely another step in the company's **campaign** / to **persecute** him into resigning.

> ジェフは今度**割り当てられた仕事**を見なしています / 会社の**作戦**の新たな一歩にすぎないと / 自分を**しいたげ**辞職に追い込もうとする。

1108
assignment
[əsáinmənt]

名 **割り当て**；課題，宿題

- □ assígn 他 割り当てる
- ▶「宿題」は hómework でもよいが，《米》では assígnment をよく使う。

1109
pérsecute
[pə́ːrsəkjuːt]

他 **迫害する**，悩ます

- □ persecútion 名 迫害
- ▶アクセントは第1音節に。
- ▶ the victims of religious persecution は「宗教による迫害の犠牲者たち」。

490

When I saw Greg standing **stammering** in front of his wife, / I was left in no doubt / as to who wears the **trousers** in their household!

> be left in no doubt「疑いのない状態になる，はっきりわかる」
> as to「〜について」（about）
> wear the trousers《英》/ wear the pants《米》「（妻が夫を）しりに敷く」

> グレッグが妻の前で**どもりながら**突っ立っているのを見たとき，/ 私ははっきりわかりました / 彼らの家庭で**しりに敷いて**いるのはどっちなのか。

1110
stammer
[stǽmər]

自他名 **どもって言う[こと]**

- □ stámmerer 名 どもる人
- ▶「（あがったり困惑したりして）どもる」ときに使う。

1111 trousers
[tráuzərz]

名 ズボン

- ou の発音は[au]。blouse[bláuz]（ブラウス）も[au]。
- 《米》では「ズボン」のことを pants と言う。《英》では pants は「(下着の)パンツ」。
- scissors[sízərz]（はさみ）などと同じく，数えるときは two pairs of trousers（ズボン2着）という言い方をする。

491

I have no choice but to moonlight / to **supplement** my income // ― we simply couldn't afford to pay our children's school fees / if I didn't take on private **clients**.

móonlight「内職する，アルバイトする」　take on「(客・生徒などを)とる」

私，アルバイトをしないわけにはいかないんです / 収入を補うために。// どうしても子供たちの学校費用を払う余裕がないのです / 個人的にお客さんをとらないと。

1112 supplement
[sʌ́pləmənt/-ment]

名 他 補足[する]

- □ suppleméntary　形 補足の
- cómplement（補足して完全にするもの），cómpliment（お世辞）などと区別する。
- 「カルシウムを補給しています」は I take a calcium supplement.

1113 client
[kláiənt]

名 依頼人；顧客

- 「(弁護士や私立探偵などへの) 依頼人」「(レストランの) 客」などに使う。「(品物を買う)客」は a cústomer。

492

It's not so much the physical pain of **injections** (which is **comparatively** slight) that concerns me / as the mental **agony** I suffer¹⁰⁷¹ / at the thought of the needle **penetrating** my body!

- it's not so much A that … as B 「…なのはAというよりむしろBである」
- at the thought of 「~を考えると, ~を考えたとき」

私の気になるのは, 注射の肉体的な痛み（これは相対的に軽いものです）というよりむしろ, / 私が受ける精神的な苦痛のほうなのです / 針が身体を貫くのを考えると。

1114
injection
[indʒékʃən]

名 注射

- injéct（注射する）の名詞形。
- 「注射する」は give an injection。「注射してもらった」は I had[got] an injection。
- 会話では, I had[got] a shot at the clinic.（診療所で注射を打ってもらったよ）のように shot をよく使う。

1115
agony
[ǽgəni]

名 苦悩, 苦しみ

- ágonize 他 苦しませる
- in agony 苦しみもだえて
- pain よりも「激しい苦痛」。

1116
pénetrate
[pénətreit]

他 自 貫く, 浸透する

- penetrátion 名 貫通, 浸透
- penetrate into[through] ~に浸透する
- 会話では go through とか go into で間に合うことが多い。

493

Those of you who **aspire** to be chief **executive**, / as I am sure many of you do, / would do well to remember / that how hard you work will be **crucial** / to how well you do in the **corporation**.

would do well to ～「～するのがよいだろう」
how well you do「どれだけ成功するか，どれだけ出世するか」

（皆さんのうち）**重役**になり**たいと思っている**人たちは，——皆さんの多くはそう願っていると思いますが——/ 覚えておくとよいでしょう / どれだけ熱心に仕事をするかが**決定的な**条件になるということを / **会社**内でどれだけ成功するかにとって(の)。

1117
aspire
[əspáiər]

自 **熱望する**，求める

□ aspirátion 名 熱望
▶「世界平和を熱望する」は aspire after[to] world peace。
▶ 日本の憲法第9条は Aspiring sincerely to an international peace based on justice and order,…（[日本国民は]正義と秩序を基調とする国際平和を誠実に希求し，…）で始まる。

1118
exécutive
[igzékjətiv]

名 **重役**，**行政部** 形 実行上の

□ execútion 名 実施，執行
▶ x の発音は[gz]。
▶ execute[éksikju:t]（執行する）からできた語。

1119
crucial
[krú:ʃl]

形 **重大な**，決定的な

▶ very important（とても重要な），decísive（決定的な）の意。
▶ Dick wasn't there at the crucial moment.（ディックはいちばん大事な時に居合わせなかった）のように使える。

1120 corporation
[kɔ́ːrpəréiʃən]

名 法人, 団体, 会社

▶ cooperátion（協力）と区別する。
▶「法人」または「（法人組織の）会社」を corporátion, 「（個人名の）会社を cómpany と言う。
▶ 会話で「会社へ行くところです」は I'm going to the office.

Time to Read TRACK 075

494

My wife has been called in by Watson's **counsel** / to **testify** in the **murder** case / against him.

🖉 agáinst「～に不利な」

妻はワトソンの**弁護士**に求められている /**殺人**事件で**証言する**ように / ワトソンに嫌疑がかかっている。

1121 counsel
[káunsəl]

名 他 自 助言[する], 相談[する]

☐ cóunselor 名 相談役, 助言者
▶ cóuncil（会議）, cóunsel は同じ発音。スペリングを区別。
▶ cóunsel は advíse（忠告する）よりも「（専門的に）助言する」の意。日本語の「カンセリング」は cóunseling から。

1122 testify
[téstifai]

自 他 証明[証言]する

☐ téstimony 名 証拠, 証言
▶「証拠にする」が元の意味。test（試験[する]）と区別する。
▶ wítness（[目撃者として]証言する）という語も使われる。

1123 murder
[mə́ːrdər]

他 殺す　名 殺人

☐ múrderer 名 殺人者
☐ múrderous 形 殺人的な
▶「殺人事件」は a case of murder, 「殺人を犯す」は commit (a) murder。
▶「殺す」は kill のほうが一般的に使える。

495

I don't know / whether I can **summon** up the strength / to do anything as **strenuous** / as rock climbing.

ぼくにはわかりません / 力を**奮い起こせる**かどうか / **激しい**運動をする / ロッククライミングのような。

■■■ 1124 **summon** [sʌ́mən]	他 召集する；(勇気を)奮い起こす ▶「出頭させる」という改まった語。普通は call（呼ぶ），call up（［電話で］呼び出す），call for（［医者などを］来るように呼び出す）などを使う。 ▶ súmmons[-z]は「呼び出し(状)」で複数形はsúmmonses [-ziːz]。
■■■ 1125 **strenuous** [strénjuəs]	形 奮闘的な，精力的な ▶ make strenuous efforts は「奮闘する」，You should avoid strenuous exercise. は「激しい運動はしないほうがいいですよ」。

496

Extensive congestion on the **nation**'s **toll** roads / has led many to question the high **charges** / levied by their **operators**.

lead … to ~「…を~する気にさせる」　　lévy「徴収する，課す」

国の有料道路における広範囲にわたる混雑は / 多くの人びとを高い料金に疑問をもつようにさせてきた / 運営者によって課される。

有料国道での長い渋滞のために，多くの人たちは道路運営者が徴収する高い料金に疑問をいだくようになっています。

1126 extensive [iksténsiv]

形 広大な，広範囲の

- exténsion 名 拡張，延長
- extént 名 範囲，程度
- to some extent ある程度まで
- ▶ exténd（広げる，延長する）の形容詞。
- ▶ intensive reading（精読）と extensive reading（多読）をペアにして覚えておく。

1127 congestion [kəndʒéstʃən]

名 密集，混雑

- traffic congestion 交通渋滞
- ▶「交通渋滞」は traffic jam とも言う。「渋滞に巻き込まれてしまいました」は，I got stuck in the traffic. くらいでよい。

1128 nationality [næʃənǽləti]

名 国籍，国民性

- ▶ nátion（国家，国民）および nátional（国家の，国民の）から。
- ▶ What's your nationality?（国籍は？）と聞かれたら，I'm Japanese. のように答える。

1129 toll [tóul]

名 通行料　自他 鐘が鳴る[を鳴らす]

- ▶「有料道路」は a toll road。「料金所」は a tollgate。
- ▶ "For Whom the Bell Tolls" は Hémingway（米国の小説家）の『誰がために鐘は鳴る』という小説の題名。

497

The poor soil in the area / seemed to be unable to **retain** water, // which made it hard / to grow anything successfully.

その地域のやせた土壌は / 保水ができないようで，// そのことが困難にしました / 作物をうまく育てることを。

1130
retain [ritéin]

他 保持する

▶ retain the title（タイトルを保持する），retain the information within the computer's memory（情報をコンピュータに記憶させておく）など。
▶会話では keep（保つ）で間に合うことが多い。

498

It's natural / that the **editor** should **dictate editorial** policy // and if, as one of his **subordinates**, you **resent** that, / you should quit and move to another **daily**.

当然です / 編集長が編集方針を指示するのは，// それで，部下の1人としてそれに憤り（いきどお）を覚えるのなら / 辞めて別の日刊紙に転職すべきです。

1131
editor [éditər]

名 編集者

□ edít　他 編集する
□ edítion　名 版，刊行本
□ editórial　名 社説　形 編集の
▶コンピュータの「（プログラムなどの）編集用ソフト」も éditor が使われる。

1132
dictate [díkteit/diktéit]

他 自 書き取らせる；命令する

□ dictátion　名 書き取り；命令
□ díctator　名 独裁者
▶教室で先生が「はい，英語のディクテーションテストをします」と言うのは，Now, I'll give you an English dictation test.

1133 subordinate
形名 [səbɔ́ːrdənət]
他 [-neit]

形名 副次的な，従属する[者]
他 従属させる

▶ sub- は「下，副」を意味する。代わりに co-(「共同。同等」の意)がつけば，coórdinate (同等の，調和させる)という別の単語になる。
▶「(会社などの) 部下の連中は…」と言うとき，My subordinates are…は，やや軽べつを含んだ言い方になる。普通は My people [My assistants] are…のように言うとよい。

1134 resent
[rizént]

他 憤慨する，恨む

□ reséntment 名 憤慨，遺恨
▶ Ken resents being treated like a child. (ケンは子供扱いされるのに腹を立ててるよ)のように使う。

1135 daily
[déili]

形 副 毎日[の] 名 日刊新聞

▶ daily newspapers, daily papers (日刊新聞)のことを単に dáilies と言ってもよい。

499

The importance of **recycling** the world's limited natural resources / is well understood everywhere, / but many countries still lack **adequate facilities** / to do the job effectively.

世界の限られた天然資源を**リサイクルさせる**ことの重要さは / どこでもよく理解されています / が，多くの国々は**十分な設備**がまだできていません / その仕事を効果的に行うための。

1136 recycle [ríːsáikl]

他 再生利用する

- □ recýcling 名 リサイクル，再生利用
- ▶英語の recycle は動詞なので，名詞として「リサイクル」と言いたいときは recýcling とする。
- ▶「再生紙」は recycled paper，「リサイクル工場」は a recycling plant，「リサイクルショップ」は a recycled-goods shop。

1137 ádequate [ǽdəkwət]

形 十分な；適した

- □ ádequacy 名 適切，十分
- ▶発音・アクセントに注意。
- ▶「(…するのにちょうど)十分な」の意。ほかに，enóugh, sufficient がある。
- ▶「(～に)適した」は súitable に近い。
- ▶反意語は inádequate(不適当な)。

1138 facility [fəsíliti]

名 容易，便宜

- □ facílitate 他 容易にする
- ▶ facílities((複))は「設備，施設」。
- ▶ sports facilities(スポーツ施設)
  shopping facilities(買物施設)
  private facilities(［バス・トイレなど］個人用設備)
  monetary facilities(金融機関)　など。
- ▶ with facility は「容易に」(with ease)。

500

Mr. Kaneko **claims** that he teaches in the Law **Faculty** of K. **University**, / so it's strange / that my sister, who is a student there, / has never heard of him.

金子さんはK**大学**の法**学部**で教えていると**言い張り**ます / ので，不思議です / 私の妹はそこの学生なのですが，/ 彼のことをまったく聞いたことがないというのは。

1139
claim
[kléim]

他 自 名 **(権利として)要求[する]，主張[する]**

▶日本語の「クレーム」（苦情・文句）と意味が異なる。英語の claim は「(金銭的な)賠償(を求める)」という意味合いが強い。
▶「サービスにクレームをつけた」に claim を使うのは不適当。He made complaints about the service. のように言う。

1140
faculty
[fǽkəlti]

名 **能力，機能；学部，教授団**

▶ physical faculties（身体能力），mental faculties（[考えたり理解したりする]知的能力）のように使う。
▶また，「(大学の)学部教授陣」や「(学校の)全教職員」を the faculty と言う。

Time to Read TRACK 076

501

The ceremony opened / with a series of long and **tedious speeches**.

儀式は始まりました / 一連の長たらしく**退屈なスピーチ**で。

1141
tedious
[tíːdiəs/-dʒəs]

形 **退屈な，冗長な**

▶ e を [iː] と発音する。
▶普通は bóring（あきあきする）を使ってよい。

1142
speech
[spíːtʃ]

名 **話すこと，演説；話し言葉**

☐ give[make / deliver] a speech　演説する
▶ speak（話す）の名詞形にあたる。
▶日本語の「テーブルスピーチ」は，英語では an after-dinner speech と言う。

502

The **vote** among the directors / to **dismiss** the **chairman** for **incompetence** / was almost **unanimous**.

diréctor「重役, 取締役」　cháirman《英》/ président《米》「会長, 社長」

重役たちによる**採決**は /**無能**であるとして**会長**を**罷免する** / ほぼ**満場一致**でした。

1143 vote [vóut]

自 他 名 投票[する]

- □ vóter 名 有権者
- ▶ vote for 〜は「〜に賛成投票する」。「反対票を入れる」のは vote against 〜。
- ▶ bállot（[無記名]投票[する]），poll（投票[する]，選挙）という語もある。

1144 dismiss [dismís]

他 解雇する, 解散させる

- □ dismíssal 名 解雇
- ▶ 会話では fire（首にする）を使うことが多い。
- ▶「あいつ，リストラされそうだよ」は He's likely to be dismissed[fired].
- ▶ 反意語は emplóy（雇う）。

1145 chairman [tʃéərmən]

名 議長, 委員長；司会者

- □ chair 名 いす，議長
- ▶ 女性なら，cháirwoman と言うこともある。He's / She's in the chair.（彼[彼女]が議長だ）なら，男女どちらにも使える。

1146 compete [kəmpíːt]

自 競争する；対抗する

- □ competítion 名 競争，試合
- □ compétitive 形 競争の
- □ cómpetence 名 能力，力量
  ↔ incómpetence（無能力）
- ▶ compete with の形で「〜と競争する，〜に匹敵する」。
- ▶ ゴルフなどの「コンペ」は competítion。「コンテスト」「コンクール」も competítion と言ってよい。

1147
unánimous
[ju(:)nǽnimǝs]

形 **満場一致の**, 同意見の

▶ アクセントに注意する。
▶ 「満場一致で」は, unánimously または with unanímity。

503

Prof. Nomura was only able to continue his **research** / thanks to a generous **grant** / from the **government**.
1028

野村教授はどうにか**研究**を継続することができました / 気前のよい**補助金**のおかげで / **政府**からの。

1148
research
[risə́:rtʃ / rí:sə:rtʃ]

名 自 **研究[する]**, 調査[する]

□ reséarcher 名 研究者, 調査する人
□ research on[in, into] 〜を研究する
▶ "re-(再び, くりかえし) + search(探求する)" から。
▶ 「研究[する]」は study でもよい。「(学術的な)研究」に reséarch を使う。

1149
grant
[grǽnt]

他 **認可する**；授与する

▶ They granted him permission.（彼に許可を与えた）は They gave him permission. より改まった言い方。
▶ granting[granted] that …
 （たとえ…[だと認める]にしても）
 take 〜 for granted（〜を当然とみなす）
 などの慣用法にも注意。

504

Without seeing their **certificates**, / it's impossible to be sure / that the **qualifications** people list in their resumés / are **genuine**.

🔗 resumé[rez(j)əméi]「履歴書, 身上書」

証明書を見なければ, / 確信できません / (人びとが) 履歴書に列挙する資格が / 本物であると。

1150 certificate
名 [sərtífikət]
他 [-keit]

名 他 証明書[を与える]

- □ cértify 他 （正式に）証明する
- □ certificátion 名 証明すること
- ▶発音とアクセントに特に注意する。
- ▶ a health certificate（健康証明書）, a teacher's certificate（教員免許状）など。

1151 qualify
[kwálifai]

他 自 資格を与える[得る]

- □ qualificátion 名 資格, 資格証明（書）
- □ be qualified to［〜］/ be qualified for［as］　〜の資格がある
- ▶「税理士の資格がある」は He's qualified as a tax accountant. / He's qualified to be a tax accountant.

1152 genuine
[dʒénjuin]

形 本物の

- ▶ real（本物の）, authéntic（にせ物でない）に近い。「それ, 本物のピカソ（の絵）なの？」は Is it a genuine Picasso?
- ▶反意語は false（にせの）, fake（まがい物の）, artifícial（人工的な）など。

505

We put an expensive **advertisement** in the news paper, / but far from occupying the **prominent** position we expected, / it looked rather **insignificant**.

- far from ~ing「~するどころか」

新聞に高額の**広告**を打ちました/が，こちらが期待したような**目立つ**位置を占めるどころではなく，/かなり**とるにたりない**ように見えました。

1153

prominent
[prámɪnənt]

形 **突起した；傑出した，有名な**

□ próminence 名 傑出；突出

▶「前へ(pro-)突き出た」から「目立った(nóticeable)，著名な(wéll-knówn)」となる。
▶ She's prominent in the fashion industry.（あの人はファッション業界では有名です）など。

506

A: I've got a terrible **stomachache**.
B: Well, it must be impossible / for your body to **digest** the **garbage** you **feed** it with. // Why don't you eat properly?

- feed A with B「AにB(食物)を与える」
 Why don't you…?「…したらどう，…しなさいよ」

胃の痛みがひどいんだ。

そうね，きっとできないのよ/あなたが(体に)**送り込んでるひどい食べ物**を，体が**消化する**ことが。// ちゃんとした食事をしなさいよ。

1154 ache
[éik]

名 痛み　自 痛む

□ 発音，特に ch の発音[k]に注意する。
▶ pain（[はっきりした]痛み）に対して，ache は「（持続的な鈍い）痛み」を言う。
▶「からだじゅうが痛いのです」と訴えるのは，My body aches all over. または I ache all over.
▶ headache[hédeik]（頭痛），stomachache[stÁməkeik]（胃痛），toothache[tú:θeik]（歯痛）。

1155 digest
他自 [didʒést/dai-]
名 [dáidʒest]

他 自 名 消化する；要約[する]

□ digéstion 名 消化
▶アクセントは「名前動後」（名は前，動は後にアクセントを置く）。
▶「消化不良を起こしています」は I have indigestion.

1156 garbage
[gá:rbidʒ]

名 生ごみ；がらくた

▶「（台所から出る）生ごみ」。
　a garbage can（生ごみ入れ）
　a garbage collector（ごみの収集人）
　a garbage truck（ごみ収集車）
　garbage disposal（生ごみの処理）

1157 feed
[fí:d]

自 他 名 えさ[を与える]，食べる

▶ food 名（食物）からできた動詞形。
　feed-fed-fed と活用。
▶ feed on ～は「（動物が）～を食べて生きる」。人間ならば live on を使う。

507

The **government claims** / the **demonstrations** were **spontaneous** displays of support, // but there is **evidence** / that they were actually carefully orchestrated.

🔗 orchestrate[ɔ́ːrkəstreit]「結集する，お膳立てする」

政府は主張しています / そのデモが自発発的な支持の表明だと // しかし，証拠があります /（デモは）実際には周到にお膳立てされていたという。

	1158 **spontáneous** [spɑntéiniəs]	形 **自発的な**，自然に起こる

- □ spontáneously 副 ひとりでに
- ▶ compúlsory（強制的な），forced（強いられた）に対して，「自発的な」の意。

	1159 **evidence** [évidəns]	名 **証拠**

- □ évident 形 明白な
- □ évidently 副 明白に
- ▶「(明白に目に見える)証拠，根拠」という感じ。
- ▶「1つの証拠」は a piece of evidence。an evidence とか evidences のように数えることはできないことに注意する。

508 Time to Read TRACK 077

The **threat** to the **environment** from **intensive farming** / is very real.

集約農業から生じる環境への脅威は / まさに現実のものです。

	1160 **threat** [θrét]	名 **脅迫**，脅おどし

- □ thréaten 他 自 おどす
- □ thréatening 形 険悪な
- ▶ ea を [e] と発音する。上の2語も同じ。

1161 intensive
[inténsiv]

形 集中的な, 強める

▶ inténse（強烈な，熱心な）という語もある。
▶ an intensive course は「（英会話や運転免許などの）集中訓練コース」。

1162 farm
[fáːrm]

名 農場　他自 栽培[飼育]する

□ fármer　名 農場経営者
□ fárming　名 農場経営，農業
▶ firm（商社）の[əːr]と発音を区別する。
▶ 会話では ágriculture（農業）より fárming をよく使う。
▶「（野球などの）二軍」も a farm（team）と言う。

509

Most of his work in the field of **botany** / is **concerned** / with the **conservation** of endangered **species**.

✎ endángered「絶滅の危険にさらされた」

植物学の分野における彼の仕事の大半は，/ 関するものです / 絶滅危惧種の保存に。

1163 botany
[bátəni]

名 植物学

□ botánic(al)　形 植物(学)の
▶ biólogy（生物学）や zoólogy（動物学）と区別する。

1164 conservative
[kənsə́ːrvətiv]

形 保守的な, 控え目な

□ consérvatism　名 保守主義
□ conserváction　名 保存
▶ consérve（保存する）の形容詞。
▶ progréssive（進歩的な）とか rádical（急進的な）と対照して使う。

1165 species
[spíːʃi(ː)z]

名 (分類上の)種, 種類

- e を [iː] と発音する。
- séries（シリーズ）と同じく, 単複同形。
- the (human) species や our species は「人類(mankínd)」という意味。

510

Sensing that the **dialogue** was moving into dangerous **territory**, / the **chairman** tried to **steer** it back / onto a safer course.

会話のやりとりが危険な領域に向かおうとしているのを感知して, / 司会者はもどるように舵を取ろうとしました / 無難なコースに。

1166 territory
[téritɔːri]

名 領土；領域

☐ territórial 形 領土の
- 「アメリカ領」は a territory of the U.S.（または a U.S. territory）,「英領(イギリス領)」なら British territory。
- 「領空」は territorial airspace,「領海」は territorial waters [seas]。

1167 steer
[stíər]

他 自 操縦する, 向ける, 進む

- stir [stə́ːr]（動かす）と発音を区別。
- 「(自動車の) ハンドル」は handle ではなく, a steering wheel。

511

Our **ratio** of skilled to unskilled **personnel** / is about one to five; // that may be okay in some industries, / but it's a **formula** for disaster / in ours.

🔗 in ours は in our *industry*

うちの会社の熟練**職員**と未熟練職員の**比率**は / およそ1対5です。// 業種によってはそれでよいかもしれませんが, / これは災害の**定式**(きまって災害をもたらすもの)です / 私たちの業種では。

1168 ratio [réiʃou]
名 比率

▶「委員会の男女の比率は？」「4対3です」という会話は，What's the ratio of men to women on the committee? ― It's 4 to 3.

▶「比率，割合」を表すのに percéntage (パーセンテージ), rate(割合)も使う。

1169 personnél [pə:rsənél]
名 《集合的に》職員, 人事

▶ pérson (人) の派生語だが，pérsonal と発音も意味も違うので混同しないように。

▶ スペリングとアクセントに注意して personnel costs (人件費), the personnel department (人事課)のように使う。

1170 formula [fɔ́:rmjulə]
名 公式, 定式

□ fórmulate 他 公式化する

▶ 複数形は fórmulas，または fórmulae[-li:]。

▶ a structural formula は「(H_2O, CO_2 などの) 構造式」, Formula One racing (F1レース)は「formula cars (レーシングカー)のF1(という公式規格)のレース」のこと。

512

It seems to be very hard / for the countries of the world to agree / on an **appropriate response** / to the **threat** of **global warming**.

非常に困難に思われます / 世界の国々が同意するのは / 適切な対応をとることに / 地球温暖化の脅威に対して。

1171 **appropriate**
形 [əpróupriət]
他 [-rieit]

形 適当な　他 充当する，横領する

▶ 発音・アクセントに注意する。
▶ I don't think jeans are appropriate for the party. (ジーンズはそのパーティにはまずいと思うわ) のように，appropriate for[to] という形で「〜にふさわしい」。
▶ fit (適当な), suitable (ふさわしい), acceptable (無難な) などに近い。

1172 **warming**
[wɔ́ːrmiŋ]

名 温暖化

▶ 発音 [ɔːr] に注意する ([wɑ́ː] ではない)。
▶ warm (暖かい；暖める[暖まる]) の名詞形で「暖まる[暖める]こと」の意。
▶ 「地球の温暖化」を global warming と言う。

513

The **harvest** was a **relatively** good one last year / but, with **typical disregard** for the **welfare** of the people, / the regime left much of it to **decay** / in state-run warehouses.

regime「政府, 管理体制」　　leave … to 〜「…が〜するままにしておく」
warehouse「倉庫, 保管所」

昨年の収穫は比較的良好でした / が，よくあることながら，国民の福祉などを無視して，/ 政府はその大半を放置して腐らせてしまいました / 国営の倉庫の中で。

1173 harvest [háːrvist]

名 収穫[期]，報い　他自 収穫する

- ▶「豊かな収穫がある」は reap a rich harvest,「収穫が乏しい」のは reap a poor harvest。いずれも「(作物だけでなく労働，努力などの)成果」についても使える。
- ▶ crop(s)（収穫物），yield（収穫量）という語もある。

1174 relative [rélətiv]

形 相対的な　名 親類

- □ relátion 名 関係
- □ rélatively / compáratively 副 比較的
- □ in relation to ～に関連して
- □ relative to ～に関係のある
- ▶ reláte(述べる，関係させる)の形容詞。
- ▶ ábsolute(絶対的な)に対して，rélative は compárative と同じく「相対的な，相関的な，比較上の」。

1175 disregard [dìsrigáːrd]

名他 無視[する]，軽視[する]

- ▶ regard（注視する）に「否定，反対」を表す dis- がついた語。
- ▶ disregard other people's feelings は「他人の感情を無視する」。
- ▶ ignóre（[わざと]無視する），negléct（おろそかにする）という語もある。

1176 welfare [wélfeər]

名 幸福，福祉

- ▶スペリングを誤らないように。*well-* ではなく，wel- が正しい。
- ▶「福祉国家」は a welfare state,「社会福祉」は social welfare,「福祉事業」は welfare services。

1177 decay [dikéi]

名自他 衰退[する,させる]，腐敗[する,させる]

- □ decáyed 形 衰退した，虫歯になった
- ▶普通は become weak（衰える）とか rot（腐る）で間に合う。
- ▶「何本か虫歯があります」は I have some decayed teeth.

514

Students leave school in Japan / looking forward to a career, / but in the West, / many school-leavers have little **prospect** / of ever finding full-time work.

📎 look forward to「〜を楽しみにする」　full-time work「常勤の働き口」

日本では、学生たちは学校を卒業します / 職業につくことを楽しみにして。/ でも、西洋では、/ 多くの卒業生に見込みはほとんどありません / フルタイムの働き口を見つけるなんていう。

1178
próspect
[práspekt]

名 **見込み**，展望

☐ prospéctive 形 将来の，見込みのある
▶ "pro-(前を) + spect(見る)" から「(将来の)見込み，展望，見通し」という意味になる。

515　Time to Read　TRACK 078

The so-called bubble **economy** / was an **era** / of great profligacy / spurred on largely by **greed**.
　　　　　　　　　　　　　　　　　　　　　　　　　　　0973

📎 prófligacy「放蕩, 浪費」　spur on「〜に拍車をかける」

いわゆるバブル経済は，/ 時代でした / 放蕩三昧の / 主に貪欲によって拍車をかけられた。

1179
era
[íːrə]

名 **時代**，年代，紀元

▶ 発音に注意。error[érər]（誤り）と区別する。
▶ 普通は age（時代）でよいが，the Meiji era（明治時代），the Christian era（西暦紀元）のように，「(歴史上重要な)時代，時期」を言う。

1180
greed
[gríːd]

名 **どん欲**

☐ gréedy 形 どん欲な，がつがつした
☐ gréedily 副 欲張って，がつがつと
▶「強い欲望（a strong desire）」という意味で greed for power（権力欲），greed for fame（名声欲）などと使う。

516

If you **assent** to our request for an interview, / we will, of course, guarantee / that you remain **anonymous**.

私どものインタビューのお願いに同意してくださるようでしたら，/ もちろん保証いたします / 匿名にさせていただくことを。

1181 assent [əsént]

名 自 同意[する]

- ascént（上昇）と同じ発音。
- assent to（～に同意する）という形で使うが，改まった言い方なので，普通は agree to でよい。ほかに approve of（～を承認する），consent to（～に同意する）もほぼ同じ意味。
- 反意語は dissént（不同意）。

1182 anonymous [ənánɪməs]

形 匿名の，作者不明の

- アクセントに注意する。
- 「（音楽・書物などで）作者不明の」という意味で使われる。

517

Our **study reveals** / that **heredity** is the single most **significant factor** / in **contracting** this **disease**.

私たちの研究は明らかにしています / 遺伝が唯一にして最も重要な要因であることを / この病気にかかる際の。

1183 reveal [rɪvíːl]

他 明らかにする；（秘密を）もらす

- revelátion **名** 発覚；啓示
- 「覆い（veil）を取りはずす」という元の意味から「（知られてないことを）明らかにする（show）」という意味で使う。

1184 herédity [hirédɪti]

名 遺伝

- heréditary **形** 遺伝(性)の，世襲の
- 関連語として，inhéritance（相続），héritage（遺産）など。

518

Statistics are easy to skew, / so as often as not / they only tell you / what the person presenting them wants you to believe.

- skew「曲げる，ゆがめる」
- as often as not「しばしば，よくあることだが」

統計というのはねじ曲げやすいもので，/（したがって）しばしば，/ 告げているにすぎません / それを提示する人が（あなたに）信じてもらいたいことを。

1185 statistics [stətístiks]

名 統計[学]

▶ státics（静力学），dynámics（力学）などと区別する。
▶「最近の統計によると…」は Recent statistics show that …とか According to recent statistics,…と言い表せる。

519

Naturally, / the fact that he publicly **mocked** my treatise on **political neutrality** / is a **factor** in my opposition / to his bid to become my **successor**.

- tréatise「(学術)論文」
- bid to ~「~しようとする企て」

当然ながら，/ 彼が政治的中立に関する私の論文を公然と嘲笑したという事実が，/ 私が反対する1つの要因です / 私の後継者に彼がなろうとする企てに対して。

1186 mock [mák]

他 自 あざける，からかう　形 にせの

- □ móckingly 副 あざけるように
- □ móckery 名 あざけり；にせもの
- ▶ make fun of（~をからかう），rídicule（嘲笑する）などに近い。

1187 neutral
[njúːtrl]

形 中立の，あいまいな　名 中立者

- □ néutralize 他 中立させる；中和する
- □ neutrálity 名 中立状態
- □ néutron 名 中性子

▶「中立の態度，中立主義」は néutralism，「中立主義の人」は a neutralist。「中立国」は a neutral nation [country]。

1188 successor
[səksésər]

名 後継者，後任者

▶ succéed（あとを継ぐ），succéssion（継承）が関連語。

520

Satoh had always been so **conspicuous** / with his loud suits and booming voice // that it was all the more noticeable / when he apparently **vanished** from the face of the earth last month.

- boom「(人の声が)とどろく」
- all the more ～「それだけますます～」
- nóticeable「人目をひく，目立つ」
- appárently「見たところ～らしい」

佐藤はいつも非常に**目立つ**男だったので / 派手なスーツと大声で，// それだけいっそう注意を引きました / 先月，地上から**姿を消した**ように見えたときには。

1189 conspícuous
[kənspíkjuəs]

形 目立つ，顕著な

- □ conspícuously 副 著しく，目立って

▶ [pí] を強く発音する。
▶「人目につきやすい，はっきりわかる」の意。
▶反意語は obscúre（ぼやけた），inconspícuous（目立たない，地味な）など。

1190
vanish
[vǽniʃ]

自 他 消える[消す]，見えなくなる[なくする]

▶ bánish（追放する）や várnish（ワニス）と混同しない。
▶ disappéar（姿を消す）より改まった語。「（目に見えていたものが急に）消え失せる」という意味。

521

The **supremely** advanced **technology** / required to build some of the ancient world's **monuments** / has led some modern **researchers** to **speculate** / that that **technology** was extraterrestrial in **origin**.

📎 extraterréstrial「地球外の，宇宙からの」

この上なく進んだ技術は / いくつかの古代世界の遺跡を建設するのに必要とされた，/ 現代の研究者のある者を推測する気にさせてきました / その技術の起源は地球外からきたものであると。

💬 いくつかの古代世界の建造物を建てるのに要した最高度の技術を見て，現代の研究者の中には，その技術はもとは宇宙からきたのだと考える気になった者もいます。

1191
supréme
[suprí:m]

形 最高の，極度の

□ suprémasy 名 最高(位)；主権
▶発音・アクセントに注意する。
▶ híghest（最高の），gréatest（最大の）の改まった意味の語。
▶ the Supreme Court は「最高裁判所」，It's a matter of supreme importance. は「最高に重要な問題です」。

1192
technólogy
[teknálədʒi]

名 科学技術

□ technológical 形 科学技術の
▶アクセントをはっきりと。
▶ high technology（高度先端科学技術）（略して high tech），information technology（情報工学，IT）のように幅広く使われている。
▶ technique（技術，手法），skill（[熟練を要する]技術），art（[特別な]技法）などとは使い分ける。

1193 monument
[mánjəmənt]

名 記念碑；金字塔

- □ monuméntal **形** 記念碑の，不滅の
- ▶ an ancient monument（歴史的建造物），natural monuments（天然記念物）など。

1194 spéculate
[spékjuleit]

自 思索する；投機をする

- □ speculátion **名** 思索；投機
- □ spéculative **形** 思索的な；投機的な
- ▶ アクセントは第1音節に。
- ▶「（あまり知識もなしに）思いをめぐらす，思惑買いをする」という感じ。
- ▶ I once speculated on the stock market. は「私は（リスクのある）株式（市場）に手を出したことがありました」ということ。

1195 órigin
[ɔ́(:)ridʒin]

名 起源

- □ oríginal **形** 初めの，独創的な
- □ oríginally **副** もとは；独創的に
- □ originálity **名** 独創
- □ oríginate **他** 創始する
- ▶ アクセントを誤らないように。
- ▶ the origins of life on earth は「地球上の生命の起源」，the Origin of Species は「（ダーウィンの）種の起源」。

522

Time to Read TRACK 079

A: You're **filthy**!

B: I know. / I feel like going out into the garden and **hosing** myself down.

- feel like 〜ing「〜したい気がする」
- hose[hóuz] 〜 down「ホースの水で洗う」

> あなた，体**汚れてる**わよ。
> わかってる。/ 庭に出て，体を**ホースの水で洗い**たい気分だよ。

1196 filthy
[fílθi]

形 汚れた，けがらわしい

- filth（汚物，不潔）の形容詞。
- dírty（汚い）より「（不快なくらい）汚い」という感じ。filthy language は「みだらな（下品な）ことば」。

1197 hose
[hóuz]

名 長い管（くだ），ホース

- [s] ではなく [z]。horse（馬）や日本語発音（ホース）と区別。
- blouse[bláuz]（ブラウス）；loose[lúːs]（ルーズな）；smooth[smúːð]（スムースな）など，日本語と発音が異なる語には特に注意が必要。
- a rubber hose（ゴム管），a fire hose（消火用ホース）のように使う。

523

Eddie was admired for the **manner** / in which he **coped** with his injury.

エディーは**やり方**をほめられました / 自分のけがを**うまく処理した**。

1198 manner
[mǽnər]

名 方法，様式；態度

- mánners 名 ((複)) 行儀作法，風習
- mánners という複数形の用法が重要。manners and customs（風俗習慣）のように使う。

1199 cope
[kóup]

自 対抗する，対処する

- I can't cope with this problem.（この問題には対処できない）のように，たいていは cope with（～に対処する）という形で使う。

524

Sir John would be proud / to know / how many of his **descendants** over the centuries / have won **awards** for bravery.

bravery「勇敢(な行為)」

ジョン卿は誇りに思うことでしょう / 知ったら, / 何世紀にもわたって, どれだけ多くの自分の**子孫**が / 勲功**賞**を得てきたかを。

1200 descendant [diséndənt]

名 子孫

▶ descénd **自他** (降りる, 伝わる)
▶ descént **名** (下降；家柄)などから「(歴史をへて)伝わってきた者」という感じがわかる。

1201 award [əwɔ́ːrd]

名 他 賞品[を授与する]

▶ [ɔːr]という発音に注意。[ɑːr]は不可。

525

After listening to the weather **forecast**, / we judged it more **prudent** / to postpone the barbecue / to the following weekend.

天気**予報**を聞いたあとで, / 私たちは**賢明だ**と判断しました / バーベキューは延期するほうが / 次の週末に。

1202 forecast [fɔ́ːrkæst]

名 他 予報[する], 予想[する]

▶ アクセントに注意。
▶ fore- は「前もって(= before)」という意味。foresée(予見する), foretéll(予言する)などの場合も同じ。
▶「今日の天気予報は？」とたずねるのは, What's the weather forecast for today? とか What's today's forecast?
▶「予報だと晴れだそうだよ」は, The (weather) forecast says it'll be fair.

1203
prudent
[prúːdənt]

形 思慮のある；慎重な

- □ prúdence 名 思慮, 慎重
- ▶ cáreful（用心深い），wise（賢明な），sénsible（分別のある）などに近い。
- ▶ 反意語は imprúdent（無分別な，軽率な）。

526

Having stated publicly / that we are confident of finding a cure, / we are going to be more than a little **embarrassed** / if this **virus** causes an **epidemic**!

be confident of「～すると確信している」

公言してしまったので / 治療法の発見に自信があると, / 私たちはたいへん**恥ずかしい思いをする**ことになります / もしこの**ウィルス**が**伝染病**を引き起こしでもすれば。

1204
embárrass
[embǽrəs]

他 まごつかせる，混乱させる

- □ embárrassment 名 困惑
- □ be embarrassed 当惑する
- ▶ スペリングを誤りやすい。bá を強く発音する。

1205
virus
[váiərəs]

名 ウイルス，害毒

- □ virus disease ウイルス性の病気
- ▶ 日本語の発音（ビールス，ウィルス）と発音をはっきり区別する。
- ▶ I seem to have picked up some kind of computer virus.（コンピュータウィルスにやられたようです）とか，It's a good idea to install virus protection software (on your computer).（ウィルス対策用ソフトをインストールしておくといいですよ）などと使われる。

1206 epidémic
[epidémik]

形 名 流行[性の]，伝染性の[病気]

▶ an epidemic (disease) は「(広い地域に流行する) 伝染病」。

527

The school **authorities** are very **strict** / on matters like punctuality and hair length, / but when it comes to **cheating** on exams, / they're **irresponsibly lenient**.

🖉 when it comes to「〜となると」

学校**当局**は非常に**厳しい** / 時間を守ることや頭髪の長さといったことには, / しかし，試験での**カンニング**となると, / **無責任と思えるほど寛大**です。

1207 author
[ɔ́:θər]

名 著者

□ authórity 名 権威，当局

▶やや格式ばった語なので，普通は writer (執筆者，作家) を用いてよい。

1208 cheat
[tʃí:t]

他 自 だます 名 詐欺

▶「(試験で) カンニングする」は cheat at[in / on] an examination。

1209 irresponsible
[ìrispánsəbl]

形 無責任な

▶ irrégular (不規則な), irresístible (抵抗できない) のように，否定の意味を表す in- は r の前では ir- となる。

1210 lénient
[lí:niənt]

形 厳しくない

▶ [í:] をはっきり発音する。
▶ He's strict with his students.（あの先生は学生に厳しいね）に対して，「甘いね」ならば He's lenient with his students.

528

There are **strict** limits on the number of people / allowed at any one time into buildings like **cinemas**, **theaters** and **libraries**, // but no one seems to care / how many people **squeeze** onto rush-hour trains.

> 人の数には**厳しい**制限があります／映画館や劇場や図書館といった建物に一度に入ることを許される／／しかし，だれも気にしないようです／ラッシュアワーの列車にどれだけたくさんの人が**ぎゅうぎゅう詰めになって乗り込む**かは。

1211
cinema
[sínəmə]

名 《英》映画[館]

- go to the cinema（映画に行く）は《米》では go to the movies のほうが普通の言い方。
- 《米》では「映画館」は the (movie) theater。「映画」は the movies（または a film，a picture など）。

1212
theater
[θíːətər]

名 劇場，《米》映画館；演劇（界）

- □ theátrical 形 劇（場）の
- 《英》では théatre とつづる。
- 「芝居[映画]を見に行く」は go to the theater。

1213
library
[láibreri]

名 図書館；蔵書

- □ librarian[laibrériən] 名 司書，図書館員
- Mr. Roberts has a large library. は「ロバーツさんは本をたくさん持っている」ということ。

1214
squeeze
[skwíːz]

他 名 圧搾[する]，絞る，押し込む

- 「レモンを絞る」のは squeeze a lemon。
- 「(混んでいる)エレベーターに無理に乗り込みました」は I squeezed myself into the elevator.

529

The union has somehow managed / to **negotiate** a **gigantic** pay raise / for its members.

🔖 manage to ~ 「なんとか~をやり遂げる」

組合はどうにかやり遂げました / 大幅な昇給を交渉して取り決めることを / 組合員たちのために。

1215
negótiate
[nigóuʃieit]

他 自 **交渉する**，協議する

- negotiátion 名 交渉，協議
- negótiator 名 交渉者
- negotiate with ～と交渉する
- ▶ They will never negotiate with terrorists.（テロリストとは断じて交渉はしないだろう）のように使う。

1216
gigantic
[dʒaigǽntik]

形 **巨人のような**，巨大な

- gíant 名 形 巨人(のような)
- ▶ g の発音は [dʒ] と [g]。

530

It looks from their annual report / as if **bankruptcy** is not beyond the **realms** of possibility.

年次報告からすると，見えます / 破産はまだ可能性の範囲を出ていないように。

1217
bánkruptcy
[bǽnkrʌptsi]

名 **破産**，倒産

- bánkrupt 形 名 破産した[人]
- ▶ 発音に注意する。
- ▶「(会社や銀行などが) 倒産する」は go bankrupt のほか，fail（だめになる），go under（失敗する），go out of bussiness（商売できなくなる）など，いろいろな言い方ができる。

1218
realm
[rélm]

名 王国；領域，分野

▶ ea を [e] と発音する。
▶ in the realm of computer science（コンピュータ・サイエンスの分野で）のように使える。

531

Philosophy is about asking difficult questions / where there seem to be no right answers, / just more questions.

哲学というのは難問を投げかけるという学問です / 適切な答えがないように思われるところに / ただ疑問がますますわいてくるだけで。

1219
philósophy
[filásəfi]

名 哲学；人生観

☐ philosóphical **形** 哲学的な
☐ philósopher **名** 哲学者
▶ アクセントに注意する。
▶ What's your philosophy of life? は「あなたの人生観は？」という質問。

532

You have to pay attention / to the **structure** of your **sentences** / if you want people to understand their intended meaning.
1047

注意を払わないといけません / 自分が書く文章の構成に / 他の人たちに文章にこめた意味を理解してもらいたいと思うなら。

1220
structure
[strʌ́ktʃər]

名 構造；建造物

☐ restrúcture **他 自** 再構築する
▶ いわゆる「リストラ」は restructuring（再編成）。ただし、「解雇される，首を切られる」は be fired, be sacked を使う。

533

During a career in acting / **spanning** three **decades**, / she was **nominated** for **numerous** **awards**, / none of which she actually won.

🔖 none of *which* の which は, awards をさす。

俳優業の間に / **30 年にわたる**, / 彼女は**数々の賞の候補に上げられた**のですが, / そのどれ 1 つも実際にはもらえませんでした。

1221
span
[spǽn]

名 期間, 全長
他 (橋を)かける；(年月が)およぶ

▶「寿命」は a life span。
▶「16 年にもわたって」は for a span of sixteen years。

1222
nominate
[nάmineit]

他 指名する；任命する

☐ nominátion 名 任命, 指名
☐ nóminal 形 名目だけの
▶「ノミネートする」という日本語とアクセントを区別する。
▶「アカデミー賞にノミネートされる」は be nominated for Academy Award。

1223
numerous
[njúːmərəs]

形 多数の

☐ númeral 形 名 数[の]；数詞
▶ númber (数) の派生語。
▶ mány (多くの) よりずっと改まった語。会話では mány や a lot でよい。

534

In the run-up to the **general** election, / the ruling party can be expected to adopt its **routine** tactic / of **bashing** the opposition parties / for being **unpatriotic**.

> rún-up「準備期間, (選挙の)運動期間」　the ruling party「与党」
> táctic「戦術, かけひき」

総選挙の運動期間中, / 与党は常套戦術をとると予想されます / 野党を叩くという / 愛国心に欠けるということで。

1224
routíne
[ru:tí:n]

名 形 **きまりきった[仕事], 日課[の]**

▶ route [rú:t]（道, 行程）と関係がある。発音・アクセントに注意する。
▶「決まりきった仕事であきあきしてますよ」は I'm bored with [I'm tired of] my routine work.

1225
bash
[bǽʃ]

他 名 **強打[する], 強く非難する**

▶ Japan-bashing は「(外国による)日本たたき, 日本いじめ」。

1226
patriótic
[peitriátik / pætriɔ́tik]

形 **愛国的な, 愛国心の強い**

□ pátriot 名 愛国者
□ pátriotism 名 愛国心
▶ 派生語も含めてアクセントに注意する。
▶ nationalístic（[排他的に]愛国主義の, 国家主義の）と異なり, patriótic は良い意味で使う。

535

A: Hi, Mary. Is Jim in?
B: No, I'm afraid not. // He's writing an **editorial** for the paper, / and the deadline's just about to **expire**, / so he's gone into the office / to finish it.

déadline「(原稿などの)締切, 最終期限」
be about to ~「(まさに)~しようとしている」

やあ、メアリー、ジムいる?

ごめんなさい、いないの。// 新聞の**論説**を書いてるところで、/ 締切**間際**だから、/ オフィスにこもっちゃったわ / 書き終えに。

1227
expire
[ikspáiər]

自 息を吐く；期限が切れる

□ expirátion 名 息を吐くこと；満了
▶ 反意語は inspire 他「(思想・感情を)吹き込む」。
▶ in-(中へ) と ex-(外へ) のペア。それぞれ、「息を吸い込む」、「息を吐き出す」が元の意味。

536

If you're not **discreet** about this matter, / you'll **embarrass** a lot of people.

この件について**思慮深**く対処しないと、/ たくさんの人たちが**困った**ことになりますよ。

1228
discreet
[diskríːt]

形 思慮分別のある、慎重な

□ discretion [diskréʃən] 名 思慮、分別
▶ 上の名とスペリングや発音を区別しよう。

537

Part of the ceremony / **involved** the **prime minister** laying a **wreath** / at the tomb of the **emperor**.

🔗 tomb[túːm]「墓」

儀式の一部として / 首相が花束を置くことが含まれていました / 皇帝の墓に。

1229 involve [inválv]

他 **含む，巻き込む**

☐ be involved in[with]
～に巻き込まれる，～に夢中になっている
▶ How many cars were involved in the accident?（何台の車がその事故に巻き込まれたの？）は使い方の1例。

1230 wreath [ríːθ]

名 **花輪，（煙などの）輪**

☐ wreathe[ríːð] 他 花輪にする，（花で）飾る
▶ 名の[θ]と他の[ð]を区別する。

1231 emperor [émpərər]

名 **皇帝，天皇**

☐ émpress 名 皇后，女帝
▶「（日本の）天皇」は the emperor または the Mikado,「皇室」は the Imperial Family。

538

The **economy** is in **chaos**, / and the country faces the **nightmarish prospect** / of social breakdown.

経済は混沌とした状況にあり，/ 国は悪夢のような可能性に直面しています / 社会の崩壊という。

1232 chaos [kéias]

名 **混乱状態，無秩序**

☐ chaotic[keiátik] 形 混沌とした
▶ 発音に注意する。cháracter（性格），chémistry（化学），chórus（コーラス）など ch[k]の発音は多い。
▶ órder（秩序）や cosmos[kázməs]（宇宙，秩序）などとは反対の概念。

1233
nightmare
[náitmeər]

名 悪夢, 恐ろしいこと

▶ He still has nightmares about the accigent. は「事故についていまだに悪夢にうなされている」の意。
▶ 会話で「(ひどいことになった) まるで悪夢だ」を It's a nightmare! とか This is like a nigtmare! のように言うことができる。

539

The last 5 years / have seen a **drastic** rise in unemployment / in many parts of the county.

- seeは「(時代が)~を目撃する」の意。
- cóunty 《米》「郡(州の下位の行政区画)」,《英》「州」

この5年間は / 失業の**急激な**増加を目撃してきました / その郡の多くの地域で。

💬 この5年間, その郡の多くの地域で失業が急激に増加してきました。

1234
drastic
[dræstik]

形 激烈な, 徹底的な

□ drástically 副 徹底的に
▶ Then we'll have to take drastic measures. (そうなると, 抜本的な処置をとらざるをえないでしょう)など。

540

You really should **grab** every opportunity / you have / to get out of the city / and **heal** yourself of the **fatigue** / that builds up in urban life.

- heal A of B「AのBを癒す」   build up「ふえる,たまってくる」

あなたは機会を逃がさず**つかまえる**べきです / あなたが持つ / 都会から脱出して, **疲労を癒やす** / 都会の生活で積もる。

💬 与えられるあらゆる機会を逃がさずつかまえて都会を脱出し, 都会生活でたまってくる疲労を癒やすようにするといいですよ。

1235 grab [grǽb]

他 自 名 ひっつかむ[こと]

- □ grab at~　~をひっつかもうとする
- ▶ grapple（取っ組み合う），grasp（つかむ，把握する）と区別。
- ▶「（手で不意につかむ）」から「（機会などを）つかむ」という場合にも使う。
- ▶ 都会で多発する「ひったくり」は grábbing とか snatch と言う。

1236 heal [híːl]

他 自 (傷を)治す，治る

- ▶ heel（かかと）と同じ発音。
- ▶ 一般的に「（病気やけがを）治す」は cure を使うことが多い。
- ▶「傷がすぐ治るといいですね」は I hope the wound heals up soon.

1237 fatígue [fətíːg]

名 他 疲労[させる]

- ▶ 発音に注意。「疲れ目」は eye fatigue。
- ▶ 近い意味の語は tíredness（疲れ），wéariness（疲労），exhaústion（極度の疲労）など。
- ▶ be fatígued with（～で疲れている）より be tired with のほうがずっと普通の言い方。

541

This **sculpture**, / recently **purchased** by the City Museum / at great expense to the **taxpayer**, / **degrades art** / in the same way that pornography **degrades** women.

🔗 pornography「好色文学，ポルノ」

この**彫刻**は，/ 最近，市民博物館によって**購入された**（ものですが，）/ 納税者に巨額の費用をかけて / **芸術の品位を下げる**ものです / ポルノが女性の**品位をおとしめる**のと同じように。

1238
sculpture [skʌ́lptʃer]

名 他 自 彫刻[する]

□ scúlptor 名 彫刻家
▶「メイさんは現代彫刻(作品)を収集しています」と言うのは，Mr. May collects modern sculpture.

1239
púrchase [pə́ːrtʃəs]

他 名 購入[する]

▶発音に注意。
▶ buy（買う）より改まった語で，He made a purchase of a villa.（彼は[田舎の堂々とした]邸宅を購入した）のように「(比較的大きな物を)買い入れる(こと)」を連想する。

1240
tax [tǽks]

名 税金 他 課税する

□ taxátion 名 課税
▶「消費税」は consumption tax，「所得税」は income tax。
▶「税込3000円です」は It's thirty thousand yen, including tax。給料などの場合，「税込みで」は before tax，「税抜きで」は after tax という言い方をしてもよい。

1241
degrade [digréid]

自 他 品位を落とす，地位を下げる

□ degradátion 名 堕落，退化
▶ "de-（下へ）＋ grade（等級）" から，この de- は descénd（下る），decréase（減らす）などの de- と同じ。
▶ I'm afraid this poster is offensive and degrades women.（このポスターは不快で女性の品位を落とすのではないでしょうか）のように使える。

1242
art [ɑ́ːrt]

名 芸術，美術；技術

□ ártist 名 芸術家
□ artístic 形 芸術的な
□ ártful 形 巧妙な
▶特に「(絵画・彫刻・建築などの)美術」を the fine arts とも言う。
▶「自然」（náture）に対して「人工」，また「自然科学」（nátural sciences）に対して「人文科学」（humánities）という意味で使われることもある。

542

It is often cheaper in the long run / to pay a higher price / for something that is of **excellent quality** and will last, / rather than to buy what looks like a bargain.

- in the long run「長い目で見れば, 結局は」
- bárgain「掘り出し物, 特売品」

結局は安くつくことがよくあります / 高めの値段を払うほうが, / **優れた品質**で長持ちしそうな品物に, / お買い得品と見えるものを買うよりも。

1243
excel
[iksél]

自 他 **〜よりまさる**, すぐれる

- □ éxcellent 形 すぐれた
- □ éxcellence 名 卓越, 優秀
- □ excel in 〜にすぐれる
- ▶ He excels me in mathematics.（数学では彼のほうが私よりすぐれている）のように使うが, 会話では He's better than me in mathematics. と言ってよい。

543 Time-to-Read TRACK 082

It's difficult but important / to achieve the correct **balance** / between work and play.

難しいけれど大事です / 正しい**バランス**をとることは / 仕事と遊びの間で。

1244
bálance
[bǽləns]

他 自 名 **つり合い[をとる]**, はかり

- □ bálanced 形 つり合いのとれた
- ▶ 日本語の「バランス」にならないように, アクセントに注意する。
- ▶ 反意語は imbálance / unbálance（不均衡）。

544

He **cited** some **obscure** law, / which appeard to be the only basis / for his argument.

- básis「基礎，根拠」

彼は**よく知られていない**法律を**引き合いに出した**のですが，/ それが唯一のよりどころだったようです / 彼の主張の。

1245
cite
[sáit]

他 **引用する**

- sight（光景），site（敷地）と同じ発音。
- quote（引用する）や illustrate（例証する）などとほぼ同じように使う。

1246
obscúre
[əbskjúər]

形 **あいまいな；無名の**，薄暗い
他 あいまいにする

- □ obscúrity 名 あいまい，暗やみ
- His meaning is obscure. は「彼の言う意味がよくわからない」，an obscure poet は「(まだ世に知られていない)無名の詩人」。
- 反意語は clear（はっきりした），wéll-knówn（有名な）など。

545

Strangely, / the strongest **emotion** Richard felt / when Sally left him / was not anger but **relief**.

- not A but B「AではなくてB」

妙なことですが，/ リチャードが抱いた最も強い**感情**は / サリーが別れていったとき / 怒りではなく**ほっとした気持ち**でした。

1247
emotion
[imóuʃən]

名 **情緒，感動**

- □ emótional 形 感情の，感激しやすい
- rational thought（理性的な考え）などと対照的な「(愛情・恐怖・怒りなどの)感情，情緒」の意。
- She expressed mixed emotions at the news. は「その知らせを聞いて複雑な表情を見せた」。

546

By building vast **networks** of roads, / the Romans made it possible / for **commerce** to flourish in Europe.

- flóurish「栄える, 繁栄する」

広大な道路網をつくることによって, / ローマ人は可能にしました / 商業がヨーロッパで栄えることを。

1248
network
[nétwəːrk]

名 網状組織, 放送網

☐ nét 名 網 形 正味の
▶発音を日本語（ネットワーク）と区別。
▶「インターネット」は the Internet または the Net。
▶ networked computer systems（ネットワーク化したコンピュータ・システム）のように network を動詞として使うこともある。

1249
cómmerce
[kámə(ː)rs]

名 商業, 貿易

☐ commércial 形 商業の
▶アクセントを正しく。
▶テレビなどの「コマーシャル」は a (TV) commercial (message), または a spot（[番組の合間の] 短い広告）。

547

The school's medical officer can't understand / why so many parents have **disregarded** his advice / that their children receive **vaccinations**[1175] for influenza.

- medical officer「保健所員, 保健室員」

その学校の保健室員は理解できません / なぜ自分の助言をこれほど多くの親が**無視する**のか, / 子供たちがインフルエンザの**ワクチン接種**を受けたほうがよいという。

■■■ 1250
vaccination
[væksənéiʃən]

名 **予防接種**, 種痘

- □ váccine 名 ワクチン
- □ váccinate 他 予防接種する
- ▶「きのうインフルエンザの予防注射をしてもらいました」は I had a vaccination for the flu yesterday.

548

Both in the **performing** arts and in everyday discourse, / there is a strong tendency / in today's permissive society / to make **explicit** things that used to be left **implicit**.

- díscourse「談話, 会話」　permissive society「(性に関して)寛大な社会」

舞台芸術においても日常の談話においても / 強い傾向があります / 今日の性に関して寛大な社会では, / 昔だったら**言わず語らず**ですませていたことを**あからさま**にしてしまうという。

■■■ 1251
performance
[pərfɔ́ːrməns]

名 **遂行**；**上演**, **演技**

- ▶ perfórm([仕事を]遂行する, 演じる)の名詞形。
- ▶ in performance は「上演中, 演奏中」という意味。

1252 explícit [iksplísit]

形 **明白な**, わかりやすい

▶ implícit の im-(中に)とは対照的に,「外に(ex-)はっきりと示された, 明示された」という意味。

1253 implícit [implísit]

形 **暗黙の**

▶ アクセントの位置を誤らないように。
▶「(表現されていなくても)それとなく暗に含まれた」という意味。

549

Everyone knows / that the development and widespread use of a **pollution**-free **fuel** / would solve most of the world's **environmental** problems, // but weaning ourselves off **primitive fossil fuels** / seems to be a **substantial** challenge.

1010

🖉 wean「引き離す,捨てさせる」　chállenge「挑戦,難題」

だれもがわかっています / **公害**のない**燃料**の発達と広範囲の使用が / 世界の**環境**問題の大半を解決するだろうということを。// しかし,私たちが**素朴な化石燃料**から離脱することは / **かなり重大な**難題のようです。

1254 pollution [pəlúːʃən]

名 **汚染, 公害**

▶ pollúte(汚染する)の名詞形。
▶ air pollution(大気汚染),
environmental pollution(環境汚染),
noise pollution(騒音公害)など。
▶「(放射能や水銀などによる)汚染」は contaminátion という語を用いる。

1255 fuel [fjúːəl]

名 他 自 **燃料[を供給する]**

▶ wood(木材), coal(石炭), oil(石油), gas(oline)(ガソリン)など。
▶「核燃料」は nuclear fuels。

1256 primitive [prímitiv]
形 名 未開の, 原始(時代)の[人・物]
▶「原始人」は primitive people,「原始社会」は primitive society。

1257 fossil [fásl]
名 形 化石[の]
▶ fossil fuels は「(石炭・石油などの)化石燃料」。
▶ その「代替エネルギー」(alternative energy) として, solar energy(太陽エネルギー)や wind power(風力)などの利用研究が行われている。

1258 substantial [səbstǽnʃl]
形 実体のある, 本質的な
□ substántially 副 実質的に
▶ súbstance(物質, 実体, 本質)の形容詞。

---

550 Time to Read TRACK 083

If they have a **strategy**, / which I doubt, / I can't **comprehend** it at all!

🔗 which は they have a strategy という内容をさす。

彼らが**戦略**をもっているとしても, / もっているとは思えませんが, / 私には全然**理解**できません。

1259 strategy [strǽtədʒi]
名 戦略
□ stratégic(al) 形 戦略上の
▶ stratégics もほぼ同じで,「(総合的な)戦略・軍事行動計画」の意。「(個々の)作戦・戦術」は táctics。

1260 comprehénd [kɑmprihénd]
他 (十分に)理解する, 包括する
□ comprehénsion 名 理解
□ comprehénsive 形 包括的な
▶ com- は「完全に, 十分に」の意。understánd(理解する)より改まった語。
▶ 会話では「わかる, 理解する」は see, understánd, find, know, nótice, réalize などを使うとよい。

551

It was a truly **ingenious** plan / in that it kept everyone completely happy.

🔖 in that… 「…という点において」

それはまことに**巧妙な**計画でした / みんなを完全に幸福にしてくれていたという点で。

1261
ingénious
[indʒíːnjəs]

形 **器用な**，発明の才がある

□ ingenúity 名 発明の才
▶ génius（天才）と同じく[dʒíː]という発音に注意する。
▶「あの娘は言い訳にかけては天才（的にうまい）ですよ」は She's ingenious when it comes to finding excuses.

552

Importing and distributing training shoes from Vietnam / is our company's latest **enterprise**.

ベトナム製のトレーニングシューズを輸入して販売するのが，/ わが社の最近の**事業**です。

1262
énterprise
[éntərpraiz]

名 **企業**，**事業**，冒険心

□ énterprising 形 企業心のある，進取の
▶ 第1音節にアクセント。
▶「大企業」は large enterprises，「中小企業」は minor enterprises とか small (and medium-sized) enterprises。

553

The city's **sidewalks** are already **choked** / with pedestrians, / so it is **absurd** / to let cyclists use them as well.

pedéstrian「歩行者」　　as well「なおその上, おまけに」(besides, too)

市の**歩道**はすでに**ふさがれて**います / 歩行者で, / ですから, **ばかげて**います / その上自転車までも乗り入れさせるなんて。

1263
sidewalk
[sáidwɔ:k]

名 歩道

▶英国では pávement(「舗装された」歩道)。
▶「車道」は road または róadway。
「歩道橋」は a pedestrian bridge とか a padestrian overpass と言う。

1264
choke
[tʃóuk]

他 自 名 窒息[する, させる]

▶「息をつまらせる」がもとの意味。
súffocate(窒息[死]させる)という類語もある。

1265
absurd
[əbsə́:rd]

形 ばかげた, 不合理な

□ absúrdity　名 ばかげたこと, 不合理
▶「(理屈や常識に合わないで)ばかげている, 不条理な」という感じ。ridículous(ばかばかしい), unréasonable(不合理な)などに近い。
▶ What an absurd idea!(なんてばかげた考えだ) とか It's absurd of him to try that.(あんなことをするなんてどうかしてるよ)のように, 会話で使う。

In the face of the **republic**'s refusal / to **surrender** the **territory** it annexed last year, / the UN may have no **alternative** / but to support calls for **economic sanctions**.

- in the face of「〜に直面して」　annéx「(領土を)併合する」
- calls for「〜を要求する声」

共和国の拒否に直面して / 昨年併合した領土を引き渡すことに対する, / 国連に代案はないかもしれません / 経済制裁の要請を支持するほか。

1266 republic [ripʌ́blik]

名 共和国, 共和政体

- □ repúblican 形 名 共和主義の[人]
- ▶ North Korea（北朝鮮）の正式な国名は the Democratic People's Republic of Korea（朝鮮民主主義人民共和国）。
- ▶ 米国の2大政党は
  the Democratic Party（民主党）
  the Republican Party（共和党）

1267 surrender [səréndər]

他 自 名 引き渡す[こと], 降伏[する]

- □ surrender to / yield to　〜に降伏する
- ▶ surrender oneself to は「〜に身をゆだねる, 降伏する」から「(誘惑などに)おぼれる」という使い方もする。
- ▶「(〜に) 無条件降伏する」は surrender unconditionally (to 〜)。

1268 altérnative [ɔːltə́rnətiv]

形 名 二者択一[の], 代わり[の]

- ▶ 第2音節を強く発音する。
- ▶「どちらかを選ばなくてはならない」という意味合いが強い。

1269 sanction [sǽŋkʃən]

名 他 認可[する], 制裁[を加える]

- □ give sanction to　〜を認可する
- ▶ economic sanctions は「経済制裁(措置)」。

555

After their fourth **successive** electoral defeat, / the socialists have had to **swallow** their pride / and consider the **Liberal** Party's proposal / to **merge** into one party.

- eléctoral「選挙（eléction）の」

4回連続して選挙に敗北した後，/ 社会主義者たちは誇りを抑え，/ 自由党の提案を考慮しなければならなくなりました / 合併して1つの党にならないかという。

1270 successive [səksésiv]

形 連続する

- for three successive days（3日間連続して）。
- succéed には「成功する」と「連続する」の意味があり，それぞれ次の派生語を区別する。
  succéed（成功する）→ succéss（成功）→ succéssful
  succéed（連続する）→ succéssion（連続）→ succéssive
  なお，succéeding（次の，続いて起こる）という形もある。

1271 swallow [swálou]

他 飲み込む　名 つばめ；ひと飲み

- 子供に「よく噛んでから飲み込みなさいよ」と言うのは Chew it well before you swallow it.
- 「つばめ」と spárrow（すずめ）を混同しないように。

1272 liberty [líbərti]

名 自由；勝手，気まま

- líberal　形 自由な，寛大な
- líberate　他 解放する
- liberátion　名 解放
- fréedom（自由）と比べると líberty は「（束縛からの）解放」という感じがある。
- 鳥がかごから逃げたり，犯人が逮捕されないで「自由な状態に（いる）」のは at liberty。

1273 merge [mə́ːrdʒ]

他 自 溶け込ませる[込む]，合併する

- mérger　名 （会社などの）合併
- 「企業の合併吸収」を M＆A，つまり merges and acquisitions と言う。

556

A: Why do you have to go mountain climbing in the winter? / It's a **reckless** and unnecessary thing to do.

B: As I've told you before, / it's only **reckless** / if you go / without planning and without taking the proper equipment.

どうして冬に登山に出かけなきゃいけないの。/ **無謀で**必要もないことじゃないの。

前にも言ったけど，/ **無謀**ってことになるだろうけどね / 出かけるんなら / 計画も立てず，ちゃんとした装備もしないで。

1274
reckless
[rékləs]

形 **向こう見ずな**，無謀な

▶ cautious driving（用心深い運転）に対して「無謀運転」は reckless driving。

557 Time to Read TRACK 084

The **prisoners** were told / to **render** up their weapons.

render up「(所有物を敵方に)引き渡す」

捕虜たちは命じられました / 武器を**引き渡す**ように。

1275
prison
[prízn]

名 **刑務所**，監禁

□ prísoner　名 囚人
□ impríson　他 投獄する
▶「彼は服役中だ」は He's in prison.

1276 render
[réndər]

他 ～にする；与える

▶ 文語で使われる。make や give に相当すると思ってよい。

558

The **oral** section of the exam / consists of an interview and a prepared presentation / on a set **subject**.

🔗 presentátion「口頭発表, プレゼンテーション」

試験の**口頭**部門は，/ 面接試験と前もって準備された口頭発表から成っています / 決められた**題目**について。

1277 oral
[ɔ́:rəl]

形 口頭の

▶ a written examination（筆記試験）に対して，「口頭試験」は an oral examination。また，oral communication（オーラルコミュニケーション）は日本の英語教育において流行語の１つになっている。

1278 subjective
[səbdʒéktiv]

形 主観的な

☐ subjéction **名** 征服，従属
▶ súbject（主題，主語）の形容詞。

559

I don't blame anyone / for getting **drunk** once in a while, / but I **deplore** alcoholrelated **violence**.
                                                                                              1048

🔗 blame A for B「AのBを責める」
    once in a while「ときどき（occásionally）」

私は，（人を）責める気はありません / 人がときどき**酔っぱらう**のを，/ が, 酒にからんだ**暴力**は**遺憾に思います**。

1279
drunk
[drʌ́ŋk]

形 **酔っている**

- drúnkard 名 酔っ払い，大酒飲み
- ▶ drink(飲む)の過去分詞形。
- ▶ Don't drive drunk.（酔っ払い運転はだめ！）に対して，名詞の直前では a drunken driver（酔っ払い運転手）のように drunken を使うことが多い。

1280
deplore
[diplɔ́:r]

他 **遺憾に思う，嘆き悲しむ**

- deplórable / regréttable 形 嘆かわしい
- ▶「…は遺憾だ［残念だ］」は It's to be deplored[to be regretted] that… とか It's deplorable[regrettable] that… と表せる。ただし，普通の会話では，I'm sorry… とか It's a pity (that)… / It's a shame (that) … などでよい。

560

Mr. Ohno bought dozens of carpets / in the middle East, / thinking they would **command** a good price in Japan.

大野さんは何十枚ものじゅうたんを買いこみました / 中東で / 日本でなら高値で**売れる**だろうと考えて。

1281
command
[kəmǽnd]

他 自 名 **命令[する]，意のままにする**

- command a fine view 眺めがよい
- ▶ I'm at his command. は「彼の命令どおりにする用意ができています」．He lost command of himself. は「彼は自制力を失った」の意。

561

He tried to paint himself / as a great **foe** of the **aristocracy**, // but all he was really **interested** in / was trying to **create** a state of total **anarchy**.

- paint A as B「AをBだと装う」
- all (that) … was 〜ing「…のすべては〜することだった」→「…なのは〜することだけだった」

彼は（自分を）装おうとしました / 自分は貴族政治に対する不倶戴天の敵であると，// しかし，彼が本当に興味をもっていたのは / ひたすら完全な無政府状態をつくろうとすることだけでした。

1282 foe [fóu]

名 敵

- [ou] は toe（足の指）も同じ。
- foe は詩や文語で使う。普通は énemy でよい。
- ただし，friends and foes（敵味方）という言い方をする。

1283 aristócracy [æristákrəsi]

名 貴族[階級・社会・政治]

- □ aristocrátic 形 貴族的な
- □ áristocrat 名 貴族（主義者）
- 派生語を含めて，アクセントには特に注意する。
- demócracy（民主主義），democrátic（民主的な），démocrat（民主主義者，民主党員）などと対照して用いることが多い。

1284 ínterested [íntərəstid]

形 興味(関心)を持っている

- アクセントは常に第1音節に。
- ínterest（興味[を持たせる]）の形容詞。ínteresting（おもしろい）と区別。
- I'm very intersted in Internet shopping.（インターネットショッピングにすごく興味があります），I've always been intersted in mountain climbing.（ずっと以前から山登りが好きなんです）といった具合に be intersted in（〜に興味を持つ）という形で使う。have an interst in も同じ意味。

1285 anarchy
[ǽnərki]

名 無政府状態，無秩序

- ánarchism 名 無政府状態
- ánarchist 名 無政府主義者，テロリスト
▶ ch は [k] と発音する。stómach（胃），méchanism（メカニズム），mónarch（君主）などの ch も同じ。
▶ 意味の近い語は disórder（無秩序），chaos[kéias]（大混乱）など。

562

From a purely practical **standpoint**, / **prolonging** the discussions any further / is **absurd**; // we need to **institute prompt** action / before it is too late.

📎 práctical「実際上の，現実的な」

純粋に現実的な見地から見て，/ これ以上議論を長引かせるのは / ばかげています。// 私たちはただちに行動を起こす必要があります / 手遅れにならないうちに。

1286 standpoint
[stǽndpoint]

名 立場，観点

▶ víewpoint（見地，見方）とほぼ同じ。from a historical standpoint[viewpoint]（歴史的見地からすると）のように使う。

1287 prolong
[prəlɔ́(:)ŋ]

他 延長する，引き延ばす

▶ exténd（延長する），léngthen（長くする）とほぼ同じく，「（時間や期間を）延長する」という意味。

1288 institute
[ínstətju:t]

名 協会，学会，研究所
他 設立する；任命する

- institútion 名 設立，制度，公共施設
▶ MIT（= Massachusetts Institute of Technology）（マサチューセッツ工科大学）のように「工科大学」にも使う。

1289 prompt [prámpt]

形 **敏速な**, 即時の　他 **刺激する**, 促す

▶「(応答や反応が)すばやい」という意味。
▶「トムは私のeメールにすぐ返事をくれる」ならば, Tom is prompt to reply to my emails.

563

Thousands of **commuters** had a **legitimate** excuse / for being late for work / this morning / when a **signal** failure on Tokyo's Yamanote Line / led to delays of up to 30 minutes.

> A lead to B「AがBを引き起こす, AのためにBとなる」
> up to「(時間などが)最高〜まで」

何千人という**通勤者**に**正当な**言い訳ができました / 職場へ遅刻することの / 今朝, / 東京の山手線で起きた**信号機**故障のせいで / 最大30分の電車の遅れが生じて。

1290 commutation [kɑmjuːtéiʃən]

名 **通勤**；減刑

▶ commúte（[定期券で]通勤[通学]する）の名詞形。主に米国でこの意味に使う。
▶ 会話で「通勤に便利です」と言うのは It's convenient to get to work.

1291 legitimate 形 [lidʒítəmət] 他 [-meit]

形 **合法の**, 正統の　他 **合法化する**

□ legítimacy 名 合法性
▶ アクセントは第2音節。
▶ légal, láwful よりも改まった語。反対に「非合法の」は illégal, unláwful, illegítimate など。

564

Many students / spend their last year at school or **university** / **seeking** jobs.

多くの学生は / 学校や**大学**での最終学年を費やします / 就職口を**探す**のに。

1292 seek [síːk]

他 自 捜し求める

□ seek for[after] 〜を求める
▶ seek to〜 （〜しようと努める）は try to〜 に近い。

565

Like **departments** in any organization, / **government ministries** have to **compete** / for their slice of the organization's **revenue**.

✎ slice「分け前，(自分たちの)取り分」

どんな組織の**部署**も同じですが，/ **政府**の**省庁**も**競って**求めないといけません / 組織の**歳入**の分け前を。

1293 department [dipáːrtmənt]

名 部門，省，局

□ department store デパート，百貨店
▶「(大学の) 物理学科」は the Department of Physics，「(会社の) 総務部」は the department（または section）of general affairs。
▶ デパートで「靴の売り場はどこですか」ときくのは，Where's the shoe department, please?

1294 revenue [révənjuː]

名 歳入，収益金

▶ 第1音節にアクセント。
▶「(国や自治体の税)収入」は revenue (from taxes)。「(個人の)収入」は income。
▶ 反意語は expenditure（支出）。「(個人の)出費，経費」は expenses。

566

The curtains looked very nice in the shop, / but when we got them home / we found / that they were almost **transparent**.

そのカーテンは店ではとても素敵に見えました / が、うちへ持って帰ったら、/ わかりました / ほとんど透けて見えてしまうことが。

1295
transpárent
[trænspǽrənt]

形 **透明な；平明な**

▶「trans-（貫いて、通って）と appéar（現れる、見える）というイメージ。
▶ It's a transparent excuse.（見えすいた言い訳ですよ）のように óbvious（明白な）という意味でも使える。
▶ 反意語は opaque[oupéik]（不透明な）。

567

The weather was terrible all summer: // days of torrential rain **alternated** / with days on which it was merely **humid** and **cloudy**.

📎 torréntial「急流(tórrent)のような、激しい」

夏中、ひどい天気で、// 土砂降りの雨の日が、交互に訪れました / ただ蒸し暑くて曇った日と。

1296
álternate
形 [ɔ́:ltərnət]
他自 [-neit]

形 **交互の**　他自 **交互にする**

□ álternately　副 交互に、かわるがわる
▶ いずれも álter（変わる、変える）と関係がある語だが、発音・意味を混同しないように。

1297
humid
[hjú:mid]

形 **湿気のある**

□ humídity　名 湿気
▶ 天気が「むしむしする」という感じ。「むし暑いですね」は、It's hot and humid, isn't it?
▶ ほかに、damp（[不快なほど]じめじめした）、moist（[適度に]湿った）という語もある。

1298
cloudy
[kláudi]

形 曇りの

- clóudiness 名 曇り
▶ cloud（雲）の形容詞。
▶「ずいぶん曇ってますね」は(It's) Very cloudy, isn't it? 反対に天気の日なら (It's a) Nice day, isn't it?/ (It's a) Lovely day, isn't it?
▶「まったくですね」と相づちを打つのは Yes, it is (, isn't it?)/ Yes, it certainly is. の要領。

568

Quite apart from the dangers posed by radiation leaks, / another serious challenge faced by the energy industry / is **disposing** of **nuclear** waste.

📎 apart from「～はさておき（aside from），～に加えて（besides）」
radiation leaks「放射能漏れ」

放射能漏れによって引き起こされる危険はさておき，/ エネルギー産業が直面しているもう1つの深刻な難問は /**核**廃棄物の**処理**です。

1299
dispose
[dispóuz]

他 自 配置する；～する気にさせる

- dispósal 名 処理
- dispositíon 名 気質
- at one's disposal ～の自由になる
- be disposed to ～ ～する気がある
▶ dispose of（～を処分する）という形は慣用。前置詞 of をつけて記憶しておく。生ゴミを粉砕して処理する「ディスポーザー」は a disposer.

1300
nuclear
[njú:kliər]

形 核の，原子核の

▶ núcleus（核，原子核）の形容詞。
スペリングとアクセントを誤らないように。
▶ nuclear energy（原子力），nuclear test（核実験），nuclear war（核戦争），nuclear weapon（核兵器），nuclear waste（核廃棄物）などのほか，a nuclear family（核家族）にも使う。

569

According to one applicant's **resume**, / he was **proficient** in four foreign languages, / but when we put him to the test / we found that he could barely speak one.

ある志願者の**履歴書**に**よれば**, / 外国語4つに**堪能である**ということでした / が, テストをしてみたら, / かろうじて1つ話せるだけとわかりました。

1301 accord [əkɔ́ːrd]

名 自 一致[する], 調和[する]

- accórdingly 副 したがって
- accord with ～と一致する, 調和する
- ▶次の語句の形で使われる。
  - according to ～によれば, ～に応じて
  - according as … 《文語》…するのに応じて
  - in accordance with ～に応じて
  - of one's accord 自発的に
- ▶「天気予報によると晴れだそうですよ」と言うとき, According to the weather forecast, it'll be fair. でもよいが,
  - The weather report says it'll be fair.
  - Today's forecast says it'll be fair.
  という発想のほうが自然である。

1302 resume [rizjúːm]

他 自 再び始める, 取り戻す

- resúmption 名 再開
- ▶ほかに presúme（推定する）, consúme（消費する）という語もある。これらを混同しないように。

1303 proficient [prəfíʃənt]

形 熟達した

- proficiency 名 熟達
- be proficient in ～に熟達した
- ▶アクセントを誤らないように。
- ▶「コンピュータ言語に熟達するのはむずかしいですね」は It's hard to become proficient（または skilled）in computer language.

570

Imitating the **pronunciation** / of **native** speakers of a language / can cause you problems / if they have very strong **regional accents**.

発音をまねるのは, / ある言語を母語として話す人の / いろいろ問題が生じることがありえます / その人たちが非常に強い地域的ななまりをもっていると。

1304
ímitate
[íməteit]

他 **模倣する**, 見習う

- □ ímitative　形 模倣の, 独創的でない
- □ imitátion　名 模倣, 模造品
- ▶ かなり日本語化しているが, 英語ではアクセントに十分注意して発音する。

1305
pronounce
[prənáuns]

自 他 **発音する**；**宣告する**

- □ pronunciátion　名 発音
- □ pronóuncement　名 宣言, 判決
- ▶ pronunciátion はスペリングを誤りやすいので, 特に注意する。

1306
native
[néitiv]

形 **生来の**, 出生地の, 土着の　名 **原住民**

- ▶「英語を母国語として話す人たち」は native speakers of English.

1307
région
[ríːdʒən]

名 **地域**, 地帯

- ▶ re を [ríː] と発音する。
- ▶ área（地域）, dístrict（[行政上の]地域）と比べ, région は「（広い範囲の）地域」という感じ。
- ▶ the region of my research（私の研究領域[分野]）のようにも使える。

1308
accent
[æksent]

名 **強勢**；**なまり**　他 **強く発音する**

- □ accéntuate　他 強調する
- ▶ 他は [æksént] と発音することもある。
- ▶「日本語なまりの英語を話す」のは I speak English with a Japanese accent.

571

Johnson was **stripped** of his gold medal / when he tested positive for drugs.

ジョンソンは金メダルを剥奪されました / 薬物のテストで陽性と判定されて。

1309
strip
[stríp]

他 自 はぐ，裸にする　名 細長い小片

▶ strip A of B (AからBをはぎとる) は rob[deprive] A of B (AからBを奪う) と同じ形。前置詞 of に注意する。
▶「細長い紙きれ」は a strip of paper，「滑走路」は a (landing) strip (または a runway)。

572

It is widely believed / that Tokyo is in **imminent** danger / of experiencing a devastating earthquake.

🔖 dévastating「壊滅的な」

広く信じられています / 東京は切迫した危険な状況にあると / 壊滅的な地震に遭う。

1310
imminent
[íminənt]

形 切迫した，差し迫った

▶ éminent (著名な，卓越した) と混同しないように。スペリングに注意。
▶ The system is in imminent danger of collapse. は「制度は今にも崩壊しそうな危険にさらされている」の意。appróaching (近づいている) や impénding (間近の) より切迫感が強い。

573

Crowds **thronged** the **aisles** of Jake's Supermarket / throughout the day / at the start of its biggest ever sale.

群衆がジェイクのスーパーマーケットの**通路**に**群がりました** / 一日中，/ これまでで最大規模のセールが始まった初日。

1311
throng
[θrɔ́(:)ŋ]

自 他 群がる　名 群衆

▶普通は crowd[kráud]（群がる，群衆）を使ってよい。

1312
aisle
[áil]

名 (劇場・飛行機などの)通路

▶isle[áil]（島）と区別。
▶飛行機を予約するとき，窓側の席 (a window seat) ではなく「できれば通路側の席がいいのですが」と頼むのは，I'd like an aisle seat, if I could.
「トイレに近い通路側の席」ならば，An aisle seat near the toilet, please. と言えばよい。

574

We had great difficulty finding any **contemporary** accounts / of the **incident** we were **investigating**.

🖉 have difficulty 〜ing「〜するのに苦労する」　　accóunt「記述, 記事」

当時の記録を見つけるのはとても困難でした / 私たちが**調査中**だった**事件**についての。

1313 contémporary
[kəntémpəreri]

形 名 現代の；同時代の[人, 物]

- témporary（一時的な）に con-（共に, 同じ）がついて「同じ時の」を意味する。
- 「現代の」は módern, présent-day より改まった語。
- Jane and I were contemporaries at college.（ジェインと私は大学で同期でした）は, We were classmates at college. / We graduated from the college in the same year. のように言ってもよい。

1314 incident
[ínsədənt]

名 できごと, 事変

- □ incidéntal 形 偶然の, 付随する
- □ incidéntally 副 偶然に, ついでながら
- evént（[大きな]できごと,［計画された]催し）とは異なり,「(偶発的なちょっとした) できごと, 事件」という意味で使う。
- 話が一息ついたとき,「ところで」「それはそうと」「ついでながら」という感じで切り出すときに Incidéntally, … と使うことができる。

1315 invéstigate
[invéstigeit]

他 調査する, 研究する

- □ investigátion 名 調査, 研究
- □ invéstigator 名 調査者, 研究者
- アクセントは第2音節に。
- 「(詳しく徹底的に) 調べる」という感じ。「(事件・事故などを) 調査する」には look into, inquire into も使われる。「調査中だ」は It's under investigation.

575

He referred to the entrance examination system as a maze, / which didn't strike me / as a particularly **appropriate metaphor**.
₁₁₇₁

- refer to A as B「AをBと呼ぶ，AはBだと言う。」
  maze「迷路(のように入り組んだもの)」
  strike A as B「AにBであるという感じを与える」

彼は入学試験制度のことを迷路だと言いました / が，私には感じられませんでした / かくべつ適切な比喩だとは。

1316 metaphor
[métəfər]

名 隠喩(いんゆ)，メタファー

▶ Life is like a voyage.(人生は航海のようなものだ)のように，like や as を用いてたとえる simile[símili](直喩，または明喩)に対して，Life is a voyage.(人生は航海だ)のように like や as を用いないたとえが métaphor(隠喩，または暗喩)である。

576

Everybody would say that they **cherish liberty**, / but isn't **liberty** something of an **illusion** / when you **consider** the **responsibilities** / that life **imposes** on most people?
₁₂₇₂ ₀₂₁₉

- something of a ~「ちょっとした~，かなりの~」

自分は自由を大切にしているとだれもが言うでしょう / が，自由とはちょっとした幻想ではないでしょうか / 重荷を考えてみれば / たいていの人が人生で背負わされている。

1317 cherish
[tʃériʃ]

他 大事にする，胸に抱く

▶ cherish the memory of は「~の記憶を大事に心に持ち続ける」ということ。
▶ my cherished possession は「私の大事な所有物」。

1318 illusion
[ilúːʒən]

名 錯覚；幻想

▶ reality (現実) や truth (真実) と対照して,「錯覚, 誤った考え,（実体のない）幻想」という意味。
▶ She is under the illusion that everyone loves her. は「あの娘はみんなが愛してくれていると錯覚しているよ」。

1319 responsible
[rispánsəbl]

形 責任がある；原因となる

□ responsibílity 名 責任
▶ Who is responsible for this?(この責任はだれにあるの) のように, be responsible for という形で使うことが多い。

1320 impose
[impóuz]

他 自 (義務などを)課する, 押しつける

□ impósing 形 威厳のある
▶ impose A on B (B に A を課する, 押しつける) の A はいやなもの(税, 罰金, 自分勝手な考えなど)。

577

There's a tendency / for people to go in for less **elaborate** wedding receptions / these days, / without all the costume changes / so common in the past.

✎ go in for 「～を好む」

傾向がある / 人びとがあまり**手のこんで**ない結婚披露宴を好む / 近頃は, / お色直しなどは一切なしで / 以前は非常に一般的だった。

💬 近頃はあまり手のこんでない結婚披露宴が好まれる傾向があって, 過去にはよく見られたお色直しも一切省かれます。

1321 elaborate
形 [ilǽbərət]
他 [-reit]

形 精巧な, 入念な
他 苦心して仕上げる

□ eláborately 副 精巧に
▶ アクセントは第2音節。
▶ simple(単純な), plain(簡明な)と対比して「手のこんだ,（わざと）作り上げた」という意味の語。

578

Time to Read TRACK 087

He asked me / to **accompany** him to the **concert**.

> 彼は私に頼みました / コンサートに一緒に行ってくれないかと。

1322
accompany
[əkʌ́mpəni]

他 **〜に同伴する**，付随して起こる

□ accómpaniment 名 付随物；伴奏
▶「cómpany（仲間）として一緒に行く，ついて行く」という感じ。
▶会話では，Can I come with you?（一緒に行ってもいい？）のように come with とか go together with を使うほうが自然である。
▶ Her husband accompanied her on the guitar.（彼女の夫がギターで伴奏した）のように「〜の伴奏する」という使い方もする。

1323
concert
名 [kɑ́nsərt]
他 [kənsə́ːrt]

名 他 **音楽会；協調[する]**

□ in concert 声をそろえて，演奏中で
□ in concert with 〜と協力して
▶母音の発音[əːr]に注意して，日本語発音（コンサート）と区別する。
▶「クラシックのコンサート」は a classical music concert，「ロック・グループの野外コンサート」は an open-air concert by the rock group。

579

Katoh's question was viewed by many / as a **deliberate** attempt / to anger the **chairman** of the **committee**.
₁₁₄₅

🖉 view A as B「AをBだと見る，AをBと見なす」

> 加藤の質問は，多くの人々に見なされました / 意図的な試みだと / 委員会の委員長を怒らせようとする。

1324
deliberate
自他 [dilíbəreit]
形 [-bərət]

形 **慎重な；故意の**　自他 **熟考する**

- □ deliberately　副 慎重に；故意に
- □ deliberation　名 熟慮
- ▶ 品詞により発音が異なる。
- ▶「用心深い，慎重な」の意味の語は，cáreful, thóughtful, cáutious, prúdent などがある。

1325
committee
[kəmíti]

名 **委員会，（全員の）委員**

- ▶ commít（委託する）からできた語。
- ▶ スペリング（mm, tt, ee）に注意する。
- ▶「委員会（の全委員）」は，単数または複数扱い。「（1人の）委員」は a committee member とか a member of the committee と言う。

580

As a student, / I found it quite refreshing / occasionally to do some **manual** work / that required little or no thought.

🔗 As a student は When (I *was*) a student の意。
it は occasionally to do…以下をさす。

学生のとき，/ なかなか新鮮だと思いました / ときには，**手を使う**仕事をやるのが / ほとんど頭を使わないですむような。

1326
manual
[mǽnjuəl]

形 **手を使う**，手動の
名 マニュアル，手引書

- □ manufácture　名他 製造[する]
- □ mánuscript　名 原稿，写本
- □ manual labor　肉体労働
- ▶ manu- が「手」を意味することを知っていると上記の語も覚えやすい。

581

Charities hope / that many people will send money to help out of **sympathy** / for the poor and suffering in the world.

- cháritiés「慈善団体, 慈善基金」
- out of sympathy「同情(の気持ち)から」

慈善団体は願っています / 多くの人びとが同情心から援助金を送ってくれるのを, / 世界中の貧しくて苦しんでいる人々への。

1327 **sýmpathy** [símpəθi]

名 同情, 共感

- □ sympathétic 形 同情的な
- □ sympathize with ～に同情する
- ▶ "sym-(共に) + pathy(感情)" から「感情を共にすること」の意。
- ▶ 反意語は antípathy(反感)。
- ▶ My sympathies are with you. は「あなたと同じ気持ちです」「心中お察しします」。

582

One of the dangers faced by new parents / is that the husband can feel **neglected** / if his wife appears to **adore** their children too much.

新たに親になった夫婦が直面する危機の1つは, / 夫がなおざりにされていると感じてしまうことがありうることです / 妻があまりにも子供たちを可愛がりすぎるように見えると。

1328 **négligible** [néglidʒəbl]

形 無視できる(くらいの), とるに足らない

- ▶ negléct([うっかり]無視する, 怠る)と関連がある。-ible は -able と同じく「～できる」という意味。

1329 adore
[ədɔ́ːr]

他 崇拝する；慕う

□ adorátion 名 崇拝, あこがれ
▶ 女性が like, love の代わりによく使う。Sarah adores the rock band. は「サラはあのロックバンドに心酔してるのよ」。I simply adore his music! なら「彼の音楽がとっても好きなの」。

583

My mother often jokes / about how there was nothing she could do to **console** my father / when his hairline **abruptly** started to **recede** / at the age of 32.

母はよく冗談をいいます / どうにも父を**慰め**ようがなかったわと / (父の) 髪の生え際が**突如**, **後退**し始めたとき /32 歳で。

1330 console
[kənsóul]

他 慰める

□ consolátion 名 慰安
▶「慰める」は cómfort ([悲しみを]和らげる), cheer up (元気づける) なども使う。
▶ スポーツなどの「敗者復活戦」は a consolation match。

1331 abrupt
[əbrʌ́pt]

形 急な, 突然の；けわしい

□ abrúptly 副 急に, 突然に
▶ an abrúpt change は「急激な(突然の)変化」。sudden (突然の) より abrúpt のほうが「(意外なほど)急な」という感じが強い。
▶ She was very abrupt with me. (あの娘は私にとてもぶっきらぼうだった)。

1332
recede
[risíːd]

圁 後退する

- recéssion 名 後退
- recéss 名 休憩時間；奥まった所
- ▶ procéed（前進する）と対照的に「（後方へ）退く」という語。会話では go back でよい。
- ▶ concéde（譲歩する），precéde（先行する）などと区別する。

584

In a **sequence** of events that nobody could have **predicted**, / a minor fall in share prices / led to a precipitous **decline** in **investor** confidence / and ultimately to a total **collapse** of the **stock market**.

- a sequence of「一連の」(a series of)
  share prices《英》/ stock prices《米》「株価」
  precípitous「急激な」＜ précipice（絶壁）

だれも予見できなかったような出来事が連続する中，/ 株価の小幅な下落が / 投資家の信頼の急激な失墜を呼び，/ 最終的には，株式市場の完全な崩壊に至りました。

1333
séquence
[síːkwəns]

名 連続，順序

- séquent 形 次に来る，結果として起こる
- in sequence 次々と，順々に
- ▶「続いて起こること」「連続するもの」の意で a sequence of は a series of（一連の）とほぼ同じ。
- ▶ 文法の「時制の一致」は sequence of tenses。

1334
invest
[invést]

他 投資する；授ける

- invéstment 名 投資
- invéstor 名 投資家，出資者
- invest A on B　A を B に投資する
- ▶ 銀行の窓口で「投資信託を扱ってますか」ときくのは，Do you deal with investment funds here?

1335
stock [sták]

名 他 自 **蓄え[る]；株[式]**

▶「(品物を)在庫している」は be in stock，反対に「在庫切れしている」のは be out of stock。
▶「株式市場」は the stock market。

1336
market [má:rkit]

名 他 自 **市場[へ出す]**

□ súpermarket 名 スーパーマーケット
▶「市場調査」は maket research
　「市場占有率」は maket share。

Time to Read TRACK 088

585

The pupils sat in **rows** / facing the blackboard and the teacher.

> 生徒たちはいく列にもなって座りました / 黒板と先生の方に向いて。

1337
row [róu]

名 **列；ボートをこぐこと**　自 他 **こぐ**

▶ raw[rɔ́:](生の), law[lɔ́:](法律), low[lóu](低い) と発音を区別する。
▶ row は「(横に並んだ)列」のこと。
買い物でショーウィンドウ (wíndow) の中に並んでいる「真中の段 (列) の左から3番目」を見たいのなら，Could I see the third one from the left in the middle row?
▶「湖へボートをこぎに行こう」と誘うのは Let's go for a row on the lake.

586

I'm afraid / the president's speech **inclined** me / to support him even less than I did before.

📎 even less than…は「以前(私が支持していた)よりなおいっそう少く」。

> 残念ながら，/ 大統領のスピーチを聞いて，私は気持ちになりました / なおさら以前ほど支持したくないという。

1338 incline
[inkláin]

他 自 傾ける,傾向がある　名 傾斜

- □ inclinátion 　名 傾向, 気質
- □ incline to~　　~したいと思う
- □ incline … to~　…を~したい気持ちにさせる
- ▶ 物ばかりでなく「（人の心を）~に傾かせる」という意味にも使える。
- ▶ I clean my room only when I feel inclined to. は「部屋を掃除するのは気が向いたときだけです」。

587

The paper hasn't given me a **definite** offer yet, / but I'm hopeful / that I will have my own weekly **column** / by the end of the year.

その新聞（社）からまだ**明確な**申し入れがきていません / が, 私は期待しています / 毎週, 私が執筆する**コラム**をもつことになるだろうと / 今年の暮れまでには。

1339 définite
[défənət]

形 一定の, 明確な

- ▶ アクセントに注意。
- ▶ define（定義する；境界を定める）の形容詞形で,「（もやもやでない）はっきりとした」という意味。
- ▶「とんでもない」「まったく違いますよ」と強く否定するとき, Of course not. とか Definitely not. と言う。

1340 column
[káləm]

名 円柱；(新聞の)欄；縦列

- ▶ 語尾の n は発音しない。
- ▶「円柱（状の物）」つまり「縦に長い物」を連想すればよい。sports column は「（新聞・雑誌の）スポーツ欄」。

588

Cosmetics companies are often **criticized** / for carrying out **experiments** on animals / to test their **products**.

cosmetics[kɑzmétiks]「化粧品」

化粧品会社はしばしば批判を受けています / 動物実験を行うことに対して / 製品をテストするために。

1341
criticism
[krítisizm]

名 批評；批判

- crític 名 批評家
- crítical 形 批評の；危急の
- críticize 自他 批評する
- ▶ literary criticism（文芸評論）のように「（芸術作品についての）批評，評論」に使われることが多い。
- ▶「批判するつもりはありませんでした」は I didn't mean it as a criticism.

1342
expériment
名 [ikspérəmənt]
自 [-ment]

名 自 実験[する]

- experiméntal 形 実験[用]の
- experimentátion 名 実験すること
- ▶ アクセントに注意する。
- ▶ tríal（試み）や test（テスト）より「（組織だった科学・研究のための）実験」のこと。
- ▶「〜の実験をする」は experiment in[on, with]〜。

1343
próduct
[prάdəkt]

名 生産物，製品，成果

- prodúction 名 生産；上演
- prodúctive 形 生産的な
- reprodúction 名 再生；生殖
- ▶ prodúce（生産[製造]する）の派生語。アクセントに注意。
- ▶「新製品」は a new product，「自然の産物」は natural products。

589

Now that peace has been achieved in the **region**, / we must **strive** to **generate** a climate / more favorable to **economic** development.

地域に平和が達成されたからには，/ 土壌を醸成するよう努めなければなりません /経済発展により好都合な。

1344

strive
[stráiv]

自 **努力する，争う**

▶ strive–strove–striven[strívn]と活用。
▶ strive for[after]（〜を目指して努力する）が一般的な使い方である。
▶名は strife（紛争，闘争）で，「政治闘争」は political strife。

590

The **vigor** with which some of the older members of the Club tried to **obstruct** moves / to **revise** the **constitution** to allow women to become members / was truly astonishing.

クラブの年配の会員の何人かが動きを妨げようとしたときの活力は / 会則を改正して女性が会員になるのを許そうという，/ 本当にびっくりするほどでした。

クラブの年配の会員の中に，会則を改正して女性も会員になれるようにしようという動きを妨害しようとする者がいましたが，その勢いといったら，まったく驚くほどでした。

1345

obstruct
[əbstrʌ́kt]

他 自 **妨害する，ふさぐ**

□ obstrúction 名 妨害(物)
▶交通（traffic），計画（plan）などを「妨げる」「遅らせる」など。
▶ Terrorists attempted to obstruct the peace process. は「テロリストたちは和平への道を阻もうと企てた」。

1346 revise
[riváiz]

他 改訂する，修正する

□ revísion 名 修正，改訂(版)
▶「改訂版」は the revised edition。「改訂聖書」は the Revised Version。

1347 constitution
[kɑnstətúːʃən]

名 構成，体質；憲法

□ cónstitute 他 構成する
▶「憲法第9条」は Article 9 of the Constitution，「(憲法の)改正」は revísion（または améndment），「(日本の)憲法記念日」は Constitution Day。

591

There are various **phenomena** / that **reflect** the "dumbing down" of society, / a good example being the way comics are used / to present serious topics. // One wonders / if the population isn't becoming almost completely **illiterate**!

the "dumbing down" いわゆる「白痴化」
wonder if … not …のように否定を使うと「…ではないだろうか(…だと思う)」という肯定的な気持になる。

さまざまな**現象**があります／社会の「白痴化」を**反映する**／その恰好な例の1つは，マンガが用いられるというやり方です／深刻な問題を提示するのに。// 人は思います／人びとはほとんど完全に**文字が読めなく**なっているんじゃないかと。

1348 phenómenon
[fənámənɑn]

名 現象；驚異(的なもの)

▶アクセントは第2音節に。
▶複数形は phenómena。
▶ a natural phenomenon (自然現象)，social phenomena (社会現象)などが普通の用い方である。

1349
illiterate
[ilítərət]

形 名 **読み書きができない[人]，無学の[人]**

▶ líterate（読み書きができる[人]，学識のある[人]）の反意語。
▶ I'm no good with computers.（コンピュータがさっぱり使えません）の代わりに，I'm completely computer illiterate.（まったくのコンピュータ音痴なんですよ）と言うこともできる。

---

592 Time-to-Read TRACK 089

It's hard to **conceive** of anything / worse than losing a child.

何も**思いつき**にくい / 子供を失うより悪いことは。

1350
conceive
[kənsí:v]

他 自 **(考えを)抱く；想像する**

□ concéit 名 うぬぼれ
□ concéption 名 概念，考え
□ cóncept 名 (抽象的な)概念，着想

▶ 日本語でよく使われている「コンセプト」は concéive（[考えを新しく]思いつく）の派生語。
▶ 女性について，She is unable to conceive (a child). と言えば「子供が生めない，妊娠できない」ということ。

593

Janet was **sorely tempted** / by the display of delicious cakes / in the pastry shop window.

✐ pastry [péistri]「ペーストリー(パイ，タルトなどの洋菓子)」

ジャネットは**猛烈に心をそそられ**ました / 陳列されたおいしそうなケーキに / ケーキ屋さんのウィンドーに。

1351
sore
[sɔ́ːr]

形 **痛い**, 悲しい　名 **傷**, 苦痛

▶ soar（舞いあがる）と同音。sour[sáuər]（すっぱい）と区別。
▶ 会話では「のどが痛いんです」I've got a sore throat. とか「眼が痛いんです」My eyes are sore. のように，painful よりよく使う。
▶ a sore memory（いやな思い出），old sores（[心の]古傷）のように，心の痛みにも使える。

1352
tempt
[témpt]

他 **誘惑する，（～する）気にさせる**

□ temptátion　名 誘惑
□ tempt … to[～]　（人）を～する気にさせる
▶ She was tempted to take the day off. は「彼女はふとその日は休暇を取りたい気持ちになった」。

594

Their remarks just serve / to **confirm** their **innate sexism**, // and I hope you will treat them / with the **contempt** they deserve.

desérve「～に値する，～を受けても当然である」

彼らの発言は，一役買っているだけです / **生まれついての性差別主義を追認する**のに // ですから，私は，皆さんが彼らに接するよう望みます / 彼らにふさわしい**侮蔑**をもって。

1353
confirm
[kənfə́ːrm]

他 **確かめる**, 強める

□ confírmed　形 確認された，常習的な
□ confirmátion　名 確認
▶「firm（しっかりした）ものにする」という語。
▶ 飛行機の座席の予約を再確認する（reconfirm）には，I'd like to reconfirm my reservation.（予約を再確認したいのですが）。

1354
innate
[inéit]

形 **生まれつきの**, 先天的な

▶ アクセントに注意。
▶ nátural, inhérent, inbórn, nátive などもほぼ同じ意味。

1355
sexism [séksizm]

名 性差別，セクシズム

- □ séx 名 性(別)，セックス
- □ séxual 形 性(欲)の
- □ sexuálity 名 性別，性能力
- ▶特に「女性差別（の固定観念）」の意味で使うことが多い。「人種差別（の偏見）」は rácism。

1356
contempt [kəntémpt]

名 軽蔑（けいべつ）

- □ contémptible 形 軽蔑すべき，卑劣な
- ▶ respéct（尊敬），estéem（尊重）とは逆に「軽蔑，さげすみ」の意。
- ▶ They held him in contempt. は「彼を侮（あなど）っていた（They despised him.）」。

595

Looking back on my first couple of years with the firm, / I think / I **performed** quite a **feat** / in successfully **navigating** the intricate web of office **politics**.
1075
1251

- intricate [íntrikət]「入り組んだ、もつれた」
- web「クモの巣、複雑にからみあった関係」

入社して最初の2,3年のことを振り返ってみると、/ われながら思います / まったくの**離れ業**を**やってのけた**と、/ 社内**政治**の複雑な網の目をうまく**泳ぎわたる**という。

1357
feat [fí:t]

名 偉業，離れわざ

- ▶ feet（フィート）と同じ発音。feast（祝宴）と区別する。

1358
návigate [nǽvigeit]

自 他 （車・船・飛行機を）操縦する，航行する

- □ navigátion 名 航海，航空
- □ návigator 名 航行者，自動操縦装置
- ▶自動車の進路を案内してくれる「カー・ナビ」(návigator) はこの語から。

596

The most **irritating aspect** / of the recent **explosion** in **cellphone** popularity / is the constant barrage of public announcements / delimiting their use.

- barrage [bɑ́ːridʒ]「集中砲火, 連発」
- delimit「範囲を定める, 境界を決める」

最も**いらだたしい面**は, / 最近の**携帯電話**人気の**爆発**で / 公共のアナウンスが絶えず連発されることです / その使用範囲を限定しようとする。

1359
irritating
[íriteitiŋ]

形 **いらいらさせる**

□ irritátion　名 いらだち
▶ írritating も írritable（怒りっぽい）も írritate（いらいらさせる, じらす）の形容詞にあたる。

1360
aspect
[ǽspekt]

名 **局面；様相, 顔つき**

▶ アクセントは第1音節に。
▶「（人や物事の）外観（óutlook, appéarance）」という意味。「問題をあらゆる面から見てみよう」は Let's look at the problem from every aspect.

1361
explosion
[iksplóuʒən]

名 **爆発**

□ explósive　形 爆発性の
▶ explóde（爆発する［させる］）の名詞形。
▶ gas explosion（ガス爆発）, nuclear explosion（核爆発）, population explosion（人口爆発）のように「急速な増加（rapid increase）」という意味でも使われる。

1362
cellphone
[sélfoun]

名 **携帯電話**

▶ 正式には a cellular phone。ほかに a mobile phone とか a portable telephone とも言う。

597

My parents have had a dome house built in the mountains, / but I must say / that I find the lack of any **vertical** lines on the exterior rather **disconcerting**.
1323

両親は山の中に丸屋根の家を建てました / が，言わざるをえません, / 建物の外面に**垂直な**輪郭線がないのは非常に**落ち着かない**感じに思えると。

■■■ 1363
vertical
[və́ːrtikəl]

形 **垂直の**

▶ a vertical cliff（[垂直の]絶壁）のように，「ほぼ垂直な」場合にも使う。

598

Time to Read　TRACK 090

Garry's worst **vice** was smoking, / but he was trying to give it up.

ギャリーの最大の**悪癖**はタバコを吸うことでした / が，彼はそれをやめようとしていました。

■■■ 1364
vice
[váis]

名 **悪徳，欠点**

▶ vírtue（美徳）と対照的に「悪（い行い），欠陥」の意。
▶ vicious[víʃəs] 形（邪悪な）は発音を誤りやすい。

599

Here is the news. // Two **aircraft** have **collided** / on the ground at Madrid's international airport.

ニュースです。// 2機の**飛行機**が**衝突しました** / マドリード国際空港の滑走路上で。

1365 aircraft [éərkræft]

名 航空機

▶ áirplane(飛行機)のほか,hélicopter(ヘリコプター),glíder(グライダー)なども含む。
▶ a military aircraft(軍用機), a fighter aircraft(戦闘機)など。

1366 collide [kəláid]

自 衝突する

□ collision[kəlíʒən] 名 衝突
□ collide with ～と衝突する
▶ 発音[ai]に注意する。
▶ crash もほぼ同じ意味。「(意見などが)合わない,ぶつかる」と言うときにも使うことができる。

600

I'm surprised he got so angry / at such a silly joke / — I didn't **reckon** on him being so **sensitive**.

reckon on「～だと考える,期待する」

彼があれほど腹を立てたのには驚くね/あんなつまらない冗談に。/(彼が)あれほど**感じやすい**人間**だとは思っていなかった**よ。

1367 reckon [rékn]

自 他 計算する；～と考える

▶「計算する」は count, cálculate のほうが普通。
▶「彼女をライバルだと思いますか」は Do you reckon her as a rival? / Do you reckon her among your rivals?

1368 sensitive [sénsətiv]

形 感じやすい, 敏感な

□ sensitívity 名 感度
▶ sense(感覚,分別,意味；感じる)の形容詞。

601

Paul's **essay** on the **environment** / was an extraordinarily **articulate** piece of writing / for a 10-year-old boy.

extraórdinarily「並はずれて,非常に」

環境に関するポールの小論は,/並はずれて明快なものでした/10歳の子供にしては。

1369
essay
[ései]

名 随筆;小論文

□ éssayist 名 随筆家
▶ an essay on smoking(たばこについての随想)のように「(比較的短い)随筆,随想」。また,「(学生が書く)小論文」。

1370
articulate
形 [ɑːrtíkjələt]
他自 [-leit]

形 発音がはっきりした
他自 はっきりと言う

▶ articulate each word は pronounce each word clearly(1語1語をはっきり発音する)ということ。
▶形の反意語は inartículate(発音がはっきりしない)。

602

In his old age, / my grandfather seems to have developed a **whimsical** desire / to get up to **mischief** / of a kind he would never have even **contemplated** in his youth.

get up to「(いたずらを)しでかす,する」

老年になって,/祖父は気まぐれな欲求を昂じさせたようです/いたずらをする/若かったころには考えさえしなかったような。

1371 whímsical [hwímzikl]

形 気まぐれな，奇抜な

▶ whim(気まぐれ)の形容詞形。主に文章で使う。
▶「気まぐれな」は chángeable（変わりやすい），fíckle（移り気の），light（軽っぽい）などでも言い表せる。

1372 míschievous [místʃivəs]

形 有害な；いたずらな

□ míschief **名** 災い，いたずら
▶ アクセントを誤りやすい。
▶ a mischievous boy（いたずらっこ），a mischievous look（いたずらっぽい表情），mischievous lies（人を傷つける[ような有害な]うそ）など。

1373 cóntemplate [kántəmpleit]

他 自 熟考する；凝視する

▶ アクセントは第1音節に。
▶ You should contemplate your future. は「自分の将来についてよく考えてみるがいい」の意。
▶ 普通は，think of / think (carefully) about / consíder（よく考える）や look carefully at（～をよく見る）で間に合わすことができる。

603

His parents used to **criticize** him / for being incorrigibly gregarious / as a young man, // but in his later years / he chose to live in **comparative solitude**.

incórrigibly「どうしようもないほど」　gregárious「(人と)群れたがる」
choose to ～「することに決める，するほうを選ぶ」

（彼の）両親は彼のことを批判したものです / どうしようもないほど集団で群れたがると言って / 彼が若かったころ，// しかし，後年には / 比較的孤独に暮らすほうを選びました。

1374
solitude
[sάlətjuːd]

名 **孤独**, さびしい場所

□ sólitary 形 孤独な, さびしい
▶「(1人だけで)孤独に暮らす」のは, live in solitude。
▶「さびしい」は, ほかに lónely, lónesome もよく使われる。
 sólitary は「(1人だけで)さびしい」という感じが強い。

604

When it comes to French wine, / **quality** is more important than **quantity**; // in a 'good year' the wine is **excellent** / but there is less of it than in a 'poor year'.

フランスワインということになると, / 質のほうが量よりも重要です。//「当たり年」にはワインの質は優れたものになりますが, /「はずれ年」にくらべて量は少なくなります。

1375
quantity
[kwάntiti]

名 **量**;《複》**多量**

□ a (large) quantity of　多量の〜
□ in quantities　多量に
▶ He values quantity more than quality.(あいつは質より量を重んじるからね)は皮肉なことば。

605

Time-to-Read TRACK 091

It's **obvious** from his name / that his **ancestors** came **originally** from France.

彼の名前から明らかです / 先祖がもとはフランスの出であることは。

1376 óbvious
[ábviəs]

形 明白な

- □ óbviously 副 明白に
- ▶ [á] を強く発音する。
- ▶ It's obvious that something is wrong. / Obviously, something is wrong.(どこかおかしいのは明らかだ)のように使う。

1377 áncestor
[ǽnsestər]

名 祖先, 先祖

- ▶ アクセントは第1音節に。
- ▶「祖先, 先祖」はほかに fórefather,「子孫」は óffspring, postérity を使うこともある。

606

It seems that the headmaster of this school will do anything / to **oblige** the **governors** and parents.
1028

🔗 góvernor「(学校の)理事」

この学校の校長は何だってするだろうと思われます / 理事や親たちを**ありがたがらせる**ことなら。

1378 oblige
[əbláidʒ]

他 余儀なく~させる；ありがたく思わせる

- □ obligátion 名 義務, 恩義
- □ be obliged to (人)に感謝している
- ▶ be obliged to~ (~せざるをえない) は be compelled to~とほぼ同じ。
- ▶ I'm (very) much obliged to you. はかなりかしこまったお礼の言い方で「まことに恐縮です」という感じ。普通は Thank you very much. とか Much obliged. Thank you.

607

She has already spent two anxious years / **awaiting** approval of her husband's application for **citizenship**.

彼女はすでに不安な2年間を費やして / 夫の**市民権**申請が承認されるのを**待ち**続けています。

1379
await
[əwéit]

他 **待つ**，待ち受ける

▶改まった語なので，会話では wait for（〜を待つ）を使う。

1380
citizenship
[sítiznʃip]

名 **市民権**，国籍

□ cítizen 名 市民，国民
▶ cítizen に「〜であること」という状態・地位を表す -ship という接尾辞がついた語。
▶ 1960 年代の米国で「（黒人の）公民権（を求める）運動」は the civil rights movement と言った。

608

You could tell / as soon as the first **spectators emerged** from the stadium / that it had not been an exciting match.

（だれにでも）わかりました / 最初の**観客**がスタジアムから**出てきた**とたんに，/ おもしろい試合ではなかったことが。

1381
spectator
[spékteitər]

名 **観客**，見物人

▶ spect は「見る」という意味だから，「見る人」の意。ただし，「テレビの視聴者」は áudience または víewer。

1382
emerge
[imə́rdʒ]

自 出現する，現れる

- emérgence 名 出現
- emérgency 名 非常の事態
- ▶ e- は「（水中から）外へ」という意味。No new evidence emerged. は「新たな証拠は出て来なかった」。
- ▶ emérgency も「急に出現すること」から，「非常事態，緊急事態」になる。
    an emergency exit（非常口），
    an emergency stairs（非常階段），
    emergency services（救急隊）など。

609

He ended his career as a **colonel**, / having failed to **appreciate** fully the career **hazards** / of not always **complying** wholeheartedly with his superiors' wishes.
0990

📎 fail to ~ 「~しない，~することができない」

彼は**大佐**で経歴を終えました，/ 職業上つきものの**危険**について**理解**が十分でなかったために / 上官の意向に心底から**従わ**ないという。

1383
colonel
[kə́ːrnl]

名 (陸軍)大佐，連隊長

▶ 発音を誤りやすい。kérnel（核心，心髄）と同じ発音。

1384
appreciate
[əpríːʃieit]

自 他 感謝する；鑑賞する

- appreciátion 名 鑑賞；感謝
- ▶ [íː]をはっきり発音する。
- ▶「（物事を）正しく理解［評価］する」というのが基本の意味。
- ▶ 会話で，Thank you. I appreciate it.（ありがとう，感謝しますよ）と使える。
- ▶ I would appreciate it if you could help me.（手伝ってくださるとありがたいのですが）は，手紙や e メールなどでよく使う表現。

1385
hazard
[hǽzərd]

名 他 **危険[にさらす]**

□ házardous 形 危険な
▶「公害」と言えば，まず (environmental) pollution（[汚染による] 公害）だが，public hazard（公の危険）とか public nuisance（公の迷惑行為）と表現することもある。

610

In his testimony, / he accused the police / of **negligence** in failing to **investigate** his complaint against Lambert / and of thereby **violating** his right to a fair trial.

- téstimony「証言, 陳述書」
- accuse A of B「AのBを[Bの理由でAを]非難する」
- therebý「それによって」(by that)

陳述書の中で, / 彼は警察を非難しました / ランバートに対する彼の訴えを**調査**しないという**怠慢**と / また, そのことによって公正な裁判を受ける彼の権利を**侵害**したということで。

1386
negligent
[néglidʒənt]

形 **怠慢な，不注意な**

□ négligence 名 怠慢, 過失
▶ negátion（否定）のように neg- は否定の意味をもつ。

1387
violate
[váiəleit]

他 **違反する，侵害する**

□ violátion 名 違反, 侵害
▶ víolence（暴力）と関連ある語。「(法律に) 違反する」は violate the law または offend against the law。
▶「交通違反」は traffic violation。
ただし, 「スピード違反」は, Have you ever been stopped for speeding?（スピード違反でつかまったことある？）のように, ただ spéeding と言えばよい。

611

There are several key **criteria** / that have to be met / before any plan can be **implemented**, // and since the one you have **submitted** ignores at least two of them, / it's **doomed** to the **trash** can from the start.

- meet「(要件・基準などを)満たす」
- since…「…なので, …である以上」

> いくつか重要な**基準**があります, / 満たさなければならない / どんなプランも**実行**可能とされる前に // あなたが**提示した**案はその基準のうち少なくとも2つを無視していますから, / 最初から**くず箱行きの運命です**。

1388
critérion
[kraitíəriən]

名 (判断の)基準

▶ 発音に注意する。
▶ 複数形は criteria [kraitíəriə]。
▶ stándard (基準, 標準) より改まった語。

1389
ímplement
名 [ímpləmənt]
他 [-ment]

名 他 道具[を与える]; 履行する

▶ アクセントは第1音節に。
▶ agricultutual implements (農具) のように「(戸外で用いる簡単な)道具」の意。tool (道具) より改まった語。
▶ implement the new system (新制度を実施する) のように, 動詞としては carry out (実行する) という意味で使う。

1390
submit
[səbmít]

他 自 服従する[させる]; 提出する

☐ submíssion 名 服従
☐ submíssive 形 服従的な

▶ submit to (〜に従う) と submit oneself to (〜を甘んじて受ける) は慣用法。
I don't like to submit (myself) to my boss, but… (上司の言いなりになりたくないんだけど, でも) のように使う。

1391
doom
[dúːm]

名 他 運命[づける]

□ be doomed to　〜に運命づけられる
▶ 通例「(悪い)運命」に使う。「運命」は fate が最も普通の語で，ほかに déstiny(「良い」運命)，fórtune(運勢)，lot([偶然の]めぐり合わせ)など。

1392
trash
[trǽʃ]

名 ごみ，くず，がらくた

▶ 「(紙・びんなどの)ごみ，くず」のこと。《英》では rúbbish。
▶ 「生ごみ」は gárbage，「(ちらかった紙などの)ごみ」は lítter。
▶ 「燃えるごみ」は burnable trash，「燃えないごみ」は non-burnable trash。

Time to Read　TRACK 092

612

He accused me of writing **archaic** English, / but that's just his **subjective** view.
1278

彼は私が時代遅れの英語を書くといって非難しました / が，それは単に彼の主観的な見方に過ぎません。

1393
archáic
[ɑːrkéiik]

形 古風な

▶ アクセントと [k] に注意する。
▶ 「かなり古い」(very old-fashioned)という意味。

613

We'd better not **dwell** on this **subject** for too long, / as we have to finish the meeting by 12 o'clock.
1278

この議題であまり長々と議論しすぎないほうがいいでしょう / 12時までに会議を終えないといけないので。

1394 dwell [dwél]

自 住む；詳述する

- □ dwélling 名 住宅
- □ dwéller 名 住人
- ▶ dwell on（〜について長々と話す，くよくよ考える）は慣用的。「ちょっとだけ触れる」のは touch on。

614

Because of the food processing **factory**, / the whole town had a **perpetual** smell of fish.

🔗 prócess「(食品を)加工する」

食物加工**工場**があるため，/ 町中，**つねに**魚のにおいがたちこめていました。

1395 factory [fǽktəri]

名 工場

▶ ほかに，plant（[近代設備の]工場），works（[小さな]町工場），mill（[原料を加工する]工場）。

1396 perpétual [pərpétʃuəl]

形 永久の，絶え間ない

- ▶ アクセントは第2音節。
- ▶ perpétually（永続的に，絶え間なく）は contínually（絶えず，ひんぱんに）に近い。

615

The sole aim of the **program** / is to **emancipate** alcoholics / from the **ruthless** demands their dependency places on them.

🔗 alcohólic「アルコール中毒患者」

その**計画**の目的はただ1つ，/ アルコール中毒患者を**解放してやる**ことです / アルコール依存が彼らに課す**情け容赦のない**要求から。

1397
program
[próugræm]

名他自 **番組，計画(表)[を作る]**

- ((英))では programme とつづることもある。
- 「(ラジオ・テレビの)番組(表)」のほか「(行事・コンサートなどの)プログラム」にも使う。
- 「今日の予定は？」は What's the program (または schedule) for today?

1398
emáncipate
[imǽnsəpeit]

他 **(束縛などから)解放する**

- □ emancipátion 名 (奴隷・女性などの)解放
- アクセントは第2音節に。
- 「奴隷の解放」は emancipation of slaves。

1399
ruthless
[rú:θləs]

形 **無慈悲な，冷酷な**

- 「血も涙もない，あこぎな」という感じを含む。Our boss is a ruthless dictator. と言えば，「うちのボスは情け容赦のない独裁者だね」。

616

My father-in-law has an **obsession** with **absurdity**, / as **evidenced** by his appearance at a recent **conference** / wearing a large false **mustache**.

as evidenced by ～ 「～によって証明されるように，～を見ればはっきりわかるが」

義父には**ばかばかしさがとりついて**います。/ その**証拠**に，最近，**会議**に現れました / 口のまわりに大きなつけ**髭**をたくわえて。

1400
conference
[kánfərəns]

名 **会議，協議**

- 「国際会議」は an international conference。
- confér (授与する；協議する)から。

1401
m(o)ustache
[mʌ́stæʃ / məstǽʃ]

名 **口ひげ**

- 発音に注意。
- béard (あごひげ)，whískers (ほおひげ)と区別する。

617

It is vital that we get this **bill** passed / while **parliament** is in **session**, / i.e. before the summer **recess**; // otherwise / it will be shelved **indefinitely**.

i.e.[áií:]「すなわち，つまり」(that is [to say])
shelve「棚上げにする，延期する」

この**法案**を通すことがきわめて重要です / **議会開会**中に，/ つまり，夏期**休会**に入る前に，// そうでないと，/ **無期限**に棚上げされてしまいます。

1402 bill [bíl]

名 請求書；紙幣，手形；はり紙；法案

▶ レストランなどで「お勘定をお願いします」は The bill, please. / The check, please.
▶「貨幣」は coin。「お札」は《米》bill，《英》note。
　「10ドル紙幣」は a ten-dollar bill
　「10ポンド紙幣」は a ten-pound note
▶「ビラ貼り禁止」は Stick No Bills.

1403 recess [rí:ses/risés]

名 休憩(時間)；奥まった所

▶「昼休み」は noon recess, lunch time, lunch hour など。

1404 indéfinite [indéfənət]

形 不明確な，不定の

▶ in- は否定を表す接頭辞。
▶ a definite reply (はっきりした返事) に対して，「はっきりしない返事」は a indefinite reply。

618

Being quick to **reproach** your **spouse** / for not living up to your standards / is a sure way to **create friction**; // being quick to forgive, on the other hand, / leads to harmony within marriage.

be quick to 〜「すばやく〜する」　　live up to「(期待・基準などに)添う, 従う」

配偶者をただちに非難することは, / 自分の基準に添ってくれないからといって / 確実に摩擦を生みます。// それにひきかえ, ただちに許してあげれば, / 結婚生活に平和が生まれます。

1405 reproach [ripróutʃ]

他 名 **非難[する]**, 叱責[する]

▶ He reproached himself for not telling her the truth. は「彼女に本当のことを言わなかったことで自分を責めた」。
▶ reprove [riprúːv] (しかる) もほぼ同じ意味。日常的には blame (責める), scold (しかる) などを使う。

1406 spouse [spáuz/spáus]

名 **配偶者**

▶ húsband (夫) または wife (妻) の改まった言い方。会話では pártner (伴侶, パートナー)。
▶ 結婚すると言う人に「お相手は？」ときくのは Who's the lucky man (または lady)?

1407 friction [fríkʃən]

名 **摩擦**, 不和

▶「日米間の貿易摩擦」は trade friction between Japan and the U.S.
▶ fráction 名 (分数, 断片) と区別。

619

Time-to-Read TRACK 093

Our boss seems to have an **automatic response** / to every request we make: / "No"!

社長は自動的な返答を用意しているようです / 私たちがするどんな要求にも /「ダメ」という。

1408 automátic
[ɔ:təmǽtik]

形 自動的な，機械的な

- □ automátically 副 自動的に
- □ automátion 名 自動操作，オートメーション
- □ áutomobile 名 自動車
- ▶日本語の「オートマチック」という言い方にならないように。

620

Young children in Japan / seem to carry big **loads** on their backs / when they go to school.

日本の児童は，/ 大きな荷物を背中にしょって行くようです / 学校に通うとき。

1409 load
[lóud]

名 他 自 荷[を積む]

- ▶[ou]と発音する。「ロード」ではない。
- ▶反対に「荷をおろす」のは unload。
- ▶コンピュータで「(自分のコンピュータに) 情報を取り込む」のは dównload(ダウンロードする)。

621

When walking through woodland, / you must be very careful where you **tread** / because of snakes in the grass.

森林を歩いているときは，/ どこを歩いていくか十分注意しないといけません / 草むらにヘビがいるので。

1410 tread
[tréd]

自 他 名 踏む[こと]，歩む[音]

- ▶ea を[e]と発音する。thread(糸), threat(脅し)も同じ。
- ▶ tread–trod–trodden と活用。
- ▶「(満員電車などで) 足を踏まれちゃった」は I had my foot stepped(または trodden).
- ▶「歩く」の意味で使うのは文語。会話では walk でよい。

I strongly feel / it would be to our **mutual advantage** / to **settle** this **dispute** / without resorting to the **courts**.

私は確信します / お互いの利益になるだろうと / この紛争を解決すること が / 法廷に訴えずに。

1411 mutual [mjúːtʃuəl]

形 相互の，共通の

- □ mútually 副 相互に
- ▶「(国家間の)相互理解を深めるために」は to further mutual understanding (between nations)。
- ▶ a mutual friend は「(2人に)共通の友だち」。

1412 advántage [ədvǽntidʒ]

名 有利，優位，便宜

- □ advantágeous 形 有利な
- □ take advantage of ～を利用する
- ▶ 反意語は disadvántage(不利)。
- ▶「一長一短ですね」と言うとき，It has merits and demerits. でもよいがやや大げさ。It has advantages and disadvantages. / It has both good points and bad points. などが自然な言い方である。

1413 settlement [sétlmənt]

名 決着；入植(地)

- □ séttler 名 植民者
- ▶ séttle(決着させる，定住する[させる])の名詞形。
- ▶「(ある土地や状態に)落ち着く[落ち着かせる]こと」が元の意味。「日本からブラジルへの移民」は the Japanese settlement of Brazil。

1414 dispute [dispjúːt]

名 他 自 論争[する]，紛争

- ▶ discúss(議論する)よりも感情的な争いの感じを含む。
- ▶「国際紛争」は an international dispute，「2国間の国境紛争」は a border dispute between the two countries。

623

No child should leave school / without the ability to do basic **arithmetic** /― **adding**, **subtracting**, dividing and **multiplying**.

子供はだれ1人，学校を卒業してしまうべきではありません / 基本的な算数ができないまま，/ つまり，足し算，引き算，割り算，かけ算が。

1415
aríthmetic
[əríθmətik]

名 算数

□ arithmétical　形 算数の
▶ mathemátics（数学），álgebra（代数），geómetry（幾何）などより，「（初歩的な）足し算・掛け算など」。

1416
add
[ǽd]

自他 加える，言いたす

□ addítion　名 加えること，足し算
▶ add to「～を加える（incréase）」と add A to B「A を B に加える」を混同しないように。
▶ Shall I add your name to the list?（お名前をリストに追加しましょうか）は標準的な使い方。
▶ in addition (to this)（[これに]加えて，その上さらに）は besides や what's more とほぼ同じように使う。

1417
subtract
[səbtrǽkt]

自他 減じる，引き算をする

□ subtráction　名 引くこと，引き算
▶「かける，乗じる」は múltiply，「割る」は divíde。

1418
múltiply
[mʌ́ltiplai]

他自 増す，（数を）乗ずる

□ multiplicátion　名 増殖，掛け算
▶ 発音・アクセントに注意。
▶「3 × 5 = 15」は Three multiplied by five is fifteen.
▶「（掛け算の）九九」は multiplication table(s)。
▶「割り算をする」は　divíde。「6 ÷ 2 = 3」は　Six divided by two is three.

624

While many naively **assumed** / that Takahashi had skillfully **manipulated** the **mayor** into giving him the **contract**, / it turned out to be a simple case of **bribery**.

- naívely「無邪気に,素朴に」

多くの人が無邪気に思っていましたが / 高橋は市長を巧妙に操って請負契約を得たのだろうと, / あとで単なる贈収賄事件だと判明しました。

1419
assume
[əsjúːm]

自 他 想定する；引き受ける；ふりをする

- □ assúmption 名 仮定；偽装
- ▶「ちょっと仮に…だと考えてみましょう」は Let us assume for a moment that…と言える。
- ▶ assume responsibility for（～の責任をとる）は改まった言い方。I've made my bed and I'll lie in it.（自分でやったんだから責任はとるよ）のほうが口語的。

1420
manipulate
[mənípjəleit]

他 巧みに扱う，操る

- ▶ mánual（手の）のように，manu- や mani- は「手」を意味する。
- ▶ 機械ばかりでなく，「（人や問題を）うまく扱う」という意味にも使う。

1421
mayor
[méiər]

名 市長

- ▶「町長」「村長」も mayor。
  《米》の「《州》知事」は góvernor。

1422
bribery
[bráibəri]

名 贈賄

- □ bríbe 名 賄賂 自 他 買収する
- ▶ tribe（種族）と区別。
- ▶「贈賄事件」は a bribery case とか a bribery scandal。

625

I am sure you will all join me / in saying how **grateful** we are to Prof. Carter / for the **fascinating insights** he has given us / into a topic few of us knew much about / before his talk this evening.

皆さんもきっと私に賛同してくださるでしょう / カーター教授にこの上なく**感謝**していると申し上げれば, / **すばらしい洞察**を与えてくださったことに対して / 私たちのほとんどがよく知らなかった話題について / 今晩, 教授がお話しくださるまでは。

1423 grateful [gréitfəl]

形 **感謝している**, ありがたく思う

- □ grátify 他 満足させる
- □ gratificátion 名 満足
- □ grátitude 名 感謝
  ↔ ingrátitude（忘恩）
- ▶ 反意語は ungráteful（恩知らずの）。
- ▶ thánkful よりさらに改まった語。形式ばった手紙文などで, I would be grateful if you could attend the party.（パーティにご出席くだされば ありがたく存じます）のように使う。
- ▶ 会話で I'm really grateful to you. と言うと, かしこまってお礼を述べる感じになる。

1424 fáscinate [fǽsəneit]

他 **魅惑する**

- □ fascinátion 名 魅惑
- □ fáscinating 形 魅惑的な
- ▶ sc のスペリングに注意。scene（情景）, science（科学）のように, c は発音しなくてよい。
- ▶ be fascinated by（～にうっとりする）という形で使うことも多い。

1425 insight [ínsait]

名 **洞察[力]**, 識見

- ▶ a writer to great insight は「深い洞察力のある作家」。
- ▶ an insight into～（～への洞察力, ～を見抜く力）という形で使うことが多い。

626

This area used to be full of small **factories** / producing parts for the major **manufacturers**, / but there aren't many left now.

> この地域は、もとは小さな**工場**でいっぱいでした / 大手の**製造会社**向けに部品をつくる、/ しかし、いまはそれほどたくさんは残っていません。

1426
manufacture
[mænjəfǽktʃər]

名 他 自 製造[する]

□ manufácturer 名 製造業者
▶ manu- は「手の、(人の) 手で」。-facture は「作る」の意味で、「作るところ」が fáctory (工場) である。

627

We were proved to have been overly **optimistic** / about the size of the **donations** / our alumni would be willing to make.

🔗 alumni [əlʌ́mnai]　alúmnus (卒業生、同窓生) の複数形。
be willing to ～ 「快く～する」

> 私たちはあまりにも**楽観的**だったことがわかりました / **寄付金**がどのくらいになるかについて / 同窓生たちが進んでしてくれる。

1427
optimístic
[ɑptimístik]

形 楽天的な

□ óptimism 名 楽天主義、楽観
□ óptimist 名 楽天家
▶ 形 と 名 のアクセントを区別する。
▶ I'm basically optimistic (about everything). (私は基本的には何事も楽天的なんですよ)。

1428
donation
[dounéiʃən]

名 寄付[金]

▶ donate [dóuneit, dənéit] (寄贈する) の名詞形。
▶ 「(移植臓器の) 提供者」を donor (ドナー) と言うが、英語での発音は [dóunər]。

628

Stephen has an **incredibly fertile imagination**, / and his **creative** writing showed great promise / from a very early age.

スティーヴンは信じられないほど豊かな想像力の持ち主で，/ 彼の独創的な書きものは大きな将来性を示していました / 非常に若いころから。

1429
incrédible
[inkrédəbl]

形 信じられない

▶ crédible（信用できる）の反意語。
unbelíevable（信じられない）とほぼ同じ。
▶次の語と混同しないように。
　créditable（ほめるに値する）
　crédulous（軽く信じやすい）
▶会話で（That's）Incredible! と言えば，「すごい！」「（信じられないくらい）すばらしい！」という感じ。
▶びっくりして「まさか，信じられませんよ」は，Really? I can't believe it. / Oh, no! It can't be (true / possible). / Not really(↘)? I can't believe it. など。

1430
fertile
[fə́ːrtl]

形 肥沃な；多産な

□ fertílity 名 多産，豊富
□ fértilize 他 肥沃にする
▶[fə́ːtail]と発音する人もいる。
▶ rich より改まった語だが，意味はほぼ同じ。反意語は bárren，stérile（不毛の，不妊の）など。

1431
imaginative
[imǽdʒənətiv]

形 想像力のある

▶ imáginary（想像上の，架空の）との相違をよく理解しておきたい。
▶「想像力が豊かですね」とほめるのは，You're imáginative. とか You have a rich imagination.

1432
creativity
[kriːeitívəti]

名 創造力，独創性

□ creátive 形 創造力のある
□ creátion 名 創造，天地万物
□ creature[kríːtʃər] 名 生き物，人間
▶上記の3語は create[kri(ː)éit]（創造する）の派生語。

629

Passenger safety and comfort / at ever increasing **velocities** / are what the designers of **transport** systems are constantly **striving** to achieve.
₁₃₄₄

乗客の安全と乗り心地こそが, / ますます高**速**化する速度での / **輸送**システムの設計者が絶えず達成しようと**努め**ていることなのです。

1433 velocity
[vəlásiti]

名 速度, 速力

▶ the velocity of light（光の速度）のように「（一定方向への）速度」。
▶一般的に「速さ」を表すのは speed。

1434 transport
他 [trænspɔ́ːrt]
名 [trǽnspɔːrt]

名 他 輸送[する]；夢中[にさせる]

▶ "trans-(別の場所へ) + port(運ぶ)" からできた語。
▶ by public transport（公共の交通機関で）のように使う。
　ただし,「輸送(手段)」は,《米》では transportátion。

630

The present uprising against the management / completely **eclipses** the **relatively** laid-back **revolt** against its hiring practices / that we **witnessed** six months ago.
₁₁₇₄

  uprising「反乱, 暴動」　　laid-back「気楽な, くつろいだ」
　that we witnessed… の that の先行詞は revolt。

経営側に反対する現在の反乱は, / 雇用慣行に対する**比較的**ゆったり構えた**反抗**をすっかり**色あせたものにしています** / 私たちが6か月前に**目にした**。

1435 eclipse
[iklíps]

名（太陽・月の）食　他（光を）さえぎる

▶ a solar eclipse（日食）, a lunar eclipse（月食）など。
▶「部分食」は a partial eclipse,
　「皆既食」は a total eclipse。

	1436	圓名 **反乱[を起こす]**，**反感[を抱く]**
	revolt [rivóult]	▶ The people revolted against their dictator. は「国民は独裁者に対して反乱を起こした」の意。
	1437	名 **目撃者**，証人；証言　他自 **目撃する**
	witness [wítnəs]	▶「（事件・事故などの現場を）目撃した（証）人」を a witness または an eyewitness と言う。

631

Linguistics is usually looked on / as a rather dry field to specialize in, / but isn't the language that has been handed down to us / just as much a part of our cultural **heritage** / as any work of **art**[1242] **created** by one **individual**? [1102]

🔗 look on A as B「AをBと見なす，AはBだと考える」
be handed down to「〜に伝わる，〜に受け継がれる」

言語学はふつう，見なされています / 専攻するにはどちらかと言うと無味乾燥な分野と / しかし，代々，受け継がれてきた言語というものは / 私たちの文化遺産の一部なのではないでしょうか / 一個人によって創造された芸術作品と同じくらい。

	1438	名 **言語学**
	linguistics [liŋgwístiks]	□ linguístic(al) 形 言語(学)の □ línguist 名 言語学者 □ bilíngual[bai-] 名形 2言語を使う[人] ▶「語学が達者だ」は He's a good linguist. 反対に「下手だ」は He's a poor linguist.
	1439	名 **遺産**；伝統
	heritage [héritidʒ]	▶ inheritance（相続）より改まった語。our rich cultural heritage（わが国の豊かな文化遺産）のように，「文化的遺産，伝統」の意味で使われる。

1440
individual
[ìndivídʒuəl]

名 形 個人[の], 個々[の]

- □ individuálity 名 個性
- □ indivídualism 名 個人主義
- ▶ アクセントは第3音節に。
- ▶ divíde (分ける)と関係がある語で, 否定を表すin- がついて,「分けることのできない(もの)」が元の意味。
- ▶ 人間ばかりでなく「(物・動物の)個体(の)」という意味でも使われる。

---

632 Time-to-Read TRACK 095

Richard says / that his **maternal** grandmother was French.

リチャードは言っています / 母方の祖母はフランス人だったと。

1441
maternal
[mətə́ːrnl]

形 母の[ような]

- □ matérnity 名 母であること
- ▶「父の[ような]」は paternal。
- ▶ paternal love(父性愛), maternal love(母性愛)。

633

It's **obvious** to everyone / that Carol loves him madly, / but he himself seems completely **indifferent** to her.
（1376）

だれの目にも明らかです / キャロルが彼に首ったけなのは / でも, 彼自身はキャロルに対して全く無関心なように見えます。

1442 indifferent
[indífərənt]

形 無関心な，冷淡な

- indífference 名 無関心, 冷淡
- be indifferent to 〜に無関心な
▶ 反意語は ínterested（興味[関心]を持っている）。
▶ be interested in（〜に興味がある）と反対に「興味（関心）がない」は，be uninterested in / be unconcerned in のほか，この be indifferent to（〜に無関心な）を使うことができる。

634

Keeping control of your **vehicle** / in a minor **collision** / is of **primary** importance / in avoiding secondary impacts.

sécondary「第2の,二次的な」　ímpact「衝撃,衝突」

乗り物をしっかり制御しておくことが, / 小さな衝突の際に / 最も重要です / 第2の衝突を避けるうえで。

1443 véhicle
[víːikl]

名 乗り物，伝達手段

▶ 発音とスペリングを正確に。
▶ car, bus, truck（トラック），bícycle（自転車）などの「乗り物」のこと。たとえば，motor vehicles（自動車類）のように使う。

635

Investigators have been brought in / to **inquire** / into the dealings of the **current** president's **predecessor** / and the **legacy** of **corruption** he has left us with.

déaling「商取引関係」　leave A with B「AをBに託す」

調査官が送り込まれてきました / 調査するために / 現社長の前任者の取引関係 / そして，彼が私たちに託した腐敗という遺産を。

1444
inquire
[inkwáiər]

他 自 尋ねる，求める，調べる

- inquíry 名 質問，研究
- inquire into ～を調査する
- inquire after[about] ～の安否を尋ねる
▶ ((英))では enquire もある。
▶ 格式ばった語なので，日常は ask を使う。
  inquire into も look into のほうが一般的。

1445
predecessor
[prédəsesər]

名 前任者，先輩

▶ "pre-(前に) + decessor(退いた人)" という意味。
▶「つい2週間前に前任者の仕事を引き継いだばかりです」は，I took over my predecessor's job only two weeks ago.

1446
legacy
[légəsi]

名 遺産

▶「相続遺産，文化的遺産」は héritage[héritidʒ]。

1447
corrupt
[kərʌ́pt]

形 堕落した 他 堕落させる

- corrúption 名 腐敗，堕落
▶「(社会・体制などが) 腐敗した，堕落した」という意味。
  corrupt officials accepting bribes（賄賂を受け取る堕落した役人ども）のように使う。

636

This year's **budget deficit** is likely to **surpass** last year's, / and the **government** has to do all it can / to **lessen** its reliance on **government** bonds to cover the shortfall.

1028

📎 government bonds「国債」　　shórtfall「不足額，欠損」

今年度の**予算**の**赤字**は前年度を**しのぐ**模様で，/ **政府**は可能な手だてを尽くさなければなりません / その不足分に充てる国債への依存を**小さくする**ために。

1448 budget
[bʌ́dʒət]

名 予算(案)，経費　自 予算を立てる

- ▶「政府予算（案）」は a government budget。「家計」は a family budget（家庭の予算）。
- ▶品物を店員に勧められて「それはだいぶ予算オーバーです」と言うのは It exceeds my budget. または It's too expensive for my budget.
- ▶店員が「ご予算は？」とたずねるのは What's your budget?

1449 déficit
[défəsit]

名 不足，赤字

- □ in deficit　赤字の
- ▶ trade surplus は「貿易黒字，出超」，trade deficit は「貿易赤字，入超」。
- ▶ The trade balance was in surplus[in deficit] last year. は「昨年の貿易収支は黒字[赤字]だった」。

1450 surpass
[sərpǽs]

他 まさる，しのぐ

- ▶ sur- は「上」を表す。「〜の上を越える」という感じをつかんでおく。
- ▶ Catherine hopes one day to surpass her professor. ならば，「キャサリンはいつかは教授をしのぎたいと思っている」。

1451 lessen
[lésn]

他 自 減じる，少なくなる

- ▶ "less（より少ない）＋ -en（〜にする）" から文字通り「より少なくする」という意味。
- ▶ lesson（学課，レッスン）と発音が同じ。スペリングを区別。
- ▶ lessen the tension（緊張を緩和する）のように，どちらかというと文語的。会話では cut down（減らす）をよく使う。

637

One of the greatest problems we have as a company / in **transferring technology** to developing **nations** / is trying to avoid **compromising** our business interests in the **process**.

avoid ~ing「～しないようにする」

企業として直面する最大の問題の1つは, / 発展途上国に技術移転を行う際に, / その過程で自社の営業利益を損なわないようにすることです。

1452
transfer
他 自 [trænsfə́:r]
名 [trǽnsfə(:)r]

他 自 名 移す[こと]，乗り換え[る]

▶ trans- は「越えて, 別の状態へ」という意味。transfórm（変形する），transpórt（輸送する），transláte（翻訳する）など。

▶「山の手線に乗り換える」はtransfér to the Yamanote Line だが, 会話ではYou have to change at Shinosaka.（新大阪で乗り換えないといけませんよ）のように, change を使ってよい。

1453
cómpromise
[kάmprəmaiz]

名 他 自 妥協[する]

□ compromise with　～と妥協する
▶ cóm- をはっきり発音する。
▶「(双方が)歩み寄る, 折り合う」ということで, Can we compromise here?（このあたりで手を打ちませんか）のように使える。

1454
proceed
[prəsí:d]

自 進む，続ける

□ prócess 名 経過，過程
□ procédure 名 手続き，処置
□ procéssion 名 行列，進行

▶ "pro-（前へ）+ ceed（進む）"という語。advánce（前進する），go on，contínue（続ける）などに近い。

638

Igarashi was astounded / by the seemingly **infinite wilderness** of Alaska.

- astound [əstáund]「びっくり仰天させる」
- seemingly ～「見たところ(～に思われる)」

五十嵐は肝をつぶしました / 無限に広がっているように見えるアラスカの荒野に。

1455 infinite [ínfinit]

形 名 無限[の]

- □ infinitive 名 不定詞
- ▶ a finite number of（限られた数の～）に対して, an infinite number of ～は「(数えきれないほど)多くの～」。

1456 wilderness [wíldərnəs]

名 荒野

- ▶ wild [wáild]（野生の）と異なり, [wíl-]と発音する。

639

In many ways / his letter was very **impudent**, / but it still had a lot of charm; // one must allow for age, I suppose!

- allow for「～を考慮に入れる」

多くの点で / 彼の手紙には非常に生意気なところがあった / しかし, それでもなお, 魅力もたくさんありました。// まあ, まだ若いから, 大目に見てあげなきゃ。

1457 impudent [ímpjudənt]

形 あつかましい, 生意気な

- □ ímpudence 名 あつかましさ
- ▶ imprúdent（軽率な）と混同しないように。
- ▶ 会話では rude（無礼な）でもほぼ同じ意味を表せる。

640

Many of the **predictions** made a few years ago / about the future of Japan's **economy** / have turned out to be far from **accurate**.

数年前になされた**予言**の多くは / 日本**経済**の先行きについて，/ **的確**とはほど遠いものだったとわかりました。

1458 áccurate [ǽkjurət]

形 **正確な**，精密な

- □ áccurately 副 正確に
- □ áccurateness / áccuracy 名 正確，厳密
- ▶ アクセントは第1音節に。
- ▶「（間違えないようによく注意して）正確な」という感じ。
- ▶ 反意語は ináccurate（不正確な）。

641

I sometimes think / my father was born into the wrong **epoch** // — he would have been much happier / as a **medieval feudal** lord!

🔖 feudal lord「大名，領主」

私はときどき思うことがあります / 父は悪い**時代**に生まれ合わせたのだと // はるかに幸せだったことでしょう / **中世の封建**領主なんかだったら。

1459 époch [épək/íːpək]

名 **（画期的な）時代**；新紀元

- ▶ ch を [k] と発音する。
- ▶ époch-making 形（画期的な）はよく使われる。

1460 feudal [fjúːdl]

形 **封建制の**

- ▶「封建時代」は the feudal times，「封建制度」は féudalism（または the feudal system）。
- ▶ feudalístic（封建主義的な）という語もある。ただし，「うちの父は封建的なの」と言うのは My father is very old-fashioned. くらいが適当。

1461
mediéval
[medíːvl]

形 **中世[風]の**

□ medieval times 中世(時代)
▶発音・アクセントに注意する。mediáeval も同じ。
▶ medi- は「中間」を表す。
▶ áncient(古代の), módern(近代の)と対照して記憶。

642

In a **desperate** attempt / to **persuade** his Belgian counterpart to **reverse** his decision, / the foreign **minister** appears to have resorted to making **threats**.
0963
1160

🔗 cóunterpart「(〜に)相当するもの」　resort to「〜(という手段)に訴える」

必死に試みるあまり / ベルギーの外相を説得して決定をひるがえさせようと / 外相は威嚇の手段に訴えたように見えます。

1462
désperate
[déspərət]

形 **絶望的な, 必死の**

□ désperately 副 必死に[やけに]なって
□ desperátion 名 死にもの狂い
▶スペリングとアクセントに注意。
▶ despáir(絶望[する])と関連があり, in despair は「絶望して」の意。

1463
persuáde
[pə(ː)rswéid]

他 **説得する, 納得させる**

□ persuásion 名 説得
□ be persuaded of / be convinced of 〜を確信している
▶[wéi]の部分を強く発音する。

1464
reverse
[rivə́ːrs]

名 形 **逆[の], 裏面[の]**
他 自 **逆にする[なる]**

□ revérsely 副 反対に；他方
▶日本語の「バックギア」は英語では the reverse gear (後退ギア),「前進ギア」は a foward gear。
▶ reverse the situation は「立場を逆にする」, in reverse order は「逆の順に」。

The **atmosphere** of **desolation** on the summit of the mountain / reminded George / of the photographs he had seen of the **lunar landscape**.

山の頂上の荒涼とした雰囲気は，／ジョージに思い出させました／前に見たことのある月の風景写真を。

1465
átmosphere
[ǽtməsfiər]

名 大気，雰囲気

□ atmosphéric 形 大気の，雰囲気を出す
▶スペリング (ato- ではない) とアクセント (第1音節) に注意する。
▶the atmosphere は「(地球を取り巻く) 大気」。
▶atmospheric pollution (大気汚染) は air pollution と同じ。

1466
désolate
形 [désəlit]
他 [-leit]

形 荒涼とした，わびしい
他 荒廃させる

□ desolátion 名 荒廃
▶発音・アクセントに注意する。
▶a desolate landscape (荒涼たる景色) のほか，a desolate, lonesome life (わびしい孤独な人生) のようにも使う。

1467
lunar
[lúːnər]

形 月の

▶the solar calendar は「太陽暦」，the lunar calender は「太陰暦」。また，「日食」は solar eclipse，「月食」は lunar eclipse。

1468
landscape
[lǽndskeip]

名 風景(画)

□ landscape painter 風景画家
▶発音に注意する。
▶「(海の) 風景(画)」には séascape を使うこともある。

644

To be of any practical use, / **census** data need updating annually, // and many would argue / that the **tremendous labor involved** in compiling such data / would be better used on more worthwhile projects.

update「最近のものにする,更新する」
compile[kəmpáil]「収集[編集]する」

実際に役立つようにするためには, / **国勢調査**のデータは毎年更新することが必要で, // 主張する人もたくさんいるでしょう / そのようなデータを編集するのに**関わる膨大な労力**は / もっと価値のあるプロジェクトに振り向けたほうがいいだろうにと。

1469 census [sénsəs]

名 **国勢調査**

▶ consénsus(「意見の」一致)と区別する。

1470 tremendous [triméndəs]

形 **すさまじい,ばく大な**;すばらしい

▶ They've done a tremendous amount of work.(ばく大な仕事量をこなしました)のほか,It was a tremendous experience.(とてもよい経験になりましたよ)のように extremely good という意味にも使う。

1471 labor [léibər]

名 自 **労働[する]**

☐ láborer 名 労働者
☐ laborious[ləbɔ́:riəs] 形 骨の折れる
▶ 《英》lábour
▶「労働力」は labor force(または work force),「労働組合」は a labor union。

645

The harbor in Yokohama / is filled with **vessels** / from around the world.

横浜の港は / 船でいっぱいです / 世界中からやってくる。

vessel
[vésl]
1472

名 容器；船

▶ véhicle（[陸上の]乗り物）に対して，shipやboatなどの「船」はvesselとも言う。

646

A large oil painting of the company's founder / **conceals** the wall safe / in the president's office.

会社の創業者の大きな油絵が，/ 壁金庫を覆い隠しています / 社長室の。

conceal
[kənsíːl]
1473

他 隠す，秘密にする

□ concéalment 名 隠すこと
▶ 日常会話ではhideを用いてよい。

647

Most of the **reviews** were far from **flattering**, / but I must say I enjoyed the book very much.

🔗 far from「決して～ではない，～からほど遠い」

たいていの書評は決して好評とは言えませんでしたが，/ 私としては，その本をとても面白く読みました。

review
[rivjúː]
1474

他 自 名 復習[する]，論評[する]

▶ アクセントは第2音節。
▶ "re-（再び）+ view（見る）" から「再検討（する）」ということ。

1475
flatter
[flǽtər]

他 自 こびる, お世辞を言う

- fláttery 名 お世辞を言うこと, ごますり
- fláttering 形 お世辞の, うれしがらせる
- flátterer 名 お世辞がうまい人
- flatter onseself　うぬぼれる

▶女性がほめられたときなどに「まあ, お口がおじょうずね」と言うのは, You flátter me! / How fláttering! / Yóu flátterer. など。

▶ほめられたときの一般的な反応は Thank you. I'm glad you think so.（ありがとう, うれしいわ）とか, Thank you. It's good of you to say so.（そんなふうに言ってくださってありがとう）など。

648

According to the police, / there were no more than six hundred people **altogether** at the **demonstration**.

🔗 no more than 「〜にすぎない, たったの〜」(only)

警察**によると**, / **デモ**の参加者は, **全部で** 600 人程度にすぎなかったということです。

1476
altogéther
[ɔːltəgéðər]

副 まったく, 全部で, 概して

▶ togéther を al-（まったく）で強めた形。all together（みんな一緒に）と区別が必要。

▶ It wasn't altogether a mistake.（それはまったく間違いだったわけじゃありませんよ）のように, not… altogether は部分否定。

▶買物のとき「全部でおいくらですか」は, How much is that altogether? / How much are they in total?

649

Chavez showed great promise / when he **embarked** on a career in **government**, / but he ended up a **casualty** of his **bureau**'s **budget** cuts.

🔗 Chavez[tʃáveis]　　end up「最後には〜になる，〜になり果てる」

チャーベイスは大いに将来有望と見えました / 政府内の職に就いたときは / が，結局は省庁の予算削減の犠牲者で終わってしまいました。

1477 embark [embáːrk]

自他 乗船する[させる]；乗り出す[させる]

▶ embark on は「(事業などを新たに)やり出す」という意味にも使う。embark on a new career as a politician は「新たに政治家として身を立てる」ということ。

1478 casualty [kǽʒuəlti]

名 死傷者

▶「(事故・災害・戦争・テロなどの)死傷者数」は cásualties。

1479 bureau [bjúərou]

名 (官省の)局；事務机

□ buréaucracy 名 官僚(主義)
□ bureaucrátic 形 官僚的な，お役所的な

▶ スペリング・発音に注意する。
▶ There're a lot of bureaucratic procedures to go through. は「まだまだいろいろとお役所の手続きを続けなければなりません」。

650

It's no good going to see the president / with some sort of **vague** idea like that; // you'll have to come up with some sort of **concrete** proposal.

🖉 it's no good ～ing「～してもむだだ」　　come up with「持ち出す，提案する」

社長に会いに行ってもなんにもならないよ / そんな漠然とした考えをもって。// なにか具体的な提案を申し出ないといけないだろうね。

1480 vague
[véig]

形 **ばくぜんとした，あいまいな**

□ váguely 副 あいまいに
▶発音に注意する。
▶ obscúre（ぼんやりした）とほぼ同じ。
　反意語は clear, distínct（はっきりした，明瞭な），défi nite（明確な）など。
▶なお，ambíguous（[どちらにもとれる]あいまいな）という語もある。

1481 concrete
形 名 [kánkri:t]
他 自 [kənkrí:t]

形 名 **具体的な；コンクリート[の]**
他 自 **具体化する**

▶「もっと具体的な例を挙げてくれますか」は Could you give some more concrete examples?

651

Having been offered **scholarships** / to four of the top **universities** in the country, / Mike could **claim**, without being accused of **excessive conceit**, / to be his high school's top graduate of the year.

奨学金の提供を申し入れられたのだから，/ 国で最高位の大学 4 校への / マイクは自称しても，特にうぬぼれが強いと非難されることはないでしょう / 彼の高校のその年の最優秀卒業生だと。

1482 scholarship [skálərʃip]

名 奨学金, 学識

- schólar 名 学者, 奨学生
- ▶ -ship は「(状態・身分・能力などを表す)抽象名詞」をつくる。
  fríendship (友情), proféssorship (教授職), léadership (指導力)など。

1483 excessive [iksésiv]

形 過度の

- excéed 他 自 (程度を)超える
- excéss 名 余分, 過度
- excéssively / excéedingly / to excess 過度に
- ▶ móderate (節度のある)と対照的に「極端な, 行き過ぎの」という意味。

1484 conceit [kənsíːt]

名 うぬぼれ；奇抜な表現

- concéited / self-concéited 形 うぬぼれている
- ▶ concéive (想像する), cóncept (概念, 着想)などと区別。
- ▶ pride (誇り), vánity (うぬぼれ, 虚飾)よりさらに強い「うぬぼれ」が concéit (または sélf-concéit)。
- ▶ 反意語は módesty (謙そん)。

---

652 Time to Read TRACK 098

Most people think / that wearing one's hair **dyed** bright colors looks very **odd**.
0944

たいていの人は思います / 髪の毛を明るい色に**染める**のは非常に**突飛**に見えると。

1485 dye [dái]

他 自 染める[まる] 名 染料

- ▶ die (死ぬ)と同音。dýeing 名 (染色)と dying (死[にかけている])とを混同しないように。
- ▶「娘が髪を茶髪にしたんですよ」は, My dauther has dyed her hair light brown.

653

Mr. Takahashi says / that his car is of much more **benefit** to him / now that he lives outside Tokyo.

🔖 now that … 「…であるいま，いまは…なので」

高橋さんは言っています / 車の**有り難み**がはるかに増していると，/ いまは東京の外で暮らしているので。

1486
bénefit
[bénəfit]

名 他 自 **利益[になる]**，恩恵

□ benefítical 形 有益な
□ benefit from [by] ～から利益を得る
▶ bénefit も benefícial もアクセントに注意する。

654

Our son doesn't really **conform** to the normal image / people have / of a **candidate** for **university** entrance exams.
0934

うちの息子は通常のイメージとはあまり**合い**ません / 人びとがもつ / **大学**入試の**受験生**について。

1487
conform
[kənfɔ́ːrm]

他 自 **一致する**；従う

□ confórmity 名 一致
▶ conform to [with]（～に一致する）の形で It conforms to my ideal.（それは私の理想と一致する）のように使うが，かなり文語的。

1488
cándidate
[kǽndideit/-dit]

名 **候補者**，志願者

▶ アクセントは第1音節に。
▶ 「大統領候補」は a presidential candidate,「委員長候補」は a candidate for chairperson of the committee。

655

You're **liable** to waste a lot of time / sitting in **traffic** jams / if you decide to go away during the "obon" **festival**.

🔗 go away「(田舎などに)出かける」

時間をいっぱいむだに**してしまいがち**ですよ /**交通**渋滞で車の中に座りっきりになって, / お盆**休み**の間に出かけることにしたら。

1489
liable
[láiəbl]

形 ～しやすい；責任がある

▶be liable to～(～しがちである)は be apt to～にやや近い。

ただし, I'm liable to make mistakes when I'm tired.（疲れてるとついミスをやってしまいます）のように, あまり好ましくないことに使う。

1490
traffic
[trǽfik]

名 交通, 通行；(不正な)取引

☐ traffic accident　交通事故
▶「ここらへんは交通が激しいですね」と言うのは, Traffic is heavy around here.
▶drug traffic は「麻薬の密売買」。

1491
festival
[féstəvl]

名 祝祭[日], 祝宴

☐ festívity　名 陽気な騒ぎ, 祝いの行事
▶the Cannes Film Festival(カンヌ映画祭)とか a rock festival(ロック・フェスティバル)のようにも使う。

656

With the statute of limitations about to **expire**, / the police are **pessimistic** / about the **prospect** of **apprehending** the perpetrators.

the statute of limitations「提訴期限法」
(be) about to ～「まさに～しようとしている」　pérpetrator「犯人」

あと少しで**期限が切れ**，時効が成立しそうですが，/ 警察は**悲観的**です / 犯人**逮捕**の**見通し**について。

1492
pessimístic
[pesimístik]

形 悲観的な

□ péssimism 名 悲観主義
□ péssimist 名 悲観的な人
□ pessimístically 副 悲観的に
▶「私はいくぶん悲観的（な性格）ですね」は，I'm sort of a pessimist.

1493
apprehénd
[æprihénd]

他 逮捕する；感知する

□ apprehénsion 名 不安；理解
▶comprehénd（[十分に]理解する）と区別する。
▶arrést（逮捕する），fear（恐れる），wórry（心配する），récognize（感知する）などがずっと普通に使われる。

657

I'm worried about Nick. // I would be the last one to **criticize** anyone / for the **odd** bit of social drinking, // but Nick's hardly ever **sober** these days.

- be the last one to ~ 「最も~しそうではない」
- hardly ever 「めったに~でない」

ニックのことが心配だよ。// ぼくは，だれかを**批判し**たりなんかしない / つき合い酒を**ほんの**少しばかりやるからといって，// だけど，ニックのやつ，ここんとこ，めったに**しらふ**じゃないんだから。

1494
sober
[sóubər]

形 **酔っていない**；まじめな

▶ not drunk(酔ってない，しらふの)という意味。

658

A well-written **biography** is in many ways **comparable** to good **fiction**: // the **plot** itself may be **determined** by real events, / but the impact of that **plot** depends on the writer's skills and **interpretation**.

- comparable to 「~に匹敵する」

よくできた**伝記**は，多くの点ですぐれた**小説に匹敵**します。// **筋書き**自体は実際の出来事によって**決まる**かもしれません / が，その**筋書き**の効果いかんは書き手の技量と**解釈**にかかっています。

1495 biography
[baiágrəfi]

名 伝記

- □ biográphic(al) 形 伝記(体)の
- □ biógrapher 名 伝記作家
- □ autobiógraphy 名 自叙伝
- ▶派生語も含めてアクセントに注意。
- ▶ bio- は「生命，生物」，-graphy は「記述されたもの」という意味。

1496 comparable
[kámpərəbl / kəmpéərəbl]

形 比較できる，匹敵する

- □ cómparably 副 比較できるほど
- ▶ be comparable to[with]（〜と比較できる，〜に匹敵する）という形で使い，be equivalent to（〜と同等である）に近い。

1497 fiction
[fíkʃən]

名 小説；虚構，作り話

- □ fictitious [fiktíʃəs] 形 架空の，うその
- □ fictional 形 架空の，小説的な
- ▶反意語は fact（事実）。
  Fact is stranger than fiction.（事実は小説より奇なり）。
- ▶「(伝記・旅行記など)事実に基づいて書かれた（小説以外の）作品」のことを nonfiction（ノンフィクション）と言う。

1498 plot
[plát]

名 陰謀；(物語の)筋　他 自 たくらむ

- ▶「昨夜のテレビドラマの筋は単純だったね」は The plot（または story）of the last night's TV drama was simple.

1499 determine
[ditə́ːrmin]

他 自 決心する[させる]，決定する

- □ determinátion 名 決心
- ▶ determine to〜（〜しようと決心する）より decide to〜 / make up one's mind to〜のほうが普通の言い方。

659

Many cars nowadays have four-**wheel** drive, / which gives drivers better control.

最近は，多くの車が四輪駆動なので，/ ドライバーは制御しやすくなっています。

1500
wheel
[hwíːl]

名 車輪；ハンドル

▶「(自動車の)ハンドル」は a (steering) wheel。「四輪駆動」は four-wheel drive。

660

A: How did you get that **bruise**?
B: I **bumped** my head on the garage door / when I was putting the car away!

put away「片づける，元の所へしまう」

その打ち傷どうしたの。

車庫のドアに頭をがつんとぶっつけちゃったのさ / 車を入れようとしていて。

1501
bruise
[brúːz]

名 他 (打ち)傷[をつける]

▶ ui を [uː] と発音する。blues [blúːz] ([音楽の] ブルース) と区別。
▶「左腕を打撲しました」は I got a bruise on my left arm. / I got bruised on my left arm.

1502
bump
[bʌ́mp]

名 他 自 どすん[とぶつかる]

☐ búmper　名 緩衝器，バンパー
☐ bump against　〜にどすんとぶつかる
▶「(車がじゅずつなぎに) 渋滞している」状態を bumper-to-bumper と表現することもある。

661

Acute staff **shortages** / caused by the pilots' strike / forced the cancellation of several flights.

> 深刻なスタッフの不足が / パイロットのストライキによって引き起こされた / 数便の欠航を余儀なくさせた。
>
> 💬 パイロットのストライキによって生じた深刻な乗員不足のせいで、やむなく数便が欠航となりました。

1503
acute
[əkjúːt]

形 **鋭い**，鋭敏な

▶ dull pain（鈍痛）に対し「（急な）激痛」は acute pain。また，「急性盲腸炎」は acute appendicitis [əpendisáitis]。

1504
shortage
[ʃɔ́ːrtidʒ]

名 **不足**

▶ short（不足している）の名詞形。
▶「不足，欠乏」は，ほかに lack，want や scarcity（欠乏），deficiency（不足，欠陥）などでも表せる。

662

There's always **ample** warning of typhoons, / but it's still impossible / to **predict** earthquakes **accurately**.
0988 1458

> 台風にはいつも十二分に警報が出されます / が，依然として不可能です / 地震を正確に予告するのは。

1505
ample
[æmpl]

形 **余るほど十分な**，広大な

▶ 反対に「乏しい，不十分な」は scarce，scanty など。

663

As the **author** of the **original** report, / I do not feel **unjustified** / in **asserting** my right to royalties / for its **reproduction** in your journal.

- róyalty「印税, 著作権使用料」　　jóurnal「雑誌, (定期)刊行物」

元の記事の**執筆者**として, / 私は**不当な**ことだとは思いません / 印税を受け取る権利を**主張する**ことを / 貴社の雑誌への**再掲載**に対して。

■■■ 1506

justify
[dʒʌ́stifai]

他 **正当化する**

□ justificátion 名 正当化[すること]
▶ just(正しい, 公正な)の名詞は jústice(正義), 動詞は jústify。
▶ Nothing can justify her behavior. (どうみてもあの娘のふるまいは正当化できないよ)のように使える。

■■■ 1507

assert
[əsə́ːrt]

他 **主張する**, 断言する

□ assértion 名 主張, 断言
□ assértive 形 断定的の
▶「(正当性や権利などを自信をもって)主張する」の意。
▶「潔白だとはっきり言うほうがいいですよ」は, You should assert your innocence. / You'd better assert (that) you are innocent.

It is impossible to put too much **emphasis** / on the importance of **hygiene** / in **surgical procedures**; // even the skill of the **surgeon** / can be said to be of **secondary** importance.

*It is impossible to…以下はYou *cannot* put *too* much emphasis on ～.と同じく,「～をいくら強調しても強調のしすぎではない」の意。

強調しすぎるということはありません / 衛生面の重要性を / 外科手術の処置での // 外科医の技量すら / 二義的にしか重要でないと言えます。

💬 一連の外科手術を行う上で衛生が重要であることはいくら強調してもよいくらいです。外科医の技量ですら，二次的にしか重要ではないと言えるくらいです。

1508
emphasis
[émfəsis]

名 強調, 強勢

□ emphátic 形 強調的な
□ émphasize 他 / put emphasis on ～を強調する
▶ em- を強く発音する。
▶ 代わりに stress（強調[する]）を使ってもよい。

1509
hygiene
[háidʒi:n]

名 衛生(学), 健康法

□ hygiénic 形 衛生(学)の
▶ hy[hái]にアクセント。
▶「公衆衛生」は public hygiene。

1510
surgeon
[sə́:rdʒən]

名 外科医

▶ súrgery（外科；手術）に対して「内科」は（internal）médicine。
▶ súrgical（外科の）に対して「内科の」は médical。

1511
procedure
[prəsí:dʒər]

名 手順, 手続き, 処置

□ prócess 名 経過，過程
□ procéssion 名 行列, 進行
▶ procéed（進む, 続ける）の派生語。
▶ [sí:]をはっきり発音する。
▶ follow standard procedure は「標準的な手順に従う」。

1512
secondary
[sékəndèri]

形 第二の，副次的な

- □ sécondarily 副 2番目に，二次的に
- ▶ primary education（初等教育），secondary education（中等教育）のように使う。
- ▶ It's of primary importance. は「最も重要だ」の意。It's of secondary importance. と言えば「二次的に重要（あまり重要でない）」。

665

The **notion** that schools exist merely to **dispense** knowledge to children / has not entirely disappeared, / but most people these days **consider** it to be a pretty **unenlightened** way of thinking.
0219

学校はただ子供たちに知識を施すために存在するにすぎないという観念が / まったく消え去ったわけではありません / が，今日，たいていの人びとは，それは非常に旧弊なものの考え方であると思っています。

1513
notion
[nóuʃən]

名 考え，概念

- ▶ I don't know at all…の代わりに I have no idea (of) …とか I have no notion (of) …を使うことがある。I have no notion of what might happen. は「どんなことが起こるかさっぱりわからない」の意。

1514
dispense
[dispéns]

他 自 分配する，（薬を）調合する

- □ indispénsable 形 欠くことのできない
- □ dispense with / do without　〜なしですませる
- ▶ a dispénser は「薬剤師」。
  a cash dispenser は「（銀行などにある）現金支払機」。ATM は Automatic Teller Machine（自動金銭出納機）の略。

1515
enlighten
[enláitn]

他 **啓発する**, 教える

□ enlíghtenment 名 啓発, 啓蒙
▶ "en-（中に）+ light（光）+ -en（〜にする）" から「（無知な人に光をあてて）啓発する」「（知らないことを）教える」となる。

Time to Read TRACK 100

666

The children stared at Jim / as if they had never **encountered** a foreigner before.

🔖 as if … 「まるで…かのように」

> 子供たちはジムをじっと見つめました / それまで外国人に**出会った**ことがないみたいに。

1516
encounter
[enkáuntər]

名 自 他 **遭遇[する]**

▶「〜に偶然出くわす」「（困難などに）直面する」の意。会話では come across, come upon などが自然。

667

We don't really have any idea / how to tell the **sex** of our parrot, / but my sister insists that it's **female**.
（1355）

> あまりよくわかりません / うちのオウムの**性別**の見分け方は / が，妹は**雌**だと言ってきません。

1517
female
[fí:meil]

名 形 **女性[の]**, 雌[の]

▶ [fi:] という発音に注意する。
▶ male と female のほかに，másculine（男らしい），féminine（女らしい）というペアもある。
▶「女子学生」は female students,「女性労働者」は female workers だが，「女性らしい（優しい）声」は a feminine voice のほうが適切である。

The **jury** felt unable to **convict** the **defendant** / because of the lack of any **solid evidence** against him.

> 陪審は被告に有罪を評決することはできないと感じました / 被告に不利な動かぬ証拠がないために。

1518
jury
[dʒúəri]

名 陪審

- □ júror 　名 陪審員
- □ jurisdíction 　名 司法権，管轄権
- ▶「(英米の法廷で有罪かどうかの評決を行う) 陪審 (員団)」は単数扱い，複数扱いのどちらもありうる。

1519
convict
他 [kənvíkt]
名 [kánvikt]

他 有罪とする　名 罪人

- □ be convicted of 　〜の判決を受ける
- ▶アクセントは「名前動後」。
- ▶convínce (確信させる) と混同しないように。

1520
defense
[diféns]

名 防御；弁護

- □ defénsive 　形 防御の ↔ offénsive (攻勢の)
- ▶((英)) では defence。
- ▶defénd (防御する，弁護する) の名詞形。反意語は offénse (攻撃)。
- ▶「(日本の) 自衛隊」は the Self-Defense Forces。

1521
solid
[sáləd]

形 名 個体[の]，頑丈な，堅実な

- □ solídity 　名 堅いこと，堅実
- ▶ a solid foundation は「しっかりとした基礎」。

669

In those days, / women were for the most part **confined** to the house / in what could be **described** as a life of domestic **bondage**.

🔗 for the most part「大部分は, たいてい」

当時, / 女性は, ほとんど家に**閉じこめられていました** / 家庭に**束縛**された生活と**表現**してもいいような状況で。

1522
confine
[kənfáin]

他 閉じこめる, 限定する

- □ confínement 名 監禁；出産
- ▶ confine A to B（A を B に限定する）, be confined to bed（床についている）のように使う。

1523
describe
[diskráib]

他 描写する, 記述する

- □ descríption 名 描写, 記述
- □ descríptive 形 描写的な, 記述的な
- ▶ 派生語のスペリングに注意する。
- ▶ Can you describe your father to me? は「あなたのお父さん（の特徴）について話してくれますか」。

1524
bondage
[bɑ́ndidʒ]

名 束縛

- ▶ bándage[bǽndidʒ]（包帯）と混同しやすい。

670

This country prizes **diversity**, / but at the same time, / it expects **immigrants** to make an effort / to **assimilate** themselves into the community.

🔗 prize[práiz]「重んじる, 高く評価する」

この国は**多様性**を尊重はします / が, 同時に, / **移民**の側も努力することが期待されています / 社会に**同化し**ようと。

1525 diversity
[divə́ːrsəti/dái-]

名 **多様性**，差異

- divérse 形 多様な，別種の
- divérsify 他 多様化する
- ▶意味が近いのは variety[vəráiətri]（多種），dífference（相違）。
- ▶反意語は unifórmity（一様性）。

1526 immigrate
[ímigreit]

自 他 **(国内へ)移住する**

- ímmigrant 名 （国内への）移民
- ▶スペリングは "im- + migrate" と記憶する。

1527 assimilate
[əsíməleit]

自 他 **同化する**，消化吸収する

- assimilátion 名 同化(作用)
- ▶ assimilate European civilization（ヨーロッパ文明を消化吸収する）のように使う。

671

The most **distressing aspect** of the company's new **procedures** / is that many of those who would formerly have been **promoted** / are now made redundant.

be made redundant 《英》/ be laid off《米》「解雇される」

> 会社の今回の措置で最も悲惨な面は，/ 以前ならば昇進の対象になったと思われる人の多くが / 今では解雇されることです。

1528 distress
[distrés]

名 **悲嘆，悩み(の種)**；**困窮**
他 **悩ませる**

- in distress 困っている
- be distress about ～で悩む
- ▶アクセントは第2音節に。
- ▶悩んでいる人に「心配するなよ」は Don't worry. / Don't be distressed. / Don't distress yourself.

1529 promote
[prəmóut]

他 促進する；昇進させる

- promótion 名 昇進；促進
- promótive 形 促進する
▶「(学校で) 進級させる」のも promote を使ってよい。「昇進(進級)おめでとう」は Congratulations on your promotion!

672

I had been led to believe / that Jackson was the principal's most **ardent** supporter, / but when I saw them together in the staff room, / I was surprised / to **discern** a fair level of **friction** between them.

🔗 be led to ~「~するよう仕向けられる」　the staff room「(学校の)職員室」
a fair level of「かなりの水準の~, 相当な程度の~」

私は信じ込んでいました / ジャクソンは校長の最も**熱烈な**支持者であると / が, 2人が職員室で一緒のところを見たとき, / 私は驚きました / 2人の間にかなりの**いさかい**があるのが**わかって**。

1530 ardent
[áːrdnt]

形 熱烈な, 熱狂的な

- árdor / árdour 名 熱意
▶ pássionate(情熱的な), enthusiástic(熱狂的な)などに近い意味。éager(熱心な)より意味が強い。

1531 discern
[disə́ːrn/-zə́ːrn]

他 見分ける, …だと気づく

▶「A と B を見分ける」は discern A from B のほか, tell A from B / distinguish A from B / distinguish between A and B など。

673

When the heavy rain started, / everyone left the beach / and ran for **shelter**.

激しい雨が降り始めると, / みんな浜辺を離れて / 雨宿りしようと走りました。

1532 shelter [ʃéltər]

他 自 名 **避難する[場所]**

▶「(雨・風などから) 保護 (するもの)」という意味。雨なら take shelter from the rain (雨宿りする)。

674

The roads around here can be quite **treacherous** / at this time of year, / so do drive carefully.

do drive の do は, driveを 強調する。

このへんの道路は, とても**油断できない** /1年のこの時期には / だから, ぜひ運転は慎重に (してください)。

1533 tréacherous [trétʃərəs]

形 **裏切る**, あてにならない

□ tréachery 名 裏切り, 反逆

▶ ea の発音[e]。同じように, tréad(歩く), thréat(脅威), thréad(糸), tréasure(宝物)なども[e]と発音する。
▶ 山道や岩石などが「危険で油断ならない」というときにも使う。その感じをつかんでおく。

675

To be convincing, / you need to present your arguments / in clear, **concise prose** / without **indulging** in **verbal** acrobatics.

acrobátics「曲芸, アクロバット」

人を納得させたいと思うのなら, / 自分の主張する点を示す必要があります / 明快かつ**簡潔な散文体**で / **言葉**の曲芸に**ふけら**ずに。

1534 concise [kənsáis]

形 **簡潔な**

- precíse（正確な）と同じく，第2音節にアクセント。
- 反意語は wórdy（言葉数の多い）。

1535 prose [próuz]

名 **散文**；単調

- □ prosáic 形 散文体の；単調な
- póetry や verse（韻文，詩）と対比して「散文」。

1536 indulge [indʌ́ldʒ]

自他 **耽ける，甘やかす**

- □ indúlgence 名 放縦；甘やかし
- □ indúlgent 形 甘い，寛大な
- sátisfy（[欲望などを]満たす）や spoil（[子供などを]甘やかす）に近い。
- indulge (oneself) in という形で「～に耽ける」の意。

1537 verbal [vɚ́ːrbl]

形 **言葉の，口頭の**

- verbal communication（言葉によるコミュニケーション）と nonverbal communication（言葉によらないコミュニケーション）が対比される。
- 「口頭の」は óral や spoken でもよい。

676

The recent minor **eruption** of the island's **volcano** / is greatly **hindering** the country's recovery / from the typhoon that struck last fall.

島の**火山**の最近の小**噴火**は / 地域の復旧の大きな**妨げになっています** / この秋に襲った台風被害からの。

1538 eruption [irʌ́pʃən]

名 **噴火**，爆発；発疹

- □ erúptive 形 爆発性の；発疹性の
- 「erúpt（噴火する）」の名詞形。
- 「火山の噴火」は the eruption of a volcano / a volcanic eruption。
- eruptions of (volcanic) ash and lava は「火山灰や溶岩の噴出」。

1539
volcano
[vɑlkéinou]

名 **火山**

□ volcánic　形 火山の
▶複数形は volcánoes。
▶「活火山」は an active volcano,「火山活動」は volcanic activity。

1540
hinder
[híndər]

他 **妨げる**，妨害する

▶híndrance 名（妨害）のスペリングに注意する。énter（入る）と éntrance（入口）などと同じ形。
▶hinder…from 〜ing（…が〜するのを妨げる）という形でも使う。ただし，stop, keep, prevént を使うほうが普通である。

677

There are **approximately** two hundred moving parts / in this piece of **apparatus**, // and a defect in any one of them / will **diminish** its **efficiency**.

およそ 200 の可動部品があります，/ この器具一式には，// そしてそのどれ1つに欠陥があっても，/ 効率を低下させるでしょう。

1541
appróximately
[əpráksəmətli]

副 **おおよそ**

▶[ra] を強く発音する。
▶abóut（およそ），néarly（ほぼ；もう少しで）より改まった語だが，Well, let me see. Approximately 2,500, I suppose.（ええと，そうですね。おおよそ 2,500 だと思いますよ）のように，会話でもよく使われる。

1542
apparátus
[æpərǽtəs]

名 **器具類**，装置

▶breathing apparatus（呼吸器具），laboratory apparatus（実験室用器具）のように，「(特定の目的に必要な) 器具，機械類」に使う。

1543 diminish
[dimíniʃ]

他 自 減じる，小さくする[なる]

- ▶アクセントは第2音節に。
- ▶decréase(減少する[させる])や léssen(減る)に近い。
- ▶His influence is diminishing. は「彼の影響力がだんだん弱まっている」。

1544 efficiency
[ifíʃənsi]

名 能率，効率

- □ effícient 形 効力のある，能率的な
- □ effíciently 副 / with efficiency　効率的に
- ▶the seniority system(年功序列)に対して，「能力給，能率給」は efficiency wages。

678

The army leaders found it difficult / to **restrain** their **allies** in the **civilian** militia / from taking **revenge** on the other side / after the **ceasefire** was **concluded**.

🔗 militia[məlíʃə]「国民軍, 市民軍」

陸軍の指導者たちは困難だと思いました / 民兵の中にいる彼らへの同調者たちを抑えるのは / 相手側に報復行為を行うのを / 停戦が終結したあとで。

1545 restrain
[ristréin]

他 抑制する，拘束する

- □ restráint 名 抑制，拘束，自制
- ▶ restrain…from ~ing(…に~させない) という形でも使うが，文語的。stop や prevént のほうが普通。

1546 ally
他 [əlái]
名 [ǽlai/əlái]

他 自 同盟させる[する]　名 同盟国

- □ allíed 形 同盟の，連合国の
- □ allíance 名 同盟，提携
- ▶「連合軍」は the Allied Forces。

1547
civil
[sívl]

形 市民の，国内の；いんぎんな

- civílian 名形 民間人[の]
- civílity 名 いんぎん
- civil war　内乱，内戦
- ▶ mílitary(軍の)に対してcívil(またはcivílian)は「民間(人)の，一般市民の」という意味。
- ▶ cívic(市の，公民の)という語もある。「公民権」はcivil rights(またはcivic rights)。
- ▶ políte([好意的に]丁寧な)に対してcívilは「店員などが客に対して丁寧な，礼儀正しい」という感じ。

1548
revenge
[rivéndʒ]

他 名 復讐(しゅう)[する]

- revéngeful　形 復讐心のある
- revenge oneself on / be revenged on　～に復讐する
- ▶ She vowed to be revenged on them all.(彼女は全員に復讐してやると誓った)は典型的な使い方。
- ▶ They bombed the city in revenge for the terrorist attack. は「テロに対する報復としてその都市を爆撃した」。

1549
céasefire
[síːsfàiər]

名 停戦，休戦

- ▶ "cease(中止する) + fire(銃撃)"の合成語。
- ▶ ceasefire agreement は「休戦協定」。なお，Christmas truce(クリスマス休戦)のように「(一時的な)休戦」に使う truce[trúːs]という語もある。

1550
conclude
[kənklúːd]

他 自 結論する；終える

- conclúsion 名 終結，結論
- conclúsive 形 決定的な
- ▶ We've come to the conclusion that…(…という結論に達した)はよく用いる表現。
- ▶ In conclusion…(終りに，要するに…)や To conclude, …(結論を言うと…)も便利な表現である。

679

A **statesman** on the global stage / has to be pretty **sophisticated**, // and those **politicians** whose main **concern** in life has been to push through pork barrel projects in their own constituencies / are unlikely to have the necessary **stature**.

- push through「強引にやりとげる」
- pork barrel projects「地方開発事業, 利益誘導事業」
- constítuency「選挙区」

国際的な舞台に立つ政治家は, / かなり知的に洗練された人間でなければなりません。// また, 人生の主要な関心事が自分の選挙区で利益誘導事業を推進することであったような政治屋は, / この必要な資質を持ち合わせてはいなさそうです。

1551 statesman [stéitsmən]

名 政治家

- state 名形 状態, 地位；国家[の]；州[の]
- státely 形 堂々とした
- státement 名 陳述, 声明
- ▶ politícian（政治家）が「政治屋」という気分を含むのに対して, státesman は「（立派な大物の）政治家」(political leader) をさす。

1552 sophisticated [səfístikeitid]

形 洗練された；世慣れた；疑った

- sophísticate 他 世慣れさせる；（機械・技術などを）高度化する
- sophisticátion 名 詭弁；世慣れ
- ▶「高級な, 高度に洗練された」という良い意味にも,「すれっからしの, いやに疑った」という悪い意味にも使う。

1553 stature [stǽtʃər]

名 身長, 背たけ, （特に）高い能力レベル

- ▶ státue（彫像）, státus（身分）と区別する。
- ▶ How tall are you?（身長は？）ときかれて,「平均の身長です」は I'm of average stature（または height）.
  具体的には, One point seventy meters. / A hundred (and) seventy centimenters.（170センチです）。

680

Oxygen deprivation / leads very quickly to permanent brain damage.

- deprivátion 「欠乏, 奪うこと」

酸素の供給を絶たれると, / またたくまに永久的な脳の損傷が生じます。

1554
óxygen
[άksidʒən]

名 酸素

▶ oxy- / oxi- は「酸」を意味する。óxidant は「(光化学スモッグの原因となる)オキシダント」。
▶ hýdrogen(水素), nitrogen[náitrə-](窒素)などと区別。

681

In most cases, / it's pretty easy / to work out how a **proverb** is used / simply by looking at its **literal** meaning.

- work out 「(意味・用法などを)つかむ」(understand)

たいていの場合, / かなり容易になります / あることわざがどのように用いられるかをつかむのは / その文字どおりの意味を考えてみるだけで。

1555
próverb
[prάvərb]

名 ことわざ

□ provérbial　**形** ことわざの, よく知られた
▶ アクセントを誤らないように。
▶ Time is money, as the proverb goes. (ことわざで言うように「時は金なり」ですよ)のように使う。
▶ an old saying (昔から言われていることば) を代わりに使うこともある。

1556
literal
[lítərəl]

形 文字どおりの

□ líterally　**副** 文字どおり(に)
▶ free translation (意訳) に対して,「直訳」は literal translation。

682

The effect of the **government**'s vaunted **program** / to combat **juvenile delinquency** / has in fact been **negligible**.

vaunted[vɔ́:ntid]「ご自慢の」　cómbat「～と戦う，～に立ち向かう」

政府自慢の**計画**の効果は，/ **少年非行**と闘う / 実際は**とるに足りない**ものでした。

1557 **júvenile** [dʒú:vinl/-nail]
形 **少年[向き]の**　名 **青少年**
- ▶ adult（大人の，成人[向け]の）に対して，「少年少女（向き）の」という意味。
- ▶ infantile[ínfəntail]（幼児[期]の）という語もある。

1558 **delínquency** [dilíŋkwənsi]
名 **怠慢；非行**
- □ delínquent 形 名 怠慢な(人)；非行(少年)
- ▶ 特に juvenile delinquency（少年非行）をさす。

683

Little praise can be **bestowed** / on someone who increased the **department**'s **expenditure** / without improving business **results**.

賛辞を**呈する**ことはほとんどできません / **部署**の**出費**を増やした者に / 事業結果を改善せずに。

1559 **bestow** [bistóu]
他 **授ける**
- □ bestow A on B　A を B に授ける
- ▶ 身分の上の人が下の人に「(名誉や賞を)授ける」感じ。

1560 **expenditure** [ikspénditʃər]
名 **支出，経費**
- ▶ páyment（支出），spénding（消費），cost（経費），expénse（費用）などより改まった語。会話ではこれらの語を使うほうがよい。
- ▶ 反意語は révenue（歳入），íncome（収入）。

I wasn't expecting thunderous **applause** / for my **performance** at the wedding, // but I was a little taken aback / when no one had the **courtesy** to **react** at all!

- be taken aback「めんくらう,あっけにとられる」

私は嵐のような**拍手**を期待していたわけではありませんでした / 結婚式での自分の**余興**に, // でも, やや啞然としました / **儀礼**にでも**反応を示して**くれる人がまったくいなかったのには。

1561
courtesy
[kə́ːrtəsi]

名 **丁寧**, 親切

- cóurteous 形 礼儀正しい
- with courtesy　礼儀正しく
▶発音に注意する。
▶「礼儀正しいこと」の意。

1562
react
[ri(ː)ǽkt]

自 **反応する**, 反発する

- reáction 名 反応, 反動
- reáctionary 形 反動の, 反動的な
▶ "re-(再び) + act(活動する)" から「(互いに)作用し合う」の意。
▶ react to (〜に反応する) という形で使うことが多いが, 前置詞はほかに on, with, against など。

685

Despite their protestations of innocence, / there is little doubt / that the company has **exploited** minors / by paying them **wages** well below the minimum **legal** levels.

🔗 protestátion「明言, 断言」

そんな事実はないと抗弁していますが, / ほとんど疑いありません / 会社が未成年者を食いものにしてきたことに / 法定最低賃金レベルをかなり下回った賃金しか支払わずに。

1563
exploit
[ikspl𝑜́it]

他 **開発する, 利用する；搾取する**

□ exploitátion 名 開発；搾取
▶ explóre（探検する）, explóde（爆発する）などと区別する。
▶ 資源（resóurces）, 才能（tálent）などを「開発する, 利用する」ほか, exploit his youth and inexperience（彼の若さと未熟さにつけこむ）のようにも使う。

1564
wages
[wéidʒiz]

名 **賃金**

▶ wage の複数形。通例この wáges という形で使う。
▶ sálary は「（知的職業の人の）給料」。会話では wáges, sálary よりも pay を使うとよい。
▶「賃金水準」は wage level,「賃金体系」は wage scale。

1565
illegal
[ilí:gl]

形 **違法の**

▶ légal（法律の, 合法の）の反意語。
  illógical（非論理的な）のように, il- は l で始まる形容詞の反意語をつくる。
▶「違法駐車」は illegal parking, または parking violation（駐車違反）。

The **inhabitants** of the **Mediterranean** countries of Europe / are **fundamentally cordial** to visitors, / but it is not surprising / that the annual flood of tourists makes them occasionally **irritable**.

ヨーロッパの地中海諸国の住人は / 基本的に訪問者に対して温かいのです / が，驚くにはあたりません / 毎年殺到する観光客にときおりいらだつことがあるのは。

1566
inhabitant
[inhǽbitənt]

名 **住民**，居住者

□ uninhábitanted 形 無人の
▶ inhábit（[ある場所に]住みつく）という語から。人間だけでなく動物についても使う。

1567
Mediterránean
[mediteréiniən]

形 名 **地中海[の]**

▶ 第4音節の[réi]を強く発音する。
▶「地中海」は the Mediterranean (Sea)，または the Med。

1568
cordial
[kɔ́ːrdʒəl]

形 **心からの**

□ cordiálity 名 真心
▶「warm（暖かい），friendly（友好的な）」より改まった語。
▶ a cordial welcome（心からの歓迎），a cordial atmosphere（暖かいうちとけた雰囲気）など。

1569
írritable
[írətəbl]

形 **怒りっぽい**，短気な

▶ írritated 形（いらだっている）と区別。

687

People who use computers all day / often suffer from **strained** eyes.

一日中コンピュータを使っている人たちは，/ しばしば**疲れ**目に悩まされます。

1570
strain
[stréin]

名 他 自 **緊張[させる]**，努力[する]

▶「ぴんと張る」がもとの意味。反対は reláx（ゆるめる）。
▶ Don't strain yourself. は「無理するなよ，気楽にやれよ（Relax. / Take it easy.）」。

688

Jasper **startled** his mother / and made her drop the tray she was carrying / when he suddenly jumped out of the cupboard.

🔗 cupboard[kʌ́bərd]「(食器)戸棚」

ジャスパーに母親は**びっくりして**，/ 手にしていたお盆を落としてしまいました / ジャスパーが突然，戸棚から飛び出してきたものだから。

1571
startle
[stá:rtl]

他 自 **びっくりさせる[する]**　名 驚き

▶「驚く」のは be surprised が普通。
be startled は「(瞬間的に)(跳び上がるほど)びっくりする」という感じのときに使う。

689

It's high time / we stopped endlessly discussing **abstract** ideas / and arrived at some **concrete** conclusions.

📎 it's high time… 「そろそろ…してもよいころだ(…の動詞は過去形)」

そろそろいいころです / **抽象的な**考えについて際限なく討議するのはやめて, / **具体的な結論**に達しても。

1572
abstract
名 形 [ǽbstrækt]
他 [æbstǽkt]

形 **抽象的な**
名 他 **抽象[化する]**, 抜粋[する]

□ abstráction 名 抽象, 放心状態
▶ cóncrete(具体的な)と対照して記憶する。

690

Let me **stress** / that your help is sought on a **voluntary** basis, / and that no one need feel **obliged** to **sign** up.
1378　0954

📎 sign up 「登録する, (署名して)参加する」

強調しておきますが, / ご協力は**自発的な**動機から求められているのであって, / どなたも**登録しなければならない**と感じる必要はありません。

1573
stress
[strés]

他 **強調する**
名 緊張, 圧迫；強調, 強勢

▶ émphasize(強調する), émphasis(強調)もほぼ同じ。
▶ lay[put, place] stress on (〜を強調する) という形もよく使われる。

1574
vóluntary
[vάlənteri]

形 **自発的な**, 任意の

▶ 日本語の「ボランティア」は voluntary work(ボランティアの仕事), または voluntary workers / voluntéers(ボランティアの人たち)。
▶ 特に volunteer[vὰləntíər]の発音は, 日本語とはっきり区別する。

691

Simple **sterilizing** tablets / are an **adequate defense** against **cholera**, / but most of the local people are **reluctant** / to spend money on them.

🖉 táblet「錠剤」

単なる消毒剤で / コレラに対して十分防御できます / が，現地の人たちのほとんどが嫌がります / それにお金をかけるのを。

1575 sterile [stérəl/-ail]

形 不毛の，不妊の

□ stérilize 他 殺菌する，不妊にする
□ sterílity 名 不毛，不妊
▶ 反意語の fertile [fə́:rtil,-ail]（肥沃な）とペアで記憶。発音に注意。
▶ barren [bǽrən]（不毛の）とほぼ同じ。

1576 cholera [kálərə]

名 コレラ

▶ ch を [k] と発音する語の1つ。日本語の「コレラ」と発音を区別しよう。

1577 reluctant [rilʌ́ktənt]

形 気の進まない，いやいやながらの

□ relúctance 名 不本意
□ relúctantly / with reluctance　いやいやながら
▶ be reluctant to〜（〜したくない）は be unwilling to〜（進んで〜する気がしない）とほぼ同じ。be willing to〜（進んで〜する）と反対の意味で使う。

692

Not only did our **negotiators** fail / to **dissuade** them from reneging on the **trade treaty**,[1215] // but they also **contrived** to **extinguish** all hope / of a rapprochement in the foreseeable future.

- renege [riní:g, -néig] on 「(協定などを)破る」
  rapprochement [ræprouʃmáːŋ] 「和解, 親交関係」

わが国の**交渉者たち**は, できなかったばかりか, / 相手国に**貿易協定**を破るのを**思いとどまらせる**ことが // おまけに, 希望をすべて**うちくだく**という**不手際**までしてかしました / 近い将来における和解への。

1578
dissuáde
[diswéid]

他 思いとどまらせる

□ dissuásion 名 思いとどまらせること
▶ persuáde と対照的に「(人を説得して何かをするのを)思いとどまらせる」という意味。
▶「(人を)説得して〜させる」のはpersuade to 〜/persuade … into 〜ing のどちらか。その反対に「説得して〜するのをやめさせる」のが
　　persuade…out of 〜ing / dissuade…from 〜ing
のどちらかである。

1579
trade
[tréid]

名 自 他 貿易, 取引[する]；商売

□ tráder 名 貿易業者
□ trádesman / trádesperson 名 小売商人
□ trádemark 名 商標
□ trade liberalization　貿易の自由化
▶ trade A for B の形で「A を B と交換する」。
▶ My father is a gardener by trade.（父の職業は植木屋です）. by trade は「職業[商売]は」という意味。

1580 treaty
[tríːti]

名 条約，協定

- peace treaty　平和条約
- ▶「平和条約」は a peace treaty，「日米安保条約」は the U.S.-Japan Security Treaty。
- ▶agréement(協定)や pact(条約)も使われる。

1581 contrive
[kəntráiv]

他 自 考案する，たくらむ

- contrívance 名 考案(物)，たくらみ
- ▶ contrive to〜は manage to〜 (なんとかして…する)とほぼ同じ。

1582 extinguish
[ikstíŋgwiʃ]

他 消す，撲滅する

- ▶「(火や光を)消す」という意味の改まった語。日常会話では put out a fire (火を消す)，turn[switch] off the light(明かりを消す)のように言う。
- ▶distínguish(区別する)と混同しないように。

693

Many things that would be **considered eccentric** today, / for example wearing flowers in one's hair, / are in fact simply unfashionable, / and could become quite normal tomorrow.

unfáshionable「流行してない」

いまは**風変わり**だと**思われる**だろう多くの物事も / たとえば髪に花をさすといった, / 実際, まったくはやっていませんが, / 明日になればすっかり普通になることもありうるでしょう。

1583 eccéntric
[ikséntrik]

形 風変わりな　名 変人

- eccentrícity 名 風変り，奇癖
- ▶日本語で「エキセントリック」とそのまま使うことがあるが, 英語では cen- を明瞭に発音する。

694

We shall **endeavor** to reach a solution / satisfactory to both parties, / but some **compromise** is certain to be necessary.
₁₄₅₃

私たちは解決策に至るよう**努力はいたします**/どちらの党派にも満足してもらえる/が，きっと何らかの**妥協**は必要になるでしょう。

1584
endéavor
[endévər]

名 自 努力[する]

▶ ((英))では endéavour。
▶ endevor to～は make an effort to～（～しようと努める）とほぼ同じ意味。

695

The climate in England is always **moderate**, / winter or summer, / because of the effects of the Atlantic **Ocean currents**.
₁₀₃₂

🔗 Atlántic「大西洋(の)」

イングランドの気候はいつも**温暖**です/冬でも夏でも，/大**洋**の**海流**の影響によって。

1585
móderate
形 [mádərət]
他 自 [-reit]

形 適度の，穏健な
他 自 ほどよくする

□ moderátion 名 適度，軽減
▶「適度の」の反意語は excéssive（過度の），extréme（極端な）など。

1586
ocean
[óuʃən]

名 海洋

□ ocean liner 海洋定期船
▶ 発音に注意。普通は sea（海）よりも「大きい海」というイメージで使われる。
▶ the Atlantic Ocean（大西洋）のように固有名詞には the をつける。

696

Nothing could **induce** the members of the **faction** to **abandon** their **determination** / to **frustrate** Katoh's bid for the party leadership.[1499]

bid for「〜を手に入れようとする企て［努力］」

どんなことをしても派閥のメンバーたちに決意を放棄する気にさせることはできないでしょう / 加藤氏の党総裁への立候補を失敗に終わらせようという。

1587
induce
[indjúːs]

他 〜する気にさせる；誘発する

□ indúction 名 誘導；帰納（法）
▶ induce … to〜（…に〜する気にさせる）は persuade … to〜（…を説得して〜させる）に近い。

1588
faction
[fǽkʃən]

名 派閥（争い）

▶ たとえば、「政党（party）」の中の「派閥」を言う。「〜派」なら the 〜 faction，「反対派」は the opposition group。

1589
abandon
[əbǽndən]

他 断念する，見捨てる

▶「ペット（pet），赤ちゃん（báby）などを見捨てる」のほか，「希望（hope），考え（idéa）などを断念する」など。
▶ give up（あきらめる）や leave（放置する），desért（見捨てる）などと言い換えられることが多い。

1590
frustrate
[frʌ́streit/frʌstréit]

他 挫折させる，失望させる

□ frustrátion 名 挫折；欲求不満
▶「がっかりしました」は，I'm so frustrated（または disappointed / discouraged）。

697

In contrast to the last **department** head, / who tended to take a **cautious**, wait-and-see approach, / our new boss is a very **dynamic** woman.

- in contrast to「～と比べて,～と対照的に」
- appróach「接近法,手法」

前の部長とは対照的に, / 慎重で模様眺めの態度をとりがちだった / 新任の部長はとても活動的な女性です。

1591 cautious [kɔ́ːʃəs]

形 **用心深い**

- cáutiously 副 用心深く
- cáution 名他 用心[する], 警戒[する]
- precáution 名 予防, 警戒
- ▶ cáreful（注意深い）より堅い語。
- ▶ Be cautious when you cross the street.（通りを横断するときは気をつけて）では cáreful と大差はない。

1592 dynámic [dainǽmik]

形 **動的な, (動)力学の**

- dynámics 名 力学, 原動力
- ▶ 日本語の「ダイナミックな」と発音をはっきり区別する。

698

Dioxin, a hormone disrupter / found in the fats of animal **products** like meat, cheese and yogurt, / is believed to **multiply** hormone signals, / **triggering** improper activation of hormones in the body.

- disrúpter「混乱させるもの」　activátion「活性化」

ダイオキシンは, ホルモン攪乱物質で, / 肉やチーズ, ヨーグルトのような動物性製品の脂肪に見出される / ホルモン（分泌を促す）シグナルをどんどん増やし, / 体内のホルモンの異常な活性化のひきがねになると信じられています。

1593 dioxin
[daiɑ́ksin]

名 **ダイオキシン**(有機塩素化合物)

▶プラスチック(plástic)の不完全燃焼から発生する猛毒な化学物質の1つ。

Time to Read TRACK 105

699

The journalists were shocked / by the **utter** devastation they saw in the city.

📎 devastátion「荒廃(状態)」

記者たちはショックを受けました / その市で目にした**まったくの**荒廃ぶりに。

1594 utter
[ʌ́tər]

他 **(口に出して)言う** 形 **まったくの**

□ útterly 副 まったく, すっかり
□ útterance 名 言葉を発すること
▶ She didn't utter a single word. は She said nothing at all.(何にも言わなかった)ということ。
▶「まったくばかげているよ」と言うのは That's utter nonsense!

700

Clive was never able to **reconcile** himself to his wife's untimely death / and slipped ever further into a state of deep **melancholy**.

クライブは妻の早死にに**心を鎮める**ことができず, / ますます, 強い**抑鬱**状態にはまりこんでいきました。

1595 réconcile
[rékənsail]

他 **和解させる**, あきらめさせる

□ reconciliátion 名 和解, あきらめ
▶アクセントは第1音節に。
▶ reconcile A with B(A を B と和解させる)が普通の使い方。また reconcile oneself to([貧乏など]に甘んじる)という用法もある。

1596
mélancholy
[mélənkɑli]

名 形 憂うつ[な]

□ melanchólic 名 陰気な人，うつ病患者
▶日本語の「メランコリー」のように平坦に発音しないように。

701

Claire **attributed** her **depression** to the feeling / that she had been **betrayed** / when Jones was appointed director over her.

クレアは，自分の気鬱の原因を（次のような）感情のせいだと思いました / 裏切られたという / ジョーンズが自分の上司に任命されたとき。

1597
attribute
他 [ətríbjuːt]
名 [ǽtribjuːt]

他 〜に帰する　名 属性，特質

▶アクセントは「名前動後」。
▶ attribute A to B（AをBのせいにする）のAは通例 succéss（成功）などの良いこと，良い結果。
同類の ascribe A to B（AをBに帰する，AはBのせいだと考える）のAは良いこととは限らない。

1598
depression
[dipréʃən]

名 憂うつ，不景気

□ depréssing 形 憂うつにする
□ depréssed 形 元気のない，不景気の
▶ prospérity（繁栄），boom（好景気）の反対で，「不景気，不況」のこと。

1599
betray
[bitréi]

他 裏切る，秘密をもらす

□ betráyal 名 裏切り
□ betráyer 名 裏切り者
▶ She betrayed her husband. は「（夫に対して）浮気した」。
He betrayed the salesgirl. は「その女子店員を誘惑して捨てた」。

702

I was forced to go to church regularly as a child, / which I didn't enjoy, / but I much preferred singing **hymns** to listening to **sermons**.

- prefere A to B「BよりAを好む」

子供のころ，私はむりやり，必ず教会に行かせられました／——楽しくはありませんでしたが——／しかし，**説教**を聞くよりも**賛美歌**を歌うほうがずっと好きでした。

1600 hymn [hím]
名 賛美歌
▶ he, his, him の him と同じ発音。

1601 sermon [sə́ːrmən]
名 説教，小言
▶ salmon [sǽmən]（サケ）と区別。
▶ 本来は「（教会での宗教上の）説教」だが，一般的に「（長たらしい）お説教，お小言」にも使われる。

703

The Liberal Party can blame its defeat in the recent election on public **fury** / at its ill-**conceived** plans / to slash public **transport funding**.

- blame A on B「AをBのせいにする」　slash「大幅に削減する」

自由党は，最近の選挙での敗北を大衆の**怒り**のせいにすることができる／よく**練られて**いなかった計画に対する／公共**輸送財源**を大幅に削減する。

💬 自由党は，最近の選挙での敗北の原因を，よく練られていなかった公共輸送財源の大幅削減計画に対する大衆の怒りのせいにしていますが，それも無理からぬものがあります。

1602
fury
[fjúəri]

名 **激怒**, 激しさ

- □ fúrious 形 激怒した, 猛烈な
- □ in a fury 激怒して
- ▶ u を [juə] と発音する。
- ▶ ánger や rage より「激しい怒り」。

1603
fund
[fʌ́nd]

名 **資金**；財源　他 資金を出す

- ▶ funds という複数形で使われることが多い。
- ▶「(商売を始める元手などの)資金が足りないんだ」は, We don't have enough funds. または We're short of money.
- ▶「資本(金)」は cápital。

704

We have made various **gestures** of goodwill, / but they seem to **dismiss** all of our efforts / to bring about a rapprochement / out of hand.
(1144)

📎 rapprochement [ræprouʃmáːŋ]「親善, 和解」
　dismiss ~ out of hand「(耳を傾けようともせずに)即座に~を退ける」

私たちはさまざまな善意の**意思表示**をしてきました / が, 彼らは私たちのすべての努力を**退け**てしまうようです / 友好回復をもたらそうとする(私たちの努力を) / 一顧だにしないで。

1604
gesture
[dʒéstʃər]

名 自 **身ぶり[をする]**

- ▶「身ぶり手ぶりで意思を通じ合わせようとしました」は, We tried to communicate by gesture.

705

There's no doubt / that some **features** of English **grammar derive** from Latin **grammar**, // but it isn't **sensible** to **claim** / that a particular **usage** in English is incorrect / just because it would be wrong in Latin.

> 疑いありません / 英語の**文法**のいくつかの**特徴**がラテン語の**文法に由来する**ことは // しかし、（以下のことを）**主張する**のは**分別ある**態度ではありません / 英語の特定の**語法**が誤りであると / ラテン語では誤用となるだろうからというだけで。

1605 grammar [krǽmər]

名 文法

- □ grammátical 形 文法の
- ▶ スペリング -ar に注意。béggar（こじき），cálendar（カレンダー），séminar（セミナー），なども -ar である。
- ▶「（これは文法的に見て）正しい英語ですか」とたずねるのは Is this good grammar?

1606 derive [diráiv]

他 自 引き出す，得る

- □ derive from ～に由来する
- □ derive A from B B から A を得る
- ▶「この単語はギリシャ語に由来する」は This word derives from Greek. / This word is derived from Greek.（口語では come from を使ってもよい）

1607 sensible [sénsəbl]

形 分別のある，感づいている

- □ sensibílity 名 感受性
- ▶「～に気づいている」は be sensible of よりも be aware of を使うことが多い。

1608 usage [júːsidʒ/-zidʒ]

名 用法，語法；慣例

- ▶ use（用いる）から。発音・アクセントに注意する。
- ▶ modern American usage は「現代米語の語法」。
- ▶ Is it good Japanease?（正しい日本語ですか）という質問に対して，「普通の日本語の用法ではそういう言葉は使いません」は，It's not a word in common usage.

706

This is going to be one of the longest treks / the students have ever **undertaken**.

trek「徒歩旅行, トレッキング(trékking)」

これは最も長距離の徒歩旅行の1つとなるでしょう / 学生たちがこれまでに**出かけたことがある**。

1609
undertake
[ʌ̀ndərtéik]

他 **引き受ける；着手する**

□ undertáking 名 請負

▶ "under（下を）＋ take（取る）" から「何かを引き受ける, 責任をもって着手する」の意。活用は take と同じように, undertáke–undertóok–undertáken

▶ undertake an investigation into the accident は「事故の究明に（責任をもって）着手する」。

707

The **boughs** of a large oak tree / served as a temporary **cradle** for their newborn baby / after fire destroyed their home.

serve as「～として役立つ」

大きな樫の木の**枝**が / 彼らの生まれたばかりの赤ん坊の一時しのぎの**ゆりかご**として役立ちました / 火事で家が焼けたあと。

1610
bough
[báu]

名 **大枝**

▶ [bóu]ではなく, bow [báu]（おじぎする）と同じ発音。bought[bɔ́ːt]（buy の過去・過去分詞）と区別。

▶ branch（枝）, twig（小枝）, spray（細枝）などが関連する語。

1611
cradle
[kréidl]

名 **揺籃**, 発祥地

▶ 社会保障について言われた "from the cradle to the grave（ゆりかごから墓場まで）" ということばは「（人の）一生」を言うときに使われる。

708

It was a **coarse** and tasteless joke, / even by his standards, // yet for some reason / the women didn't seem to mind at all.

> それは下品で味気のないジョークでした / 本人の彼の基準から言っても, // それでも, どういうわけか, / 女性たちはまったく気にしないようでした。

1612 coarse [kɔ́:rs]

形 粗雑な, きめの粗い

- ▶ course（進路, コース）と同じ発音。
- ▶ fine（細かい）, soft（やわらかい）とは対照的に「（きめが）粗い, 粗野な, 下品な」という感じ。

709

The town is noted for its **architecture**, / but after the recent attacks by **rebel** forces / most of its buildings are **riddled** with **bullet** holes.

> その町は建造物で有名です / が, 反乱軍による最近の攻撃後, / 大部分の建物が銃弾の穴だらけにされています。

1613 árchitecture [á:rkətektʃər]

名 建築（様式）, 建築物

- □ árchitect 名 建築家
- ▶ アクセントと ch の発音[k]に注意。
- ▶ 「18世紀の建築（様式）」は the architecture of the 18th century。

1614 rebel 名[rébl] 自[ribél]

名 反逆者　自 謀反を起こす

- □ rebéllion 名 謀反, 反乱
- □ rebéllious 形 反抗的な
- ▶ lével（水準）や rével（飲み浮かれる）などと区別。

1615 riddle [rídl]

名 他 なぞ[を解く], 難問
他 ふるいにかける；穴だらけにする

- ▶ puzzle（難問）もほぼ同じ。「未知のこと, 不可解なこと」には mýstery（なぞ, 神秘）を使う。

1616
bullet
[búlət]

名 銃弾

- u の発音は[u]。[ju]ではない。
- bullet holes（銃弾による穴），bullet wounds（銃弾による傷）のように使う。

710

The **review** Prof. McLean wrote was, / in my opinion, / an overly **critical** **assessment** of my **hypothesis** / about the **identity** of Jack the Ripper.

🖉 rip「引き裂く」

マクリーン教授が書いた論評は / 私見では / 私の仮説をあまりにも批判的に評価したものでした / 切り裂きジャックの正体についての。

1617
assessment
[əsésmənt]

名 査定，評価

- asséss 他（査定する，評価する）の名詞形。
- environmental assessment（環境アセスメント）は，環境へどういう影響を与えるかを算定[評価]すること。

1618
hypothesis
[haipάθəsis]

名 仮説，仮定

- □ théory 名 学説
- □ láw 名 法則
- □ hypothétical 形 仮説の
- 複数形は hypotheses[-siːz]。発音・アクセントに注意。
- 科学研究は，通例 observátion（観察）から expériment（実験）を経たのち，この hypothesis（仮説）をたて，それが théory（学説），さらに law（法則）へと進むとされる。

1619 identity
[aidéntəti]

名 本人[同一]であること，主体性

- idéntify 他 同一視する；(同一であることを)確認する
- identificátion 名 同一視
- idéntical 形 同一の

▶日本語に訳しにくいので、「アイデンティティ」のまま日本語でも使われている。

▶身分証明の「ID カード」は an identity card, an identification card のこと。

711

Susan's English is in a sense very **masculine**, / so it was interesting / to see how easily she adopted the **feminine** forms / when she spoke Japanese.

adopt[ədápt]「(言葉・態度などを)身につける」

スーザンの英語はある意味で非常に**男性っぽい** / ので、興味をそそられました / いともたやすく**女**言葉を使うのがわかって、/ 日本語を話すときには。

1620 masculine
[mǽskjələn]

形 男性の，男らしい

▶ male (男の) よりも「男らしい，勇敢な」という感じが入る。「(女性が)男っぽい」と言うときにも使ってよい。

1621 feminine
[féminin]

形 女性の，女らしい

▶ female [fí:meil] (女の) よりも「女性らしい，優しい」という感じが入る。「(男性が) 女っぽい，めめしい」と言うときにも使える。

As a British **colony**, / the country's **finances** were controlled disproportionately but successfully⁰⁹⁸⁴ / by Indian **immigrants**,¹⁵²⁶ // but after independence / the **government**'s ill-advised decision to **expel** these **immigrants**¹⁰²⁸ / **plunged** the **economy**⁰⁹⁷³ into turmoil.

- dispropórtionately「不均衡に，過剰に」　íll-advísed「愚かな，浅はかな」
  túrmoil「騒ぎ，混乱」

英国の<u>植民地</u>として，/ その国の<u>財政</u>は，バランスを欠きながらも，うまく運営されていました / インド人<u>移民</u>の存在によって // しかし，独立後，/ これらの移民を<u>排除し</u>ようと<u>政府</u>が下した愚かな決断が / <u>経済</u>を混乱に<u>突き落と</u>してしまいました。

1622
colony
[kάləni]

名 植民地，移民

- colónial　形 植民(地)の
- cólonist　名 移住民
- cólonize　他 自 植民(地化)する
- ▶ former Portuguese colonies は「かつてのポルトガル植民地」。
- ▶ the American colony in Paris（パリのアメリカ人居留地），the Japanese colony in Los Angeles（ロサンゼルスの日本人街）のようにも使える。

1623
expel
[ikspél]

他 追い出す，吐き出す

- ▶ ex- は「外へ」の意。
- ▶「除名[除籍，退学]などの処分を受ける」のは be expelled。

1624
plunge
[plʌ́ndʒ]

他 自 名 突っこむ[こと]，飛び込む[こと]

- ▶ plunge into〜は「〜に飛び込む，〜（の状態）に陥る」。
- ▶ They took the plunge (and got married). は「2人は（考えた末）思い切って結婚した」。

713

It is very important / to preserve ancient customs and **traditional festivals**.
1491

とても大切です / 昔ながらの慣習や**伝統的な祭り**を保存することは。

1625
tradition
[trədíʃən]

名 伝統, 慣習；言い伝え

- □ tradítional 形 伝統的な
- □ tradítionally 副 伝統的に
- ▶ religious traditions（宗教上の伝統），cultural traditions（文化的な伝統）など。
- ▶「そのデパートは創業80年の伝統があります」は The department store has eighty years' tradition (since its foundation).

714

We shouted ourselves **hoarse** / at the intercollegiate rugby final / and could hardly speak the next day.

📎 intercollégiate「大学対抗の」　fínal「決勝戦」

私たちは**声がかれるほど**叫んだので / 大学対抗のラグビーの決勝戦で, / 翌日, ほとんどしゃべることができませんでした。

1626
hoarse
[hɔ́ːrs]

形 しゃがれた声の，耳ざわりな

- ▶ horse（馬）と同じ発音でよいが，hose [hóuz]（ホース，管）とは区別。

715

For many, / life in a modern **metropolis** / is far from **compatible** / with their **concept** of an ideal **habitat**.
1350

- far from「決して〜でない，〜にはほど遠い」

多くの人びとにとって / 現代の**大都市**での暮らしは，/ まったく**相容**れないものです / 理想とする**居住地**の**概念**と。

1627 metrópolis [mitrápəlis]

名 主要都市，中心都市

- metropólitan　形 名 主要都市の(住人)
- ▶ metrópolis のアクセントは第 2 音節。日本語的に発音すると通じにくい。
- ▶ New York のように cápital（首都，首府）と同一でないこともある。
- ▶「首都圏」は the metropolitan area。

1628 compátible [kəmpǽtəbl]

形 両立できる，矛盾しない

- compatible with　〜と両立できる
- ▶「(コンピュータのソフトウェアなどが，他の機種と)互換性がある」というときにもこの語を使う。

1629 habitat [hǽbitæt]

名 (動物の)生息地

- ▶ hábit（習慣），hábitant（住民）などと区別。
- ▶「パンダの生息地」は the panda's (natural) habitat。

716

They try to **disguise** it as much as possible, / but the party's **dogmas** / show a strong **bias** against women.

できるだけ**本音を隠そ**うとしていますが，/ その党の**教条**は / 女性に対する強い**偏見**を示しています。

1630 disguise
[disgáiz]

名 他 偽装[する], 欺瞞(ぎまん)[する]

▶「女装している」は He's disguised in women's clothes. 「かつらとめがねで変装する」なら disguise oneself with a wig and (a pair of) glasses.
▶「(感情や本性などを)隠す, 偽る」の意味でよく使われる。

1631 dogma
[dɔ́(ː)gmə]

名 教義；独断

□ dogmátic 形 教義の；独断的な
□ dógmatism 名 教条主義；独断的な態度
▶本来は「(教会が示す)教義」だが,「独断(的な意見)や主張」の意味でも使う。「あいつの意見は独断的すぎるよ」は, His opinion is too dogmatic.

1632 bias
[báiəs]

名 他 偏見[を持たせる]

□ be biased against[toward] ～に偏見を持つ
▶発音に注意する。
▶préjudice(先入観)という語もある。

717

In **spite** of the **extensive** flooding and damage to property, / questions have been raised / as to whether the state **qualifies** for **federal aid**.

📎 as to 「～について(は)」(about)

大規模な洪水と地所への損害にもかかわらず, / 疑問が提起されています / その州が政府援助金を受ける資格があるかどうかについては。

1633 spite
[spáit]

名 悪意

□ spíteful 形 悪意のある
▶ in spite of / despíte(～にもかかわらず)という形で使うことが多い。
In spite of his age,…(老齢にもかかわらず…) は Though he is old,…(年をとっているけれども…) より文語的。

1634 federal
[fédərəl]

形 連邦[政府]の

□ federátion 名 連合，連邦政府
▶米国では，「州(state)」ではなく「合衆国全体の」を意味する。the federal government は「連邦政府」。
▶ FBI は the Federal Bureau of Investigation（連邦捜査局）の略。

1635 aid
[éid]

他 手助けする　名 助力

▶新聞では，assístance（援助），help（助け），suppórt（支援）などの代りによく使う。economic aid は「経済援助」。
▶ first aid は「応急手当」。
▶ AIDS[éidz]（エイズ）はまったく別の語である。

718

Jill was **arrogant** enough / to **assume** that she would be chosen for the position, / so it was amusing for the rest of us / when she wasn't.

🔖 the rest of us は「私たちのうち（ジルを除く）残りの人たち」。

ジルは**尊大**にも / 自分がその地位に選ばれるものと**思っていました** / ので，他の人たちには愉快でした / 彼女が選ばれなかったとき。

1636 árrogant
[ǽrəgənt]

形 ごう慢な，横柄な

□ árrogance, -cy 名 ごう慢（な態度）
▶アクセントに注意。
▶反対に「つつましい」のは humble，módest など。

719

The **potential** for **ethnic conflict** and even **civil** war is very high; / in fact, / the only thing preventing the various **tribes** from trying to **exterminate** each other / is the iron fist of the **military** regime.

🔗 iron fist「鉄のこぶし，(武力による)圧政」　regime [rəʒíːm]「政権, 政府」

民族紛争や内戦すらの可能性は非常に高く，/ 事実，/ さまざまな部族が互いを絶滅させようとするのを防いでいる唯一のものは / 軍事政権による圧政なのです。

■■■ 1637
poténtial
[pəténʃəl]

形 **可能性のある，潜在的な**

□ potentíality 名 潜在力，可能性
▶ pótent（強力な，効力のある）と形が似ているが，混同しないこと。poténtial は áctual（実在の）に対して「(能力などが未来に発達する)可能性がある」という意味。

■■■ 1638
éthnic
[éθnik]

形 **民族(特有)の**
名 **少数民族(の人たち)**

▶ 発音・アクセントに注意。日本語的に「エスニック」とならないように。
▶ ethnic cooking は「(西洋人にとっては珍しく)異国風で魅力的な料理」のこと。

■■■ 1639
conflict
名 [kánflikt]
自 [kənflíkt]

名 自 **戦い[戦う]；衝突[する]**

▶ アクセントは「名前・動後」。
▶「共に (con-) ぶつかり合う」という感じをつかんでおく。「衝突・対立・矛盾[する]」という意味で使う。
▶ a conflict of interest between the two countries なら「両国間の利害の対立」。

1640
tribe
[tráib]

名 **種族**, 部族

▶ tríbal 形 種族の
▶ American Indian tribes（アメリカインディアン先住民部族）のように，白人から見た「先住民族」をさして言うことが多い。
▶ tribes living in the Amazonian rainforest は「アマゾン川流域の熱帯雨林に住む部族」。

1641
exterminate
[ikstə́ːrməneit]

他 **絶滅させる**

□ exterminátion 名 絶滅
▶ アクセントに注意。
▶ It's nearly impossible to exterminate terrorists. は「テロリストを絶滅させるのはまず不可能だ」。
▶ 口語では You can't wipe out these ants.（このアリを駆除することはできないよ）のように wipe out（一掃する）などを使う。

Time-to-Read TRACK 108

720

You must be **insane** / if you think I'd lend you any more money!

きみは**正気じゃないぜ** / ぼくからこれ以上金を貸してもらえるだろうなんて期待しているとしたら。

1642
insane
[inséin]

形 **正気でない**, ばかげた

□ insánity 名 狂気
▶ in- は否定を意味する。

721

In **politics**, / **comrades** can be **transformed** overnight / into the bitterest of enemies.

óvernight「一夜のうちに，急に」

政治の世界では，/ 同志が一夜にして変わることがあります / 最も手ごわい敵に。

1643
cómrade
[kάmræd]

名 仲間，戦友

▶アクセントは第1音節に。
▶「(苦楽をともにした) 同志，僚友」という感じの古めかしい言い方。brother（同志，同胞）も同じような使い方をすることがある。

1644
transform
[trænsfɔ́ːrm]

他 変形させる

▶trans- は across, over, change などの意。form は「形づくる」という動詞なので「形を変える」の意味になる。
▶change（変える）よりも改まった語。

722

Large retailers / simply can't find enough space in city centers, / so a large **percentage** of their **outlets** have been **located** in outlying areas.

retáiler「小売業者」　simply can't ~「どうしても~できない」
óutlỳing「中心から離れた，遠い」

大規模な小売業者は，/ どうしても市の中心部に十分な土地を見出せません，/ そのため，大きな比率で小売販売店は郊外の地域に置かれてきました。

1645
percéntage
[pərséntidʒ]

名 パーセンテージ，割合

▶"per（~につき）+ cent（100）"から percént（パーセント），percéntage となる。
▶「パーセンテージ」は日本語的な発音である。英語では cént を強く発音する。
▶「何パーセントですか」ときくのは，What *percent* …? ではなく，What percentage?

1646
outlet
[áutlet]

名 出口, はけ口

▶ 反意語は ínlet(入江, 入口)。
▶ 「メーカーが過剰在庫品を割引きして直売する店」のことを an outlet (store) と言う。日本でも「アウトレット」はおなじみになってきている。

1647
locate
[lóukeit/loukéit]

他 自 居住させる[する], 位置をつきとめる

□ locátion 名 位置, 野外撮影
□ locálity 名 位置, 地方, 現場
▶ be located in[on] ([建物などが] ～に位置する) のように使うことが多い。
▶ local 形 は「地方の, いなかの」という意味ではなく,「(ある特定の)地方の, 地元の」という意味である。

723

Friendship should ideally be **devoid** of self-interest, / but in practice, / most **personal** ties are forged / for the **benefits**[1486] they bring to both parties.

📎 forge「(友情などを)築く」　both parties「双方(の当事者)」

友情は, 理想的には私利私欲を**欠いている**べきものです / が, 実際は / たいてい**個人的**なきずなが築かれるのは / (そのきずなが) 双方にもたらす**利益**のためなのです。

1648
devoid
[divóid]

形 欠けている

▶ void は émpty (からの) という意味。devóid も同じく「まったくない」という感じ。
▶ be devoid of の形で be lacking in (～を欠いている) と同じ意味。「あいつは常識が欠けているよ」は He's lacking in common sense. が普通の言い方。

1649
personal
[pə́:rsənl]

形 個人の, 私的な

□ personálity 名 人格
▶ pérson (人) の形容詞。

724

The **current** fad for **piercing** various parts of the body / in an extraordinary display of masochism / will, I expect, soon go the way of all other fads.

- fad「一時的流行」
- masochism[mǽsəkizm]「マゾヒズム(被虐趣味)」

身体のいろんなところに**ピアスの穴を開ける今の**流行も, / マゾヒズムを途方もなくひけらかして, / 私の予想では, まもなく, ほかのあらゆる流行と同じ道をたどることでしょう。

1650 pierce [píərs]

他 自 刺し通す, 貫く

- □ píercing 形 刺し通すような, 鋭い
- ▶発音に注意する。
- ▶「ピアス」は earrings for pierced ears。She had her ears pierced. は「耳にピアスの穴をあけてもらった」。

725

The almost annual **calamity** of **famine** / could be easily avoided / if enough **aid** were **channeled** / into a **program** to construct **agricultural irrigation** systems throughout the country.

ほとんど毎年起こる**飢饉**の**災害**は / 容易に避けられるでしょうに, / もし十分な**財政援助**が**注がれる**ならば / 国中に**農業灌漑**体制を構築する**計画**に。

1651 calamity [kəlǽmiti]

名 災難, 不幸

- ▶ disáster(災害)や mísery(不幸)と言い換えることもできる。catástrophe(大惨事)という語もある。

1652 famine [fǽmin]

名 飢饉

- ▶発音・アクセントに注意する。
- ▶ a severe famine in North Korea ならば,「北朝鮮の深刻な食糧不足」。

1653
channel
[tʃǽnəl]

名 **海峡**，水路；(テレビの)チャンネル

- □ the Channel　イギリス海峡
- ▶日本語(チャンネル)と発音を区別する。
- ▶「(比較的小さな)海峡」は strait。
- ▶「チャンネルを変える」は switch[change / turn] to another channel.「そのドラマはどのチャンネル？」は What channel is the drama on?

1654
irrigation
[ìrigéiʃən]

名 **灌漑(かんがい)**

- ▶írrigate(灌漑する，[土地に]水を引く)の名詞形。「用水路」は an irrigation canal。

---

726 Time-to-Read TRACK 109

Queen Elizabeth's **reign** / has been one of the longest / in English history.

> エリザベス女王の治世は / 最長のものの1つになってきています / 英国の歴史上。

1655
reign
[réin]

名 自 **統治[する]**，君臨[する]

- ▶rain(雨)，rein(手綱(たづな))と同じ発音。g は発音しない。

727

The **administration** has been **condemned** / for its handling of the **crisis** in the Middle East.

> 政府は非難されています / 中東の危機への対処について。

1656
administration
[ədmìnəstréiʃən]

名 **行政**，**政府**；経営，管理

- □ admínister　自他 管理する
- □ admínistrative　形 管理(上)の
- □ admínistrator　名 行政官，管理者
- ▶日本・英国の「政府」は the Government だが，「(米国の)政府」は the Administration または the federal government(連邦政府)。

1657 condémn
[kəndém]

他 非難する；(刑を)宣告する，運命づける

- be condemned to ～に運命づけられる
- ▶語尾の n は発音しない。
- ▶blame(責める)より「きびしく責める，とがめる」。また，séntence (宣告する)，doom (運命づける) とほぼ同じように使う。

1658 crisis
[kráisis]

名 危機，重大局面

- crítical 形 危機の，重大な
- ▶「危険な事態，重大な局面 (critical point)」の意。たとえば，a political crisis (政治危機)，a financial crisis (財政危機) など。
- ▶複数形は crises [-si:z]。同じように，oasis [ouéisis] (オアシス)，analysis [ənǽlisis] (分析) の複数形も oáses [-si:z]，anályses [-si:z] となる。

728

We were surprised / when Makiko **interrupted** the lecturer to ask a question, / but he didn't seem to mind.

lécturer「講演者，講師」

私たちは驚きました / 真紀子が講師の話を**中断させ**て質問したので，/ が，当の講師は意に介さないようでした。

1659 interrúpt
[ìntərʌ́pt]

他 中断させる，邪魔する

- interrúption 名 中断，邪魔
- ▶話の途中に割り込む (break in) とき，I'm sorry to interrupt you, but… / Excuse me for interrupting you, but… (すみません，お話の途中ですが…) は決まり文句。

729

There is convincing **evidence** / that several **terrorist cells** have been **seeking** ways / to **penetrate** the president's **security**.

- convincing「（人を）納得させる，信じられる」
- cell「細胞，（過激派などの）下部組織」

信じられる証拠があります / 過激派のいくつかの下部組織が方法を探っているとの / 大統領の警備を突破する。

1660 cell [sél]

名 細胞；独房

- □ céller 名（ワインなどの）地下貯蔵室
- ▶ sell（売る）と同じ発音。
- ▶「赤血球」は a red (blood) cell。

730

The **consequences** of her **surgeon**'s **momentary lapse** in **concentration** / didn't **manifest** themselves / until after Mrs. Jones had been discharged from the hospital.

- dischárge「退院させる，釈放する」

彼女の担当外科医が，つかの間，集中を欠いた過失の結果は，/ 明らかになりませんでした / ジョーンズ夫人が退院してしまったあとまで。

1661 mómentary [móumənteri]

形 瞬間の

- ▶ móment 名（瞬間）の形容詞。

1662 lapse [lǽps]

名 ちょっとした過失；経過

- ▶ a lapse of the tongue（ちょっとした失言），after a lapse of ten years（10年経った後に）のように使う。
- ▶ mistáke（誤り），slip（ちょっとした間違い）に近い。
- ▶「（時が）経過する」は lapse のほか elápse という語もある。通常は pass (by) や go by でよい。

■■■ 1663 **cóncentrate** [kάnsəntreit]	自他 **集中する**，専心する □ concentrátion 名 集中，専心 □ concentrate on ～に集中する ▶ con- を特に強く発音する。 ▶「同じ(con-)中心点(cénter)に集まる[集める]」という大もとの感じをつかんでおく。
■■■ 1664 **mánifest** [mǽnəfest]	形 **明白な** 他 **明示する**，表す □ manifestátion 名 表明，現れ ▶ mánifest oneself は appéar(出現する)という意味。

731

It's difficult to know / what the paper's **editor** hopes to achieve / by **launching parallel**[1131] attacks on both the ruling party and the opposition.

🖉 the ruling party「与党」　the opposition「野党，反対党」

わかりにくい / その新聞の論説委員がどういう成果を上げたいと思っているのか，/ 与野党双方に対して同時進行の攻撃を始めることによって。

■■■ 1665 **launch** [lɔ́:ntʃ/lά:ntʃ]	他自名 **進水する[させる]**，発射[する]；着手する ▶ the launching of a rocket は「ロケットの打ち上げ」。その他，launch a missile(ミサイルを発射する)，launch a new business(新たな事業に乗り出す)など。
■■■ 1666 **párallel** [pǽrəlel]	形名 **平行[線の]**，類似[の] 他 **平行する**，匹敵する ▶ スペリング(特に ll)と発音(r と l)に注意する。 ▶ 道案内のとき，The road is parallel to[with] the railroad. と言えば，「その道路は鉄道線路と並んで走っています」ということ。

In a company as large as this, / we can't try to **suppress** this kind of information / just because it might make us look a little less **respectable**: // we should **embrace** the opportunity to show off our honesty.

🔗 show off「見せびらかす，誇示する」

このくらい大きな会社になると，/ この種の情報を隠そうとしても無理です / ひょっとすると（その情報のために会社が）多少体裁をそこなうかもしれないという理由だけで。// この機を進んでとらえて，うちには隠し立てがないのを誇示するのがよいでしょう。

1667
suppress
[səprés]

他 鎮圧する，抑える

□ suppréssion 名 鎮圧，抑圧
▶ "sup-（下へ）+ press（押す）" から「（暴動などを）鎮圧する」「（笑いなどを）こらえる」などの意味になる。

1668
respectable
[rispéktəbl]

形 ちゃんとした，見苦しくない

▶ "respect（尊敬）+ able（できる）" という語だが，文字どおりに「立派な」という意味よりも「まあまあ悪くない，（いちおう）ちゃんとした」という感じで使われる。
▶ respéct には「点」という意味もあるので，respéctive（それぞれの），respéctively（それぞれ）という語もある。respectful [rispéktfl] 形（礼儀正しい，丁重な），respectable と区別する。

1669
embrace
[embréis]

他 名 抱擁［する］；包含［する］

▶「抱きしめる（hug）」が元の意味。
em- は「中へ（en / in-）」，brace は bracelet [bréslət]（ブレスレット，腕輪）のように「腕」のこと。

733

Supermarkets have always **constituted** an **enormous threat** / to small shops.
1160

スーパーマーケットはつねに巨大な脅威となっています / 小さな商店にとって。

1670 constitute [kánstətuːt]

他 構成する，設置する

□ constitútion 名 構成，体格；憲法
▶ make up (〜を作る) とほぼ同じ意味。
be constituted of (〜で構成される) は be made up of と言ってもよい。

1671 enormous [inɔ́ːrməs]

形 巨大な，ばく大な

▶ an enormous fortune（ばく大な財産），an enormous amount of information（ぼう大な情報量）など。
▶ huge（でっかい），imménse（[計り知れないほど]巨大な）などの語もある。

734

We kept a parrot for years, / but it never become **tame** enough / to perch on our shoulders.

✎ perch「(鳥が)とまる」

私たちは何年間も，オウムを飼っていましたが, / 決して馴つきませんでした / 肩に乗るほど。

1672 tame [téim]

形 飼いならされた 他 飼いならす

▶ wild（野生の）と対照的に「(人に)よくなれた，従順な，(おとなしくて)無気力な」という感じ。
▶ doméstic（家庭の，飼いならされた）も同意語。

735

We **inherited** several pieces of **antique** furniture / from my parents-in-law, / all of it in immaculate condition.

- immáculate「少しも汚れていない」

私たちはいくつか骨董の家具を相続したのですが, / 私の義理の親から, / どれも汚れひとつない状態でした。

1673 antique [æntíːk]

形 **古代の, 古風な**　名 **骨董品**

- antíquity 名 古代, 古風(のもの)
- ▶「アンティーク・ショップ」(antique shop) は日本語化している。

736

The classrooms in my daughter's **kindergarten** / are so strongly **illuminated** / that I'm **dazzled** / every time I go there.

娘の幼稚園の教室は / 照明が強すぎて / 目がくらくらします / 訪れるたびに。

1674 kindergarten [kíndərgɑːrtn]

名 **幼稚園**

- ▶現在では, nursery school(保育園)や infant school(幼児学校)を使うほうが普通。また préschool(幼稚園, 保育園)という語もある。

1675 illúminate [ilúːməneit]

他 **照明する**；啓蒙する

- illúmine 他 自 照らす, 明るくなる
- illuminátion 名 照明
- ▶「イルミネーション」が日本語化しているので覚えやすい。ただし, illuminate のアクセントに注意する。

1676
dazzle
[dǽzl]

他 自 名 **(目を)くらます[こと]**，きらきら光る[物]

□ dázzling 形 目もくらむほどの，まぶしい
▶ She's dazzlingly beautiful.（目もくらむほど美しい）は最大級のほめ言葉。
▶ daze（ぼうぜん[とさせる]）という語もある。

737

I was **ingenuous** enough / to believe that my **colleagues** were favorably **disposed** toward me / when they were, in fact, busily **scheming** against me.

私は**無邪気**にも / **同僚たち**が私に好意を**もってくれている**と信じていました / 実は，私に対してせっせとよからぬことを**たくらん**でいたというのに。

1677
ingénuous
[indʒénjuəs]

形 **率直な**，無邪気な

▶ ingénious [indʒíːnjəs] とスペリング・発音（[dʒíː] と [dʒe]）・意味を区別する。

1678
scheme
[skíːm]

名 他 自 **計画[する]**，陰謀[をめぐらす]

▶ スペリングと発音を間違えないように。
▶ plan や plot よりも改まった語。会社の「事業計画」とか，体制を倒そうとする「たくらみ」などに使う。

738

The modern **diet** is too dependent on **refined** foods / such as white rice and white sugar; // such foods in their natural, unrefined forms / are much more **wholesome**.

現代の**食事**は，**精製された**食品に依存しすぎています / 白米や白砂糖のような。// そのような食品は，自然の精製されないままのほうが / ずっと**体によい**というのに。

1679
refined
[rifáind]

形 **洗練された**，精製された

☐ refínement 名 洗練，上品
☐ refínery 名 精製所
▶ refine（洗練する，精製する）の形容詞。
▶ vulgar speech（下品な言葉づかい）に対して「上品な（優雅な）言葉づかい」は refined speech。

1680
wholesome
[hóulsəm]

形 **健康的な**，健全な

▶ whole- は hole（穴）と同じ発音。
▶ héalthy（健康によい），sóund（健全な）より改まった語。
▶ wholesome surroundings（からだによい環境），wholesome fun（健全なおもしろさ）など。

739

I wouldn't normally **presume** to **intrude** on your private life, / but as president, I have to **intervene** / when an employee's conduct outside the office / is **incompatible** with his position in the company.

普通はきみの私生活に**あえて立ち入る**ようなまねはしないのだが，/ 社長として**介入**しないわけにはいかない / 会社の外における従業員の行動が / 会社内の身分と**相容れない**場合には。

1681
presume
[prizjú:m]

他 **推定する**，思う；あえて～する

☐ presúmably 副 たぶん
☐ presúmption 名 仮定，見込み
▶ resúme（再び始める）と区別する。
▶ I think と同じように，I presume も文頭，文中，文尾に「…と思いますが」という意味で使われる。
▶ presume to～は dare to ～（あえて～する）とほぼ同じ意味。

1682
intrude
[intrúːd]

自 他 押しつける，侵入する

- □ intrúsion 名 押しつけ，侵入
- □ intrúder 名 侵入者，じゃま者
- □ intrude A on B　A を B に押しつける
- ▶「プライバシーを侵害する」はintrude on one's privacy。
- ▶「（仕事などの）おじゃまにならなければいいのですが」は，I hope I'm not intruding (on you). / I hope I'm not disturbing you. など。

1683
intervene
[ìntərvíːn]

自 間に入る；調停する，干渉する

- □ intervéntion 名 干渉
- ▶inter- は「間に」で，「間に割って入る」という動詞。よい意味（「取りなす，調停する」）にも悪い意味（「さえぎる，干渉する」）にも使える。
- ▶「軍事介入」は military intervention。

1684
incompátible
[ìnkəmpǽtəbl]

形 両立しない，矛盾する

- ▶「（夫婦の性格などがお互いに）合わない」とか「（2つの血液型が）混合できない」とか「（勉学とスポーツが）両立しない」など。

740

Time to Read　TRACK 111

Our **planet** is just as vulnerable to **cosmic catastrophes** / as any other.

📎 as…as any other「他のどんな〜にもひけをとらないほど…」
　vúlnerable「傷つきやすい,影響されやすい」

> われわれの地球も，宇宙の突然の大変動の影響をもろに受けます / 他のどの惑星とも同じくらい。

1685
planet
[plǽnit]

名 惑星，遊星

- □ planetárium 名 プラネタリウム
- ▶「恒星」は a (fixed) star。
- ▶「地球」(the earth)を our planet と表現することがある。

1686
cosmic [kázmik]

形 **宇宙の**，広大な

▶ s の発音は[s]ではなく[z]。
▶ cosmos[kázməs] 名（宇宙，秩序）は chaos[kéias]（混沌）と対照して使うことが多い。

1687
catástrophe [kətǽstrəfi]

名 **大異変**；破局

▶ 発音・アクセントに注意。
▶ 「（突然の）大災害（disáster）」の意。

741

All of our employees are **entitled** / to a **commutation** allowance and other **benefits**.
　　　　　　　　　　　　　　　　　　　　　　　1290　　　　　　　　　　　　　　1486

　 allowance[əláuəns]「手当」

当社の従業員にはすべて，受給**資格が与えられ**ています / **通勤**手当やほかの**給付金**の。

1688
entitle [entáitl]

他 **資格[権利]を与える**

□ be entitled to　〜の資格[権利]がある
▶ Everyone's entitled to their own opinion. は「だれにだって考えを述べる権利がありますよ」。

742

I don't know / how anyone can maintain their **composure** / when they see the plight of these **refugees**.

　 plight「苦境」

わかりません / だれにせよ，どうして**心穏やか**にしていられるものか / これらの**難民**の窮状をまのあたりにして。

1689
composure [kəmpóuʒər]

名 **平静**，沈着

□ compósed　形　落ち着いている
▶ compóse（構成する，作曲する）には「心を落ち着かせる」という意味もある。

1690
refugée
[refjudʒíː]

名 (避)難民, 亡命者

▶ refuge [réfjuːdʒ]（避難[所], 保護）に -ee（〜される人）がついた語。
▶ アクセントに特に注意。
employée（従業員）のように, -ee [íː]にはアクセントが置かれる。
▶「難民キャンプ」は a refugee camp。

743

It will be difficult / to **resolve** the **conflict**^1639 between the two countries / without the **cooperation** of their neighbors.

困難でしょう / 両国間の**紛争を解決する**のは / 近隣諸国の**協力**がなければ。

1691
resolve
[rizálv]

他 自 決心する；解決する

☐ resolútion 名 決心
☐ résolute 形 決意の固い, 断固とした
▶「決心する」は, 普通は decide か make up one's mind。
▶「（難問などを）解決する」「（成分に）分解する」という意味にも使う。

1692
cooperation
[kouɑpəréiʃən]

名 協力

☐ coóperative 形 協力的な, 協同の
☐ in cooperation with 〜と協力して
▶ coóperate（協力する）の名詞形。
▶「ご協力ありがとうございました」は Thank you very much for your cooperation. または少し改まって I want to thank you all for your cooperation.

The **anecdote** may be **superficially** amusing, / but it **illustrates** a **disturbing trend** / toward bigotry and racial **discrimination** / in our society.

> bígotry「偏狭さ」＜bigot [bígət]（偏狭な人）

その**逸話**は**表面上は**愉快かもしれません / が、それは心を**かき乱す**ような**傾向**を**例証する**ものなのです / 偏狭さと人種**差別**に向かう / 私たちの社会の。

1693
ánecdote
[ǽnikdout]

名 逸話

▶アクセントは第1音節に。
▶「（ちょっとした面白い）話，秘話」のこと。

1694
superfícial
[suːpərfíʃəl]

形 表面的な，浅薄な

□ superfícially　副 表面的に，うわべは
▶アクセントを間違えないこと。
offícial（公式の），artifícial（人工的な），benefícial（有益な）などとともに慣れておく。

1695
illustrate
[íləstreit/ilʌ́st-]

他 例証する，挿絵を入れる

□ illustrátion　名 例証，さし絵
▶日本語の「イラスト」は illustrátion、「イラストレーター」は illustrator。

1696
disturb
[distə́ːrb]

他 乱す，邪魔する

□ distúrbance　名 騒ぎ，当惑
▶だれかに声をかけるとき、「（お仕事などの）お邪魔にならないといいのですが」は I hope I'm not disturbing you.
▶帰り際に「どうもお邪魔しました」は Good-bye! See you soon. でよい。
▶I'm sorry I *disturbed* you. と言うと実際に迷惑をかけてしまったことを詫びることばになる。

1697
trend
[trénd]

名 傾き，傾向　自 向かう，傾く

▶「（世の中の一般的な）傾向，風潮，はやり」を意味する。日本語の「トレンド」もほぼこの意味で使われている。

1698 discrimination
[diskrimínéiʃən]

名 区別, 差別待遇

- discríminate（区別[差別]する）の名詞形。
- racial discrimination（人種差別）, sex discrimination（性差別）などと使う。

745

The **committee** are considering organizing some kind of outing / on the weekend of 15th, / but they haven't come up with any **specific** ideas yet.

óuting「小旅行, 遠足」
come up with「(考えなどを)思いつく」(think of)

委員会は遠足のような行事を行うことを考えています / 週末の 15 日に / しかし, **特に決まった**案はまだ思いついていません。

1699 specific
[spəsífik]

形 明確な, 特定の

- □ specifically 副 はっきりと, 特に
- □ spécify 他 明確に記す[言う]
- ▶ To be specific, …は「はっきり言うと（具体的に言えば）…だ」。

746

I am neither intelligent nor good-looking, / but I don't think any of my acquaintances would **contradict** me / if I **claimed** to be **endowed** with a **modest** ability / to **inspire** people to have confidence in themselves.

私は知的でもなければ容姿端麗でもありません。/ でも, 私の知り合いで**異を唱える**人はだれもいないだろうと思います / 私が, **まずまずの**能力**に恵まれている**と**言っても** / 人に自信をもつよう**元気づける**。

1700
contradict
[kɑ̀ntrədíkt]

他 自 反論する；矛盾する

- contradíction 名 矛盾；反論
- contradíctory 形 相反する
▶語源は "contra-(反対して) + dict(言う)"。

1701
endów
[endáu]

他 授ける；寄付する

▶[au]という発音に注意する。
▶次のどちらかの形で使うことが多い。
　endow A with B　AにBを授ける
　be endowed with　～に恵まれている

1702
modest
[mɑ́dəst]

形 けんそんした，慎み深い；まあまあの

- módesty 名 けんそん，内気
▶I live in a modest house. と言えば，けんそんして「まずまずの家に住んでいます」の意。
▶反対に自慢するのは，She's boastfull of living in a large house.(彼女は大きな家に住むのを鼻にかけている)

747

Time to Read　TRACK 112

Housing **loans** are commonly referred to / as mortgages.

refer to A as B「AのことをBと呼ぶ」
mortgage[mɔ́ːrgidʒ]「抵当(で借りた金)，住宅ローン」

住宅**ローン**は一般に呼ばれます / 抵当(で借りる金)と。

1703
loan
[lóun]

名 貸し付け(金)，ローン
他 自 (金を)貸す

▶lone(ただ1人の)と同じ発音。ただし，lawn[lɔ́ːn](芝生)や日本語の「ローン」と発音を区別する。

748

After his sister died, / Thomas was the sole remaining **heir** to the family fortune.

姉が亡くなってからは，/ トマスは残っているただひとりの遺産**相続人**となりました。

1704
heir
[éər]

名 相続人，後継者

- air（空気）と同じ発音。
- h は hónest（正直な），hour（時［間］），hónor（名誉）などと同じく発音しない。

749

Even though I hardly knew him, / he insisted on telling me / the most **intimate details** of his **personal** life.
                                                            0979

🔗 insist on ~ing「~すると言い張る」
   1649

彼とはほとんど知り合いでもないのに，/ 彼は私にどうしてもしゃべると言ってききませんでした / 自分の**私生活**の**秘め事**を**微に入り細にわたって**。

1705
íntimate
形名 [íntəmət]
他 [-meit]

形 親密な，私的な

- □ íntimately 副 親しく
- □ íntimacy 名 親密
- ▶ 発音・アクセントに注意。
- ▶「親友」と言いたいとき He's[She's] my *intimate* friend. は肉体的な関係があることを連想させる。通例は，He's[She's] my best friend. / He's[She's] a close friend (of mine).

750

Along with a lot of other people, / I was **hustled** into **investing** in a **scheme** / that was, in **restrospect**, / pretty **obviously illegal**.

- along with「〜といっしょに」

他のたくさんの人びとと足並みをそろえ，/ 勢い込んである事業計画に投資したのですが，/ その計画は，あとで振り返ってみると，/ かなり明らかに不法なものでした。

1706
hustle
[hÁsl]

自 他 名 **急ぐ，急がす；ハッスル[する]**

▶ t は発音しない。
▶ 日本語の「ハッスルする」(張り切る，精を出す)はこの語から。
▶ bustle (ばたばた[する])という語もある。

1707
rétrospect
[rétrouspekt]

名 他 **回顧[する]**

□ retrospéction 名 回想
□ retrospéctive 形 回顧の
▶ próspect と対照的に「後ろを(re-)見る(こと)」「過去を回想する(こと)」。
▶ in prospect([将来のことを]予想して)に対し，in retrospect は「(過去のことを)振り返ってみて」。

751

What really **exasperated** Mr. Hashimoto about his students / was what he considered to be either their **general apathy** or just **excessive** laziness.

- either A or B「AかBか(のどちらか)，AでなければB」

橋本先生が学生たちにほんとに腹を立てた原因は，/ (彼らが)すべてにおいて無関心である，もしくはまさに極端に怠惰であると思えることでした。

1708 exásperate [iɡzǽspəreit]

他 怒らせる，憤激させる

▶ アクセントと[ɡz]という発音に注意する。
▶ annóy（悩ます）や írritate（いらいらさせる）よりも「きわめて激しく怒らせる」という感じ。
▶ be exasperated by（〜に激しく立腹する）という形で使うことも多い。

1709 ápathy [ǽpəθi]

名 無感動，冷淡

□ apathétic 形 無感動の
▶ "a-（無）+ pathy（感動）" から。indífference（無関心）に近い。

752

Her parents had always warned her / not to buy anything on **impulse**, // so she found it very hard / to put up with her husband's **chronic** urge / to **indulge** in **extravagant** spending sprees.
₁₅₃₆

🖉 spending spree「派手な買物」

両親が彼女に常日頃，戒めていました / **衝動**買いをしないようにと，// そんなわけで，彼女はとてもむずかしいのがわかりました / 夫の**病みつきの**衝動に耐えるのが / **度を越して**派手な買物に**ふけろう**とする。

1710 ímpulse [ímpʌls]

名 衝動；衝撃

□ impúlsive 形 衝動的な
▶ impél（うながす）と関係がある語。
▶「（一時的な）はずみ」と言うのは，on an impulse / by impulse（衝動にかられて）。

1711 chronic [kránik]

形 慢性の，習慣的な

▶「慢性病」は chronic desease。
▶ He's a chronic liar.（やつは嘘つきの常習犯だ）はかなりきついことば。

1712
extrávagant
[ikstrǽvəgənt]

形 浪費する；途方もない

- [ ] extrávagance 名 浪費；途方もないこと
- ▶ スペリング・発音に注意する。
- ▶ wásteful（浪費の），extréme（極端な），incrédible（信じられない），exággerated（誇大な）などに近い意味。
- ▶ Sarah has bought a bag at an extravagant price. は「サラはとてつもない（目の飛び出るような高い）値段でバッグを買いました」。

753

The **dumping** of **radioactive** waste / has **inflicted indescribable** damage / on the marine life in the area, // and the Australian **government** is sparing no efforts / to identify those **responsible**.

📎 idéntify「だれであるか突きとめる」

放射性廃棄物の投棄は / 言語に絶する被害をもたらしました．/ 地域の海洋生物に // そこで，オーストラリア政府は惜しみない努力を注いでいます / 責任者を特定することに。

1713
dump
[dʌ́mp]

他 自 （ごみを）投げ捨てる
名 ごみ捨て場

- ▶ damp[dǽmp]（湿った）と区別する。
- ▶「ダンプカー」は a dump *car* ではなく，a dump truck または a dumper (truck) と言う。

1714
radioáctive
[rèidiouǽktiv]

形 放射性の，放射能のある

- [ ] radioáctivity 名 放射能
- ▶ 発音に注意する。
- ▶「（光・熱の）放射」は radiátion，「原子力発電所の放射能もれ」は a radiation leak from a nuclear power plant。

■■■ 1715
inflict
[inflíkt]

他 (苦痛などを)課する，悩ませる

□ inflíction 名 課すること；苦しみ
▶ inflict A on B（B に A を課する）という形で使う。A は苦しみ，危害，税金など。

---

754 Time to Read TRACK 113

A **diet deficient** in iodine / can lead to thyroid problems.
₁₀₇₇

🖉 iodine [áiədain]「ヨウ素」　thyroid [θáirɔid]「甲状腺の」

ヨードが**不足している食事**は / 甲状腺の異常を起こすことがあります。

■■■ 1716
deficient
[difíʃənt]

形 不足した

□ defíciency 名 不足，欠陥
▶ アクセントに注意する。
▶ be deficient in（〜が不足している）という形で使うことが多い。

755

The **advantages** of being born **male** / are not quite so great as they used to be.
₁₄₁₂

🖉 not quite「必ずしも…というわけではない」

男性に生まれることの**利点**は / 必ずしも昔ほど大きくはなくなっています。

■■■ 1717
male
[méil]

名 形 男性[の]，雄[の]

▶ mail（郵便）と同じ発音。

756

He's held in such **esteem** in **financial** circles / that he's treated more as a **prophet** / than as an analyst.

- such ~ that … 「非常に~なので…,…くらい~」
- ánalyst「(経済情勢などを)分析する人, アナリスト」

彼は**財**界で非常に**重んじ**られていて, / **予言者**として扱われるほどです / アナリストとしてよりも。

1718
esteem
[istíːm]

名 他 **尊重[する]**, みなす

▶ válue(評価する), respéct(尊敬する), consíder(考える)などより改まった語。
▶ They held his ability in high esteem.(彼の能力を高く評価した)という使い方をする。

1719
prophet
[práfət]

名 **予言者**

□ próphecy 名 予言
□ próphesy [-sai] 他 予言する
▶ prófit(利益[を得る])と同じ発音。

757

Jiro told me / that Kanda-gawa was **originally** a **canal**, / but Ichiro said it was one of the moats surrounding Edo Castle.

- moat [móut]「堀, 濠」

次郎は私に言いました / 神田川は**もとは運河**だったと / しかし, 一郎は江戸城を取り囲む堀の1つだったと言いました。

1720
canál
[kənǽl]

名 **運河**

▶ アクセントを間違えないように。
▶ the Suez Canal(スエズ運河), the Panama Canal(パナマ運河)など。

758

Congress keeps itself busy promulgating new laws, / but it should also devote some time / to **abolishing** the many laws on the statute book / that have become obsolete.

prómulgate「公布する」　statute book「法令全書」
obsoléte「すたれた, 時代遅れの」

> **議会**は新しい法律を公布するのに忙しくしています / が, その一方で, 時間を注ぐべきです / 法令集に載っている多くの法律を**廃止する**のにも / 時代遅れとなっている。

1721
congress
[káŋgrəs]

名 会議；《米》議会

▶ an international medical congress(国際医学学会) のように,「(代表が集まって討議する)正式な会議」。特に,「(定期的な)会議」には cónference も使う。

1722
abolish
[əbáliʃ]

他 廃止する, 無効にする

□ abolítion **名** 廃止
▶「(法律・制度などを公式に) 廃止する, 撤廃する」。do away with(廃止する, 捨てる)と言い換えられる。

759

The **committee** is sure to accept the proposal anyway, / and if you continue to oppose it / you will just get a **reputation** for being **stubborn** and selfish.

> **委員会**はいずれにせよ, きっとその提案を受け入れるだろうから, / きみが反対し続けると, / **頑迷**で利己的だという**評判**をとるだけだよ。

1723
reputation
[repjətéiʃən]

名 評判；名声

□ be reputed as[to be]～　～と評判される
▶「評判の良い人」は a person of good reputation，「評判の悪い人」は a person of bad reputation。
▶「そんなことをすると名声に傷がつきますよ」は It will damage[ruin] your reputation.

1724
stubborn
[stʌ́bərn]

形 強情な，頑固な

□ stúbbornly　副 頑固に
▶ アクセントは第1音節に。
▶ stub(切り株)から出来た語。「切り株のように強情な」という感じ。obstinate[ábstənət]という語もある。
▶ I've been suffering from a stubborn[obstinate] cold all this winter. (この冬はずっと頑固な［しつこい］風邪に悩まされました)。

760

A: Your hay **fever** isn't particularly severe, Mr. Ono, / but I'll **prescribe** an antihistamine for you /— it'll **relieve** the worst of your **symptoms**, particularly the **congestion**.
0020
B: Will it make me **drowsy**, though? / I don't want
1127
to be unable to **concentrate** on my work.
1663

📎 antihístamine「抗ヒスタミン剤」

小野さん，あなたの花粉症(枯草**熱**)はかくべつ重いわけではありません / が，抗ヒスタミン剤を**処方**しておきましょう。/ 最悪の**症状**，特に**充血**は**楽になり**ますよ。

でも，**眠気**を催しませんか。/ 仕事に**集中**できなくなるのは困るんですけど。

1725
fever [fíːvər]

名 熱, 熱狂

- féverish 形 熱のある, 熱狂的な
- ▶ fe を [fíː] と発音する。
- ▶「ちょっと熱っぽいようです」と言うのは, I have a slight fever[a bit of fever]. / I feel a little feverish. など。

1726
prescribe [priskráib]

他 自 規定する；処方する

- prescríption 名 規定；処方箋
- ▶「所定の用紙」は the prescribed form。
- ▶ Would you make up this prescription? は, 薬局で「この処方箋で薬を出してください」という表現。

1727
symptom [símptəm]

名 徴候, きざし

- ▶ flu symptoms は「インフルエンザの徴候」, ただし病気以外にも一般的に sign（しるし, 徴候）と同じように使うことがある。
- ▶ sýndrome（症候群, シンドローム）という語もある。

1728
drowsy [dráuzi]

形 眠い, 眠そうな

- drówsiness 名 眠気
- ▶ ow を [ou] ではなく [au] と発音する。
- ▶ 意味は sléepy とほぼ同じ。

---

761 Time-to-Read TRACK 114

Several **studies indicate** / that the **region** is becoming gradually warmer.

いくつかの研究が示しています / その地域は徐々に温暖化しているということを。

1729
indicate
[índikeit]

他 **指し示す，表示する**

- indicátion 名 指示，徴候
- índicator 名 尺度，表示装置
- indicative of ～を暗示する
- ▶アクセントを正しく。
- ▶ show (示す) や suggést (ほのめかす) などで言い替えられることも多い。

762

I wonder / why executions were so often carried out at **dawn**.

📎 execútion「処刑, 処刑執行」　carry out「実行する」

> なぜなんだろう / 処刑がよく**夜明け**に行われるのは。

1730
dawn
[dɔ́ːn]

名 **夜明け，端緒**
自 **夜が明ける，わかり始める**

- ▶母音の発音は[ɔː]。down (下へ) の[au]と区別。
- ▶ It slowly dawned upon me that…は「…が少しずつわかりかかってきた」という意味になる。

763

Smokers often say that smoking helps them to **concentrate**, / but it seems to me / that it's more of a **distraction**.
(1663)

> 愛煙家は，喫煙は気持ちを**集中する**のに役立つとよく言います / が，私には思えます / むしろ**気を散らすもの**のように。

1731 distract
[distrǽkt]

他 (気を)そらす；(心を)混乱させる

- distrácted 形 取り乱した
- distráction 名 気を散らすこと；乱心

▶「(人の注意・気持・興味などを)引きつける」(attract)に対して,「気をそらす」という対照的な意味。

764

We used to worry about simply filling our **stomachs**, / but now the **emphasis** is / on getting proper **nutrition**.

昔は単に**胃袋**を満たすことだけを気にしたものです / が,今は,**重点**が移っています / きちんとした**栄養**をとることに。

1732 nutrition
[njuːtríʃən]

名 栄養(を与えること)

- nutrítious 形 栄養のある

▶「栄養失調」は malnutrítion。
▶ nóurishment([栄養のある]食物)という語もある。

765

Its **peculiarly contradictory** attitude toward **morality** and **sexuality** / is one of the more confusing **characteristics** / of the sect's **doctrine**.

confúsing「困惑させる,まごつかせる」　sect「宗派」

道徳と**性**に対する**奇妙に矛盾をはらんだ**態度は, / いっそう困惑させる**特質**の1つです / その宗派の**教義**の。

1733
peculiar
[pikjúːliər]

形 **独特な, 一風変わった**

- □ pecúliarly 副 独特に, 奇妙に
- □ peculiárity 名 特色, 癖
- ▶ próper（固有の）, uníque（独特の）に近い意味で, peculiar to（～に特有の）という形で使うことが多い。
- ▶ a peculiar smell（[特有の] 変なにおい）, a peculiar taste（一風変わった味）のように, strange（変な）, odd（変わった）という感じを含む。

1734
morality
[mərǽliti]

名 **道徳, モラル**

- □ móral 形 道徳的な 名 教訓
- □ móralist 名 道徳家
- ▶ 日本語では「道徳」のことを「モラル」と言うが, 英語ではmorálity（またはmórals）。「モラル（道徳観念）がない人が多いようですね」はA lot of people seem to lack a sense of morality.
- ▶ morale[mərǽl]（[軍隊の]士気）という別の単語がある。

1735
characteristic
[kæriktərístik]

形 名 **特色[のある]**

- ▶ cháracter（個性, 性格, 人物；文字）の形容詞に相当する。
- ▶ A is characteristic of B.（AはBの特徴だ）という形で使うことが多い。

1736
doctrine
[dáktrin]

名 **教義, 主義**

- ▶ Christian doctrine（キリスト教の教義）のように「（宗教上の）教義」の意だが, the Monroe Doctrine（モンロー主義）のように,「（政党などの政策上の）主義」にも使う。

766

A large number of mysterious "crop circles" / have appeared in the area recently. // Some are **relatively** small, / but some are **gigantic**, / with **diameters** of 40 meters or more.

- "crop circle"「(宇宙人のしわざかと騒がれる)農場にできる円形の模様」

多数の謎めいた「クロップ・サークル」が / 最近，その地域に出現しています。// **比較的**小さなものもあります / が，**巨大な**ものもあります / **直径** 40 メートルないしはそれ以上もある。

1737
diámeter
[daiǽmətər]

名 直径

▶ [ǽ] を強く発音する。barometer [bərámitər]（バロメーター，気圧計）も同じ要領。
▶「直径3センチの円を描きなさい」は Draw a circle three centimeters in diameter.

767

I had been looking forward / to being introduced to some **radical** ideas / when I went to **university**, // but I was disappointed / to find that most of my professors had very **conservative** views.

- look forward to ~ing「~するのを楽しみにして待つ」
  proféssor「教授，大学の先生」

前から楽しみにしていました / 何か**急進的な**思想を紹介されるのを / **大学**に行ったとき。// しかし，失望しました / ほとんどの教授たちが非常に**保守的な**考えの持ち主であることがわかって。

1738
radical
[rǽdikl]

形 名 根本的な；急進的な [人たち]

□ rádically 副 根本的に
▶「急進的な」「進歩的な（progréssive）」の反意語は consérvative（保守的な），móderate（穏健な）など。

768

The sheep were attacked / by a pack of **savage** dogs.

a pack of「一群の〜」

羊は襲われました / **どう猛な**犬の群れに。

1739
sávage
[sǽvidʒ]

形 名 **残忍な[人]，未開の**

▶発音・アクセントに注意。
▶関連語として bárbarous（野蛮な），prímitive（原始的な），wild（野生の）など。

769

Jails are full of people / who simply lack the **discipline** / to **conform** to social **conventions**.
                                              1487

刑務所は人びとでいっぱいです / 単に訓練を欠いている / 社会の慣習に順応する。

1740
jail
[dʒéil]

名 **刑務所，拘置所**

☐ be sent to jail　刑務所に送られる
▶《英》では gaol [dʒéil] というスペリングを用いることがある。

1741
díscipline
[dísiplin]

名 他 **訓練[する]，しつけ[る]**

☐ díscíplined　形　よく訓練された
▶アクセントは第1音節に。
▶「disciple [disáipl]（弟子）を教育する」ということからできた語。
▶self-discipline は「自己訓練，修養」。

■■■ 1742 **convention** [kənvénʃən]	名 **会議；慣例**
	□ convéntional 形 慣習的な
	▶「会議」は méeting（[打ち合わせのための] 会合），cónference（[団体の正式な] 会議），convéntion（[政治・宗教団体の正式な] 会議）などを使い分ける。

770

The way my husband **accelerates** madly / whenever he sees an orange **traffic signal** / really **annoys** me.
₁₄₉₀ ₀₉₅₄

猛烈に**加速する**夫の運転ぶりは / 黄色の**交通信号**を見るといつでも / ほんとに**閉口**します。

■■■ 1743 **accélerate** [ækséləreit]	他 自 **加速する**
	□ accelerátion 名 加速（度）
	▶「(車を) 加速する」だけでなく「(インフレなどを) 加速する」のようにも使える。
	▶「(車の) アクセル」は accélerator。「(アクセルを踏んで) スピードを出す」のは step on the gas。

■■■ 1744 **annoy** [ənɔ́i]	他 **いらいらさせる，悩ます**
	□ annóyance 名 迷惑，苦悩
	▶「(人を) いらいらさせる」という他動詞だから，「(人が) いらいらする，むっとする」のは be annoyed という受動態になる。He seems to be very annoyed with you.（あいつは君にずいぶん腹を立てているようだよ）の要領。

771

He made the highly **disingenuous comment** / that if he thought it was possible[1677] to **eliminate** poverty from the world, / he would **dedicate** his life to doing so.

> 彼はまったく**心にもないこと**を言ってのけました／世界中から貧困を**なくす**ことが，もし可能だと思えば，／自分だってそれに生涯**を捧げる**よ，などという。

1745 comment [kάment]

名自 論評[する]，注釈[する]

- □ cómmentary 名 評論，注釈；実況放送
- □ cómmentator 名 論評者；(実況放送の)アナウンサー
- □ comment on ～について論評する
- ▶ 日本語でも「コメントする」と言うが，英語のアクセントは第1音節に。

1746 eliminate [ilíməneit]

他 除去する，削除する

- □ eliminátion 名 除去
- ▶ アクセントに注意。
- ▶ 別の語で言えば，remóve (取り去る)，get rid of (取り除く) など。

1747 dedicate [dédikeit]

他 捧げる，奉納する

- □ dedicátion 名 奉納，献身
- ▶ アクセントに注意する。
- ▶ dedicate one's life to (～に一生を捧げる)，dedicate oneself to (～に専念する) のように使う。ただし，文語的。devote や give up のほうが普通。

772

It was a very **tense** moment / just before the results of the **auditions** were announced, / and it was such a **relief** / to know that our son had been accepted.

非常に**緊張**した瞬間でした / **オーディション**の結果が発表される直前は, / でも, 大いに**胸をなでおろし**ました / 息子が合格したことがわかって。

1748
tense
[téns]

形 **緊張した**, ぴんと張った　名 時制

□ ténsion 名 緊張, 張力
▶「リラックスできないぴりぴりした状態」を表す。
▶文法の用語として, the present tense（現在時制）, the past perfect tense（過去完了時制）などと言う。

1749
audition
[ɔːdíʃən]

名 他 自 **(歌手・タレントの)オーディション**[をする, を受ける]

▶「クレアは歌手志望で, 何回かオーディションを受けたことがあります」は Clare wants to be a singer and has taken part in several auditions.

773

Dictionaries that **define vocabulary** in the **original** language / are actually much more helpful to foreign learners of that language / than dictionaries that attempt to **translate** the words they list.

語彙を**原**語で**定義**している辞書のほうが, / 実際, その言語を学ぶ外国人学習者にとって, はるかに役立ちます / 列挙された単語を**翻訳**しようとする辞書よりも。

1750
define
[difáin]

他 **定義する**；境界を定める

□ définite 形 一定の，明確な
　↔ indéfinite（不定な）
□ definítion 名 定義（づけ）
▶「（あいまいな物事の範囲・輪郭などを限定して）はっきりさせる，明確にする」という語。

1751
vocabulary
[voukǽbjəleri]

名 **語彙**

▶「用いる単語の総数」だから複数形にはしない。「3000語の語彙」は a vocabulary of 3,000 words，「語彙が豊かだ[少ない]」は I have a large vocabulary[a poor vocabulary]．

1752
translate
[trǽnsleit/-léit]

他 自 **翻訳する**

□ translátion 名 翻訳
□ translátor 名 訳者
▶ trans-（越えて，別の場所に）の s を [z] と発音する人もいる。
▶ translate A into B（A を B に翻訳する）という形で使うことが多い。
▶「これを英語に訳してくれますか」は Could you *put* this into english? のように put でよい。

774

Time-to-Read TRACK 116

The students have an elected **council** / to **represent** them in the school.

学生には選挙で選ばれる**自治会**があります / 校内で自分たちを**代表する**。

1753
council
[káunsəl]

名 **会議**，協議会

□ cóuncilor 名 顧問；議員
▶ 日本の「参議院」は the House of Councilors（「衆議院」は the House of Representatives）。

1754
represent
[reprizént]

他 **表す，代表する**

□ represéntative　名 代表者，代議士
　　　　　　　　　形 代表する
□ representative of　〜を代表する
▶ 会話では What does it stand for?（それは何を表しますか）のように，stand for をよく使う。
▶「(日本の)衆議院」「(米国の)下院」は the House of Representatives。

775

Social **security** from **cradle** to **grave** / was the cornerstone of the Socialist Party's policies.

córnerstone「基礎，土台」

ゆりかごから墓場までの社会保障は / 社会党の政策の土台でした。

1755
grave
[gréiv]

名 **墓**　形 **重大な，まじめな**

□ grávity / gravitátion　名 重力
▶ grave は sérious（深刻な）より「(さらに)深刻な」という感じ。病状について，He's in a grave condition. と言うと「重態[重体]で命の危険にさらされている」こと。

776

According to popular **superstition**, / you can kill a vampire / by driving a wooden **stake** through its heart.

vámpire「吸血鬼」

通俗的な迷信によると, / 吸血鬼を殺すことができます / 木のくいを心臓に打ち抜けば。

1756
superstition
[suːpərstíʃən]

名 迷信

☐ superstítious 形 迷信的な
▶「私は迷信は信じません」と言うのは I don't believe in superstitions. または I'm not superstitious.

1757
stake
[stéik]

名 他 くい[に縛る]；賭け[る]

☐ be at stake　賭けられている，危うくなっている
▶ steak（ステーキ）も同じ発音。

777

Richard was recently **diagnosed** with diabetes / brought on by years of **excessive consumption** of rich foods.
₁₄₈₃

📎 diabetes[daiəbíːtiːz]「糖尿病」　bring on「〜を引き起こす」

リチャードは最近，糖尿病と診断されました / 長年にわたる過度の美食の結果，招いてしまった。

1758
diagnose
[daiəgnóus/dáiəgnəuz]

他 診断する

☐ diagnósis 名 診断
▶ 診察（examinátion, consultátion）や検査（test, chéckup）の結果，「A を B と診断する」のは diagnose A as B。
▶「悪性のインフルエンザという診断を受けました」は，I was diagnosed as a bad case of flu.

1759
consumption
[kənsʌ́mpʃən]

名 消費(量)

▶ consume[kənsúːm]（消費する）の名詞形。
▶ 反意語は prodúction（生産）。
▶「消費者」は consúmer。
　「消費税」は consumption tax。

778

The **imaginative tale** he told us / shows great **creativity**,¹⁴³¹ / but it doesn't **correspond** even **vaguely**¹⁴³² / with the reality of what happened.
¹⁴⁸⁰

彼が語ってくれた**想像力豊かな話**は / 非常に**独創的なもの**です / が，**うっすらと**すら**一致しません** / 起こった事件の現実とは。

1760 **tale** [téil]	名 **話，うわさ話**
	▶ tail（尾）と同音，スペリングを区別。
	▶ tell（話をする）と関係がある。
	▶ stóry（物語）より改まった語。「おとぎ話」は a fairy tale,「民話」は a folk tale で，story はあまり使わない。

1761 **correspond** [kɔːrəspánd]	自 **一致する，相当する；文通する**
	□ correspóndence 名 一致；通信
	□ correspóndent 名 通信員
	▶ correspond with（〜と一致する，〜と文通する）とか correspond to（〜に相当する）という形で使う。

779

Many **legends**, such as that of Robin Hood, / are almost **sublime** / in their simplistic treatment of the dichotomy between good and evil.

simplístic「極度に単純化された」
dichotomy[daikátəmi]「二分（すること）」

ロビン・フッドの**伝説**のような多くの伝説は，/ ほとんど**崇高**といってよいほどです / 善と悪を二分する（という）極端に単純化された扱いにおいて。

1762 **légend** [lédʒənd]	名 **伝説**
	□ légendary 形 伝説の
	▶ 母音の発音[é]に注意する。
	▶「（民族・国の昔からの）伝説，言い伝え」の意。

1763
sublime
[səbláim]

形 **崇高な**，最高の

☐ sublímity 名 崇高，極致
▶ 発音に注意．supréme（最高の）に近いが，かなり改まった語。
▶ sublime beauty（美の極致），sublime scenery（すばらしい雄大な眺め）など。

780

I am sure / no one can have had a more **profound general** influence on me than my parents, // but as far as my **studies**(0992) are **concerned** / I don't think anyone has **influenced**(1090) me more(0949) / than my high school **math** teacher.

🖉 as far as ～ be concerned「（他のことはともかく）～に関するかぎり」

確信しています / 私に対して，**すべてにわたって**最も**深い**影響を与えた人は両親をおいてほかにはいないと // が，私の**勉学**に**関する**かぎり，/ 私に影響を与えてくれた方はだれもいないと思います / 高校時代の**数学**の先生ほど。

1764
profound
[prəfáund]

形 **深遠な**

▶ deep（深い）より改まった語。
▶ profound thought（深い考え），profound changes（重大な変化）など。

1765
mathemátics
[mæθəmǽtiks]

名 **数学**

☐ mathematícian 名 数学者
▶ 派生語も含めてアクセントに注意する。
▶ aríthmetic（算術），álgebra（代数），geómetry（幾何）などを含む。

781

In one sense, / **lamenting** the **passage** of time / is just a form of **egotism**.

ある意味で, / 時が**過ぎていくことを嘆く**のは / **自己中心主義**の1つの形にすぎません。

1766
lament
[ləmént]

他 自 **嘆き悲しむ**　名 **悲嘆**

- □ lament over ～を悲しむ
- ▶ lámentable 形 (悲しい, 嘆かわしい) のアクセントの位置は lamént と異なる。

1767
pássage
[pǽsidʒ]

名 **通行, 通路 ; (文の) 一節**

- ▶ pass (通過する) の名詞形。
- ▶ páragraph が「(文章の) 段落, 一区切り」であるのに対し, pássage は「(引用された) 文章のひとかたまり」のこと。
- ▶「次の文を読んで下記の設問に答えなさい」は Read the following passage and answer the questions below.

1768
égotism
[íːgətizm/égə-]

名 **自己中心, わがまま**

- □ ego [íːgou/égou] 名 自我, 自己
- □ égoism 名 利己主義
- ▶ 日本語の「エゴ」と英語の égo, égotism とは, 発音をはっきり区別する。

782

The **core** of the problem / is how to **stimulate** greater public awareness / of our **products**.

🖉 awáreness「意識, 知ること」

問題の**核心**は / どうやって, 一般人のより大きな関心を**喚起する**かということです / われわれの**製品**についての。

1769
core
[kɔ́ːr]

名 **核心**，（果物の）芯

▶ corps（軍団）という同音の語がある。
▶「問題の核心」が the core of the problem。
▶ 果物の「種子」は seed または stone。

1770
stimulate
[stímjuleit]

他 自 **刺激する**；活気づける，激励する

☐ stímulant 形 名 刺激性の［物］
☐ stimulátion 名 刺激
☐ stímulus 名 刺激（物）；激励
▶ 会話では，excíte（興奮させる）や cheer up（元気づける）を使うことが多い。

783

Jill **insulted** Andy's wife / by asking her / where she'd had her cosmetic **surgery** done.
₁₅₁₀

🔗 cosmetic [kɑzmétik]「美容整形の」

ジルはアンディの奥さんを**侮辱しました** / 彼女にたずねて / 美容整形**手術**をどこで受けたのですかと。

1771
insult
他 [insʌ́lt]
名 [ínsʌlt]

名 他 **侮辱[する]**

▶「名前動後」のアクセント。
▶ It's an insult to me.（それは私に対して侮辱［無礼］ですよ）のように使える。

784

George's reports are always informative and well **delivered**, / but I wish he'd try to make them a little more **concise**.
₁₅₃₄

🔗 infórmative「情報を与える，有益な」

ジョージのレポートはいつも情報が豊かで**論述**のしかたも上手です / が，できれば，もう少し**簡潔**にしようと心がけてくれるといいのですが。

1772 deliver
[dilívər]

他 **配達する**, 引き渡す；救う；(打撃などを)加える, (子を)産む

- delívery 名 配達, 引き渡し, 分娩
- ▶買物のとき, 次のように使える。Could you deliver it to my house?(家まで配送してもらえますか) / When will it be delivered?(いつ配達してもらえますか) / Can I pay on delivery?(配達の時の支払いにできますか)

785

The **assumption** that so-called **workaholics** actually enjoy working / is not correct, / as we realized / when our section chief **committed suicide** last month.

いわゆる**仕事中毒の人間**は, 本当に楽しんで仕事をしているのだという**仮説**は / 正しくありません / さとったのですが / 先月, うちの課長が**自殺した**ときに。

1773 workahólic
[wə:rkəhó(:)lik]

名 **仕事中毒の人**

- ▶ alcoholic[ǽlkəhɔ́:lik](アルコール中毒の[人])からできた語。ほかに cardhólic なら「クレジットカード中毒の人」。

1774 commit
[kəmít]

他 **委託する**；(誤りを)**犯す**；行う

- commíssion 名 委任(状), 手数料
- commíssioner 名 委員
- commíttee 名 委員会(スペリングに注意)
- ▶ commit A to B の形で「A を B の手に委ねる」。commit 〜 to memory なら「〜を記憶する」の意味になる。
- ▶ commit an error(誤りを犯す)は, make a mistake(間違える)より改まった言い方。

	1775	名 **自殺[者]**
	suicide [súːəsaid]	▶ múrder(殺人，他殺)に対する「自殺」。 ▶ He committed suicide.（自殺した）よりも，口語では He killed himself. のほうが普通。 ▶「(自殺者の)遺書」は a suicide note。

786

If you could keep a **civil tongue** in your head /
and treat us to a little less **sarcasm**, / perhaps we
could **proceed** / with a **rational** discussion / of the
matter at hand.

📎 treat A to B「AにBを与える[おごる]」
at hand「近くの，当面の」（at issue）

頭に**丁寧な言葉**を備えていただき，/ 私どもに対して**皮肉**っぽい物言いをもう少し控えてくだされば，/ ことによると**続けられる**と思うのですが / **分別ある**議論を / 当面する問題について。

	1776	名 **舌；国語**
	tongue [tʌ́ŋ]	▶ 母音の発音[ʌ]に注意。 ▶「母国語」は one's mother tongue または one's native language。

	1777	名 **(きびしい)皮肉，当てこすり**
	sárcasm [sάːrkæzm]	☐ sarcástic 形 皮肉な，当てこすりの ▶ irony[áiərəni]（[おだやかな]皮肉），sátire（風刺）という語もある。

	1778	形 **理性的な；合理的な**
	rational [rǽʃənl]	▶ réasonable（分別のある，理にかなった）より改まった語。人間のことを a rational being（理性をもつ生き物）と呼ぶことがある。 ▶ 反意語は irrátional（不合理な）。ir- による否定は irrégular（不規則な），irresístible（抵抗できない），irrespónsible（無責任な）などと同じ。

787

The combination bridge-tunnel across Tokyo Bay linking Kanagawa and Chiba **Prefectures** / may be great **feat** of **engineering**, // but **controversy** remains / over whether it should have been built / in the first place.
₁₃₅₇

combinátion「結合, 組み合せ」　　may …, but ～「なるほど…だが, (しかし)～」
in the first place「まず第一に, そもそも」

東京湾を横断し, 神奈川県と千葉**県**を結ぶ橋とトンネルの連結は / なるほど**工学技術**の**偉業**なのかもしれません // が, いまだ**議論**の余地があります / 建築の必要性があったのかどうかについては / そもそも。

1779
préfecture
[príːfektʃər]

名 **県**, 府

▶ [ríː] をはっきり発音する。
▶ Nagano Prefecture (長野県), Kyoto Prefecture (京都府) のように言うが, 英米ではそれほど頻繁に使う語ではない。

1780
enginéering
[endʒəníəriŋ]

名 **工学(技術)**

□ enginéer 名 技師, 工学者
▶ -eer には必ずアクセントを置く。
▶ civil engineering (土木学), electric(al) engineering (電気工学), genetic engineering (遺伝子工学) など。

1781
cóntroversy
[kántrəvəːrsi]

名 **論争**, 論議

▶ アクセントは第1音節に。
▶「論争中の問題」は a question in controversy。

788

Time to Read　TRACK 118

You should **acknowledge** that you were wrong / and apologize to him.

あなたは自分が間違っていたことを**認め**, / 彼に謝るべきです。

1782
acknowledge
[əknálidʒ]

他 認める；礼を言う

□ acknówledg(e)ment 名 承認；感謝
▶ knówledge（知識）と同じく，know を [ná] と発音する。
▶ もともとは「（過失などをしぶしぶ）認める」という感じ。品物が届いたときに「確かに受け取りました」と相手に知らせるときにも使う。

789

Kevin has an extraordinary **faculty** / for seeing the funny side of any **situation**.
1140

ケヴィンには並はずれた**才能**があります / どんな**情況**にも滑稽(こっけい)な一面を見出すという。

1783
situate
[sítjueit]

他 （場所に）置く，位置づける

□ situátion 名 位置，立場，情況
▶ 普通は be situated at[on, in]（～に位置している，ある）という形で使う。sítuated のアクセントの位置を間違えないように。

790

Palace **regulations** require a flag to be flown from the roof / when the **sovereign** is in **residence**.

🔖 palace[pǽləs]「宮殿」　　flag「旗」

宮殿の**規定**によれば，屋上から国旗を掲揚することになっています / **君主**が**居留**しているときは。

1784
regulation
[regjəléiʃən]

名 規制，規定

▶ régulate（規制する）の名詞形。
▶「校則」は school regulations,「交通法規」は traffic regulations。

1785 sóvereign [sávərən]

形 主権を有する　名 君主，主権者

- □ sóvereignty　名 主権；独立国
- ▶ スペリングと発音に注意。
- ▶ a sovereign state（独立国）のように使う。
- ▶ sóvereign（君主）の反意語は súbject（臣民，国民）。

1786 residence [rézidəns]

名 邸宅，居住

- □ résident　名 居住者
- □ residental area　住宅地区
- ▶ reside 自（住む）も s を [z] と発音する。
- ▶ home や house より改まった語。

791

The news that the **probe** had failed to go into **orbit** around Mars / was greeted with **dismay** / in **astronomical** circles.

🖉 Mars「火星」

探査衛星が火星を周回する軌道に乗れなかったというニュースは，/ 落胆をもって迎えられました / 天文学界で。

1787 probe [próub]

名 他 自 探査[する]

- □ probe into　〜を探求する
- ▶ prove [prúːv]（証明する）とスペリング・発音を区別する。
- ▶ 新聞の見出しでは，invéstigate（調査する）や examine（検査する）の代わりにこの短い probe という語がよく使われる。

1788 orbit [ɔ́ːrbit]

名 自 他 軌道[に乗って回る]

- ▶「ロケットを軌道に乗せる」は put a rocket into orbit。

1789 dismáy [disméi]

名 他 ろうばい[させる]，ぼうぜん[とさせる]

- ▶ アクセントは第2音節。[dizméi] と発音する人もいる。
- ▶「(人が) びっくりする，ぼうぜんとする」は be dismayed。

1790
astrónomy
[əstránəmi]

名 天文学

- □ astrónomer 名 天文学者
- □ ástronaut 名 宇宙飛行士
- □ astronómical 形 天文学上の
- ▶ 上記の各語はアクセントに注意する。
- ▶ astro- は「星，天体」という意味。
- ▶ I'm intersted in astronomy, and if I have time I like to look at stars through my telescope.（天文学に興味があって，時間があれば天体望遠鏡で星を眺めています）のように使える。

792

Tom wondered / why so many people seemed so anxious to own cars / when, as far as he could see, / there were no **decent** roads / to drive them on.

トムには不思議でした / これほどたくさんの人がどうしてこうも車をもちたがるのか，/ どこを見ても，/ **まともな**道路など全然ないというのに / 車を走らせる。

1791
décent
[dí:snt]

形 上品な，ちゃんとした

- ▶ recent[rí:snt]（最近の）と同じように，[dí:]と発音する。
- ▶「まあまあの，見苦しくない，ちゃんとした（服装の）」という感じで使うことが多い。
- ▶ いきなり部屋をノックされたとき，Sorry, but I'm not decent now.（ごめんなさい，[ちゃんとした服装じゃないから]入らないで）のように使える。

793

The recently announced **quarterly trade** figures / show a 2% **decline** in exports, / **implying** that the **government**'s annual **economic forecast** may well be overly **optimistic**.

🔗 may well ～「たぶん～だろう」

最近発表された**四半期貿易**収支実績は / 輸出の2%**下降**を示しており，/ **政府**の年次**経済予測**はたぶんあまりにも**楽観的**過ぎることを**物語**っています。

1792
quarterly
[kwɔ́ːtərli]

副 形 **年4回[の]**　名 **季刊誌**

▶ quarter は「4分の1」だから，「年に4回，つまり3か月に1回発行される刊行物」を quárterlies と言う。

1793
implý
[implái]

他 **意味する；暗示する**

□ implicátion 名 含蓄
▶ アクセントと発音[ai]に注意。
▶ im- は「中に(in-)」の意。
▶「(暗黙のうちに) ～を意味する，含蓄する」という感じ。
▶ Are you implying (that) I'm wrong? (私が間違っていると言うんですか)のように使える。

794

Party leaders say / that **compassion** for the common man is the key **component** of their manifesto, // but that's like saying / that **consideration** for **civilian** populations is the key **component** of **warfare**.

🔗 manifésto「政策の宣言書，マニフェスト」

政党の指導者たちは言っています / (政治家でない) 普通の人間への**思いやり**こそが党の政策公約の非常に重要な**要素**であると // しかし，それは（次のように）言っているようなものです / (軍人でない) **一般市民**への**思いやり**が**戦争**の非常に重要な**要素**であると。

1794
compassion
[kəmpǽʃən]

名 **あわれみ，同情**

- compássionate 形 あわれみ深い
- ▶ píty(あわれみ)，sýmpathy(同情)よりも改まった語。

1795
component
[kəmpóunənt]

名 形 **構成する[要素]**

- ▶ たとえば，「自動車部品」は the car components。

1796
considerate
[kənsídərət]

形 **思いやりのある**

- ▶「いつも人のことを考えて気遣いする」という意味で，kind, thóughtful に近い。
- ▶ 反意語は inconsíderate(思いやりがない)。

1797
warfare
[wɔ́ːrfeər]

名 **戦争(状態)**

- ▶ war- は [wɔ́ːr] と発音する。wore(wearの過去形)と同音。
- ▶ guerilla warfare(ゲリラ戦)，chemical warfare(化学兵器戦争)，germ warfare(細菌戦)…のように，「特定の兵器・手段を用いた戦争」に使うことが多い。

795

Time to Read TRACK 119

Contrary to what many people think, / the tomato is a fruit, not a vegetable.

tomato[təméitou/-máːtou]「トマト(ナス科の野菜とされることもある)」

多くの人が思うのとは**反対で**，/トマトは果物であって野菜ではありません。

1798
contrary
[kάntreri]

名 形 **反対[の]**

- on the contrary これに反して
- to the contrary それと反対の
- ▶ 上の2つを使い分ける。
- ▶ contrary to (〜と反対の[に]) という形で使うことが多い。contrary to our expectations (私たちの予想に反して)のように，副詞的に使うこともできる。

796

The peasants of Majorca do not **whistle** / when the fruit is on their trees / in case they make the hot Sirocco wind blow.

> peasant[péznt]「農民, 小作農」　Majórca「地中海西部の島」
> in case…「…するといけないから」(for fear…)
> Sirócco (wind)「南ヨーロッパに吹きつける熱風」

マジョルカ島の農民は**口笛を吹か**ないようにします / 木に果実がなっているときは, / シロッコの熱風を吹かせるといけないというので。

1799
whistle
[hwísl]

自 他 名 **口笛[を吹く]**, 警笛[を鳴らす]

▶ t は発音しない。castle（城）, wrestle（取っ組み合う）などの t も同じ。

797

Jack seems to think / he was **coerced** into **withdrawing** his **comment**, / but I don't think anyone **threatened** him at all.
　　　　　　　　　　　　　　　　　　　　　　1745
1160

ジャックは思っているようです / **むりやり**自分の**コメントを撤回させられた**と / が, だれも**強要**なんか全然しなかったと思いますよ。

1800
coerce
[kouə́ːrs]

他 **強要する**, 無理に〜させる

□ coerce … into（…を脅して）無理に〜させる
▶ 発音に注意。
▶ 普通は force（強制する）を用いてよい。

1801
withdraw
[wiðdrɔ́ː/wiθ-]

自 他 **ひっこめる**, 撤回する

□ withdráwal 名 撤回
▶ 活用は draw と同じように, withdráw–withdréw–withdráwn
▶ "with（逆らって）+ draw（引く）" から「撤退する, 撤回する」。同じように, withstand（抵抗する）は "with（逆らって）+ stand（立つ）" から。

798

Time is probably the best **remedy** for **grief**, / but saying this to people who are suffering it / can, of course, make them quite **indignant**.

おそらく，時が，悲しみを癒してくれる最良の薬でしょう / が，悲しんでいる最中の人にそう言えば，/ 当然のことながら，非常な憤激を買いかねません。

1802
remedy
[rémədi]

名 治療(法)　他 治療する

- ▶ほぼ同じ意味の cure よりもやや改まった語。
- ▶What's a good remedy for eye fatigue? (疲れ目には何が効きますか) のように使う。
- ▶病気だけではなく，There's no remedy for this situation. (この状況には打つ手がないですね) のように「(問題・事態の)改善策，解決法」の意味で使ってもよい。

1803
grief
[gríːf]

名 悲嘆，深い悲しみ

- □ gríevance 名 苦情，不平
- ▶grieve (嘆き悲しむ) の名詞形。
- ▶sádness, sórrow (悲しみ) に比べて「(人の死などによる) 激しい悲しみ」。
- ▶Time will never heal the mother's grief. は「いくら時がたっても母親の悲しみはいやされないだろう」の意。

1804
indignant
[indígnənt]

形 憤慨した，立腹した

- □ indignátion 名 憤り
- ▶会話では ángry (怒った) や ánger (怒り) で間に合わせてよい。

799

A: It won't do your blood pressure any good / to carry on **brooding** over the **pension** cuts.
B: I know, but I can't help it. // I had actually been looking forward to retiring!

carry on ～ing「～し続ける」

血圧によくないわよ / **年金**減額のことを**くよくよ思い悩み**つづけるのは。

わかってるけど，どうしようもないんだ。// 隠居するのをほんとうに楽しみにしてたんだから。

1805
brood
[brúːd]

自 **卵を抱く，考えこむ**
名 (ひとかえりの)ひな

□ brood on ～をくよくよ考える。
▶発音 [uː] を blood [blʌd]（血），flood [flʌd]（洪水）の [ʌ] と区別する。

1806
pension
[pénʃən]

名 他 **年金**[を与える]

□ pénsioner 名 年金生活者
▶「両親は年金暮らしです」と言うのは My parents live on a pension.
▶日本語の「ペンション（小ホテル）」は英語ではそのまま pension とは言えない。a lodge（ロッジ），a resort inn（リゾート地の小ホテル），a small hotel（小ホテル）などと言う。

The reason the **university** gave for **rejecting** my **thesis** / was that it lacked **clarity**, / but I don't know / how they can **evaluate** such things **objectively**: // another professor I asked to **review** my **manuscript** before I **submitted** it / seemed to find it perfectly clear.

大学が私の論文をはねつけるのにあげた理由は / 明晰さを欠いているとのことでした / が，私にはわかりません / そんなことをどのようにして客観的に評価できるのか。// 提出前に原稿を見てくれるよう頼んだ別の教授は，/ 明快そのものだと思ってくれたようでしたから。

1807
reject
[ridʒékt]

他 拒絶する；却下する

□ rejéction 名 拒絶，却下
▶ She rejected my offer.（彼女は私の申し出をすげなく断わりました）のように，「きっぱり拒絶する，はねつける」という感じ。

1808
thesis
[θíːsis]

名 論文；命題，論題

▶ 複数形は théses[-siːz]。
▶「論文」は páper，「小論」には éssay をよく使う。

1809
clarity
[klǽriti]

名 明快さ

□ clárify 他 明らかにする
▶ the clarity of sound は「音がきれいではっきり聞こえること」，the clarity of purpose は「目的が明快であること」。
▶ clear（明らかな）の名詞形の1つと考えてよい。ほかに
　cléarness　明らかであること
　cléarance　整理，除去

1810
evaluate
[ivǽljueit]

他 (価値を)評価する

□ evaluátion 名 評価，査定
▶ válue（価値）から。asséss（査定する）とほぼ同じ意味と考えてよい。

1811 objective
[əbdʒéktiv]

形 客観的な　名 目的

- objéctively 副 客観的に，公平に
- objéction 名 反対，異議
- ▶ óbject（対象，目的）の形容詞。
- ▶ subjéctive（主観的な）と対照して，objéctive は「客観的な（事物に基づく）」という意味。

1812 manuscript
[mǽnjəskript]

名 原稿

- mánual 形 手を使う，手動の　名 手引書
- ▶「（手書き，またはタイプされた）原稿」のこと。manu- が「手の，手で」を意味する。

Time to Read TRACK 120

801

Unfortunately, / we badly **underestimated** the cost of the project.

🔗 bádly「とても，ひどく」

> あいにく，/ われわれはその計画にかかる経費をひどく**過小評価**してしまいました。

1813 éstimate
他 [éstəmeit]
名 [éstəmət]

他 見積る，評価する　名 見積り，評価

- overéstimate 他 過大に評価する
- underéstimate 他 過小に評価する
- ▶ アクセントは第1音節に。
- ▶ in my estimate / in my estimation（私の見るところでは）のように使うことができる。

802

Decent tableware was a luxury / we could ill afford / in the early days of our marriage.
（1791)

🔗 can ill afford「〜を買う余裕がない」

> **まともな食器**はぜいたく品でした / 買える余裕がない / 私たちの結婚の初期には。

1814
ware
[wéər]

名 品物,商品

- wear(着る,衣類)と同音。スペリングを区別する。
- hárdware(金物類), chínaware(陶磁器), glássware(ガラス製品)のように合成語に使うことが多い。コンピュータの「ハード(ウェア)」「ソフト(ウェア)」も hárdware, sóftware。

803

I'm afraid a **receipt** is **indispensable** / if you wish us to exchange the merchandise you **purchased** from us.
1239

恐れ入りますが、**領収書**が**どうしても必要**でございます / 私どもから**購入された**商品の交換をご希望でしたら。

1815
receipt
[risíːt]

名 領収書,レシート

- □ recéive 自他 受け取る
- □ recéption 名 歓迎[会];受領
- ▶ p を発音しない。スペリングを正確に。
- ▶《米》では「レシート」のことを sales slip と言う。

1816
indispénsable
[indispénsəbl]

形 欠くことのできない

- ▶ "in-(否定) + dispénse(省く) + -able(できる)" からできた語。
- ▶ esséntial(必須の), nécessary(必要な)より「(絶対に)不可欠な」という意味が強い。

804

The **hypocrisy** of the announcement / caused quite a few **gasps** of surprise in the Chamber, / but all I could do was **groan** inwardly.

- quite a few ~「かなり多くの~」　the Chamber「議院, 議場」
- ínwardly「心の中で, ひそかに」

声明の**偽善**は / 議場に少なからず驚きの**あえぎ声**を引き起こしました / が, 私にできたことのすべてはひそかに**うめくこと**（だけ）でした。

声明の中の偽善に気づいて, / 議場には驚いて息をのむ声が少なからずわき起こりました / が, 私は心中ひそかにうめくことしかできませんでした。

1817 hypócrisy [hipákrəsi]

名 偽善（的な行為）

- □ hýpocrite　名 偽善者
- ▶スペリングに注意する。
- ▶「善いことを本心からでなく見せかけで行うこと」は It's hypocrisy.（それは偽善ですよ）。He's a liar and a hypocrite.（あいつは嘘つきの偽善者だよ）は相当な悪口の１つ。

1818 gasp [gǽsp]

自 他 あえぐ, 息をのむ　名 あえぎ

- ▶関連語に moan[móun]（うめく）, groan[gróun]（[苦痛で]うめく）など。

1819 groan [gróun]

自 他 うめく, 苦しむ　名 うめき声

- ▶ grown（grow の過去分詞）と同じ発音。

805

I can't remember the **precise** reason / he gave for turning us down, / but it had something to do / with **budget restrictions**.

- turn down「断る, はねつける」

正確な理由は覚えていません / 彼がわれわれの言うことを拒否した際に述べた / が, いくらか関係がありました / **予算**の**制限**に。

1820
precise [prisáis]

形 **正確な**, 精密な

- □ precísely 副 正確に
- □ príceseness / precísion 名 正確, 精密
- ▶「正確な」は, ほかに exáct, áccurate。

1821
restrict [ristríkt]

他 **限定する**, 制限する

- □ restríction 名 制限, 拘束
- ▶ límit より改まった語。「市街地区では時速40キロに制限される」は, Speed is restricted to 40 kilometers per hour in urban districts.

806

Sudden **affluence breeds hypocrisy**: // **antipathy** toward former friends can build up rapidly / to the point where you regard them as little more than **barbarians**.

  build up「強まる, 高まる」　to the point where …「…の程度まで」
little more than「〜にすぎない, ほぼ〜も同然」

突然**富裕**になると**偽善**を生み出します。// かつての友人たちに対する**反感**が急速に募ることもありえます / 彼らをほとんど**野蛮人**同然と見なしてしまうほど。

1822
affluence [əflúːəns/ǽfluəns]

名 **富**, 富裕

- □ áffluent 形 裕福な, 豊かな
- ▶ 同意語は wealth（富, 財産）, ríches（富, 豊かさ）など。
- ▶ ある時期の日本・米国の社会を表すのに, affluent society（豊かな社会）と言う表現がよく使われた。

1823
breed [bríːd]

自 他 **飼育する**, 生む　名 品種

- □ bréeding 名 繁殖, しつけ
- ▶ breed–bred–bred と活用。
- ▶「（動植物を）飼育［栽培, 繁殖］する」という意味。bleed（血を流す）と区別する。

1824 antipathy
[æntípəθi]

名 反感

▶ アクセントは第2音節。
▶ "anti-(反) + pathy(感情)"から。
▶ sýmpathy(同情，共感)とは反対に「(生理的な)反感，虫が好かないこと」の意。

1825 barbarian
[bɑːrbéəriən]

形 未開の　名 野蛮人

□ barbáric　形 野蛮人のような
□ bárbarous　形 野蛮な，残酷な
□ bárbarism　名 野蛮(な状態)
▶ wild and uncivilized (粗野で未開の) などと言い換えることもできる。
▶ cívilzed (文明化した) と対照的に用いる。

807

Good communication skills are vitally important / for **medical** professionals, // and the **criticism** is often leveled / that **physicians** lack **tact**¹³⁴¹ in **conversing**⁰⁹⁶⁸ with their patients.

🖉 vítally「きわめて(重大に)」　lével「(批判などを)向ける」

上手なコミュニケーションの技術はきわめて重要です / 医療の仕事に携わる者にとって。// そして批判が向けられることもしばしばあります。/ 内科医には患者と対話する技量が欠けているという。

1826 medicine
[médəsn]

名 医学，薬

□ médical　形 医学の
▶ 発音に注意。
▶「医学」は medical science とも言う。médicine (主に「内科」) に対して「外科」は súrgery。
▶「薬」の反意語は póison (毒)。

1827 tact [tǽkt]

名 **機転**, こつ

- táctful 形 機転のきく
- táctless 形 機転のきかない
- ▶ It requires tact and diplomacy.（それには機転と外交的手腕が必要ですね）のように使う。

1828 converse 自 [kənvə́ːrs] 名形 [kɑ́n-]

自 **会話する** 形名 **逆[の]**, 正反対[の]

- conversátion 名 会話
- ▶「逆, 反対」の意味では, the converse の代わりに the opposite を使ってもよい。

808 Time to Read TRACK 121

There is much more to this mystery / than there appears to be on the **surface**.

この謎にはもっともっと何かがあります / 表面にあるように見える以上に。

1829 súrface [sə́ːrfəs]

名 **表面** 形 表面[だけ]の

- on the surface うわべは, 表面上は
- ▶ "sur (= over) + face (顔, 表面)" から。
- ▶ 発音・アクセントに特に注意する。
  préface [préfis]（序文）も同じ要領。

809

The possibilities presented by **genetic engineering** and **biotechnology** / truly **fascinate** me.
(1780) (1424)

遺伝子工学や生物工学が示す可能性に, / 私は本当に魅了されます。

1830 gene [dʒíːn]

名 **遺伝子**

- genétic 形 発生の；遺伝子の
- ▶ gene technology は「遺伝子工学」。また,「遺伝子の組みかえ」は gene recombination。

■■■ 1831
biotechnólogy
[baiouteknάlədʒi]

名 **生物工学**，バイオテクノロジー

▶ アクセントに注意。
▶ biólogy（生物学），biochémistry（生化学）のように，bio-「生物，生命」の意。

810

The students in this class appear to be much better than their **peers** in other classes / when it comes to solving problems.

🔗 when it comes to「〜となると」

このクラスの学生たちは他のクラスの**同学年生たち**よりもはるかに優れているようです / 問題解決能力となると。

■■■ 1832
peer
[píər]

自 **見つめる**　名 **貴族；同等の人**

□ péerless 形 比類のない
□ peer at[into] 〜をじっと見つめる
▶ pier（桟橋）と同音。pair（ペア）や pear（ナシ［の実］）と混同しないように。
▶ 特に「（英国の）貴族，上院議員」を指す。また，「（身分や能力が）匹敵する人」の意味でも使う。

811

In my view, / the annual national **observance** of a minute's silence / to **mourn** the country's war dead / is completely **justified**.
1506

私の意見では, / 1分間の黙祷(もくとう)を捧げる例年の国家**行事**は / 国の戦没者を**悼(いた)む**ために / まったく**正当だと言える**と思います。

■■■ 1833
observance
[əbzə́:rvəns]

名 **（法などを）守ること**，順守

▶ observation（観察）と区別。
▶ obsérve には「観察する，（観察に基づいて考えを）述べる」のほかに，「（法などを）守る」という意味がある。その意味によって名詞形が異なることに注目しておこう。

1834
mourn
[mɔ́ːrn]

他 自 悲しむ, 悼む, 喪に服する

- móurning 名（哀悼, 喪服）は mórning（朝）と同じ発音。
- I mourn your father's death.（父上の死をおくやみ申し上げます）は堅い言い方。会話では I'm sorry for～. でよい。

812

Weather **forecasting** has **undergone** a **revolution**¹²⁰² / because of the availability of pictures / from meteorological **satellites situated**¹⁷⁸³ in geostationary orbits.

🔖 meteorological [miːtiərəládʒikl]「気象の」
geostationary orbit「地球静止軌道」

天気予報は大変革を遂げました / 画像が利用できるおかげで, / 地球静止軌道上に置かれた気象衛星からの。

1835
undergo
[ʌ̀ndərɡóu]

他 （変化・手術などを）受ける, 経験する

- "under（下を）+ go（行く）" から。
  活用は go と同じように
  　undergó–underwént–undergóne
- 変化（change）, 検査（test）, 手術（súrgery）などを「受ける, 経る」など。expérience（経験する）や go through（～を経る）と言い換えられることが多い。

1836
revolution
[rèvəljúːʃən]

名 革命；回転

- □ revolútionary 形 革命的な
- revólve（回転する[させる]）の名詞形。
- evolútion は「（段階的な徐々の）進化, 発展」であるのに対し, revolútion は「（急激な）変革」。
- 「フランス革命」は the French Revolution,「ロシア革命」は the Russian Revolution,「産業革命」は the Industrial Revolution。

1837
satellite
[sǽtəlait]

名 自 他 衛星[放送する]

▶ We're satelliting live from New York.（ニューヨークから生中継で放送しています）のように動詞として使うことも多い。
▶ satellite broadcasting（衛星放送），satellite town（衛星都市，［都市近郊の］団地）のように形容詞的にも使う。

813

It's inevitable / that parents will to a certain extent try to **impose** their own values and interests on their children, // but this can be a **torture** / to **sensitive** children.

避けられないことです / 両親が自分たち自身の価値観と興味を，ある程度，子供たちに押しつけようとするのは // しかし，これは責め苦になりかねません / 感受性の強い子供たちには。

1838
torture
[tɔ́ːrtʃər]

名 他 拷問[にかける]，苦悩[させる]

▶「（肉体の）拷問」のほか，He has been tortured by the memories of his childhood.（少年時代の記憶に悩まされ続けている）のようにも使える。
▶ torment（苦痛[を与える]）とほぼ同じ。

814

Time to Read TRACK 122

I would **appreciate** it / if you would send me a **copy** of the college prospectus.

🔗 prospéctus「（学校・大学の）案内書」

有難く存じます / 大学案内を1部ご送付くだされば。

1839
copy
[kápi]

他 自 模写する　名 複写；（書籍の）部数

□ cópyright 名 著作権
▶「コピー機」は a cópier（または a copying machine），「コピーライター（広告文案をつくる人）は」a cópywriter。

815

Janet spilled ink / all over Marianne's lovely **picture** / out of **spite**; // she hated her.
₁₆₃₃

- out of 「(〜の気持)から」

ジャネットはインクをまき散らしました / マリアンのきれいな絵一面に / 腹いせに。// 彼女を憎んでいたのです。

1840 picture [píktʃər]

名 絵, 写真；映画　**他** 描く

□ picturésque **形** 絵のような, 美しい
▶ **形** のアクセントに注意する。
▶ Can you picture me singing on the stage?(私がステージで歌う姿が想像できますか)のように,「(心の中に思い)描く」という意味にも使われる。

816

It's rare in a modern **monarchy** / for the **monarch** to have anything to do with the **drafting** of **legislation**.

- have anything to do with 「〜に何らかの関係をもつ」

現代の君主制においてはまれなことです / 君主が法律の起草に何らかの関与をするのは。

1841 mónarchy [mánərki]

名 君主政治, 君主国

□ mónarch **名** 君主
▶ ch の発音は[k]。

1842 draft, draught [drǽft]

名 他 草稿[を書く]；徴兵[する]；通風；為替(かわせ)

▶ draft《米》も draught《英》も発音は同じ。
▶ drought[dráut](干ばつ)は別の語。
▶「生ビール」は draft beer,「(野球の)ドラフト制度」は the draft と言う。

1843
legislation
[lèdʒisléiʃən]

名 **立法**，法律

- □ législative 形 立法の
- □ législature 名 立法機関
- ▶ legislate（法律を制定する）の名詞形。
- ▶ legislátion（立法），administrátion（行政），jústice（司法）の3つが「三権分立」の「三権（the three powers）」にあたる。

817

It would be an **exaggeration** to say / that the language he uses in his latest novel is **archaic**, / but it's not exactly **up-to-date**.
1393

（次のように）言ったら**言い過ぎ**でしょう / 彼が最新の小説で使っている言葉は**古語**だと / が，まさしく**当世風**だとはとても言えません。

1844
exággerate
[igzǽdʒərèit]

他 自 **誇張する**

- □ exaggerátion 名 誇張，大げさ
- ▶ [gz]の発音とアクセントに注意する。
- ▶ 「あいつの話はいつも大げさだよ」は He always exaggerates.「そいつはちょっと大げさなんじゃないかな」は It's a bit exaggerated, isn't it?

1845
up-to-date
[ʌ́ptədéit]

形 **最新の**

- ▶ up to date（現在まで）の形容詞。
- ▶ out-of-date, out of date（時代遅れの）と対照して「時代に合っている，現代的な（módern, fáshionable）」という意味。

818

It's hardly surprising / that the students here show so little **enthusiasm** for their **studies**¹⁰⁹⁰ / when you see what's on the curriculum.

- currículum「カリキュラム(教育課程)」

ほとんど驚くにあたりません / ここの学生が勉学に対してろくに熱意を示さないのは, / カリキュラムに載っている内容を見れば。

1846
enthúsiasm
[enθjúːziæzəm]

名 熱狂, 熱中

□ enthusiástic　形 熱中した
▶名形ともに発音・アクセントに注意。
▶「サッカーチームを熱狂的に応援する」のは, support the soccer team with enthusiasm / cheer the soccer team enthusiastically など。

819

In English **folklore** / foxes are cunning and **sly**, / and even in modern English, / calling someone "a fox" / **indicates** that you consider that person to be **deceitful**.¹⁷²⁹

イギリスの民間伝承では, / キツネは悪賢くずるいとされており, / 現代英語でも, / だれかをキツネ呼ばわりすれば, / その人間を不正直者だと思っていることを意味します。

1847
fólklore
[fóuklɔːr]

名 民間伝承

▶ folk の発音は fork[fɔːrk](フォーク)と異なる。
▶"folk(人びと, 国民) + lore(言い伝え)"から。(American) Indian folklore (アメリカインディアンに伝わる話)など。

■■■ 1848 **sly** [slái]	形 **ずるい**, 陰険な
	▶ cúnning（悪賢い）とほぼ同じ。
	▶ He's a sly dog.（あいつはずるいやつだ）は悪口になるが, 何かをかくしていた相手に You're sly. How long have you known?（まあ, ずるい。いつからご存知だったの？）と言えば, おちゃめな言い方になる。

■■■ 1849 **deceive** [disí:v]	他 目 **だます**, 欺く
	□ decéitful 形 人をだます, 不正直な
	▶ recéive（受け取る）, percéive（知覚する）などと同じく, ei を [i:] と発音する。
	▶ 名は decéit, または decéption（欺き）。

820

If you look at the wide **span** of human history, / you might **conclude** / that **humanity**¹²²¹ as a whole / has not shown a¹⁵⁵⁰ high degree of **integrity**. // However, / **individual** examples of honesty and **morality** / are **relatively**¹⁴⁴⁰ easy to find.
1734　　　　　　　　　　　　1174

人間の歴史の長い**時間的広がり**を眺めると, / ひょっとして**結論する**かもしれません / 全体としての**人類**は / さほど高い**品性**を示してきてはいないと。// しかし, / 正直さや**道徳心**の**個人的な**実例ならば, / **比較的**たやすく見つけられます。

■■■ 1850 **humanity** [hju:mǽniti]	名 **人間性**, **人類**；人文科学
	▶「それは人道（にかかわる）問題ですよ」は, It's a question of humanity.
	▶「人, 人間, 人類」は húmans, human beings, (hu)mankind, humánity, the human race など。
	▶ humane [hju:méin]（人間味のある）という語もあるので, 区別して使う。

■■■ 1851 **integrity** [intégriti]	名 **誠実**
	□ a man of integrity　高潔な人
	▶ hónesty（正直）より改まった語。

821 Time-to-Read TRACK 123

At least two of the **victims** of the bombing / died in **ambulances** / en route to the hospital.

- en route [ɑːn ruːt] to「～への途中で」

> 爆撃の**犠牲者**のうち少なくとも2人が / **救急車**の中で死亡しました / 病院に向かう途中で。

1852
victim
[víktim]

名 犠牲[者]，被害者

▶「(戦争・地震・犯罪などの) 犠牲者」のほか，SARS victims(新型肺炎患者)のように幅広く使える。
▶ sácrifice(犠牲[になる，にする])という語もある。

1853
ámbulance
[ǽmbjələns]

名 救急車

▶急病や事故のとき「救急車を呼んで！」はCall an ambulance, please. とか Call 119[one one nine] and ask for help, please.
▶「(自動車) 事故です。救急車をお願いします」ならば，Could you send an ambulance, please? There's been a car accident.

822

When it **crashed**, / the airliner **plowed** through two cornfields, / leaving a trail of **wreckage** / for several hundred yards.

- trail「通った跡」

> **墜落したとき**, / 旅客機はトウモロコシ畑を2つ**すき起こして**進み, / **残骸**の跡を残しました / 数百ヤードにわたって。

1854
crash
[kræʃ]

名自他 **衝突[する]**，墜落[する]

▶ clash（衝突[する]），crush（[柔らかい物を]押しつぶす）という語もある。
▶ 飛行機の「墜落事故」やコンピュータの「(突然の)故障」には，この crash を使う。

1855
plow
[pláu]

名自他 **すき[で耕す]**

▶《英》では plough が普通。いずれも [ou] ではなく [au] という発音。
▶ 比喩的に plow[plough] one's way（骨折って進む）のように使う。

1856
wreckage
[rékidʒ]

名 **難破；残骸**

▶ wreck（難破[する，させる]，破壊[する，させる]）の名詞形。
▶ a wrécker は「建物の解体業者」，または a wrecker truck（レッカー車）の略としても使われる。

823

As **prime minister**, / he could never **banish** from his mind the **conviction** / that his **ministers** were **incessantly plotting** his downfall.

🔗 dównfall「転落, 失脚」

首相として，/ 彼は強い思いを心中から払拭することは決してできませんでした / 閣僚たちが絶えず自分の失脚を画策しているのではないかという。

1857
banish
[bǽniʃ]

他 **追放する**，追い払う

☐ bánishment 名 追放，流刑
▶ ban（禁止[する]）や vánish（消える）と混同しないように。

1858
incéssantly
[insésntli]

副 絶え間なく

□ incéssant 形 絶え間のない，連続する
▶ cónstantly, perpétually もほぼ同じだが，incéssantly は「ひっきりなしに（雨が降る，騒音が聞こえる）」のようにどちらかというと不快なことに使う。

824

Many consider the position of bread in the West / to be **equivalent** to that of rice in Japan, / but such a view fails to take into account / the **diversity** of Western cuisines.
₁₅₂₅

🖇 take ～ into account「～を考慮に入れる」
　cuisine[kwizíːn]「料理(法)」

多くの人は西洋におけるパンの位置は / 日本における米の位置と同等だと考えています / が，そういう見方は，考慮に入れ忘れています / 西洋料理の多様性を。

1859
equívalent
[ikwívələnt]

形 名 同等の[もの]，～に相当する[もの]

▶ [wí] をはっきり発音する。
▶ A is equivalent to B. は「A は B に相当する」。A is equal to B.(A は B に等しい)とほぼ同じ。

825

You can't hope to **appreciate** the **subtle distinctions** / between two foreign words with similar meanings, / like "endure" and "**tolerate**", / if you rely simply on **translation** into your own language.

『COLLINS COBUILD 英語辞典』では次のように説明されている。
"endúre"：bear ～ calmly and patiently
"tólerate"：allow ～ to exist or to happen in a particular way, even though you do not agree or approve

微妙な区別を正しく理解することは望めません / 似た意味をもつ2つの外国語の言葉の間の / たとえば "endure" と "tolerate" のような，/ 単に自国語への翻訳にのみ頼っていると。

1860 subtle [sʌ́tl]

形 **微妙な**, かすかな；敏感な

□ súbtlety 名 鋭敏；微妙

▶ 発音に注意。b は発音しない。doubt（疑い），bomb（爆弾），comb（くし），lamb（子羊），thumb（親指）など，b を発音しない語は多い。
▶「微妙な違いがあります」は There's a subtle difference.

1861 distinct [distíŋkt]

形 **明確な**；別個の

□ distínctive 形 はっきり区別する
□ distínction 名 区別，特徴，著名

▶ Every word is distinct. は「ことばがひとつひとつはっきり聞きとれる（読みとれる）」。
▶ A is distinct from B. の形で「A は B とはっきり異なる（A is clearly different from B.）」。

1862
tolerate
[táləreit]

他 **我慢する**，大目に見る

- tólerable 形 耐えられる
  ↔ intólerable（耐えられない）
- tólerant 形 寛大な
- tólerance 名 寛容
▶ This is the limit. I can't tolerate that noise any more.（もう限界です。これ以上あの騒音には我慢できません）のように使う。ただし，普通の会話では I can't stand…とか I can't put up with…と言うほうが多い。

826　Time to Read　TRACK 124

John put his arm around Mary / to **protect** her from the cold wind and rain.

ジョンはメアリーの体に腕をまわしました / 冷たい風と雨から彼女を**守ろ**うとして。

1863
protect
[prətékt]

他 **保護する**

- protéction 名 保護
- protéctive 形 防御の
▶ protect yourself against[from] pollen（花粉から身を守る）のように，protect A against[from] B（A を B から保護する）という形で使うことが多い。

827

Mary **enchants** everyone she meets / with her radiant good looks and cheerful **disposition**.

📎 radiant[réidiənt]「きらきら輝く」

メアリーは会う人すべてを**うっとりさせます** / 輝くばかりの器量の良さと快活な**性質**で。

1864
enchant
[entʃǽnt]

他 **うっとりさせる**，魅惑する

- enchántment 名 魔法，魅惑
▶ I was enchanted by her voice.（あの娘の声にうっとりとしてしまったよ）のように使う。

1865
disposition
[dìspəzíʃən]

名 気質, 〜したい気持

▶ I felt disposed to give it up. は「あきらめたい気になった」の意。
▶ dispósal（処分）と区別する。

828

I barely got a **glimpse** of the thief, / so I don't know how you can expect me to give a **detailed description** of him!
0979 1523

泥棒のことはかろうじて**ちらっと見**ただけです / から, 私にその男の**詳しい人相**を言うように期待しても無理ですよ。

1866
glimpse
[glímps]

他 名 ちらりと見る[こと]

▶「〜をちらりと見かける」は catch a glimpse of, 「（自分から意図的に）ちらっと見る」は take a glance at。
▶ I caught a glimpse of her through the window. は「窓ごしに彼女がちらっと見えました」。

829

Kyoko has long been **haunted** / by her memories of the **starving** children / she saw in Africa / when she was a high school student.

恭子は長い間**とりつかれて**いました / **飢えた**子供たちの記憶に / アフリカで見た / 高校生のとき。

1867
haunt
[hɔ́:nt]

他 （幽霊などが）出没する；しばしば行く

□ be haunted by 〜にとりつかれている
▶ au の発音は[ɔː]。[au]ではない。
▶ They haunt the bar.（連中はそのバーにはしょっちゅう出入りしているよ）のように使える。

1868 starvation [stɑːrvéiʃən]

名 飢餓, 餓死

- starve (to death)(餓死する)の名詞形。
- Millions will face starvation next year. は「何百万もの人びとが来年は飢餓に直面することになるだろう」の意。

830

For the **refugees**, / the flight across their country's **frontiers** / means little more than the exchange of **tyranny** at home / for **drought**, **famine** and **disease** abroad.

1690, 1652, 1063

flight「逃走, 脱出」　exchange of A for B「AをBと交換すること」

難民にとって, / 国境を越えて脱出することは, / ほとんど, 故国の圧政を交換することを意味するにすぎません / 国外における干ばつや飢饉や病気と。

1869 frontier [frʌntíər/frʌ́ntiər]

名 国境；辺境, フロンティア

- front(正面[の], 全面[の])から。
- 「(他の国との) 国境」また19世紀のアメリカ西部のような「(未開拓の地との)境界」。
- the frontier spirit は「開拓者精神」。the frontiers of science(科学の最前線)のように「(科学・研究などの)最先端」を言うこともある。

1870 tyranny [tírəni]

名 暴虐, 専制政治

- □ tyránnical 形 専制的な
- 「暴君, 専制君主」は a tyrant [táiərʌnt]。

1871 drought [dráut]

名 かんばつ, 乾燥

- draught [drάːft]《英》/ draft《米》(草稿；通風)とスペリング・発音を区別する。

831

The proposal to build a housing **complex** / on the **site** of an eleventh-century monastery / considered important in the history of **Christianity** / is, understandably, being met with **fierce** resistance.

mónastery 「僧院, (男の)修道院」
understándably 「もっともなことだが」

住宅**団地**を建設しようとする計画は /11 世紀の僧院の**敷地**に / **キリスト教**史上, 重要とされる / 無理からぬことですが, **激しい**抵抗に遭っています。

1872
complex
[kəmpléks / kámpleks]

形 **複合の, 複雑な**
名 **複合[体], コンプレックス**

- compléxity 名 複雑
- inferiority complex　劣等感
- ▶「(多くの部分が)複合している, 入り組んだ」という感じの語。反意語は simple(単純な)。
- ▶「住宅団地」は a housing complex (または a housing development)。

1873
site
[sáit]

名 **用地, 場所**

- ▶ sight(光景), cite(引用する)も同じ発音。
- ▶「(インターネットの情報を登録する)サイト」も site とか Website と言う。

1874
Christianity
[kristʃiænəti]

名 **キリスト教**

- Jesus Christ [dʒíːzəs kráist]　イエス・キリスト
- Chrístian　形 名 キリスト教(徒)[の]
- ▶「ジムはキリスト教信者です」は, Jim believes in Christianity. または Jim is a Christian.

832

The **drought** last summer / turned much of the country / into a **barren** wasteland.

去年の干ばつが / 国土の多くを変えてしまいました / 不毛の荒地に。

1875
barren
[bǽrən]

形 不毛の

▶ báron(男爵)と同じ発音。
▶ barren discussion(むだな話し合い)のように,「無益な,何も生み出さない,味気ない」という意味にも使える。

833

The biggest **obstacle** to **negotiating** a **settlement** / is their accountant's **obsession** with **detail**.

🔗 accóuntant「会計士, 会計係」

合意への協議で最大の障害となるのは / 相手方の会計士が細目にこだわっていることです。

1876
óbstacle
[ábstəkl]

名 障害[物]

☐ obstrúct 他 妨げる
▶ アクセントは第1音節に。
▶ bárrier(障害, 障壁)や híndrance(妨げ)を使ってもよい。

834

I was in the unenviable position / of having to **compliment** the conductor / on what was actually a very **mediocre performance**.

*unénviable「うらやましくない」< énvy(うらやむ)

私はうれしくない立場におかれていました / 指揮者を**ほめ**なければならないという / 実のところとても**凡庸な演奏**であったのに。

1877
cómpliment
名 [kámplimənt]
他 [-ment]

名 他 **おせじ[を言う]**，賛辞[を述べる]

□ cómpliments 《複》あいさつ
▶ cómplement(補足する[もの])と同じ発音。
▶ 相手にほめられたりお世辞を言われたら，「とんでもありません」と否定するのではなく，Thank you (for the compliment). と反応するのがよい。

1878
mediocre
[míːdioukər/ miːdióukər]

形 **並みの，劣った**

▶ 発音・スペリングを正確に。
▶「良くも悪くもない，平凡な」という感じ。
▶「二流の音楽家」なら a second-rate musician のほか，a mediocre musician。

835

There has been **considerable fury** / in some parts of the community / over the local **government**'s plans to **relocate** the **temple**.

相当の憤懣が生じています / 自治体の地域によっては，/ 地方**政府**の**寺院移転**計画をめぐって。

1879
temple
[témpl]

名 **寺院**；こめかみ

▶「神社」は a (Shinto) shrine，「神社仏閣」は shrines and temples。

836

We can **accommodate** twenty people in reasonable comfort, / but if you **add** any more names to the guest list, / the house will be **crammed** to bursting point.

> 20人までなら**収容**でき，まずまず気持ちよく過ごしてもらえます / が，招待客リストにそれ以上の名前を**加える**と，/ 家ははちきれるほど**すし詰めになっちゃいます**よ。

1880 accómmodate [əkάmədeit]

他 **収容する**；適合させる

- accommodátion 名 収容；設備，便宜
- ▶スペリングにも注意する。
- ▶「このCDには音楽が70分入ります」は This CD [compact disk] can accommodate 70 minutes of music.

1881 cram [krǽm]

他 自 **詰めこむ**

- ▶ clam（はまぐり）や crumb [krʎm]（[パンやケーキの]くず）と区別する。
- ▶ She's cramming for college entrance examination.（大学入試のために詰め込み勉強しています）のように「(知識を)詰め込む」という意味でも使う。

837

We were greatly **distressed** / when our daughter told us she was planning to **emigrate** to Australia, // but it actually turned out to be a good opportunity / for us to broaden our own **outlook** on life.

> 私たちはとても**悩み**ました / 娘にオーストラリアに**移住する**つもりだと言われたときは，// でも，実際には，それはよい機会となりました / 私たちが自身の人生**観**の幅を広げる（ための）。

1882
émigrate
[émigreit]

自他 (国外へ)移住する

- □ émigrant 名 (国外への)移民
- ▶ immigrate「(国内へ)移住する」と区別。
- ▶ migrate [máigreit] (移住する, 移動する) にそれぞれ im-(= in-)(中へ) と e-(= ex-)(外へ) がついたもの。

1883
outlook
[áutluk]

名 眺望；見通し, 見解

- ▶ look out (外を見る) からできた語。
- ▶ outlook on life は「人生観」。「楽観的な人生観の人ですよ」なら He has an optimistic outlook (on life).

Time to Read TRACK 126

838

Takahashi's boss made a very **solemn** speech at the wedding / ― I got the impression / I was at a **funeral** rather than a wedding!
0978

> 高橋の上司が結婚式でとても**かしこまった**スピーチをして, / 私は印象を受けました / 結婚式というよりも**葬式**に出ているみたいな。

1884
solemn
[sáləm]

名 おごそかな, まじめくさった

- ▶ 語尾の n を発音しない。
- ▶ ただし, solémnity 名 (厳粛, 荘厳) の n は発音する。

839

I always imagine / my children's pet terrapin must **yearn** to be free, / but since it has spent its entire life in captivity, / it can't know what **freedom** is!

🔗 térrapin「(北米産の小型の)かめ」　in captivity「とらわれの身で」

> いつも思うのですが, / 子供たちのペットの亀(かめ)は, 自由にさぞかし**恋い焦がれて**いるだろうなと。/ でも, これまでの全生涯を囚(とら)われの身で過ごしてきたものだから, / **自由**がどんなものかわかりっこないんですよ。

1885
yearn
[jə́ːrn]

自 あこがれる, 慕(した)う

▶ [əːr]の発音に注意。yawn[jɔ́ːn]（あくび[する]）や yarn [jáːrn]（糸, 物語）と区別。
▶ yearn for（〜にあこがれる, 切望する）の形で使うが, long for のほうが広く一般的に使われる。

1886
freedom
[fríːdəm]

名 自由

▶ free（自由な）の名詞形。
▶ freedom of speech（言論の自由）, freedom from anxiety（不安のない状態）のように使う。

840

Not content with the dozens of **portraits** of himself / painted by the leading artists of the time, / the prince also commissioned several busts and full-length **statues**.

📎 commíssion「注文する, 命じる」
bust「胸像, 半身像」

何十枚もの自分の肖像画に満足せず, / 当代一流の画家に描かせた / 王子はいくつかの胸像と等身大の像も造らせました。

1887
portrait
[pɔ́ːrtrət/-treit]

名 肖像[画], 人物写真

▶「ポートレート」と日本語化しているが, アクセントを区別する。
▶ portráy 他（描写する, 肖像を描く）もアクセントに注意。

1888
statue
[stǽtʃuː]

名 彫像, 立像

▶ the Statue of Liberty（[New York の]自由の女神像）は有名。
▶ stature[stǽtʃər]（身長）と区別。

841

In the **circumstances** / — several members of staff had just lost their jobs — / it would have been **ridiculous** / to ask for a pay raise.

その情況下では，/ — 職員の何名かが職を失ったばかりでした — / 現実離れしていたでしょう / 昇給を求めたりしたら。

1889 circumstance [sə́:rkəmstæns]

名 (周囲の)状況, 境遇, 環境

□ under[in] the circumstances この状況では
▶アクセントは第1音節に。
▶「(周りを取り巻く)事情, 環境」の意味では，círcumstances という複数形で使う。「(自然の)環境」は envíronment(単数形でよい)。

1890 ridicule [rídikju:l]

名 他 嘲笑[する]

▶ ridículous 形 (ばかげた) は rídicule とアクセントの位置が異なる。
▶ lúdicrous (ばかげた) という語もある。

842

I wouldn't dream of keeping more than a tiny **fraction** of my wealth on **deposit** in any bank / with interest rates as low as they **currently** are.

interest rate「利率, 金利」

銀行預金にしておくのは財産のほんの一部で，それ以上は考えもしません / 利率がいまのように低い水準では。

1891 fraction [frǽkʃən]

名 断片, 分数

▶ frácture(破砕), fríction(摩擦)などと区別する。

1892
depósit
[dipázit]

名 預金；沈殿物
他 預金する，置く；沈殿させる

▶アクセントに注意。
▶銀行で「預金をしたいのですが」は I'd like to make a deposit.「預金口座」(bank account)から「200ドル引き出す」のは withdraw 200 dollars。
▶oil deposits は「石油埋蔵量」。

843

The **prejudice** major **broadcasting** companies used to show / against people with **regional accents** / has all but disappeard, // and it's no longer unusual / even for **anchormen** or women to speak with **accents** / that would previously have been considered unacceptable.

all but「ほとんど」(álmost)

大手の放送会社が，かつて示していた偏見は / 地方なまりをもつ人々に対して / ほとんどなくなっていて，// もはや異例のことではありません / ニュースキャスターでさえも男女にかかわらず，なまりのまま話すのは / 以前なら歓迎しがたいと考えられていたような。

1893
préjudice
[prédʒədis]

名 他 偏見[を持たせる]

▶発音とスペリングに注意。
▶pre- は「前もっての」という意味で，「前もっての判断，先入観」という感じをつかんでおく。bías[báiəs]という語もある。
▶racial prejudice（人種的偏見），sexual prejudice（性的偏見）など。
▶「～への偏見」は a prejudice toward[agaist / about]～。

608

1894 broadcast
[brɔ́ːdkæst]

他 自 名 放送[する]

- □ broadcast media　放送メディア
- ▶特にテレビについては télecast という語を使うこともある。
- ▶「放送(する)」は on air (放送中) のように air を使うことも多い。We will be back on air tomorrow morning at 7. は「明朝7時にまた放送します」。

1895 anchorperson
[ǽŋkərpəːrsn]

名 ニュースキャスター, 総合司会者

- ▶ ánchorman (男), ánchorwoman (女) より最近は ánchorperson と言うことが多い。単に「ニュースを伝えるアナウンサー」は a néwscaster または a néwsreader。

Time to Read　TRACK 127

844

It may seem **paradoxical**, / but it is often those who make their living out of tourists / who are least **hospitable** to strangers.
(1049)

🖉 it is … who ~は,「~なのは…(の人たち)だ」と…を強調する。

逆説的に思えるかもしれません / が, 観光客相手に生計を立てている人たちであることがよくあります / よそから来た人に最も愛想のない態度を見せるのが。

1896 hospitable
[háspitəbl]

形 もてなしのよい, 歓待する

- □ hospitálity　名 歓待
- ▶「客(guests)を親切にもてなす」という意味。
  反意語は inhóspitable (不親切な)。
- ▶ hóspital (病院) も本来は「客をもてなす所」が大もとの意味。

845

Roger found / that after only two months in Paris, / all his French dictionaries and reference books were **virtually superfluous**.

> ロジャーは気がつきました / パリでほんの2か月ほど過ごしたら, / 持っていた仏語辞典や参考書類すべてが**実質上**, **無用の長物**になっていることに。

1897
virtual
[vɚ́ːrtʃuəl]

形 事実上の, 仮の

- □ vírtually 副 事実上, ほぼ
- ▶ vírtue(美徳, 力), vírtuous(有徳の)などと区別。
- ▶ virtual は「名目上は(nóminally)そうではないが実質上の, 事実上の」という意味。またreal(現実の)に対して「仮の」。
- ▶ virtual reality は「(コンピュータ上の仮想空間で体験する)仮想現実感」のこと。

1898
superfluous
[supə́ːrfluəs]

形 余計な, 過分の

- ▶ アクセントの位置を誤りやすいので, 特に注意。
- ▶ super-(上, 超過)と flu-(流れる)から「(余計にあふれ出るほど)過分な, 十二分な」という感じをつかんでおく。

846

According to his psychiatrist, / Mark's tendency toward **aggression** / **stems** mainly from the parental **abuse** / he suffered as a child.

🖉 psychiatrist[saikáiətrist]「精神科医」

> 精神科医によれば, / マークの**攻撃**的な性向は / 主に, 親による**虐待**に**起因している**とのことです / 子供のころに被った。

1899
aggressive
[əgrésiv]

形 **攻撃的な**, 積極的な

- □ aggréssively 副 攻撃的に, 積極的に
- □ aggréssion 名 攻撃, 侵害
- ▶ 反意語は defénsive（防御の, 守勢の）のほか, shy（内気な）, módest（控え目な）, resérved（遠慮がちな）, móderate（節度のある）など。

1900
stem
[stém]

名 **茎, 幹**
他 （流れを）止める 自 （〜から）生じる

- ▶ stem from（〜に由来する, 〜から枝分かれする）は come from, derive from とほぼ同じ。

1901
abuse
他 [əbjúːz]
名 [əbjúːs]

名 他 **乱用[する]**；虐待[する]

- ▶ 品詞によって発音が異なる。
- ▶ "ab-(離れて, 逸脱して) + use(使う)" という語。álcohol（アルコール）, drugs（薬物）, pówer（権力）, one's position（自分の地位）などを「乱用する」のように使う。

847

A: Why is Kimura so **obstinate**?

B: He isn't usually, / but in this case / he probably feels he can't change his mind without losing face.

📎 lose face「メンツを失う」

> 木村のやつ, なんであんなに**頑固なんだ**？

> あの人, いつもはそうじゃないのよ。/ でも, 今回は / きっと, 考えを変えると面目まるつぶれになってしまうと感じてるのよ。

1902
obstinate
[ábstənət]

形 **がんこな**

□ an obstinate cold　しつこい風邪
▶ アクセントは第1音節に。
▶「(他人の言うことを聞かず)強情な」ばかりでなく，「(風邪や咳などがしつこくて)治りにくい」ときにも使える。

848

Many may imagine / there is little **scope** for **innovation** in the writing of **literature**, // but when you look at the most enduring of **literary masterpieces** / you will find / that they endure **precisely** because they set out in new directions.
₁₈₂₀

🔖 set out「出発する，乗り出す」

(次のように)思う人は多いかもしれません / 文学の著作においては革新の余地はほとんどないと // しかし，文学的傑作のうち不朽の名作を見れば，/ わかるでしょう / それらが今にもちこたえているのはまさに新しい方向に門出したがためであることが。

1903
scope
[skóup]

名 **(能力・活動の)範囲**，余地

▶ beyond [out of] one's scope は「自分の能力が及ばない」，within one's scope なら「能力が及ぶ(範囲内にある)」ということ。
▶ give full scope to one's ability は「能力を十分に発揮する」。

1904
innovation
[inouvéiʃən]

名 **革新(されたもの)**

▶ ínnovate(革新する)の名詞形。
▶「技術革新」は technological innovation(s)。

1905 literature
[lítərətʃər]

名 文学,文献

- líterary 形 文学の,文語の
- líteral 形 文字どおりの
- ▶ 上記の2つの形を区別すること。
- ▶ líterate 形 (読み書きできる), illíterate (読み書きのできない) なども関連語。

1906 literary
[lítəreri]

形 文学の,文語の

- ▶ literary works (文学作品), literary language (文語) のように使う。「文語」に対して「口語」は collóquial language。

1907 masterpiece
[mǽstərpi:s]

名 傑作,名作

- ▶「絵画 (painting)・映画 (film)・書物 (book) などの秀れた作品」のこと。másterwork とも言う。

Time-to-Read TRACK 128

849

It is not correct to say that you "know" Kyoto / unless you have visited it / and have a reasonable knowledge of its **geography**.

réasonable「かなりの」

英語で"know" Kyoto と言うのは,正しくありません / 京都を訪れたことがなければ, / しかも地理についてかなりの知識がある (のでなければ)。

1908 geography
[dʒiágrəfi]

名 地理[学]

- geográphical 形 地理(学)の
- ▶ geo- は「土地(の)」, -graphy は「記されたもの」という意味。

850

At our daughter's school / they don't seem to think there's any such thing as a "**naughty** child" / — any bad behavior is blamed on the parents!

> blame A on B 「AをBの責任にする」

うちの娘の学校では，/「**いけない子**」などというものは1人として存在しないと思っているようです/——どんなよくないふるまいも，すべて親の責任なんですからね。

■■■ 1909
naughty
[nɔ́ːti]

形 **行儀の悪い**，腕白な

▶ au を [ɔː] と発音する。
▶ 子供が「いたずらで言うことをきかない」ようなときには，Don't be so naughty!（こら，ちゃんとしないとだめだぞ）などと叱る。

851

What I like best about living in the mountains / is the **magnificent** displays / nature puts on for us, / particularly in the form of thunder and **lightning**.

山の中に住んでいていちばん気に入っているのは，/**壮大な**景観です/自然が私たちに見せてくれる/特に雷鳴と稲妻という形で。

■■■ 1910
magnificent
[mægnífəsnt]

形 **壮大な**，すばらしい

□ magníficence 名 壮麗，壮大さ
▶ スペリングにも注意。
▶ mágnify（拡大する）の形容詞。
　magni- は「大きい」という感じ。mágnitude は「大きさ」。
▶ 会話では great, spléndid, wónderful, márvellous などと同じように「すばらしい」という気持ちで使える。

■■■ 1911
lightning
[láitniŋ]

名 **雷光**，稲妻，電光

▶ スペリングを誤らないように。líghten（明るくなる；軽くする）とは異なる。
▶「かみなり」の音（雷鳴）は thúnder。

852

One of his greatest **triumphs** as an **archaeologist** / was the discovery of a Neolithic burial **chamber** / on land owned by his grandfather.

📎 Neolíthic「新石器時代の」

考古学者としての彼の最大の功績は、/ 新石器時代の墓所を発見したことでした / 祖父の所有地で。

1912
triumph
[tráiəmf]

名 勝利　自 勝つ

□ triúmphant 形 勝った、得意の
□ triumph over　〜を打ち負かす
▶ víctory（勝利）より「（大きな勝利で）勝ち誇る」という感じを含む。

1913
archaeólogy
[ɑːrkiálədʒi]

名 考古学

□ archaeólogist 名 考古学者
▶ -ology は「…学」の意。[-álədʒi] と必ずアクセントを置く。
▶ 《米》では archeólogy というスペリングも使われる。

1914
chamber
[tʃéimbər]

名 特別室；会館；議会

□ the Upper and Lower Chambers　上院と下院
▶ 発音は [tʃæ-] ではなく、[tʃéi-]。
▶ 通常の「部屋」は room でよい。

853

My wife had the somewhat **dubious** honor / of being invited to the minister's house for dinner / only a couple of weeks before he was **arrested**.

📎 sómewhat「いくぶん、やや」　honor [ánər]「名誉」
a couple [kʌ́pl] of「2, 3の、いくつかの」

妻はいささかいかがわしい光栄に浴しました / 大臣の居宅での晩餐に招かれるという、/ 大臣が逮捕されたほんの2, 3週間前に。

1915 dubious [djúːbiəs]

形 疑わしい，いかがわしい

▶ dóubtful（疑っている），suspícious（あやしいと思う）などに近い語。
▶ I'm rather dubious about the idea.（どちらかと言うとその考えは疑わしいと思っています）のように使う。

1916 arrest [ərést]

他 名 逮捕[する]；（注意を）引く；阻止[する]

▶ You're under arrest !（お前を逮捕する）は警官のことば。You could get arrested for doing that. は「そんなことをすると手が後ろに回りかねないよ」。

854

My parents tell me / that when they applied to one private school for admission on my behalf / in the '80s, / their application arrived one day late / and they were sent a **haughty** letter of **rejection**; // fortunately, those days of **institutional arrogance** are long gone!

- on my behalf 「私に代わって，私の代理として」
- applicátion 「入学願書，志願書」

> 両親が私に話すには，/ 両親が私の代わりにある私立学校への入学願書を出したとき，/ 80年代に，/ 願書が先方に到着するのが1日遅れてしまい，/ **横柄な拒否**の手紙が送られてきたそうです。// ありがたいことに，そういう**お役所的な尊大さ**がまかり通る時代はとうの昔になくなってます。

1917 haughty [hɔ́ːti]

形 ごう慢な，横柄な

□ háughtily **副** ごう慢に
▶ 母音の発音[ɔː]に注意する。
▶ a haughty look（ごう慢な顔つき），a haughty manner（横柄な態度）など。

855 Time to Read TRACK 129

Richard had read that Mt Fuji was **sacred** to the Japanese, / but he didn't see much **evidence** of this / when he visited the mountain.

> リチャードは，富士山は日本人にとって**神聖な**ものだと読んで知っていました / が，それを**裏付けるもの**はあまり見かけませんでした / この山を訪れてみると。

1918
sacred
[séikrid]

形 **神聖な**

▶ [ei] という発音に注意。
▶ sécret（秘密の）と区別する。

856

The suspect admitted to the police / that he had broken into the **factory** / on February 21st / and on two **subsequent** occasions.

> 容疑者は警察に認めました / **工場**に押し入ったことを / 2月21日 / そして**そのあと2回続けて**。

1919
súbsequent
[sʌ́bsəkwənt]

形 **その後の，続いて起こる，次の**

□ súbsequently 副 その後，続いて
▶ アクセントは cónsequent（結果として起こる）と同じく第1音節。
▶ "sub-（下へ）+ séquent（続く）" から「後に続いて起こる」の意味を表す。
▶ 反意語は antecédent（前の，先行する）。

857

There's usually a terrible **draft** under the door, / which is, I think, the main reason / so much dust **accumulates** / on this side of the room.

> ドアの下の**すきま風**がいつもひどいので、/ それが主な理由だと思います / こんなにほこりがたくさん**積もる**(ことの)/ 部屋のこちら側に。

1920 accúmulate [əkjúːmjuleit]

自他 **蓄積する**

□ accumulátion 名 蓄積
▶ アクセントは第2音節。
▶ 会話では、代わりに pile up(積み上げる), gather(集める), save(貯める), put aside(積み立てる)などが使える。

858

I think / doubt still **lingers** in some people's minds / as to your true motives, / so your immediate **mission** / should be to **erase** this doubt.

> 思うに、/ 疑惑の念が心の中に**なかなか消えない**でいる人たちがいます / あなたの本当の動機について、/ ですから、あなたがいますぐ**やらなければならないのは**, / 当然, この疑惑を払拭することでしょう。

1921 linger [líŋər]

自他 **ぐずぐずする**, 長びく

▶ Someone is still lingering about. は「まだだれかが(帰らずに)うろうろしている」。

1922 mission [míʃən]

名 **使節団**, 使命, 伝道

□ míssionary 名 宣教師 形 伝道の
▶「友好(親善)使節としてベルギーを訪れる」のは、visit Belgium on a goodwill mission。

1923 erase [iréis/-z]

他 **(文字・音声などを)消す**, 削除する

▶「消しゴム」は an eráser, 《英》では a rubber。

859

The **bill** makes it impossible / to **insure** any new building¹⁴⁰² / that is unable to **withstand** an earthquake / **measuring** seven on the Richter Scale.

🔗 the Richter Scale「(地震のマグニチュードを表す)リヒタースケール」

その**法案**によって不可能になります / 新築の建物に**保険をかける**ことは / 地震に**耐え**られない / リヒタースケールでマグニチュード7と**測定**される。

1924
insure
[inʃúər]

他 **保険をかける**

□ insúrance 名 保険
▶ ensúre, insúre は同じ語源だが,「保険(をかける)」については insúre のほうが普通。
▶ ほかに, assúre(保証する, 確信させる)という語もある。

1925
withstand
[wiðstǽnd/wiθ-]

他 **抵抗する, 耐える**

▶ withstánd–withstóod–withstóod と活用。
▶「(飢え・貧困・困難などに)持ちこたえる」の意味で, resíst(抵抗する)に近い。

1926
measure
[méʒər]

自 他 名 **測定[する], 寸法[を測る];処置**

□ méasurement 名 測定 《複》寸法・サイズ
▶ major[méidʒər](主要な)と発音を区別する。
▶ in a measure / in a way(ある程度), take measure(処置をとる)などの語句にもよく使う。

860

One of the **primary responsibilities** of an **elementary** school teacher / is to **ensure** the **successful integration** / of all the pupils in their **charge**, / particularly newcomers, / into the group.

📎 in one's charge「自分が受け持つ,自分が担任の」

小学校の教師の**主要な責任**の1つは, / しっかり, **上手に溶け込ませること**です / **担任**している生徒全員, / とりわけ新しく入ってきた生徒を / 集団の中に。

■■■ 1927
elementary
[eliméntəri]

形 **初歩の**

□ élement 名 要素, 元素
▶「小学校」にあたるのは, elementary school, grade school, 《英》primary school など。

■■■ 1928
ensure
[enʃúər]

他 **保証する, 確実にする**

▶ "en-(make) + sure(確実な)" から「確かにする」「保証する」「確保する」などの意味で使われる。

■■■ 1929
successful
[səksésfl]

形 **成功した**

□ succéssfully 副 首尾よく, うまく
□ be successful in / succeed in ～に成功する
▶ succéss 名(成功)の形容詞。

■■■ 1930
integration
[intəgréiʃən]

名 **統合, 融和(させること)**

▶ íntegrate(統合する, 融和させる)の名詞形。
▶「(主に黒人への)差別をなくすこと」の意味で使う。反意語は segregátion([人種の]差別)。

861

Some of the younger staff seem slightly **perplexed** / by the head of **department**'s tendency / to turn ordinary meetings into some kind of **ritual**.¹²⁹³

若手のスタッフの中には，やや当惑気味の者がいるようです / 部長の傾向に / 通常の打合せをある種の儀式的なものに変えたがる。

1931 perplex
[pərpléks]

他 当惑させる，悩ます

- □ perpléxity 名 困惑
- □ be perplexed at[about, by, with]
  ～に当惑する，悩む
- ▶ puzzle（当惑[させる]；手こずらせる）も類語。

1932 ritual
[rítʃuəl]

形 名 儀式[の]，慣習

- ▶「（宗教上の堅苦しい）儀式」。
  cérémony（儀式），rite [ráit]（[厳粛な]儀式）を使ってもよい。
- ▶ ritual practices は「儀式的な慣習」。

862

Tom's an **odious** and totally selfish little man, / so it's more surprising that Helen married him in the first place / than that she **divorced** him.

🔖 little man「とるに足らない男，くだらないやつ」

トムは非常に不愉快でまったく利己的なくだらないやつだ / だから，ヘレンがそもそも結婚したことのほうが驚くくらいだ / 離婚したことよりも。

1933 odious
[óudiəs]

形 いやらしい，憎むべき

- ▶ [óu-]と発音する。
- ▶「きわめて不愉快な」という感じ。
- ▶「なんていやなやつなんだ」は What an odious man!

1934
divorce
[divɔ́:rs]

名 他 離婚[する]

- 反意語は márry(結婚する)，márriage(結婚)。
- Have you heard that Mr. Boorman is getting divorced?(ブアマンさんが離婚するって話, 聞きましたか) のように，get divorced (from～) という形で使うことが多い。

863

The sight of one of my juniors at school / being driven around in **chauffeur**-driven limousine / **aroused** unexpected feelings of envy in me.

- límousine「リムジン(運転手つきの大型高級乗用車)」

学校の後輩の1人を見たことは / **おかかえ運転手**つきのリムジンで走り回っている，/ 私の中に思いがけない羨望の感情を**目ざめさせました**。

学校の後輩の1人がおかかえ運転手つきでリムジンを乗り回しているのを見かけたら, / 私の中に不意に羨望の感情が湧いてきました。

1935
chauffeur
[ʃóufər/ʃouféːr]

名 (自家用車の)かかえ運転手

- ch の発音は[ʃ]。ほかに, párachute(パラシュート)など。
- 「(一般の)運転手」は dríver でよい。

1936
arouse
[əráuz]

他 目ざめさせる，奮起させる

- 発音[au]に注意。rouse[ráuz](目ざめさせる)を強めた語。
- aróse(aríse[生じる]の過去形)と区別する。
- It arouse my intellectual curiosity. は「それは私の知的好奇心をかきたてる」。

864

My plan caused quite a few **frowns** among my **colleagues** at first, / but in the end / they all agreed / that I could **submit** it to the president.
⁰⁹⁶⁵ ¹³⁹⁰

私のプランを見て，初めはかなり多くの同僚がしかめ面をしました / が，しまいには / みんな賛成してくれました / それを社長に提出してよいと。

1937
frown
[fráun]

自 他 名 **しかめつら[をする]**

▶ brown[bráun]（褐色[の]）と同じく，[au]と発音する。
▶ smile（にこっとする）と対照的に，「まゆをひそめる，顔をしかめる」という当惑や不快の表情をするときに使う。

865

I find it hard to believe / that he **subscribes** to the view / that being born into wealth and **privilege** is not unfair. // Are you sure you didn't misunderstand him?

信じがたいね / 考え方に彼が同意するなんて。/ 富裕と特権の中に生まれつくことは不公平なことではないという // 彼の言ったことを誤解したわけじゃないよね?

1938
subscribe
[səbskráib]

他 自 **予約購読する**，記名する，寄付する

□ subscríber 名 予約購読者，寄付者
□ subscríption 名 予約購読[料]，署名
▶「タイムとニューズウィークを購読しています」は I subscribe to Time and Newsweek.
▶ Which newspaper do you take?（新聞は何をとっていますか）のように，「（新聞を）とる」は take を使ってよい。

1939
privilege
[prívəlidʒ]

名 他 **特権[を与える]**

▶ スペリング（-ge）に特に注意。
knówledge（知識）などの -dge ではない。

As Oe Kenzaburo recognized in his 1994 Nobel Lecture, / *aimai-na* can be **translated** as either "**vague**" or "**ambiguous**". // These two words have similar but **distinct** meanings in English, / but the **nuisance** this causes in **translation** / does not necessarily mean / that the Japanese language is **vague**.

📎 Nobel Lecture「ノーベル賞受賞講演」

> 大江健三郎が1994年のノーベル賞受賞講演で認めたことですが, /「曖昧な」という日本語は"vague"または"ambiguous"のいずれかに翻訳できます。// この2つの言葉は, 英語では似てはいるものの, **はっきり異なる**意味をもっています / しかし, このことから**翻訳**上**厄介な問題**が生じるからといって, / 必ずしも意味するわけではありません / 日本語が**曖昧な**言語であるということを。

1940
ambíguous
[æmbíɡjuəs]

形 **あいまいな**

□ ambíguousness / ambigúity　名 あいまいさ
▶「(どちらともつかない) あいまいな」という感じ。vague は「(ぼんやりとして) あいまいな」。

1941
núisance
[njúːsəns]

名 **迷惑(な行為)**, じゃまもの

▶ What a nuisance!（いやだなあ）のように使える。発音に注意。
▶ cause a public nuisance は「公害（公的迷惑行為）を引き起こす」。

索 引

〈注〉それぞれの単語について,
　カッコ内の数字は**単語の見出し語番号**
　カッコ外の数字はその単語,またはその派生語・関連語が登場する**例文が掲載されているページ**
を示します。

【A】

abandon (1589)509
able (0163)50, 75, 79, 127, 151, 294
abnormal (0926)301
abolish (1722)551
above (0879)281
abroad (0497)151, 284
abrupt (1331)427
absent (0754)237
absolute (0996)324
absorb (0091)28
abstain (1103)353
abstract (1572)504
absurd (1265)405, 412, 450
abundant (0347)106, 167
abuse (1901)610
academic (0380)116
accelerate (1743)559
accent (1308)418, 608
accept (0635)196, 257
accident (0712)222
accommodate (1880)604
accompany (1322)424
accomplish (0517)157
accord (1301)417, 473, 563
account (0825)263
accumulate (1920)618
accurate (1458)468, 483
accuse (0811)258, 271
accustom (0852)272
ache (1154)370
achieve (0378)116, 138
acknowledge (1782)571
acquaint (0797)253
acquired (1082)348

across (0304)92, 133, 147, 220
active (0381)116, 177, 198, 226
actual (0417)127, 170, 189, 209, 231, 238
acute (1503)483
adapt (0501)152
add (1416)455, 604
addict (1101)353
address (0998)325
adequate (1137)364, 505
adjust (0880)282
administration (1656)530
admire (0256)77, 138, 264, 292
admit (0525)159, 270
adolescent (0941)308
adopt (0496)151
adore (1329)426
advance (0161)49, 100
advantage (1412)454, 549
adventure (0542)164
advertise (0958)313, 370
advise (0241)73
advocate (1044)338
affair (0765)241
affect (0862)275
affluence (1822)584
afford (0025)8
afraid (0122)37, 61, 92, 171, 235, 253
age (0789)250, 268, 301
aggressive (1899)610
ago (0758)239, 249
agony (1115)358
agree (0669)209, 214
agriculture (0972)317, 529
ahead (0792)251

aid (1635)523, 529
aim (0805)256
air (0388)119
aircraft (1365)438
aisle (1312)420
alarm (0030)10
alien (0462)141
alike (0299)90
alive (0715)223
allow (0182)55, 164, 189
ally (1546)495
along (0080)24
aloud (0599)185
alphabet (0382)117
alter (0947)310
alternate (1296)415
alternative (1268)406
altogether (1476)473
amateur (0693)216
ambassador (1004)327
ambiguous (1940)624
ambition (1068)344
ambulance (1853)594
amiable (0994)323
among (0074)22, 281
amount (0661)205
ample (1505)483
amuse (0089)27, 267
analysis (0980)320
anarchy (1285)411
ancestor (1377)442
anchorperson (1895)608
ancient (0410)125
anecdote (1693)542
anger (0371)114, 234, 247
announce (0031)10, 269
annoy (1744)559
annual (0672)209, 222
anonymous (1182)379

625

answer (0345)105
Antarctic (0793)251
antipathy (1824)584
antique (1673)536
anxious (0718)224
apart (0498)152
apathy (1709)546
apologize (0327)98, 258
apparatus (1542)494
apparent (0172)53, 140
appeal (0783)248
appear (0338)102, 104, 121, 132, 230, 235
appetite (0939)307
applause (1053)340, 500
apply (0242)73, 80, 270
appreciate (1384)445, 589, 597
apprehend (1493)479
approach (0723)225, 273
appropriate (1171)376, 422
approve (0814)259
approximately (1541)494
apt (0882)283
archaeology (1913)615
archaic (1393)448, 591
architecture (1613)517
ardent (1530)491
area (0470)143, 164, 197, 217, 242, 283
argue (0802)255
aristocracy (1283)411
arithmetic (1415)455
arm (0394)121, 155
army (0255)77
arouse (1936)622
arrest (1916)615
arrogant (1636)524, 616
art (1242)396, 461
article (0406)124
articulate (1370)440
artificial (0772)244
ashamed (0847)270
ask (0055)18, 19, 99, 126, 235, 281
asleep (0096)29, 178
aspect (1360)437, 490
aspire (1117)359
assent (1181)379
assert (1507)484

assessment (1617)518
assignment (1108)356
assimilate (1527)489
associate (0868)278, 300
assume (1419)456, 524, 569
assure (0630)195
astronomy (1790)573
atmosphere (1465)470
attach (0911)295
attack (0642)199
attempt (0561)171, 225
attend (0566)173, 237
attitude (0499)152
attract (1009)328, 332
attribute (1597)512
audible (0831)264
audience (1051)340
audition (1749)561
author (1207)387, 484
automatic (1408)452
available (0535)162
average (0297)90, 278
avoid (0720)225
await (1379)444
awake (0582)178
award (1201)385, 391
aware (0113)35
awful (0369)112

【B】

balance (1244)398
bald (0746)234
banish (1857)595
bankruptcy (1217)389
barbarian (1825)584
bare (0217)65, 218
barren (1875)602
bash (1225)392
bathe (0115)35
battle (0466)142, 209
bear (0354)108
become (0288)87, 205, 234
before (0094)28, 75, 259
beg (0247)75
begin (0506)154
behave (0037)12, 69, 84, 96, 237

behind (0364)112
believe (0051)17, 33, 90, 152, 216, 217, 260
belong (0884)284
below (0867)278
beneficial (1092)350
benefit (1486)477, 528, 540
beside (0701)219
besides (0565)173
bestow (1559)499
betray (1599)512
between (0099)30, 116, 143, 239, 276
bias (1632)522
bill (1402)451, 619
bind (0215)65
biography (1495)480
biology (0282)85
biotechnology (1831)586
bit (0124)37, 136
blame (0602)186
bless (0548)167
blind (0577)177
blood (0046)15, 145, 301
blossom (0346)105
blush (1054)340
board (0843)269
boast (0850)270
boil (0787)249
bold (0741)232
bomb (0165)51
bondage (1524)489
book (0298)90
border (0484)147
bore (0913)295
botany (1163)373
bother (0938)307
bough (1610)516
bound (0419)128
bow (0039)13
brain (0361)110
brave (0727)227
breed (1823)584
bribery (1422)456
bright (0449)137, 144, 210
broadcast (1894)608
brood (1805)579
bruise (1501)482
budget (1448)464, 474,

索 引

583
bullet (1616)517
bump (1502)482
bureau (1479)474
burn (0716)223
burst (0703)220
bury (0035)11, 223
business (0075)23, 34, 76, 140

【C】

cabinet (0989)322
calamity (1651)529
calm (0148)45
campaign (0959)313, 356
canal (1720)550
cancel (0845)269
candidate (1488)477
capable (0418)127
capture (0447)136
career (0458)140, 178
careful (0154)48, 140
careless (0849)270
case (0840)268
casualty (1478)474
catastrophe (1687)539
cause (0175)53, 134, 184
cautious (1591)510
cease (0922)299
ceasefire (1549)495
celebrate (0914)296
cell (1660)532
cellphone (1362)437
census (1469)471
century (0546)167, 202
certain (0157)49, 77, 93, 158, 170, 274
certificate (1150)369
chairman (1145)367, 374, 424
chamber (1914)615
change (0391)119
changeable (0776)245
channel (1653)529
chaos (1232)394
character (0414)127, 158
characteristic (1735)555
charge (0962)314, 361, 620

chauffeur (1935)622
cheap (0265)80, 246
cheat (1208)387
check (0048)15
cheer (0028)9
chemistry (1056)341
cherish (1317)422
chest (1086)349
chief (0457)140
choke (1264)405
cholera (1576)505
choose (0023)8, 223
Christianity (1874)601
chronic (1711)547
cinema (1211)388
circumstance (1889)607
cite (1245)399
citizen (0544)166
citizenship (1380)444
civil (1547)495, 525, 570, 575
civilization (0902)292
civilized (1050)340
claim (1139)365, 372, 475, 515, 543
clarity (1809)580
clear (0211)64, 97, 176
client (1113)357
climate (0593)183
climb (0213)65
close (0022)7, 40, 153
cloth (0537)164
clothes (0480)146, 194
cloudy (1298)415
clumsy (0691)215
coarse (1612)517
coerce (1800)577
coincide (0995)324
collapse (1085)349, 428
colleague (0965)314, 537, 623
collide (1366)438, 463
colonel (1383)445
colony (1622)520
column (1340)430
comfort (0267)80, 165
command (1281)410
comment (1745)560, 577
commerce (1249)400
commit (1774)569

committee (1325)424, 551
common (0587)180, 274
community (0357)109
commutation (1290)413, 540
company (0284)86, 150, 168, 231, 295
comparable (1496)480
comparative (1071)345, 358, 441
compare (0429)131, 180
compassion (1794)575
compatible (1628)522
compel (0909)294
compensate (0817)260
compete (1146)367, 414
complain (0478)146, 246
complete (0147)45, 174, 234, 253
complex (1872)601
complicated (0376)115, 243
compliment (1877)603
comply (0990)322, 445
component (1795)575
compose (0221)66, 157
composure (1689)540
comprehend (1260)403
compromise (1453)466, 508
compulsory (1052)340
comrade (1643)527
conceal (1473)472
conceit (1484)475
conceive (1350)434, 513, 522
concentrate (1663)532, 554
concern (0949)310, 320, 373, 497, 566
concert (1323)424, 438
concise (1534)492, 568
conclude (1550)495, 504, 593
concrete (1481)475, 504
condemn (1657)530
conduct (0332)100, 295
conference (1400)450
confess (0523)159
confidence (0062)20

627

confine (1522)489
confirm (1353)435
conflict (1639)525, 541
conform (1487)477, 558
confront (1037)336
confuse (0908)294
congestion (1127)361, 552
congratulate (0826)263
congress (1721)551
connect (0424)130
conquer (0119)35
conscientious (0617)191
conscious (0608)188
consent (0809)257
consequence (0976)319, 532
conservative (1164)373, 557
consider (0219)66, 86, 166, 223, 256, 259
considerable(0956)313, 603
considerate (1796)575
consist (0837)266
console (1330)427
conspicuous (1189)381
constitute (1670)535
constitution (1347)432
construct (0637)197
consume (0287)86
consumption (1759)564
contact (0323)98
contain (0294)89, 183
contemplate (1373)440
contemporary (1313)420
contempt (1356)435
content (0313)95, 126
contest (0651)202
continent (0898)290
continue (0231)70
contract (0953)311, 379, 456
contradict (1700)543, 555
contrary (1798)576
contribute (0504)153
contrive (1581)506
control (0201)61, 70, 264
controversy (1781)571
convenient (0303)92, 242, 250

convention (1742)558
converse (1828)585
convey (1019)331
convict (1519)488, 595
convince (0251)76
cooperation (1692)541
cope (1199)384
copy (1839)589
cordial (1568)502
core (1769)567
corporation (1120)359
correct (0633)195
correspond (1761)565
corrupt (1447)463
cosmic (1686)539
cost (0413)126
cough (0006)3
council (1753)562
counsel (1121)360
count (0702)219
country (0041)13, 49, 61, 105, 147, 162, 184, 205, 256
courage (0328)99
court (1040)337, 454
courtesy (1561)500
cousin (0494)150
coward (0903)292
cradle (1611)516, 563
cram (1881)604
crash (1854)594
crazy (0813)259
create (1102)353, 411, 452, 461
creativity (1432)459, 565
creep (0876)281
crime (0524)159
crisis (1658)530
criterion (1388)447
criticism (1341)431, 441, 480, 518, 585
cross (0359)110
crowd (0043)14
crucial (1119)359
crude (0945)309
cry (0027)9
cultivate (1064)343
culture (0407)125, 166
cure (0756)238
curious (0341)103

currency (1032)334, 463, 508, 529, 607
custom (0038)13, 95, 170

【D】

daily (1135)363
damage (0239)72, 184
dangerous (0114)35, 51, 147
dare (0728)227
dark (0235)71
dawn (1730)554
dazzle (1676)536
deaf (0896)289
deal (0190)57, 71, 233
dear (0709)221
death (0614)190
debt (0719)225
decade (0975)317, 391
decay (1177)376
deceive (1849)592
decent (1791)574, 581
decide (0275)83, 97, 151, 194
declare (0021)7
decline (0974)317, 347, 428, 575
decorate (0260)78
decrease (0623)193
dedicate (1747)560
deed (0785)248
defeat (0658)205
defective (0869)278, 280
defend (0489)149
defense (1520)488, 505
deficient (1716)549
deficit (1449)464
define (1750)561
definite (1339)430
defy (1066)344
degrade (1241)396
degree (0272)82
delay (0018)6, 27
deliberate (1324)424
delicate (0835)266
delinquency (1558)499
deliver (1772)568
demand (0666)207
democracy (1083)348

demonstrate (1084)348, 372, 473
deny (0918)298
department (1293)414, 499, 510, 621
dependent (0698)218
depict (1094)351
deplore (1280)409
deposit (1892)607
depression (1598)512
deprive (0799)254
derive (1606)515
descend (0618)192, 212
descendent (1200)385
describe (1523)489, 548, 599
deserve (0403)123
design (0266)80, 294
desire (0333)101, 125, 293
desolate (1466)470
despair (0554)168
desperate (1462)469
despise (0636)197
despite (0318)97
dessert (0679)211
destroy (0289)87, 93, 183
detail (0979)320, 545, 599, 602
determine (1499)480, 509
detest (0942)308
develop (0202)61, 87
devoid (1648)528
devote (0910)294
diagnose (1758)564
dialogue (1031)334, 374
diameter (1737)557
diary (1093)351
dictate (1132)363
diet (1077)346, 537, 549
differ (0098)30, 33, 194, 227, 239, 259
difficult (0321)97, 101, 109, 149, 194, 252, 273, 302
digest (1155)370
dim (0676)210
diminish (1543)494
dioxin (1593)510
dip (0646)201
diplomacy (1005)327
direct (0238)72, 200, 206, 277, 281
disappear (0142)44
disappoint (0216)65, 156
disaster (0070)21, 245
discern (1531)491
discipline (1741)558
discourage (0721)225, 302
discover (0136)42, 93
discreet (1227)393
discrimination (1698)542
discuss (0505)153
disease (1063)343, 379, 600
disguise (1630)522
disgust (0477)145
dislike (0579)177
dismay (1789)573
dismiss (1144)367, 514
dispense (1514)486
display (0319)97, 139, 215
dispose (1299)416, 537
disposition (1865)598
dispute (1414)454
disregard (1175)376, 401
dissolve (1076)346
dissuade (1578)506
distinct (1861)597, 624
distinguish (0864)276
distract (1731)554
distress (1528)490, 604
distribute (0495)151
disturb (1696)542
dive (0170)52
diversity (1525)489, 596
divide (0875)281
divorce (1934)621
doctrine (1736)555
dogma (1631)522
domestic (0764)241
dominate (0931)304
donation (1428)458
doom (1391)447
double (0584)179
doubt (0101)31
dozen (0743)233
draft, draught (1842)590, 618
drama (0337)102
drastic (1234)395
dread (0224)67
dream (0569)174
drought (1871)600, 602
drown (0696)217
drowsy (1728)552
drunk (1279)409
dry (0437)133
dubious (1915)615
due (0891)287
dull (0106)31
dump (1713)548
duty (0645)200
dwell (1394)448
dye (1485)476
dynamic (1592)510

【E】

eager (0710)222
earn (0010)5
earth (0368)112, 182, 206
easy (0482)147
eccentric (1583)507
eclipse (1435)460
economy (0973)317, 333, 378, 394, 406, 432, 468, 520, 575
editor (1131)363, 533
educate (0254)77, 207
effect (0522)159, 238, 299
efficiency (1544)494
effort (0118)35, 266, 300
egotism (1768)567
elaborate (1321)423
elect (0097)30, 147, 263
elementary (1927)620
eliminate (1746)560
eloquent (1105)354
emancipate (1398)449
embark (1477)474
embarrass (1204)386, 393
embrace (1669)534
emerge (1382)444
emigrate (1882)604
emotion (1247)399
emperor (1231)394
emphasis (1508)485, 555
employe(e) (0739)231, 252
empty (0714)223
enable (0872)280

enchant (1864)598
encounter (1516)487
encourage (0904)292, 302
endeavor (1584)508
endow (1701)543
endure (0740)231
enemy (0257)77
energy (0456)140, 205
engage (0374)115
engineering (1780)571, 586
enjoy (0013)5, 38, 49, 53
enlighten (1515)486
enormous (1671)535
enough (0092)28, 123, 218, 231, 278, 280
ensure (1928)620
enter (0060)19, 82
enterprise (1262)404
enthusiasm (1846)592
entire (0312)95
entitle (1688)540
environment (1010)328, 372, 402, 440
envy (0873)280
epidemic (1206)386
epoch (1459)468
equal (0601)186, 281
equip (0860)274
equivalent (1859)596
era (1179)378
erase (1923)618
eruption (1538)493
escalator (0803)255
especially (0471)143, 162
essay (1369)440
essence (0107)33, 166, 183
establish (0220)66
esteem (1718)550
estimate (1813)581
ethnic (1638)525
evaluate (1810)580
evaporate (1001)326
even (1013)329
event (0455)139, 222, 296
eventually (0126)38, 110, 214
evidence (1159)372, 450, 488, 532, 617

evil (0295)89
exact (0626)194
exaggerate (1844)591
examine (0121)36
example (0140)43, 223
exasperate (1708)546
excavate (1026)333
excel (1243)398, 442
exception (0084)25
excessive (1483)475, 546, 564
exchange (0858)274
excite (0270)82
exclude (0641)198
excuse (0839)267, 298
executive (1118)359
exercise (1089)349
exhaust (0967)316
exhibit (0123)37
exile (1098)352
exist (0184)55
expand (0433)132
expect (0240)72, 81, 100, 149, 197, 214, 234, 242, 253, 297
expel (1623)520
expenditure (1560)499
expense (0664)207, 293
experience (0262)79, 154, 252, 277, 285
experiment (1342)431
expire (1227)393, 479
explain (0082)25, 36, 243
explicit (1252)401
exploit (1563)501
explore (1060)342
explosion (1361)437
export (0647)201, 256
expose (0865)277
express (0137)42
extensive (1126)361, 523
exterminate (1641)525
external (0722)225
extinguish (1582)506
extract (1027)333
extraordinary (0782)248
extravagant (1712)547
extreme (0375)115

【F】

face (0422)129, 195, 252, 279
facility (1138)364
fact (0103)31, 44, 112, 150, 253, 298
faction (1588)509
factor (0981)320, 379, 380
factory (1395)449, 458, 617
faculty (1140)365, 572
fail (0667)208, 237
faint (0830)264
fair (0481)147, 186
familiar (0735)230
famine (1652)529, 600
famous (0649)202
fare (0550)168
farm (1162)372
fascinate (1424)457, 586
fatigue (1237)395
fault (0519)158, 261
favor (0078)24, 229
fear (0068)21, 284
feat (1357)436, 571
feature (1035)336, 515
federal (1634)523
feed (1157)370
female (1517)487
feminine (1621)519
fertile (1430)459
festival (1491)478, 521
feudal (1460)468
fever (1725)552
fiction (1497)480
field (0286)86
fierce (0929)304, 601
fight (0671)209, 255
figure (0855)272
fill (0823)262
filthy (1196)383
final (0894)289
finance (0984)320, 520, 550
find (0105)31, 44, 65, 79, 92, 152, 165, 167, 227, 252, 285
fine (0353)108
finish (0616)191

fire (0032)10, 109, 123
firm (0804)256
fit (0141)43, 225
flame (0167)51
flatter (1475)472
flee (0483)147
float (0387)119, 190
flood (0509)155
flour (0187)56
flu (0951)311
fly (0844)269
foe (1282)411
fog (0791)251
folklore (1847)592
follow (1059)341, 344
following (0195)59, 171, 243
folly (0906)292
fond (0259)78
forbid (0488)148
force (0390)119, 160
forecast (1202)385, 575, 588
foreign (0108)33, 166
foresee (0491)149
foretell (0899)290
forget (0553)168, 277
forgive (0643)200
formal (0683)213
former (0585)180
formula (1170)375
forth (0212)64
fortune (0237)72
fossil (1257)402
foul (0705)220
found (0493)150
fraction (1891)607
frank (0476)145
free (0427)130
freedom (1886)605
freeze (0621)192
frequent (0350)106, 206
friction (1407)452, 491
friendly (0152)47
frighten (0293)89
front (0193)58, 86, 148, 264
frontier (1869)600
frown (1937)623
frugal (1000)326

frustrate (1590)509
fuel (1255)402
fulfil(l) (0263)80
full (0688)214, 223, 250
function (1011)329
fund (1603)513
fundamentalist (1030)334, 351, 502
funeral (0978)319, 605
funny (0563)171
furnish (0907)293
furniture (0397)122, 248
fury (1602)513
futile (0993)323
future (0530)161

【G】

garbage (1156)370
gasp (1818)583
gaze (0516)157
gene (1830)586
general (0992)322, 338, 346, 392, 546, 566
generate (1078)347, 432
generous (0733)229, 296
genius (0943)308
genuine (1152)369
geography (1908)613
geology (1024)333
gesture (1604)514
gift (0700)219
gigantic (1216)389, 557
glance (0515)156
glimpse (1866)599
globalization (1106)354, 376
globe (0117)35
gossip (0377)116
govern (0335)101
government (1028)334, 337, 346, 368, 372, 414, 464, 474, 499, 520, 548, 575, 603
grab (1235)395
gradual (0622)193, 285
grain (1012)329
grammar (1605)515
grant (1149)368
grasp (0283)86

grateful (1423)457
grave (1755)563
greed (1180)378
greenhouse (1008)328
greet (0007)4
grief (1803)578
groan (1819)583
growl (1036)336
guarantee (0398)122
guess (0402)123
guilty (0662)206, 236

【H】

habitat (1629)522
hang (0479)146
happen (0158)49, 276, 290
hardly (0150)46, 140, 251
harsh (0752)237
harvest (1173)376
hate (0045)15, 78, 200
haughty (1917)616
haunt (1867)599
hazard (1385)445
heal (1236)395
health (0604)187
heed (0520)158
height (0050)16
heir (1704)545
hell (0842)268
help (0128)39, 101, 229
heredity (1184)379
heritage (1439)461
hesitate (0625)194
hide (0513)156
hinder (1540)493
hire (0794)252, 285
history (0459)140, 203
hoarse (1626)521
hold (0856)273
honesty (0731)228
horrible (0762)241
hose (1197)383
hospitable (1896)609
hospital (0668)208
hostile (0736)230
huge (0209)63, 131, 219
human (0415)127, 180
humanity (1850)593
humble (0747)234

humid (1297)415
humo(u)r (0562)171
hunger (0534)162
hurt (0001)2
hustle (1706)546
hygiene (1509)485
hymn (1600)513
hypocrisy (1817)583, 584
hypothesis (1618)518

【I】

idea (0305)92, 135, 166, 277
ideal (0613)189
identity (1619)518
ignorant (0749)235
ignore (0052)17
illegal (1565)501
illiterate (1349)433
illuminate (1675)536
illusion (1318)422
illustrate (1695)542
image (0331)100
imaginative (1431)459, 565
imitate (1304)418
immediate (0302)91
immigrate (1526)489, 520
imminent (1310)419
impart (1057)341
impatient (0788)249
implement (1389)447
implicit (1253)401
imply (1793)575
important (0132)41, 43, 61, 83, 101, 116, 126, 139, 158, 167, 183, 237
impose (1320)422, 589
impress (0653)202
improve (0854)272, 285
impudent (1457)467
impulse (1710)547
incapable (0887)285
incessantly (1858)595
incident (1314)420
incline (1338)429
income (0673)209
incompatible (1684)538
increase (0624)193, 201, 256

incredible (1429)459
indefinite (1404)451
independent (0790)250
indicate (1729)553, 592
indifferent (1442)462
indignant (1804)578
indispensable (1816)582
individual (1440)461, 593
induce (1587)509
indulge (1536)492, 547
industrious (0589)181
inequality (1070)345
inevitable (0640)198, 300
infection (1062)343
inferior (0773)244
infinite (1455)467
inflation (0937)306
inflict (1715)548
influence (0274)83
inform (0093)28, 270, 294, 300
ingenious (1261)404
ingenuous (1677)537, 560
inhabitant (1566)502
inherit (1002)326, 536
initial (0067)21
injection (1114)358
injure (0188)57
innate (1354)435
innocent (0750)236
innovation (1904)612
inquire (1444)463
insane (1642)526
insect (0588)181
insight (1425)457
insist (0214)65, 163
inspire (1055)341, 543
instance (0833)265
instead (0421)129, 246
instinct (0952)311
institute (1288)412, 616
insult (1771)568
insure (1924)619
integration (1930)620
integrity (1851)593
intellectual (0580)177
intelligent (0586)180
intend (0446)136
intensive (1161)372
intent (1097)352

interest (0036)11, 109, 174, 177, 240
interested (1284)411
interfere (0836)266
internal (0149)46
international (0595)184, 241
interpret (0997)325
interrupt (1659)531
intervene (1683)538
interview (0109)33, 37, 295
intimate (1705)545
introduce (0040)13
intrude (1682)538
invade (0225)67
invent (0430)131, 214
invest (1334)428, 546
investigate (1315)420, 446, 463
invite (0326)98, 213
involve (1229)394, 471
irrelevant (1058)341
irresponsible (1209)387
irrigation (1654)529
irritable (1569)502
irritate (0444)136
irritating (1359)437
island (0056)18, 290
isolate (1029)334
issue (0948)310

【J】

jail (1740)558
jealous (0127)39
jewel (0707)221
job (0012)5, 54, 80, 109, 126, 196, 261, 295
join (0268)81
joke (0838)266, 290
journey (0087)27
junior (0151)47, 211
jury (1518)488
justice (1045)338
justify (1506)484
juvenile (1557)499

【K】

keen (0678)211, 223

632

索 引

kind (0159)49, 55, 56, 111, 122, 162, 208, 230
kindergarten (1674)536
knock (0690)215
knowledge (0065)20

【L】

labor (1471)471
lack (0859)274
lament (1766)567
landscape (1468)470
language (0545)166, 282, 299
lapse (1662)532
last (0014)5, 107
latter (0717)223
launch (1665)533
law (0686)214
lazy (0564)172
lead (0017)6, 65, 136
lean (0781)247
learned (0744)233
leave (0004)3, 103, 128, 221, 293
legacy (1446)463
legend (1762)565
legislation (1843)590
legitimate (1291)413
leisure (0442)136
lenient (1210)387
lessen (1451)464
letter (0370)114, 117
liable (1489)478
liberty (1272)407, 422
library (1213)388
lie (0851)271, 298
life (0460)141, 236
lift (0921)299
light (0675)210, 225, 244
lightning (1911)614
likely (0016)6
limit (0392)121
line (0923)299
linger (1921)618
linguistics (1438)461
literal (1556)498
literary (1906)612
literature (1905)612
lively (0102)31

load (1409)453
loan (1703)544
local (0425)130, 143, 197
locate (1647)527, 603
lone (0440)135
lose (0111)34, 70, 108, 187
lot (0057)18, 76, 116, 225, 263
loud (0786)248
lovely (0191)58
loyal (0559)170
lunar (1467)470
lung (1016)330
luxury (0160)49, 207

【M】

machine (0181)55, 118
mad (0176)54
magnificent (1910)614
main (0081)25, 159
maintain (0408)125
major (0280)85, 158, 252
male (1717)549
malice (0940)308
manage (0448)137
manifest (1664)532
manipulate (1420)456
manner (1198)384
manual (1326)425
manufacture (1426)458
manuscript (1812)580
marine (0281)85
mark (0197)59, 164
market (1336)428
marry (0583)179
masculine (1620)519
masterpiece (1907)612
material (0777)246
maternal (1441)462
mathematics (1765)566
matter (0034)11, 116, 241
mayor (1421)456
mean (0076)23, 92, 145, 170, 186, 200, 286
means (1003)326
measure (1926)619
mechanism (0632)195
medicine (1826)585

medieval (1461)468
mediocre (1878)603
Mediterranean (1567)502
melancholy (1596)511
memorandum (0738)231
memory (0598)185, 294
mention (0644)200
mere (0434)132
merge (1273)407
message (0925)300
metaphor (1316)422
method (0435)132
metropolis (1627)522
middle (0218)65, 250
mild (0771)243
military (1069)344, 525
mind (0574)175
mine (0412)126
mineral (0594)183
mingle (0888)286
minimum (0699)218
minister (0963)314, 322, 327, 346, 394, 414, 469, 595
minute (0428)131, 249
miracle (0932)305
mischievous (1372)440
miserable (0088)27
misfortune (0680)212
miss (0352)107, 163, 212
missing (0607)187
mission (1922)618
mistake (0058)18, 234
mix (0186)56
mock (1186)380
moderate (1585)508
modern (0179)55, 125, 131, 242
modest (1702)543
momentary (1661)532
monarchy (1841)590
monotonous (0178)54
monument (1193)382
morality (1734)555, 593
motivate (0982)320
mountaineer (0540)164
mourn (1834)587
m(o)ustache (1401)450
move (0164)50, 86
multiply (1418)455, 510

633

murder (1123)360
museum (0271)82
mutual (1411)454

【N】

naked (0166)51
narrow (0877)281
nasty (0950)311
national (0072)22, 166
nationality (1128)361, 466
native (1306)418
natural (0533)162, 167
naughty (1909)614
navigate (1358)436
nearby (0800)254
neat (0795)252
necessary (0292)88, 198, 218, 252, 278, 298
negative (0348)106, 214
neglect (0820)261
negligent (1386)446
negligible (1328)426, 499
negotiate (1215)389, 506, 602
neighbor (0485)147
neighborhood (0143)44
nephew (0578)177
net (0445)136
network (1248)400
neutral (1187)380
nevertheless (0796)253
niece (0828)264
nightmare (1233)394
noble (0742)233
nominate (1222)391
normal (0806)256, 289
notice (0454)139
notion (1513)486
notorious (0775)245
nourish (1067)344
novel (0431)132
nowadays (0815)260
nuclear (1300)416
nuisance (1941)624
numerous (1223)391
nurture (1007)328
nutrition (1732)555

【O】

obey (0919)298
object (0730)228, 262
objective (1811)580
oblige (1378)443, 504
obscure (1246)399
observance (1833)587
observation (1099)352
obsession (1065)344, 450, 602
obstacle (1876)602
obstinate (1902)611
obstruct (1345)432
obtain (0924)300
obvious (1376)442, 462, 546
occasion (0134)41
occupy (0208)63
occur (0228)69, 206
ocean (1586)508
odd (0944)309, 476, 480
odious (1933)621
offend (0334)101
offer (0634)196, 295
office (0144)44, 95, 123, 156
open (0146)45, 220, 281
operate (0232)70
operation (0985)320
opinion (0389)119
opponent (0999)325
opportunity (0277)84
opposite (0306)92, 95, 197
oppress (1072)345
optimistic (1427)458, 575
oral (1277)409
orbit (1788)573
organize (0248)75, 121
origin (1195)382, 442, 484, 550, 561
orphan (1095)351
otherwise (0316)96
outlet (1646)527
outlook (1883)604
overcome (0885)284
overlook (0518)158
overtake (1017)330
overwhelming (1022)332
oxygen (1554)498

【P】

pain (0174)53, 57, 277
pale (0386)119
paradise (0367)112
paradox (1049)338, 609
paragraph (0971)316
parallel (1666)533
paralyze (0933)305
park (0276)83, 159, 164
parliament (0983)320, 451
partial (0760)240
participate (0177)54
particle (1014)329
particular (0077)24, 137, 202, 221, 223, 256, 265
passage (1767)567
passenger (0198)60, 165
passion (0138)42
passive (0724)226
past (0514)156
paternal (1015)329
path (0131)40
pathetic (0930)304
patient (0120)36, 95
patriotic (1226)392
pattern (0452)138
pay (0423)130, 158, 241
peculiar (1733)555
peer (1832)587
penetrate (1116)358, 532
pension (1806)579
perceive (0183)55
percentage (1645)527
performance (1251)401, 436, 500, 603
peril (0063)20
perish (0069)21
perpetual (1396)449
perplex (1931)621
persecute (1109)356
persevere (0960)313
persist (0532)162
personal (1649)528, 545
personnel (1169)375
persuade (1463)469
pessimistic (1492)479
phenomenon (1348)433
philosophy (1219)390
photograph (0340)103,

148
physical (0047)15, 88, 177
physician (0968)316, 585
picture (1840)590
piece (0373)114, 248
pierce (1650)529
pile (0628)194
pioneer (0285)86
pious (1096)351
pity (0774)245
place (0222)67, 103
plain (0905)292
planet (1685)539
plastic (0024)8
pleasant (0568)174
pleased (0871)279
plot (1498)480, 595
plow (1855)594
plunge (1624)520
poison (0125)38, 175
policy (0100)30, 61
polish (0920)299
polite (0729)228
politics(1075)346, 380, 436, 497, 527
pollution (1254)402
popular (0766)241, 299
population (0200)61
portrait (1887)606
positive (0713)223
possess (0112)34
possible (0180)55, 92, 214, 281, 286
post (0411)126
postpone (0453)139
postwar (0502)152
potent (1079)347
potential (1637)525
pour (0732)229
poverty (0531)161, 206
practice (0657)204
pragmatic (1074)346
praise (0928)302
precise (1820)583, 612
predecessor (1445)463
predict (0988)322, 428, 468, 483
prefecture (1779)571
prefer (0573)175, 210, 223, 291

prejudice (1893)608
preliminary (1025)333
prepare (0252)77
prescribe (1726)552
present (0011)5, 291
preserve (0592)182
president (0689)214, 241, 259, 263
press (0110)33
presume (1681)538
pretend (0570)174
pretty (0324)98, 135, 138, 170, 265
prevail (1107)355
prevent (0659)205
previous (0753)237
price (0273)83
primary (0966)314, 322, 327, 346, 394, 463, 595, 620
primitive (1256)402
principal (0590)182
principle (0600)186
prior (0987)320
prison (1275)408
private (0665)207, 239
privilege (1939)623
probable (0104)31, 109, 183, 186, 191, 194, 222, 223, 278
probe (1787)573
problem (0053)17, 25, 152, 248, 260
procedure (1511)485, 490
proceed (1454)466, 570
proclaim (0961)314
produce (0596)184, 187, 299
product (1343)431, 484, 510, 567
professional (0581)178
proficient (1303)417
profound (1764)566
program (1397)449, 499, 529
progress (0116)35, 62
prohibit (0900)291
project (0336)101, 115
prolong (1287)412
prominent (1153)370

promise (0615)191, 276
promote (1529)490
prompt (1289)412
pronounce (1305)418
proper (0379)116, 281
prophet (1719)550
propose (0571)174, 257
prose (1535)492
prospect (1178)378, 394, 479
prosperity (1080)347
protect (1863)598
protest (1039)337
proud (0780)247
prove (0054)17, 236, 278
proverb (1555)498
provide (0426)130, 195, 257, 283
prudent (1203)385
psychology (1091)350
public (0759)239
pull (0663)206
punish (0317)96, 186, 237
purchase (1239)396, 582
purpose (0061)19
pursue (1034)335

【Q】

quake (0168)52, 108, 168, 206
qualify (1151)369, 523
quality (1020)331, 398, 442
quantity (1375)442
quarterly (1792)575
question (0344)105, 174, 199, 228, 235
quiet (0557)170, 281
quit (0356)109
quite (0300)90, 105, 152, 192, 209, 214, 234, 247, 259, 263

【R】

race (0416)127, 134, 167
radical (1738)557
radioactive (1714)548
raise (0450)138, 168, 228

rapid (0521)159
rare (0246)75, 172
rate (0552)168
ratio (1168)375
rational (1778)570
reach (0049)16, 97, 212
react (1562)500
reality (0726)227
realize (0249)76, 170, 282, 289
realm (1218)389
rear (0704)220
reason (0490)149, 182, 230, 235
rebel (1614)517
recede (1332)427
receipt (1815)582
receive (0912)295, 300
recent (0090)28, 102
recess (1403)451
reckless (1274)408
reckon (1367)439
recognize (0234)71
recommend (0404)124
reconcile (1595)511
record (0315)95, 237
recycle (1136)364
reduce (0853)272
refer (0822)261
refined (1679)537
reflect (0936)306, 433
refrain (0199)60, 266
refresh (0473)144
refugee (1690)540, 600
refuse (0812)258
regard (0861)275
region (1307)418, 432, 553, 608
register (0969)316
regret (0846)270
regular (0139)43, 204
regulation (1784)572
reign (1655)530
reject (1807)580, 616
relate (0886)285
relative (1174)376, 460, 557, 593
release (0890)287
relieve (0020)7, 222, 399, 552, 561

religion (0977)319
reluctant (1577)505
rely (0832)265, 288
remain (0310)93, 230
remark (0763)241
remarkable (0915)296
remedy (1802)578
remember (0751)236, 238, 294
remind (0486)148
remote (0757)239
remove (0322)97
render (1276)408
repair (0798)254
repeat (0810)258
repent (0808)257
replace (0917)297
reply (0059)18
represent (1754)562
reproach (1405)452
republic (1266)406
reputation (1723)551
require (0264)80, 300
rescue (0492)149
research (1148)368
resemble (0801)255
resent (1134)363
reserved (0901)291
residence (1786)572
resign (0439)134, 289
resist (0527)160
resolve (1691)541
resort (0366)112, 251
resource (0549)167
respect (0258)77
respectable (1668)534
respond (1006)327, 376, 452
responsible (1319)422, 548, 620
rest (0385)118
restrain (1545)495
restrict (1821)583
result (0536)163, 183, 290
resume (1302)417
retain (1130)362
retire (0443)136
retrospect (1707)546
return (0086)27, 141
reveal (1183)379

revenge (1548)495
revenue (1294)414
reverse (1464)469
review (1474)472, 518, 580
revise (1346)432
revolt (1436)460
revolution (1836)588
reward (0629)195
riddle (1615)517
ridicule (1890)607
right (0155)48, 73, 148, 189, 208, 211, 276, 285, 302
riot (1038)337
rise (0551)168
risk (0438)134, 212
ritual (1932)621
rob (0892)288
role (0203)61
romance (0064)20
room (0399)123
rotten (0778)246
route (0196)59
routine (1224)392
row (1337)429
royal (0609)189
rude (0558)170
ruin (0848)270
run (0396)122
rural (0768)242
rush (0528)160
ruthless (1399)449

【S】

sacred (1918)617
sacrifice (0253)77
safe (0711)222
sail (0611)189
salute (0964)314
sanction (1269)406
sarcasm (1777)570
satellite (1837)588
satisfy (0311)94, 109
savage (1739)558
save (0591)182
scatter (0233)71
scene (0555)169
scheme (1678)537, 546
scholarship (1482)475

索 引

science (0204)62, 82
scope (1903)612
sculpture (1238)396
search (0606)187
season (0384)118
secondary (1512)485
secret (0874)280
security (0986)320, 532, 563
seek (1292)414, 532
seem (0083)25, 94, 98, 103, 134, 210, 219, 224, 232, 239, 246, 262, 285
seize (0009)4
senior (0153)47
sense (0343)104, 180
sensible (1607)515
sensitive (1368)439, 589
sentence (1047)338, 390
separate (0301)90, 301
sequence (1333)428
serious (0405)124
sermon (1601)513
serve (0269)81
session (1087)349, 451
settlement (1413)454, 602
severe (0597)184
sexism (1355)435, 487, 555
shabby (0677)211
shade (0539)164
shadow (0883)283
shake (0042)13
shallow (0695)217
share (0927)301
sharp (0648)201
shelter (1532)492
shine (0475)144
shortage (1504)483
shy (0748)235
side (0349)106, 206
sidewalk (1263)405
sigh (0019)7, 49
sight (0192)58, 176, 189
sign (0954)311, 504, 559
significant (0970)316, 370, 379
silent (0171)52, 170
silly (0807)256, 266
similar (0244)73, 105

simple (0185)56, 243
sincere (0342)104
sink (0734)229
site (1873)601
situate (1783)572, 588
situation (0245)73, 79, 165, 230, 253, 266
size (0469)143
skeptical (1100)352
skillful (0656)204
slave (0687)214
slender (0827)263
sly (1848)592
smell (0706)220
smile (0008)4
sob (0507)154
sober (1494)480
society (0503)152, 159
soldier (0465)142
sole (0207)63
solemn (1884)605
solid (1521)488
solitude (1374)441
solve (0816)260
sometimes (0223)67, 198
sophisticated (1552)497
sore (1351)434
sort (0824)262
sound (0436)133, 222, 270
source (0547)167
sovereign (1785)572
space (0652)202, 274
span (1221)391, 593
spare (0881)283
special (0339)103, 122, 296
species (1165)373
specific (1699)543
spectacle (1042)337
spectator (1381)444
speculate (1194)382
speech (1142)366
spill (0538)164
spiritual (0296)89
spite (1633)523, 590
splendid (0610)189
spoil (0227)67
spontaneous (1158)372
sport (0472)143
spouse (1406)452

spread (0510)155
square (0694)217
squeeze (1214)388
staff (0400)123, 267
stake (1757)563
stammer (1110)356
stand (0360)110, 145, 227
standard (0451)138, 202
standpoint (1286)412
stare (0162)50
start (0026)9, 70, 86, 151, 170, 282
startle (1571)503
starvation (1868)599
state (0365)112, 141, 224
statesman (1551)497
station (0441)135, 148, 197
statistics (1185)380
statue (1888)606
stature (1553)497
steady (0857)273
steep (0619)192
steer (1167)374
stem (1900)610
sterile (1575)505
stick (0320)97, 122, 212
stimulate (1770)567
stir (0002)2
stock (1335)428
stomach (1018)330, 555
stop (0005)3, 19, 151, 154
store (0363)112, 122
storm (0543)165, 183, 273
straight (0206)62
strain (1570)503
strange (0230)69
strategy (1259)403
stream (0560)171
strength (0526)160
strenuous (1125)361
stress (1573)504
stretch (0508)155, 198
strict (1046)338, 341, 387, 388
strike (0169)52, 72, 302
strip (1309)419
strive (1344)432, 460
structure (1220)390
struggle (0834)266

637

stubborn (1724)551
study (1090)350, 379, 553, 566, 592
stupid (0278)84, 175, 230
subdue (1023)332
subjective (1278)409, 448
sublime (1763)565
submit (1390)447, 580, 623
subordinate (1133)363
subscribe (1938)623
subsequent (1919)617
substantial (1258)402
substitute (0889)286
subtle (1860)597
subtract (1417)455
suburb (0638)198
succeed (0500)152
successful (1929)620
successive (1270)407
successor (1188)380
sudden (0878)281
suffer (0189)57, 240, 245
suggest (0870)279
suicide (1775)569
suit (0358)110
sum (0957)313
summit (0681)212
summon (1124)361
superficial (1694)542
superfluous (1898)610
superstition (1756)563
supplement (1112)357
supply (0393)121, 208
support (0079)24
suppose (0130)40, 171, 223, 256
suppress (1667)534
supreme (1191)382
sure (0236)71, 117, 126, 228
surface (1829)586
surgeon (1510)485, 532, 568
surpass (1450)464
surprise (0401)123, 187, 188, 214, 268
surrender (1267)406
surround (0639)198
survive (0194)59

suspect (0512)156
sustain (1081)347
swallow (1271)407
sweat (0291)88
sweep (0145)45
swift (0841)268
sympathy (1327)426
symptom (1727)552
system (0071)22, 46, 280

【T】

tackle (0682)212
tact (1827)585
tale (1760)565
talent (0893)288
tame (1672)535
task (0769)243
taste (0383)118, 293
tax (1240)396
tear (0372)114
technique (0432)132, 185
technology (1192)382, 466
tedious (1141)366
temple (1879)603
temporary (0755)238
tempt (1352)434
tend (0603)187, 286
tense (1748)561
term (0674)209
terrible (0129)40, 134, 154, 288
territory (1166)374
terrorism (1033)334, 532
testify (1122)360
thank (0779)246
theater (1212)388
theory (0210)64
thesis (1808)580
thick (0697)218, 251
thin (0745)234
thing (0133)41
thorough (0605)187
thought (0308)93, 174
thread (0066)21
threat (1160)372, 376, 469, 535, 577
throng (1311)420
through (0819)261
tidy (0627)194, 252

tie (0684)213
tight (0692)216
timid (0737)231
tiny (0556)170
token (1073)346
tolerate (1862)597
toll (1129)361
tongue (1776)570
torture (1838)589
total (0461)141, 227, 230, 252
touch (0362)111
tough (0250)76, 243
tour (0226)67, 103, 171
trace (1061)342
track (0541)164
trade (1579)506, 575
tradition (1625)521
traffic (1490)478, 559
tragedy (0655)203
tranquil (1021)331
transfer (1452)466
transform (1644)527
translate (1752)561, 597, 624
transparent (1295)415
transport (1434)460, 513
trash (1392)447
travel (0279)85, 202, 284
treacherous (1533)492
tread (1410)453
treasure (0073)22
treat (0463)142
treaty (1580)506
tremendous (1470)471
trend (1697)542
tribe (1640)525
trigger (0991)322, 510
trip (0085)27, 84, 215, 224
triumph (1912)615
trivial (0761)240, 255
trouble (0003)2, 134, 277
trousers (1111)356
true (0033)11, 83, 88, 101, 271
trust (0863)276
tuition (0935)306
typical (1043)337, 376
tyranny (1870)600

【U】

ultimate (0309)93
unanimous (1147)367
unaware (0784)248
undergo (1835)588
understand (0205)62, 82, 253, 261, 282, 298
undertake (1609)516
uneasy (0575)175
uniform (0468)143
universe (0330)100
university (0934)306, 350, 365, 414, 475, 477, 557, 580
unless (0351)107, 257
unusual (0487)148
upset (0325)98
up-to-date (1845)591
urban (0767)242
urge (0420)129
usage (1608)515
used (0044)14, 211, 300
usual (0307)93, 105, 265, 268
utmost (0631)195
utter (1594)511

【V】

vaccination (1250)401
vague (1480)475, 565, 624
valley (0511)155
value (0708)221, 244
vanish (1190)381
variety (0821)261, 296, 300
vast (0329)100
vegetable (0467)143, 183, 246
vehicle (1443)463
velocity (1433)460
verbal (1537)492
verdict (1041)337
vertical (1363)438
vessel (1472)472
vice (1364)438
victim (1852)594
view (0409)125, 157
vigor (1088)349, 432
violate (1387)446
violence (1048)338, 409
virtual (1897)610
virtue (0955)312
virus (1205)386
visible (0576)176
vision (0529)161
vivid (0725)227
vocabulary (1751)561
volcano (1539)493
voluntary (1574)504
vote (1143)367
vulgar (0946)309

【W】

wages (1564)501
wait (0612)189, 249
wander (0474)144
want (0029)10, 43, 178, 225
ware (1814)581
warfare (1797)575
warming (1172)376
warn (0015)6, 97
waste (0567)173
wealth (0660)205
weapon (0290)87, 93
wear (0685)213, 256
weary (0095)29
weather (0770)243
weep (0829)264
weigh (0355)108, 143, 216, 272
welfare (1176)376
wet (0620)192
wheel (1500)482
whimsical (1371)440
whisper (0897)289
whistle (1799)577
whole (0135)41, 44, 162, 166
wholesome (1680)537
wicked (0173)53
wilderness (1456)467
will (0395)121, 281
willing (0916)296
win (0654)202, 263
wisdom (0650)202
wish (0314)95, 251
withdraw (1801)577
without (0261)79
withstand (1925)619
witness (1437)460
wonder (0229)69
workaholic (1773)569
worry (0243)73, 170, 198
worship (0156)48
worth (0670)209
worthy (0572)174
wound (0464)142
wreath (1230)394
wreckage (1856)594
wretched (0818)261

【Y】

yearn (1885)605
yield (0895)289
youth (0866)277

【Z】

zealous (1104)354

英熟語イディオマスター
idiomaster

山口俊治 著

新書判（3色刷）　定価／**1,050**円（税込）

ベストセラー『NEW 山口英文法講義の実況中継』の山口俊治先生が贈る，「最小の努力で最大の成果」を生む，熟語集イディオマスター!!

■**必要十分な量を最長10週間でマスター。**
本書では標準的な「10週プラン」を提案していますが，重要語句だけに絞って「4週」でこなすなど，あなたの学習プランをつくることができます。

■**どのレベルからでも開始できる，5段階構成。**
英熟語を重要度に応じて5つのステージに分類してあります。どのステージからでも学習が可能です。

■**英作文，穴埋め，読解問題から英会話表現まで応用範囲の広い熟語を，セットで覚える800項目。**
まとめて覚えられるように，大学入試に必要なすべての熟語を800項目にまとめました。

■**例文はすべて入試出題例から。合否を決定づけるレベルには実戦問題を掲載。**
もちろんすべての熟語に，入試英文に出た例文付き。さらに最重要ステージの「合否を左右する熟語」については，実戦例題も併記してあります。

＊ インターネットからでもご注文いただけます ＊

http://goshun.com　　語学春秋　　検索

英語通訳トレーニングシステム 「3ステップ方式」

『東大英語長文が5分で読めるようになる』シリーズ

講師 小倉 慶郎（大阪府立大学教授）

各定価 本体1,500円＋税

第1冊『速読速聴編』 練習問題（センター試験問題14回＋東大入試問題2回）
& CD-ROM（音声収録780分）

第2冊『英単熟語編』 練習問題（話題別に大学入試問題から40問精選）
& CD-ROM（音声収録820分）

第3冊『英単熟語編Vol.2』 練習問題（大学入試問題＋東大入試問題で40問を構成）
& CD-ROM（音声収録820分）

ステップ1 【文化】米国型カラオケ
クイック・レスポンス

TRACK 3〜8

日本語を見て、聞いて、瞬間的に英語を口で言えるようにする練習です。
講師の指示に従って、トレーニングを始めてください。

1	□ 伝説によると	the légend góes
2	□ 動 広がる、普及する	spréad
3	□ 日本中に、日本全国に	throughout Japan
4	□ 形 大陸の	continéntal
5	□ 副 固く、しっかりと	fírmly
6	□ 名 文化	cúlture
7	□ …との出会い、遭遇	encóunter with
8	□ 形 男の、男性の	mále
9	□ 名 客、顧客（商売上の常連客）	cústomer
10	□ 交替で〜する	take túrns 〜ing
11	□ 次々と、次から次へと	óne after another
12	□ …をじっと見る	stáre at
13	□ 動 表示する、表す	displáy
14	□ 動 じっと見つめる、凝視する	gáze
15	□ 名 距離；遠方	dístance
16	□ 副 その間に；一方で	méanwhile
17	□ 副 必死に、狂ったように	frántically
18	□ 〜であることがわかる、判明する	túrn óut to 〜
19	□ 聞く	inévitable
20	□ 言う	cóworker(=colleague)
		pronóunce
		the ónly
		cáter to(=satisfy)
		définitely(=certainly)

英語は**しおり**でかくしておきます。

日本語を聞いたら、すばやく英語で言います。

turn out to 〜

このトレーニングで、英単語30語を20分以内に覚えることも可能になります。

英単熟語30語が20分で覚えられる!?

クイック・レスポンスの練習の仕方は…
① ネイティブのナレーターのあとについて、発音練習する。
② 右側の英語をしおりでかくして、瞬間的に英語が言えるように、声を出して練習する。
③ テキストを閉じて、日本語を聞いたら、それをすばやく英語で言ってみる。

ステップ2 【文化】米国型カラオケ シャドーイング

英語の音声を聞きながら、口まねする練習です。
講師の指示に従って、トレーニングを始めてください。

聞こえてきた音声をそっくり口まねします。

ネイティブ
Karaoke, the legend goes, began in Kobe some 25 years ago. From
タイムラグ　　　　　YOU

Karaoke, the legend goes, began in Kobe ……

少し遅れて言います。

it quickly spread throughout Japan and on into continental
nd most recently, the West. This form of "do-it-yourself"
聞く　　come so firmly established in world culture that
even entered the Oxford English Dicti
口まねする　with karaoke was at a tiny *izakaya*
male customers took turns singing one s   *ka*

このトレーニングで英単語が確実に定着し、さらに英語の発音・イントネーションが飛躍的に上達します。

ステップ3 【文化】米国型カラオケ サイト・トランスレーション

英文を見ながら、聞きながら、前からどんどん訳していく練習です。
そのあと、英語の音だけを聞いて訳す練習（区切り聞き）も行います。
講師の指示に従って、トレーニングを始めてください。

Karaoke, the legend goes, /	カラオケは、伝説によると /
began in Kobe some 25 years ago. //	約25年前に神戸で始まった。//
From there it quickly spread throughout Japan /	そこから、急速に日本中に広がった /
and on into continental Asia, /	さらにアジア大陸へ /

①見る
②聞く
訳す
さらにアジア大陸へ…

ひと目で見える長さに区切られた英文ごとに訳します。

さらにこのトレーニングもすれば、長文を頭からどんどん読んでいけるようになります。リスニングにも、信じられないほどの効果が表れてきますよ。

聞けば「わかる!」「おぼえる!」「力になる!」

スーパー指導でスピード学習!!
実況中継CD-ROMブックス

📕 山口俊治のトークで攻略 英文法
- Vol.1　動詞・文型～名詞・代名詞・冠詞
- Vol.2　形容詞・副詞・疑問詞～出題形式別実戦問題演習

練習問題(大学入試過去問)&CD-ROM(音声収録 各600分)

📕 出口汪のトークで攻略 現代文
- Vol.1　論理とはなにか～記述式問題の解き方
- Vol.2　評論の構成～総整理・総完成

練習問題(大学入試過去問)&CD-ROM(音声収録 各500分)

📕 望月光のトークで攻略 古典文法
- Vol.1　用言のポイント～推量の助動詞
- Vol.2　格助詞・接続助詞～識別

練習問題(基本問題+入試実戦問題)
&CD-ROM(音声収録 各600分)

📕 石川晶康のトークで攻略 日本史B
- Vol.1　古代～近世日本史
- Vol.2　近現代日本史

空欄補充型サブノート &CD-ROM(音声収録 各800分)

📕 青木裕司のトークで攻略 世界史B
- Vol.1　古代～近代世界史
- Vol.2　近現代世界史

空欄補充型サブノート &CD-ROM(音声収録 各720分)

📕 浜島清利のトークで攻略 物理 Ⅰ・Ⅱ
練習問題(入試実戦問題)&CD-ROM(音声収録600分)

以上, ●定価／各冊(本体**1,500**円+税)

実況中継CD-ROMブックス

※CD-ROMのご利用にはMP3データが再生できるパソコン環境が必要です。

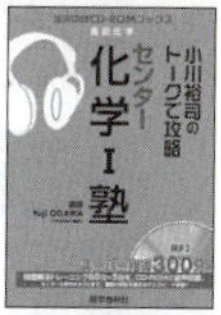

📖 小川裕司のトークで攻略 センター化学I塾
練習問題（センター試験過去問）&CD-ROM（音声収録300分）
● 定価（本体**1,200**円+税）

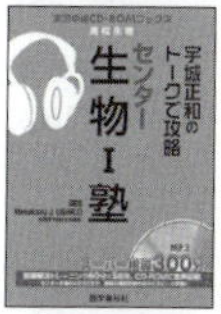

📖 宇城正和のトークで攻略 センター生物I塾
練習問題（センター試験過去問）&CD-ROM（音声収録300分）
● 定価（本体**1,200**円+税）

📖 安藤雅彦のトークで攻略 センター地学I塾
練習問題（センター試験過去問）&CD-ROM（音声収録300分）
● 定価（本体**1,500**円+税）

📖 瀬川聡のトークで攻略 センター地理B塾
Vol.①系統地理編　Vol.②地誌編
練習問題（センター試験過去問）&CD-ROM（音声収録330分）
● 定価／各冊（本体**1,300**円+税）

📖 西きょうじのトークで攻略 東大への英語塾
練習問題（東大入試過去問）&CD-ROM（音声収録550分）
● 定価（本体**1,800**円+税）

📖 竹岡広信のトークで攻略 京大への英語塾
練習問題（京大入試過去問）&CD-ROM（音声収録600分）
● 定価（本体**1,800**円+税）

📖 二本柳啓文のトークで攻略 早大への英語塾
練習問題（早大入試過去問）&CD-ROM（音声収録600分）
● 定価（本体**1,600**円+税）

📖 2012年6月現在
実況中継CD-ROMブックスは順次刊行いたします。

http://goshun.com　　語学春秋　　検索

既刊各冊の音声を聞くことができます。

〒101-0061 東京都千代田区三崎町 2-9-10　TEL. 03-3263-2894

教科書をよむ前によむ 実況中継シリーズ

「3日で読める!!」と評判の「実況中継」は，高校生の定番参考書です。

「読むだけで，スルスル頭に入ってくるから不思議です!!」「もっと早めに読むんだった!!」などなど，人気の「実況中継」シリーズは，1,000万部を超えるベストセラーです。

実況中継シリーズ

山口英文法（上）	1000円
同　　（下）	1000円
同　　問題演習	1000円
本英語長文（初級）（上）	1000円
同　　（初級）（下）	1200円
同　　（中級）（上）	1000円
同　　（中級）（下）	1200円
同　　（上級）（上）	1100円
同　　（上級）（下）	1200円
横山メタロジック会話英語	1200円
大矢英作文	950円
大矢英語読み方	1100円
西英文読解	1100円
石井看護医療技術系英語	1400円
NEW出口現代文①	1100円
同　　②	1100円
同　　③	1200円
出口小論文①	1300円
同　　②	1100円
NEW望月古典文法（上）	1200円
同　　（下）	1400円
飯塚漢文入門（上）	1000円
同　　（下）	1200円
野竿数と式ほか	1100円
野竿確率ほか	1100円
朝田指数・対数ほか	1100円
朝田図形と方程式ほか	1100円
朝田数列／ベクトル	1100円
権田地理B（上）	980円
同　　（下）	1000円
NEW石川日本史B①	1000円
同　　②	1100円
同　　③	1200円
同　　④	1200円
同　　文化史⑤	1200円
石川日本史B CD解説問題集①	980円
同　　②	980円
同　　③	980円
同　　④	980円
同　　⑤	1100円
NEW青木世界史B①	1100円
同　　②	1200円
同　　③	1200円
同　　④	1300円
同　　文化史⑤	1300円
青木世界史B CD解説問題集①	980円
同　　②	980円
同　　③	980円
同　　④	980円
NEW浜島物理Ⅰ・Ⅱ（上）	1000円
同　　（下）	1200円
NEW斉藤化学Ⅰ・Ⅱ①	1100円
同　　②	1100円
同　　③	1200円
同　　④	1200円
NEW鞠子医歯薬獣生物①	1900円
同　　②	1900円
同　　③	1900円

センター実況中継シリーズ

中川センター英語	1200円
石井センターリスニング	1500円
出口センター現代文	1400円
望月センター古文	1400円
飯塚センター漢文	1200円
野竿センター数学Ⅰ・A	1300円
朝田センター数学Ⅱ・B	1300円
小川センター化学Ⅰ	1200円
宇城センター生物Ⅰ	1200円
安藤センター地学Ⅰ	1300円
樋口センター日本史B	1500円
植村センター世界史B	1500円
瀬川センター地理B①	1400円
同　　②	1400円
川本センター倫理	1200円
川本センター政治・経済	1400円
川本センター現代社会	1200円

只今，全国書店で発売中です。

上記は本体価格（税別）です。定価は本体価格＋税となります。　2012年6月 現在

＊インターネットからでもご注文いただけます＊

| 語学春秋 | 検索 | http://goshun.com |